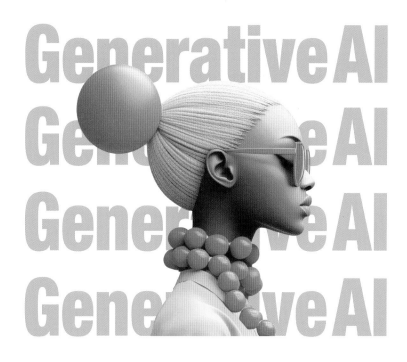

AI 기초부터 프로젝트 제작까지

생성형 AI 창작과
활용 가이드

김현정, 원일용 지음

KB194161

길벗
캠퍼스

김현정 | nygirl76@gmail.com

건국대학교에서 컴퓨터공학(인공지능)전공 공학 석사, 박사
2019년~현재 건국대학교 상허교양대학 및 정보통신대학원 융합정보기술학과 인공지능 전공 조교수
저서 : 『인공지능을 위한 머신러닝과 딥러닝 with 파이썬』 2023(길벗캠퍼스), 『누구나 쉽게 SQL과 AI 알고리즘 with 파이썬』 2023(길벗캠퍼스), 『누구나 쉽게 자료구조와 알고리즘 with 파이썬』 2023(길벗캠퍼스), 『누구나 쉽게 컴퓨팅 사고 with 파이썬』 2023(길벗캠퍼스), 『알기 쉬운 인공지능 with 파이썬』 2021(인피니티북스), 『Python으로 배우는 문제해결과 인공지능』 2021(인피니티북스) 등 다양한 분야 집필

원일용 | clccclcc@naver.com

건국대학교에서 컴퓨터공학(인공지능)전공 공학 석사, 박사
2008년~현재 서울호서직업전문학교 ICT융합보안계열 전임교수
저서 : 『어셈블리 언어 튜토리얼』 2019(북스홀릭퍼블리싱), 『게임으로 C 프로그래밍 마스터하기』 2018(북스홀릭퍼블리싱), 『C를 게임으로 정복하기』 2011(북스홀릭), 『자바 프로그래밍 1』 2008(현우사) 등 다양한 분야 집필

AI 기초부터 프로젝트 제작까지
생성형 AI 창작과 활용 가이드

초판 1쇄 발행 • 2025년 1월 2일 | **지은이** • 김현정, 원일용 | **발행인** • 이종원 | **발행처** • (주)도서출판 길벗 | **브랜드** • 길벗캠퍼스
출판사 등록일 • 1990년 12월 24일 | **주소** • 서울시 마포구 월드컵로 10길 56(서교동) | **대표 전화** • 02)332-0931 | **팩스** • 02)323-0586
홈페이지 • www.gilbut.co.kr | **이메일** • gilbut@gilbut.co.kr | **책임편집** • 신유진(backdoosan@gilbut.co.kr) | **디자인** • 강은경
제작 • 이준호, 손일순 | **영업마케팅 및 교재 문의** • 박성용(psy1010@gilbut.co.kr) | **영업관리** • 김명자 | **독자지원** • 윤정아
전산편집 • 앤미디어 | **CTP 출력 및 인쇄** • 금강인쇄 | **제본** • 금강인쇄

ISBN 979-11-407-1184-0 93000(길벗 도서번호 060126)
정가 27,000원

AI의 새로운 시대와 생성형 인공지능의 도약

지금까지 인공지능은 특정 영역에서 사용되는 도구에 불과했습니다. 그러나 2020년 OpenAI의 ChatGPT가 등장하면서 인공지능은 일상에서 필수 요소가 되었습니다. 이는 마치 스마트폰이 처음 등장했을 때와 같은 혁신이었으며, 이제 생성형 AI는 선택이 아닌 필수로 자리 잡았습니다. 이를 잘 활용하는 사람과 그렇지 않은 사람 사이의 생산성 차이는 더욱 커지고 있습니다.

생성형 AI의 가능성과 필요성

생성형 AI는 단순히 데이터를 처리하는 것을 넘어 예술, 문학, 교육, 비즈니스 등 다양한 분야에서 창의적인 도구로 자리 잡고 있습니다. 특히 ChatGPT는 텍스트 생성과 문제 해결 능력에서 그 잠재력을 보여 주었고, 효율적인 '프롬프트 엔지니어링'을 통해 더욱 효과적으로 사용할 수 있는 기술입니다.

이 책의 목적

이 책은 변화 속에서 생성형 AI를 이해하고 활용하는 방법을 제시합니다. 누구나 AI 기술을 쉽게 접근할 수 있도록 설명하고 있으며, 생성형 인공지능이라는 강력한 도구를 보다 잘 이해하여 능숙하게 활용할 수 있도록 실질적인 도구임을 깨닫게 합니다. 또한, AI 콘텐츠의 저작권과 개인정보 보호 등 다양한 이슈를 다루고, 책임감 있는 활용 방안을 제시하고자 합니다.

저자의 메시지

이 책을 집필하면서, 저자 또한 ChatGPT를 적극 활용하였습니다. 이를 통해 작업 방식을 혁신했으며, 이를 통해 창의적 아이디어를 정리하는 데 큰 도움을 받았습니다. 독자 여러분도 AI 기술에 대한 새로운 통찰을 얻고, 실질적으로 활용하는 계기가 되길 바랍니다. 기술은 배우고 익히는 데 그치는 것이 아니라, 활용하고 변화를 이끌어 낼 때 진정한 가치를 발휘합니다. 인공지능 시대, 생성형 AI와 함께 창의적 여정에 이 책이 여러분의 든든한 길잡이가 되길 바랍니다.

김현정, 원일용

목차

WEEK.12
기업에서의 GPT 사용

WEEK.13
ChatGPT Canvas 사용

책 내용을 따라할 수 있는 실습 파일은 길벗 홈페이지를 통해 제공됩니다. 길벗 출판사 홈페이지(www.gilbut.co.kr) 검색란에 '생성형 AI', '창작과 활용'을 검색 → 해당 도서 자료실의 '실습예제' 항목 → 실습에 필요한 예제 소스 다운 받습니다.

1. 학습 개요

이 교재는 생성형 AI의 원리와 응용에 대해 배우는 것을 목표로 한다. 생성형 AI의 핵심 기술을 이해하고, 다양한 분야에서 활용할 수 있는 실질적인 방법을 학습한다. 특히, 프롬프트 엔지니어링, 맞춤형 AI 모델 개발, 그리고 멀티모달 AI 활용 등을 중심으로 실습과 프로젝트를 진행하며, 창의적 문제 해결 능력을 배양한다. 또한, AI를 활용한 윤리적 문제와 책임감에 대해 논의하여 기술 활용에 대한 균형 있는 시각을 제공한다.

2. 학습 목표

❶ 생성형 AI의 기본 원리와 구조를 이해한다.
❷ 프롬프트 엔지니어링의 기초 및 심화 기술을 익힌다.
❸ 생성형 AI의 텍스트 생성, 데이터 분석, 교육 자료 개발 등 다양한 사례를 실습하여 실무적 역량을 강화한다.
❹ 맞춤형 GPT 모델을 설계하고 구현하며, 개인화된 AI 솔루션을 개발한다.
❺ 멀티모달 AI의 창의적 활용 방식을 학습한다.
❻ AI 활용 시 발생하는 윤리적 문제와 책임감을 이해하고 논의한다.

3. 수업 계획

주차	챕터	주제	학습 목표
1주	1장	인공지능 개론 및 생성형 인공지능 소개	인공지능과 생성형 AI의 기본 개념 및 발전 과정을 이해한다.
2주	2장	생성형 AI의 기초 학습 원리와 구조	생성형 AI의 작동 원리와 구조를 학습한다. 주요 기술인 Transformer를 이해한다.
3주	3장	프롬프트 엔지니어링 기초	효과적인 프롬프트 작성법을 배우고 간단한 실습을 통해 이를 적용한다.
4주	4장	심화 프롬프트 엔지니어링	다양한 사례를 통해 심화된 프롬프트 작성법을 학습하고 활용 방안을 모색한다.
5주	5장	생성형 AI 실습 – 문학	문학적 텍스트 생성을 통해 AI의 창의적 잠재력을 체험한다.
6주	6장	응용 실습 (1) – 교육 분야	AI와 데이터 분석을 통해 교육 자료 개발 방법을 익히고 이를 실습한다.

7주	7장	응용 실습 (2) – 평가자료 개발	교육 분야의 평가자료 개발에서 AI 활용법을 실습한다.
8주		중간고사	
9주	8장	응용 실습 (3) – 프로페셔널 분야	전문 분야에서 생성형 AI의 응용 사례를 탐구하고 실습한다.
10주	9장	멀티모달 AI의 창의적 활용	텍스트와 이미지를 결합한 멀티모달 AI의 활용 방법을 실습한다.
11주	10장	맞춤형 GPT 모델	맞춤형 GPT를 개발하기 위한 기술과 실습을 진행한다.
12주	11장	나만의 맞춤형 GPT	맞춤형 GPT 모델을 설계하고 응용 사례를 통해 활용 방안을 모색한다.
13주	12장	기업에서의 GPT 사용	기업 환경에서의 GPT 활용 사례를 탐구하고 실습한다.
14주	13장	ChatGPT Canvas 사용	ChatGPT Canvas를 활용한 창의적 작업 방식을 실습한다.
15주		기말고사	

인공지능 개론 및
생성형 인공지능 소개

학 습 목 표

- 인공지능(AI)의 정의와 역사적 발전 과정 이해 : AI의 기본 개념과 주요 발전 단계를 설명할 수 있다.
- 주요 AI 분야와 기술 : 기계 학습, 자연어 처리, 컴퓨터 비전, 로보틱스의 핵심 원리와 응용을 설명할 수 있다.
- 생성형 인공지능의 기능과 사례 : GAN, VAE, Transformer 모델을 포함한 생성형 AI의 주요 기술과 실세계 응용 사례를 이해할 수 있다.
- 윤리적 고려사항 : 생성형 AI의 사용에서 발생하는 윤리적 문제와 책임 있는 AI 사용의 필요성을 논의할 수 있다.

1.1 인공지능 개론

인공지능(AI)은 현대 기술의 중요한 분야로, 다양한 산업에서 혁신을 이끌고 있다. 인공지능은 인간의 지능적 행동을 모방하여 학습, 추론, 문제 해결과 같은 복잡한 작업을 수행할 수 있는 시스템을 개발하는 것을 목표로 한다.

이 절에서는 인공지능의 기초적인 개념과 그 역사적 배경을 살펴보고, 주요 연구 분야와 응용 사례를 다뤄 인공지능이 무엇인지, 어떻게 발전해 왔고, 어떤 분야에서 사용되고 있는지 살펴볼 것이다. 또한, AI의 기본적인 기술과 현재 연구 동향을 개괄적으로 파악하고, 다양한 응용 분야에서 AI가 어떻게 활용되고 있는지에 대해 배울 수 있다.

인공지능 정의와 역사

1) 인공지능 정의

인공지능(AI)은 인간의 인지적 기능을 컴퓨터 시스템이 모방하도록 설계된 기술이다. 이를 통해 컴퓨터는 학습, 추론, 문제 해결, 자연어 이해 등의 다양한 작업을 수행할 수 있다.

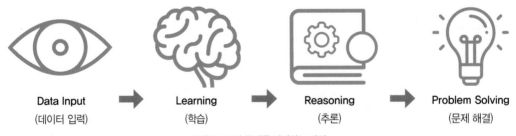

그림 1-1 AI가 문제를 처리하는 과정

- Data Input(데이터 입력) : AI는 처음에 외부로부터 데이터를 받는다. 이 단계는 AI가 학습할 정보를 수집하는 과정이다. 그림에서는 눈 모양 아이콘으로 데이터가 입력되는 것을 나타낸다.

- Learning(학습) : 데이터를 받은 후, AI는 이 데이터를 기반으로 학습을 시작한다. 학습 과정은 AI가 패턴을 인식하고 규칙을 이해하는 단계이다. 여기서는 뇌 모양의 아이콘으로 학습을 표현한다.

- Reasoning(추론) : 학습한 데이터를 바탕으로 AI는 추론을 시작한다. 즉, 학습한 내용을 바탕으로 문제를 분석하고 답을 도출하는 과정을 거친다. 추론 과정은 돋보기나 퍼즐 아이콘으로 표현되며, AI가 데이터를 통해 결론을 내리는 것을 의미한다.

- Problem Solving(문제 해결) : 마지막으로 AI는 추론한 내용을 바탕으로 문제를 해결한다. 이 단계는 AI가 실질적인 결과나 해결책을 제시하는 부분이다. 문제 해결을 나타내는 아이콘은 전구(또는 체크 표시)로, 새로운 아이디어나 해결책을 상징한다.

이 예제는 인공지능의 간단한 예시로, 컴퓨터가 무작위로 숫자를 생성하고 사용자가 맞추는 게임이다. 이는 인공지능이 문제 해결에 사용될 수 있음을 보여 준다.

```python
# 간단한 AI 예제: 숫자 예측 게임
import random

def guess_number():
    number_to_guess = random.randint(1, 10)
    user_guess = int(input('숫자를 맞춰보세요(1-10): '))
    if user_guess == number_to_guess:
        print('정답입니다!')
    else:
        print(f'틀렸습니다. 정답은 {number_to_guess}였습니다.')

guess_number()
```

실행 결과

```
숫자를 맞춰보세요(1-10): 2
틀렸습니다. 정답은 9였습니다.

숫자를 맞춰보세요(1-10): 7
정답입니다!
```

2) 인공지능 역사

인공지능의 기원은 1950년 앨런 튜링(Alan Turing)의 '튜링 테스트'에서 시작되었다. 튜링은 인간처럼 사고할 수 있는지 확인하기 위해 이 테스트를 제안했었다. 1956년 다트머스 회의에서 '인공지능'이라는 용어가 공식적으로 사용되었으며, 이후 다양한 발전 단계를 거쳤다.

● 역사적 사건

표 1-1 연도에 따른 인공지능 역사

연대	대표 사건	설명
1950년	튜링 테스트 제안	튜링 테스트는 컴퓨터가 사람처럼 생각할 수 있는지를 알아보는 실험이다. 예를 들어, 우리가 컴퓨터와 대화할 때, 그 컴퓨터가 정말로 사람처럼 대답할 수 있다면 튜링 테스트를 통과한 것이다. 오늘날 우리가 사용하는 AI 채팅봇은 이런 테스트의 개념에서 발전한 것이다.
1956년	다트머스 회의에서 '인공지능' 용어 공식 사용	'인공지능'이라는 용어가 처음 사용되었고, 이때부터 컴퓨터가 사람처럼 문제를 해결하는 방법을 연구하기 시작했다. 오늘날 우리가 쓰는 음성인식이나 추천 시스템은 이 연구에서 시작된 기술들이다. 다음의 예시는 스마트폰에서 AI 음성인식을 사용하여 '음악 재생' 작업이 어떻게 수행되는지 보여 준다. 1. 사용자가 스마트폰에게 음성 명령을 한다(예 "음악 재생해 줘"). 2. AI가 음성을 인식하고 그에 맞는 행동을 수행한다(예 음악 재생 화면을 보여 주고 음악을 재생함). 3. 스마트폰 화면에 재생되는 음악과 함께 'AI 음성인식' 어떻게 일상에서 사용되는지 설명한다. 그림 1-2 AI 음성인식을 이용한 음악 재생 작업 수행 예시
1970~1980년대	규칙 기반 전문가 시스템의 등장 예 MYCIN(의료 진단 시스템)	컴퓨터가 전문가처럼 특정 문제를 해결할 수 있도록 돕는 프로그램들이 개발되었다. 예를 들어, MYCIN이라는 프로그램은 의사처럼 환자의 증상을 분석하고 질병을 진단할 수 있었다. 이런 기술들이 지금의 의료 AI 시스템으로 발전해, 병원에서 컴퓨터가 의사를 돕는 일을 하고 있다.
1990년대	기계 학습 알고리즘의 도입과 데이터 기반 접근법의 발전 예 SVM(서포트 벡터 머신)	컴퓨터가 스스로 학습할 수 있는 기계 학습 기술이 발전했다. 예를 들어, 사진 속에서 사람의 얼굴을 찾아내는 기술이 이때 발전했다. 오늘날의 얼굴 인식 기능이 그 기술에서 시작된 것이다.

2010년대	딥러닝의 발전으로 인한 컴퓨터 비전과 자연어 처리 분야의 혁신적인 성과 예 RNN(Recurrent Neural Networks), CNN(Convolutional Neural Networks)	딥러닝이라는 기술이 등장하면서 인공지능이 더 똑똑해졌다. 이 기술 덕분에 자율주행차나 음성인식 비서 같은 혁신적인 기술들이 가능해졌다. 예를 들어, 우리가 '헤이! Siri'라고 말하면 바로 대답하는 기능도 딥러닝 덕분이다. 다음의 예시는 스마트폰의 음성인식 기술이 AI의 딥러닝 기술로 가능해진 사례이다. 1. 사용자가 오늘 날씨는 어때?라고 스마트폰에 질문하는 상황이다. 2. 이에 AI가 질문을 인식하고 날씨 정보 검색에 대답한다.  그림 1-3 AI의 딥러닝 기술 사례

역사적 사건을 타임라인으로 작성하면 그림 1-4와 같다.

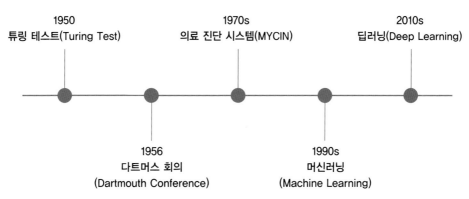

그림 1-4 역사적 사건 타임라인

역사적인 사건으로는 IBM 딥 블루의 체스 챔피언 격파(1997)와 구글 딥마인드의 알파고가 바둑 챔피언을 이긴 사건(2016)이 있다. 이러한 사건들은 AI의 가능성을 널리 알리며, 기술 발전에 중요한 계기를 마련했다.

인공지능의 주요 분야

인공지능은 기계 학습, 자연어 처리, 컴퓨터 비전, 로보틱스 등 다양한 하위 분야로 나뉜다. 각 분야의 개념과 응용 사례를 다룬다.

1) 기계 학습

기계 학습(Machine Learning)은 데이터를 이용해 모델을 학습하고 예측을 수행하는 AI의 한 분야로, 즉 컴퓨터가 많은 사진을 보고 스스로 패턴을 학습하는 것과 같다. 이는 세부적으로 지도 학습(Supervised Learning), 비지도 학습(Unsupervised Learning), 강화 학습(Reinforcement Learning)으로 나뉜다.

지도 학습은 레이블이 있는 데이터를 사용하여 학습하며, 비지도 학습은 사용자가 레이블을 제공하지 않고, 컴퓨터가 자체적으로 데이터를 그룹(클러스터링, 군집화)으로 나누는 방식이다. 예를 들어, 사진을 그룹으로 묶어 유사한 사진들을 분류하는 데 사용된다.

강화 학습은 행동의 결과(상과 벌)를 통해 학습하는 방법이다. 예를 들어, AI가 게임을 플레이하면서 점수를 높이기 위해 스스로 전략을 수정한다. 게임 AI 및 로봇 제어에 활용된다.

표 1-2 기계 학습 응용 사례 설명 및 예시

기계 학습 응용 사례	설명	예시
스팸 메일 필터링	이메일의 콘텐츠를 분석하여 스팸 여부를 설정	대표적으로는 베이즈 필터와 같은 확률적 모델 사용
이미지 분류	이미지의 내용을 분석하여 카테고리 분류	고양이와 개를 구분하는 이미지 분류 모델이 있으며, 딥러닝의 CNN(Convolutional Neural Networks)이 주로 사용됨 예 자동차와 사람을 구분하는 이미지 인식 기술
추천 시스템	사용자 행동 데이터를 바탕으로 개인화된 추천	넷플릭스나 유튜브는 사용자의 시청 기록을 기반으로 추천 영상을 제공하며, 아마존은 구매 이력을 분석하여 관련 상품을 추천함 예 넷플릭스나 유튜브에서 개인 맞춤형 추천을 제공하는 기술

기계 학습의 유형을 정리하면 표 1-3과 같다.

표 1-3 기계 학습 유형

기계 학습 유형	설명
지도 학습(Supervised Learning)	레이블된 데이터를 사용해 학습
비지도 학습(Unsupervised Learning)	레이블이 없는 데이터로 패턴 인식
강화 학습(Reinforcement Learning)	보상 시스템을 기반으로 학습

다음은 기계 학습의 기본 개념을 보여 주는 간단한 선형 회귀 예제이다. 이 코드는 선형 회귀를 통해 주어진 데이터를 학습하고, 새로운 값을 예측하는 예시이다.

```python
# 기계 학습의 간단한 예시: 단순 선형 회귀
from sklearn.linear_model import LinearRegression
import numpy as np

# 샘플 데이터
X = np.array([[1], [2], [3], [4], [5]])
y = np.array([1, 3, 2, 3, 5])

# 모델 생성 및 학습
model = LinearRegression()
model.fit(X, y)

# 예측
prediction = model.predict(np.array([[6]]))
print(f'6에 대한 예측값: {prediction}')
```

실행 결과

6에 대한 예측값: [5.2]

2) 자연어 처리

자연어 처리(Natural Language Processing)는 사람의 말을 컴퓨터가 이해하고 처리할 수 있도록 돕는 기술이다. 즉, 우리가 일상적으로 사용하는 말을 컴퓨터가 분석하고, 이해한 후에 적절한 대답을 해 주는 기술이다.

예를 들어, 스마트폰에서 사용하는 음성 비서(Siri, Alexa, Google Assistant)는 자연어 처리 기술을 사용하여 사용자의 명령을 이해하고 응답한다. 이 분야는 텍스트 분석, 음성 인식, 번역, 감정 분석 등 다양한 응용을 포함한다. 자연어 처리의 핵심 기술에는 형태소 분석, 구문 분석, 의미 분석, 문맥 이해 등이 있으며, 최근에는 트랜스포머(Transformer) 모델의 도입으로 언어 모델링과 텍스트 생성의 정확도가 크게 향상되었다.

표 1-4 자연어 처리 응용 사례 설명 및 예시

자연어 처리 응용 사례	설명	예시
챗봇	사용자와 자연스럽게 대화하며 질문에 답변하거나 요청을 처리하는 시스템	고객 서비스, 정보 제공, 예약 등의 다양한 분야에서 사용
자동 번역	텍스트를 자동으로 다른 언어로 번역하는 시스템	구글 번역(Google Translate), 딥L(DeepL)과 같은 다양한 온라인 번역 서비스는 실시간으로 언어를 번역해 주는 자연어 처리 기술을 활용
음성 비서	음성 명령을 인식하고 응답하는 시스템	음성 비서(Siri, Alexa, Google Assistant)는 사용자의 음성을 인식하여 날씨 정보를 제공하거나, 음악 재생, 메시지 보내기와 같은 다양한 작업 수행

표 1-5 자연어 처리의 주요 기술

주요 기술	내용
형태소 분석(Morphological Analysis)	텍스트를 구성하는 기본 단위 분석
구문 분석(Syntax Analysis)	문장의 구조와 규칙 분석
의미 분석(Semantic Analysis)	문장의 의미 해석

3) 컴퓨터 비전

컴퓨터 비전(Computer Vision)은 이미지 또는 비디오로부터 물체를 인식하고, 그 물체의 위치를 추적하며, 주변 환경을 분석하는 기술로, 이미지 분류, 객체 검출, 영상 분할 등이 포함된다. 이는 자율 주행 자동차의 핵심 기술로, 도로 상황을 분석하고 장애물을 인식하는 데 사용된다. 의료 영상 분석에서는 암 진단과 같은 분야에서 혁신을 일으키고 있다.

표 1-6 컴퓨터 비전 응용 사례 설명 및 예시

컴퓨터 비전 응용 사례	설명	예시
자율 주행	컴퓨터 비전 기술을 사용하여 주변 환경을 인식하고, 실시간으로 주변 차량, 보행자, 장애물을 감지, 이를 통해 안전하게 경로를 계산하고 주행하는 기술	카메라와 센서를 사용하여 도로 상황, 신호등, 보행자 등을 인식하고 반응 예 '테슬라 자율 주행 자동차'나 '구글 웨이모 자율 주행 차량'과 같은 사례
얼굴 인식 시스템	얼굴 이미지를 분석하여 개인을 식별하는 기술	보안 시스템, 출입 통제, 사용자 인증 등 다양한 분야에서 사용
의료 영상 진단 및 분석	의료 영상을 분석하여 질병을 진단하고 치료 계획을 지원하는 기술, MRI, CT 스캔, X-ray 등 의료 영상을 분석하는 데 컴퓨터 비전 기술이 사용됨. 이를 통해 AI가 이미지를 분석하여 종양이나 질병을 조기에 발견하는 데 도움을 줌	X-ray나 MRI 영상을 분석하여 암이나 기타 질병을 조기에 발견하는 데 사용 예 'IBM Watson Health' 같은 의료 AI 시스템이 방대한 의료 데이터를 분석하여 질병 진단에 활용되는 것

표 1-7 컴퓨터 비전 핵심 기술

핵심 기술	내용
이미지 분류(Image Classification)	이미지에 대한 레이블 할당
객체 검출(Object Detection)	이미지 내의 객체 위치 식별
영상 분할(Image Segmentation)	이미지 픽셀 단위의 세분화

4) 로보틱스

로보틱스(Robotics)는 물리적 세계와 상호작용하며 자율적으로 작업을 수행하는 시스템을 설계하고 제어하는 학문 및 기술의 융합 분야이다. 로봇은 센서를 활용해 주변 환경을 감지하고, 액추에이터를 통해 물리적 작업을 실행함으로써 다양한 임무를 수행할 수 있다. 이러한 기술은 제조업에서의 자동화 설비, 가정 내 청소 및 관리 로봇, 수술 지원이나 재활 치료를 돕는 의료 로봇 등 다양한 분야에 응용되고 있다.

로봇은 단순히 인간의 노동을 대체하는 것에 그치지 않고, 인간의 작업을 보조하거나 더욱 안전하고 효율적인 환경을 제공하는 데 기여하며, 현대 사회의 생산성과 삶의 질을 향상시키는 중요한 역할을 하고 있다.

표 1-8 로보틱스 응용 사례 설명 및 예시

로보스틱 응용 사례	설명	예시
산업 로봇	제조 공장에서 자동화된 작업을 수행하는 로봇	조립, 용접, 페인팅 등 반복적이고 정밀한 작업을 수행
드론	촬영, 물류, 농업 모니터링 등 다양한 작업을 수행하는 무인 항공기	촬영, 물류, 농업 모니터링 등 다양한 분야에서 사용
서비스 로봇	고객 서비스, 가정용 보조, 의료지원 등 다양한 서비스를 제공하는 로봇	호텔의 안내 로봇이나 병원의 약물 배달 로봇

표 1-9 로보틱스 구성 요소

구성 요소	내용
센서(Sensors)	외부 환경 정보를 수집
액추에이터(Actuators)	물리적 움직임을 생성
제어 시스템(Control Systems)	로봇의 동작을 제어

인공지능의 응용 분야

인공지능은 일상생활, 산업, 공공 서비스 등 다양한 분야에서 활용된다.

1) 일상생활

스마트폰의 개인 비서(Siri, Google Assistant), 가상 비서(Amazon Alexa), 추천 시스템(넷플릭스, 유튜브) 등에서 널리 사용된다. 이러한 기술은 사용자의 선호도와 행동을 분석하여 맞춤형 서비스를 제공한다.

표 1-10 일상생활 AI 응용 사례 설명 및 예시

일상생활 AI 응용 사례	설명	예시
스마트폰의 시리, 구글 어시스턴트, 삼성 갤럭시, 아마존 알렉사	음성 명령을 이해하고 응답하는 스마트폰의 음성 비서	날씨 정보를 확인하거나, 알람을 설정하고, 음악을 재생하는 등의 기능 예 사용자가 날씨를 확인하고 음악을 들으며 하루 계획을 쉽게 관리할 수 있도록 도와주는 서비스
넷플릭스 추천 시스템	사용자 선호도를 분석하여 맞춤형 콘텐츠를 추천하는 시스템	자신의 취향에 맞는 영화나 TV 프로그램을 쉽게 발견
유튜브 콘텐츠 추천	시청 기록을 바탕으로 관련 동영상을 추천하는 기능	사용자가 흥미를 가질 만한 콘텐츠를 쉽게 찾도록 도와줌

2) 산업 분야

제조업에서는 품질 관리, 예측 유지 보수, 생산 최적화에 사용된다. 금융 분야에서는 신용 평가, 사기 탐지, 투자 분석에 적용되며, 의료 분야에서는 진단 보조, 환자 모니터링, 신약 개발에 중요한 역할을 한다.

표 1-11 산업 분야 AI 응용 사례 설명 및 예시

산업 분야 AI 응용 사례	설명	예시
제조업의 자동화 시스템	로봇과 AI를 이용해 생산 공정 자동화 및 품질 관리	품질 관리 및 예측 유지 보수를 자동으로 수행 예 AI는 자동차 제조 과정에서 기계 동작을 실시간으로 조정하고, 생산 오류를 줄여 생산성을 향상시킴
금융의 알고리즘 트레이닝	금융 시장에서 데이터를 분석하여 최적의 투자 전략 수행	투자 수익률을 극대화하고 위험을 관리하는 데 도움
의료 영상 분석	의료 영상 데이터(X-ray, MRI 등)를 분석해 질병을 진단하고 치료 계획 수립	암과 같은 질병의 조기 발견과 진단 정확도를 향상시키는 데 중요한 역할 예 AI는 의료 영상을 분석하여 의사들이 더 빠르게 질병을 진단할 수 있도록 도와주며, 환자 맞춤형 치료 계획을 제시해 치료의 정확성을 높임

3) 공공 서비스

교통 관리에서는 AI를 이용한 교통 예측 및 최적화, 자율 주행 차량의 개발이 이루어지고 있으며, 교육 분야에서는 맞춤형 학습 경로 추천, 자동 평가 시스템 등이 활용된다. 공공 안전 및 보안 시스템에서도 AI 가 중요한 역할을 한다.

표 1-12 공공 서비스 AI 응용 사례 설명 및 예시

공공 서비스 및 인프라 AI 응용 사례	설명	예시
교통 관리 시스템	교통 흐름을 분석하고 신호를 최적화하여 교통 혼잡 완화	교통 흐름 분석, 예측, 실시간 교통 정보 제공 → 대중 교통의 효율성 높이고, 사고 줄이는데 도움 예 교통 혼잡 지역에서 실시간으로 데이터를 분석하여 교통 신호를 조정함으로써, 차량 흐름을 원활하게 하고 교통 사고를 예방
스마트 시티	IoT와 AI를 활용하여 도시 인르파를 효율적으로 관리	스마트 조명, 폐기물 관리 시스템, 에너지 관리 시스템 등 예 AI는 건물의 온도 조절 시스템과 조명 관리를 최적화하여 에너지 절감을 도와줌
교육 플랫폼	학생의 학습을 개인화하고 자동 채점 시스템을 통한 피드백 제공	자동 채점 시스템과 학습 분석을 통해 교사와 학생 모두에게 유용한 피드백

이러한 응용들은 인공지능 기술이 우리의 일상생활뿐만 아니라 다양한 산업 전반에 걸쳐 점점 더 깊이 통합되고 있음을 보여 준다. AI는 단순한 기술 도구를 넘어 인간의 능력을 확장시키고, 작업 효율성을 극대화하며, 복잡한 문제를 해결할 수 있는 새로운 접근 방식을 제공한다. 뿐만 아니라, 기존의 한계를 뛰어넘어 혁신을 촉진하고, 아직 발견되지 않은 가능성의 문을 여는 데 중요한 역할을 하고 있다. 이러한 점에서 AI는 현대 사회의 필수적인 기술로 자리 잡으며, 우리의 삶과 일하는 방식을 근본적으로 변화시키고 있다.

1.2 생성형 인공지능 소개

생성형 AI란

생성형 AI(Generative AI)는 주어진 데이터를 기반으로 새로운 데이터를 생성하는 AI 기술 즉, 예전에는 없었던 새로운 이미지나 텍스트를 만들어 낼 수 있는 기술을 의미한다. 이 기술은 데이터 속에서 패턴을 찾아내어 이를 바탕으로 유사하거나 창의적인 데이터를 생성할 수 있다.

생성형 AI는 텍스트, 이미지, 음성 등 다양한 형태의 데이터를 생성할 수 있으며, 이를 통해 인간의 창의적 작업을 보조하거나 자동화하는 데 기여한다.

- **예시** : 새로운 이미지 생성, 텍스트 생성, 음악 작곡

1) 주요 기술

- **GAN(생성적 적대 신경망)** : GAN은 두 가지 역할을 하는 인공지능 네트워크로 구성된다. 생성자(Generator)는 새로운 데이터를 생성하고, 판별자(Discriminator)는 이를 실제 데이터와 비교하여 데이터가 진짜인지 가짜인지 진위를 판별하는 역할을 한다. 이 과정이 반복되면서 생성자는 점점 더 진짜와 구별하기 어려운 데이터를 만들어 낸다. 예를 들어, GAN을 이용해 만든 이미지는 점점 더 실제 사진처럼 보이게 된다.

  - **GAN 작동 원리** : GAN은 생성자와 판별자가 서로 경쟁하는 방식으로 학습한다.

  - **생성자 학습** : 생성자는 가짜 데이터를 만들어 판별자를 속이려고 한다. 목표는 판별자가 이 가짜 데이터를 진짜라고 착각하게 만드는 것이다.

  - **판별자 학습** : 판별자는 입력된 데이터가 진짜인지 가짜인지를 구분하는 법을 배운다. 목표는 진짜 데이터를 정확히 가려내고, 가짜 데이터를 잡아내는 것이다.

- **GAN 학습 과정** : GAN의 학습은 다음과 같은 순서로 이루어진다.

  - **판별자 업데이트** : 판별자는 실제 데이터와 가짜 데이터를 비교하면서, 그 차이를 더 잘 구별하도록 학습한다.

  - **생성자 업데이트** : 생성자는 판별자를 속이기 위해 더 진짜 같은 가짜 데이터를 만들어 낸다.

이 과정은 반복되며, 시간이 지날수록 생성자는 더욱 현실 같은 데이터를 만들고, 판별자는 그 데이터를 구별하는 능력을 키운다. 결국, 두 네트워크가 서로 경쟁하면서 둘 다 성능이 점점 더 좋아진다. GAN은 이런 방식으로 매우 사실적인 이미지나 영상을 만들 수 있으며, 예술, 게임, 광고 등 여러 분야에서 활용된다.

- VAE(Variational Autoencoders, **변형 오토인코더**) : VAE는 데이터를 새로운 방식으로 학습하여 새로운 데이터를 생성하는 AI 모델이다. 입력된 데이터를 단순화하여 핵심적인 정보를 저장한 뒤, 이를 바탕으로 새로운 데이터를 만들어 낸다. 이 모델은 생성된 데이터의 다양성을 높이는 데 도움을 준다.
- Transformer **모델** : 주로 텍스트 생성에서 뛰어난 성능을 보인다. 예를 들어, 긴 문장을 이해하고 새로운 문장을 만들어 낼 수 있다. OpenAI의 GPT 모델 시리즈가 대표적인 예시이다.

이렇게 기술된 주요 AI 기술들은 새로운 데이터를 만들어 내는 데 매우 유용하며, 다양한 분야에서 큰 변화를 이끌고 있다.

생성형 AI의 기능

생성형 AI는 텍스트, 이미지, 음악 및 예술 등 다양한 형태의 데이터를 생성할 수 있으며, 이러한 기능들은 다양한 응용 분야에서 혁신적인 변화를 일으키고 있다.

1) 텍스트 생성

생성형 AI는 자연어 처리 모델을 활용하여 뉴스 기사 작성, 소설 쓰기, 대화 생성 등을 가능하게 한다. 예를 들어, ChatGPT와 같은 모델은 사용자와의 상호작용을 통해 대화형 텍스트를 생성하며, 정보 제공, 조언, 창의적 글쓰기 등의 기능을 수행한다.

```python
# 텍스트 생성 예시 : 간단한 문장 생성
from transformers import GPT2LMHeadModel, GPT2Tokenizer
import torch

tokenizer = GPT2Tokenizer.from_pretrained('gpt2')
model = GPT2LMHeadModel.from_pretrained('gpt2')

input_text = 'Once upon a time'
input_ids = tokenizer.encode(input_text, return_tensors='pt')
```

```
# Generate attention mask
attention_mask = torch.ones(input_ids.shape, dtype=torch.long)

output = model.generate(input_ids, attention_mask=attention_mask,
pad_token_id=tokenizer.eos_token_id, max_length=50, num_return_sequences=1)
print(tokenizer.decode(output[0], skip_special_tokens=True))
```

실행 결과

Once upon a time, the world was a place of great beauty and great danger. The world was a place of great danger, and the world was a place of great danger. The world was a place of great danger, and the world was a

이 코드는 GPT-2 모델을 사용하여 주어진 문장을 기반으로 텍스트를 생성하는 예시이다. 모델이 텍스트를 예측하면서 새로운 문장을 만들어 낸다.

2) 이미지 생성

생성형 AI는 GAN(Generative Adversarial Networks)과 같은 기술을 이용해 예술 작품, 사진, 캐릭터 디자인 등 다양한 유형의 이미지를 생성할 수 있다. DALL-E와 같은 시스템은 텍스트 설명을 기반으로 이미지를 생성하며, 창의적인 디자인과 예술 창작에 활용된다.

다음의 코드는 GAN의 생성자 네트워크를 사용하여 무작위 노이즈로부터 이미지를 생성하는 방법을 보여 준다. 생성된 이미지는 간단한 패턴을 표현 또는 숫자를 표현할 수 있다.

```
# 이미지 생성 예시 : GAN의 기본 구조
import torch
import torch.nn as nn
import matplotlib.pyplot as plt

class Generator(nn.Module):
    def __init__(self):
        super(Generator, self).__init__()
        self.main = nn.Sequential(
            nn.Linear(100, 256),
            nn.ReLU(True),
```

```
            nn.Linear(256, 512),
            nn.ReLU(True),
            nn.Linear(512, 1024),
            nn.ReLU(True),
            nn.Linear(1024, 784),
            nn.Tanh()
        )
    def forward(self, input):
        return self.main(input)

# Generator 모델 정의
gen = Generator()

# 임의의 노이즈로부터 이미지 생성
noise = torch.randn(1, 100)
generated_image = gen(noise)

# 생성된 이미지를 시각화하기 위해 28x28로 reshape
generated_image = generated_image.view(28, 28).detach().numpy()

# 생성된 이미지 시각화
plt.imshow(generated_image, cmap='gray')
plt.title('Generated Image')
plt.axis('off')
plt.show()
```

실행 결과

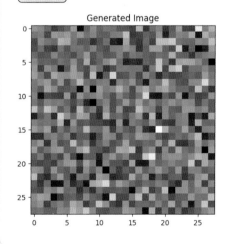

3) 음악 및 예술 생성

생성형 AI는 음악, 그림, 시와 같은 창의적 콘텐츠를 생성하며, 예술가들에게 독창적인 아이디어를 제공하거나 반복적인 작업을 자동화하여 창작 과정의 효율성을 높이는 데 기여한다. 이를 통해 예술가들은 기술을 활용해 새로운 방식으로 표현하거나 창작 영역을 확장할 수 있다.

다음의 코드는 간단한 멜로디를 생성하는 예시이다. 음악의 기초적인 음계를 바탕으로 랜덤하게 음들을 조합해 멜로디를 만들어 낸다.

```python
# 음악 생성 예시: 간단한 멜로디 생성
import numpy as np

def generate_melody(length=8):
    notes = ['C', 'D', 'E', 'F', 'G', 'A', 'B']
    melody = np.random.choice(notes, length)
    return melody

melody = generate_melody()
print('Generated melody:', melody)
```

실행 결과

```
Generated melody: ['F' 'C' 'A' 'F' 'C' 'A' 'A' 'D']
```

생성형 AI는 텍스트, 이미지, 음악 등 다양한 형태의 데이터를 생성할 수 있으며, 이를 바탕으로 예술뿐만 아니라 교육, 광고, 의료와 같은 혁신적인 응용 분야가 등장하고 있다. 이러한 기술은 예술가뿐만 아니라 개발자와 연구자들에게도 창의적인 아이디어를 제공하고, 반복적이거나 시간 소모적인 작업을 자동화하는 데 유용하게 활용되고 있다.

생성형 AI의 사례

생성형 AI는 다양한 산업에서 응용되고 있으며, 그중에서도 특히 텍스트, 이미지, 영상, 음성 분야에서 활발하게 사용되고 있다.

1) ChatGPT와 같은 챗봇

ChatGPT는 대화형 AI 모델로, 사용자와 자연스러운 대화를 나눌 수 있다. 이 모델은 텍스트 기반의 질문이나 요청에 대해 응답하며, 정보 제공, 조언, 그리고 창의적인 글쓰기 지원 등의 기능을 수행한다. 예를 들어, 사용자가 "어떻게 더 좋은 시간 관리를 할 수 있을까?"라는 질문을 던지면, ChatGPT는 유용한 시간 관리 팁을 제공할 수 있다.

2) DALL-E와 같은 이미지 생성 모델

DALL-E는 사용자가 입력한 텍스트 설명을 기반으로 이미지를 생성하는 AI 모델로, 생성형 AI 기술의 대표적인 사례 중 하나이다. 예를 들어, "고양이와 개가 나란히 앉아 있는 그림"이라는 설명을 입력하면, DALL-E는 그에 맞는 이미지를 창의적으로 생성할 수 있다. 이러한 모델은 단순히 텍스트를 이미지로 변환하는 데 그치지 않고, 사용자의 요구에 따라 다양한 스타일과 구성을 반영한 결과물을 제공한다. 이로 인해 창의적 디자인, 광고 제작, 예술 창작과 같은 분야에서 활용도가 높아지고 있다. 특히, 텍스트와 이미지를 결합하여 기존에 없던 새로운 시각적 경험을 제공하며, 사용자가 상상하는 이미지를 빠르고 정확하게 실현하는 도구로 자리 잡았다. 예술가들에게는 새로운 표현의 장을 열어주고, 마케팅 전문가들에게는 독창적인 콘텐츠를 제작하는 기회를 제공하는 등, DALL-E는 다양한 영역에서 혁신을 이끌고 있다.

3) Deepfake(딥페이크) 기술

Deepfake(딥페이크) 기술은 주로 AI를 활용하여 기존의 영상이나 이미지를 변형하거나 새로운 형태로 만들어내는 기술로, 특히 얼굴이나 음성을 기반으로 사실적인 영상을 생성하는 데 사용된다. 이 기술은 초기에는 단순히 재미를 위한 영상 제작이나 창작 활동에 활용되었지만, 점차 영화, 광고, 교육 콘텐츠 제작 등 다양한 산업 분야로 그 활용 범위를 넓혀가고 있다. 예를 들어, Deepfake를 통해 과거 역사적 인물의 연설 영상을 복원하거나, 유명 배우가 촬영에 직접 참여하지 않아도 영화를 완성하는 것이 가능하다. 그러나 이와 동시에 Deepfake 기술은 가짜 뉴스, 허위 정보의 유포, 개인 사생활 침해와 같은 심각한 윤리적 문제를 일으킬 가능성도 내포하고 있다. 따라서 Deepfake의 활용은 기술적 진보와 함께 사회적 책임에 대한 깊은 논의가 필요하다.

이처럼 생성형 AI는 텍스트 생성 챗봇과 이미지 생성 모델, 그리고 Deepfake와 같은 기술을 통해 다양한 분야에서 혁신적인 변화를 일으키고 있다. 텍스트와 이미지를 생성하는 기술뿐만 아니라, AI는 영상 제작, 음성 합성, 음악 작곡 등 창작의 영역을 넘나들며 무한한 가능성을 보여주고 있다. 예를 들어, 영화 제작에서는 AI가 시각적 효과를 자동화하고, 음성 합성 기술은 더 자연스러운 가상 비서를 만드는 데 활용된다. 또한, 의료 영상 분석이나 교육 콘텐츠 제작에도 생성형 AI는 중요한 도구로 자리 잡고 있다.

하지만 이러한 기술 발전은 동시에 윤리적, 사회적 문제를 함께 고려해야 한다는 과제를 남긴다. 생성형 AI가 제공하는 결과물은 때로는 오용될 위험이 있으며, Deepfake와 같은 기술은 사생활 침해나 신뢰의 붕괴를 초래할 수 있다. 따라서 생성형 AI를 활용할 때는 그 잠재력을 극대화하면서도, 이에 수반되는 윤리적 책임을 간과하지 않아야 한다. 기술의 발전이 인간 사회에 긍정적인 영향을 미칠 수 있도록, 신중한 접근과 규제, 그리고 투명한 사용 방침이 필수적이다. 생성형 AI는 무한한 가능성을 가지고 있지만, 그것을 올바르게 활용하는 것은 우리의 책임이다.

1.3 생성형 AI의 실제 사례 분석

생성형 AI는 다양한 산업에서 혁신적인 서비스를 제공하며, 일상생활과 비즈니스 환경에 큰 영향을 미치고 있다. 이 절에서는 실제 상용화된 생성형 AI 서비스의 사례를 분석하고, 이러한 기술이 어떻게 활용되고 있는지, 그 영향이 무엇인지를 탐구한다. 이를 통해 생성형 AI의 실용적 가치를 이해하고, 관련된 윤리적 및 사회적 이슈도 함께 고려해야 한다.

상용화 서비스 사례

1) 챗봇 및 고객 서비스

생성형 AI를 활용한 챗봇은 고객 지원 서비스에서 폭넓게 사용되고 있다. 예를 들어, e-커머스 웹사이트에서는 고객의 문의에 실시간으로 답변하고, 문제 해결을 지원하는 챗봇이 운영된다. 이러한 시스템은 자연어 처리(NLP) 기술을 이용해 사용자의 질문을 이해하고, 적절한 응답을 생성하여 고객 경험을 개선한다. AI 기반 챗봇은 24시간 지원을 제공할 수 있어 고객 서비스의 효율성을 크게 높인다.

2) 콘텐츠 생성

마케팅과 미디어 산업에서도 생성형 AI가 중요한 역할을 한다. AI는 소셜 미디어 콘텐츠, 뉴스 기사, 광고 문구 등을 자동으로 생성할 수 있다. 예를 들어, 마케팅 캠페인에서는 AI가 특정 고객 세그먼트에 맞춤형 메시지를 작성하여 개인화된 경험을 제공한다. 뉴스 산업에서는 알고리즘이 데이터 기반의 기사 작성이나 자동 요약을 통해 생산성을 높이고 있다.

3) 창작 도구

예술과 디자인 분야에서 AI가 창작 도구로서 예술가와 디자이너를 지원하고 있다. 예를 들어, DALL-E와 같은 이미지 생성 모델은 텍스트 설명을 기반으로 독창적인 이미지를 생성하여 예술가의 창작 과정을 보조한다. 또한, 음악 생성 AI는 새로운 곡을 작곡하거나 기존 곡을 변형하는 데 사용될 수 있으며, 시각 예술에서는 새로운 스타일의 작품을 생성하거나 기존 작품을 분석하여 새로운 예술적 가능성을 탐구할 수 있다.

생성형 AI 서비스 분석

생성형 AI 서비스의 실제 적용 사례를 분석하고 이해할 수 있는 구체적인 방법을 제시해 보자.

실습 예제 은행 고객 지원 챗봇 분석 ...

1. **실습 목표** : 실제 상용화된 생성형 AI인 은행의 고객 지원 챗봇을 분석하여, 사용된 기술, 구현 방식, 성능, 사용자 경험, 비즈니스 가치 및 윤리적 고려사항을 평가한다.

2. **실습 준비**
   - **필요 도구** : 노트북 또는 태블릿, 인터넷 연결, 분석 도구(예 : 텍스트 분석 소프트웨어, 데이터 수집 도구)
   - **챗봇 선택** : 특정 은행의 실제 상용화된 고객 지원 챗봇(예 : "ABC 은행 챗봇")을 선택한다.
   - **데이터 수집 방법** : 실제 사용자가 되어 챗봇과 상호작용하며 데이터를 수집하거나, 은행의 API를 활용하여 로그 데이터를 분석한다.

3. **실습 진행 단계**

1) **챗봇과의 상호작용 및 데이터 수집**
   - **시나리오 설정** : 각기 다른 사용자 시나리오(예 : "계좌 잔액 조회", "최근 거래 내역 확인", "대출 금리 문의" 등)를 설정하여 챗봇에 입력한다.
   - **상호작용 기록** : 챗봇의 응답을 기록하고, 응답의 정확성, 응답 시간, 사용자 경험 등을 평가한다.

2) **사용된 기술 분석**
   - **NLP 모델 분석** : 챗봇이 사용한 자연어 처리 기술(NLP)의 종류를 파악하고, 그 성능을 평가한다.
   - **의도 인식과 응답 생성** : 챗봇이 사용자의 의도를 어떻게 인식하고, 그에 따라 응답을 생성하는지 분석한다. 예를 들어, "계좌 잔액을 알고 싶어요"와 "계좌 잔액을 보여 주세요"라는 질문에 대해 동일한 응답을 하는지 확인한다.

3) **사용자 경험 분석**
   - **대화의 자연스러움** : 챗봇의 응답이 얼마나 자연스럽고 일관성 있는지 평가한다.
   - **문제 해결 능력** : 사용자가 겪는 문제를 얼마나 효과적으로 해결하는지 분석한다.
   - **사용자 인터페이스** : 챗봇의 인터페이스가 직관적이고 사용하기 쉬운지 평가한다.

4) **비즈니스 가치 평가**
   - **효율성 향상** : 챗봇이 실제로 고객 지원 업무를 얼마나 효율적으로 처리하는지 분석한다. 예를 들어, 평균 대기 시간 감소, 처리 시간 단축 등이 있다.
   - **비용 절감** : 챗봇을 도입함으로써 절감된 인건비와 기타 운영 비용을 평가한다.

5) **윤리적 고려사항 평가**
   - **개인정보 보호** : 챗봇이 사용자 데이터를 어떻게 처리하고 있는지, 개인정보 보호 정책이 잘 적용되고 있는지 평가한다.
   - **신뢰성** : 챗봇이 제공하는 정보의 정확성과 신뢰성을 평가한다. 특히 금융 정보와 관련된 응답의 신뢰성 여부를 중점적으로 분석한다.

실습 예시 결과

예시의 "ABC 은행 챗봇"이 대체로 정확한 응답을 제공하지만, 특정 복잡한 질문에 대해서는 불완전한 답변을 제공한다는 것을 발견했다. 또한, 챗봇이 민감한 개인정보를 취급할 때 충분한 보안 조치가 필요함을 지적하였다. 챗봇이 반복적인 문의 처리를 효과적으로 처리하여 고객 지원 팀의 업무를 경감시키고 비용을 절감하는 데 기여했다고 결론지었다.

결론 및 개선 제안

챗봇의 의도 인식 능력을 개선하고, 민감한 정보에 대한 접근 제한을 강화하는 것을 제안했다. 또한, 고객이 챗봇을 사용하는 과정에서 더 나은 경험을 제공하기 위해 UI 개선을 권장하였다.

이 실습은 실제 상용화된 챗봇을 대상으로 하여 생성형 AI의 실제 활용과 그에 따른 다양한 영향을 체험적으로 학습할 수 있는 기회를 제공한다. 이를 통해 이론적 지식과 실무적 응용의 균형을 이해할 수 있게 된다.

윤리적 고려 사항

생성형 인공지능(Generative AI)은 다양한 분야에서 혁신적인 기회를 제공하는 동시에 중요한 윤리적 문제들을 초래할 수 있다. 이 절에서는 생성형 AI의 발전과 활용에서 발생할 수 있는 주요 윤리적 쟁점을 탐구하고, 이러한 기술을 책임 있게 사용하는 방법에 대해 논의한다.

윤리적 쟁점

1) 프라이버시 : 개인 정보 보호 문제

생성형 AI는 개인 데이터를 활용하여 새로운 콘텐츠를 생성할 수 있다. 이 과정에서 개인 정보의 수집, 저장, 처리 방식이 중요한 윤리적 문제로 나타난다. 특히, 사용자의 동의 없이 민감한 정보를 사용하거나, 생성된 콘텐츠에서 개인 식별 정보를 유추할 수 있는 경우, 개인정보 보호법을 위반할 수 있다. 이를 해결하기 위해 데이터 익명화와 접근 권한 제한, 명확한 개인정보 보호 정책을 수립해야 한다.

2) 저작권 : 창작물에 대한 권리

생성형 AI가 생성한 콘텐츠의 저작권 문제는 복잡한 윤리적 쟁점 중 하나다. AI가 기존 창작물을 학습하여 새로운 작품을 생성할 때, 원작자의 저작권을 침해할 가능성이 있다. 예를 들어, AI가 학습한 데이터셋에 포함된 예술 작품이나 음악의 요소를 무단으로 차용할 경우, 원작자의 권리를 침해할 수 있다. 따라서 저작권 소유권을 명확히 하고, 원작자의 권리를 존중하는 시스템이 필요하다.

3) 오용 가능성 : Deepfake와 같은 악용 사례

생성형 AI 기술은 Deepfake와 같은 기술을 통해 실제와 유사한 가짜 콘텐츠를 만들 수 있어 사회적으로 큰 파장을 일으킬 수 있다. 이러한 기술은 정보 조작, 명예 훼손, 허위 정보 확산 등 다양한 방식으로 악용될 수 있다. 예를 들어, 유명 인사의 얼굴을 합성한 가짜 영상이 악의적으로 사용될 경우, 해당 인사의 명성을 훼손하거나 대중에게 혼란을 줄 수 있다. 이러한 오용을 방지하기 위해, Deepfake 탐지 기술 개발과 관련 법규 마련이 필요하다.

책임 있는 AI 사용

1) 책임 있는 AI 개발 : 공정성, 투명성, 책임감

생성형 AI를 개발할 때는 공정성, 투명성, 책임감이라는 원칙을 준수해야 한다.

- **공정성** : AI가 특정 그룹이나 개인에게 불리하게 작용하지 않도록 해야 한다.
- **투명성** : AI가 사용하는 데이터와 결정 과정이 명확히 공개되어야 한다.
- **책임감** : AI 시스템이 초래하는 모든 결과에 대해 개발자와 사용자가 책임을 져야 한다. 이러한 원칙을 준수함으로써 AI 기술이 신뢰할 수 있고 공정하게 사용될 수 있도록 해야 한다.

2) 규제 및 정책 : 정부 및 국제 기구의 역할

생성형 AI의 사용과 관련된 규제 및 정책은 각국 정부와 국제 기구가 중요한 역할을 해야 한다. 정부는 법적 규제를 통해 AI의 오용을 방지하고, 개인정보 보호와 저작권 보호를 강화해야 한다. 또한, 국제 기구는 글로벌 차원의 AI 윤리 기준을 수립하고, 국가 간 협력을 촉진해야 한다. 이를 통해 AI 기술의 발전과 사용이 전 세계적으로 일관된 윤리적 기준에 따라 이루어질 수 있도록 해야 한다.

생성형 AI의 윤리적 쟁점을 해결하고 책임 있는 사용을 촉진하기 위해서는 다양한 이해관계자들의 협력이 필수적이다. 개발자는 기술의 설계 단계에서부터 윤리적 가이드라인을 준수하며, 부작용을 최소화하는 방향으로 AI를 개발해야 한다. 사용자는 AI 기술의 한계를 이해하고, 이를 신중하고 적절하게 활용할 책임이 있다. 법률 전문가와 정책 입안자는 AI 기술의 잠재적 위험을 평가하고, 기술의 오용을 방지하기 위한 법적·제도적 장치를 마련해야 한다.

이처럼 각 분야의 전문가들이 긴밀히 협력함으로써 생성형 AI가 인간과 사회에 긍정적인 영향을 미칠 수 있는 방향으로 발전할 수 있다. 나아가, 국제적인 협력과 표준화된 윤리적 프레임워크를 구축하여 기술 발전과 사회적 신뢰 사이의 균형을 유지하는 노력도 함께 이루어져야 한다.

연습 01 인공지능(AI)이란 무엇이며, 1956년 다트머스 회의가 인공지능 연구에 미친 영향은 무엇인가요?

연습 02 다음 중 기계 학습(Machine Learning)의 대표적인 응용 사례가 아닌 것은 무엇인가요?
① 스팸 메일 필터링
② 자동 번역
③ 이미지 분류
④ 추천 시스템

연습 03 GAN(Generative Adversarial Networks)에서 생성자(Generator)와 판별자(Discriminator)의 역할을 설명하세요.

연습 04   AI 기술이 교통 관리 시스템에서 어떻게 활용될 수 있는지 설명하세요.

연습 05   다음 중 자연어 처리(NLP)의 응용 분야로 적절하지 않은 것은 무엇인가요?
① 챗봇
② 음성 비서
③ 얼굴 인식
④ 자동 번역

연습 06   로보틱스(Robotics) 기술이 의료 분야에서 어떻게 활용될 수 있는지 설명하세요.

연습 07   생성형 인공지능(Generative AI)의 사용에서 발생할 수 있는 윤리적 문제 중 저작권과 관련된 문제를 설명하고, 이를 해결하기 위한 방안을 제시하세요.

생성형 AI
학습 원리와 구조

학 습 목 표

- 생성형 AI의 기본 원리 이해 : 생성형 AI, 특히 GPT 모델이 문장을 생성하는 과정을 직관적으로 이해하고, 문맥에 따라 다음 단어를 예측하는 원리를 설명할 수 있다.

- GPT의 학습 과정 분석 : GPT가 다양한 문장을 학습하고 이를 바탕으로 새로운 문장을 생성하는 방법을 설명할 수 있다. 특히, GPT가 어떻게 데이터를 기반으로 학습하고, 이를 통해 텍스트를 생성하는지에 대한 원리를 이해한다.

- GPT의 모델 구조 이해 : GPT 모델의 구조, 특히 Pre-trained Learning과 Transformer 알고리즘의 역할을 이해하고, 이들이 어떻게 문장 생성에 기여하는지 설명할 수 있다.

- GPT의 한계와 주의 사항 인식 : GPT 모델이 생성한 텍스트의 신뢰성에 대해 이해하고, 환각(할루시네이션) 현상 등 생성형 AI가 가질 수 있는 한계와 위험 요소를 설명할 수 있다.

- GPT와 인공신경망의 관계 이해 : 인공신경망의 개념과 GPT 모델의 관계를 이해하고, GPT의 학습 과정에서 발생하는 물리적 제약을 설명할 수 있다.

- 범용 인공지능의 발전 방향 탐구 : GPT 모델의 발전이 범용 인공지능(AGI)으로 이어질 가능성과 그 한계를 이해하고, OpenAI의 전략에 대해 논의할 수 있다.

2.1 생성형 AI의 개요

자동차 운전을 배우는 방법에는 두 가지가 있다. 하나는 다양한 시도를 통해 성공과 실패의 경험을 배우는 방법이고, 다른 하나는 자동차의 메커니즘을 미리 공부한 후 자동차 운전을 배우는 방법이다. 이 두 접근 방식은 큰 차이점을 가지고 있다. 마찬가지로, GPT의 능력을 제대로 이해하기 위해서는 GPT가 무엇을 어떻게 학습했는지를 알아야 한다. 이 장에서는 GPT가 "무엇을 학습했는지"와 "어떻게 학습했는지"에 대해 다루고자 한다. 이 장을 이해하면 GPT를 보다 효과적으로 활용할 수 있는 능력을 얻을 수 있을 것이다.

ChatGPT : 학습과 진화의 원리

ChatGPT는 이 글을 읽고 있는 지금도 계속해서 진화하고 있다. ChatGPT가 처음 등장한 2020년 11월과 비교하면, 최근의 기능은 놀랄만한 발전을 이루었다. 앞으로도 빠른 속도의 발전이 예상되기 때문에 가까운 미래의 ChatGPT를 예측하는 것조차 어려울 수 있다.

ChatGPT가 무엇을 어떻게 학습했고, 그 학습을 바탕으로 어떻게 문장을 생성하는지에 대한 원리에 대해 설명하고자 한다. 가능하면 어려운 이론보다는 개념 위주의 직관적인 설명에 중점을 둘 것이다. ChatGPT의 동작 원리에 대한 공식적인 정보는 영업 비밀로 공개되지 않았지만, ChatGPT가 등장하기 전에 생성형 인공지능 분야의 발표된 기술과 논문들을 통해 대략적인 추측이 가능하다.

GPT는 'Generative Pre-trained Transformer'의 약자이며, 여기서 인간과 대화할 수 있는 인터페이스를 추가한 것이 ChatGPT이다. 이 책에서는 편의상 ChatGPT와 GPT는 같은 의미로 혼용해서 사용한다.

이 장에서는 GPT-3.0이 처음 발표되었을 때의 논문과 학문적 내용을 바탕으로 GPT가 어떤 구조를 가지고 어떻게 학습하여 모델을 만들었는지에 대한 기술적인 원리를 살펴보자.

2.2 직관적으로 이해하는 GPT 동작 원리

문장의 다음 단어 예측

예를 들어, "She is eating a green apple."이라는 문장이 있다고 가정해 보자. 누군가가 "She is eating a green ( )."이라는 문장에서 괄호에 들어갈 적절한 단어를 묻는다면, 많은 사람들이 'apple'이라고 답할 것이다. 이 과정은 마치 빈칸 채우기 문제를 푸는 것과 같다. GPT도 수많은 문장 예시를 학습하여 문맥을 이해하고, 다음에 올 단어를 예측한다. 예를 들어, 'She is eating a green ( )'에서 GPT는 문장의 앞뒤 단어를 고려하여 가장 적합한 단어인 'apple'을 선택할 가능성이 크다. 물론, 이 문장에서 school, park, market과 같은 단어도 괄호에 들어가도 문법적으로는 문제가 없겠지만, 문맥을 고려하면 적합하지 않다. 이처럼 GPT는 문맥을 바탕으로 단어 후보들을 좁혀 나간다. 이 과정을 개념적으로 설명하면 다음과 같다.

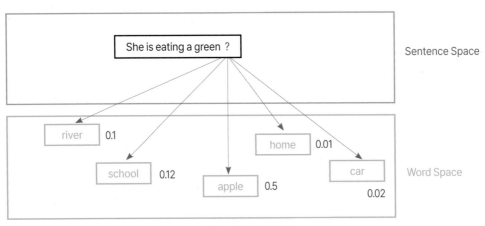

그림 2-1 문장 생성 개념

먼저 "She is eating a green?"이라는 문장을 하나의 의미 벡터로 만들어 모든 문장이 있는 공간(편의상 Sentence Space라고 한다)에 대응시킨다. 한편 "?"에 들어갈 수 있는 모든 단어가 있는 공간(편의상 Word Space라고 한다)에서 각 단어마다 Sentence space에 있는 문장(She is eating a green ?)과의

적합도를 계산한다. 이때, 적합도는 과거의 경험을 바탕으로 문장의 앞부분을 고려하여 확률적으로 가장 연관성이 큰 단어를 선택하게 된다.

또 다른 예를 들어, "고양이는 ( )에서 잠을 자고 있다"라는 문장에서 GPT는 '침대'나 '의자'와 같은 단어를 예측할 수 있다. 이는 GPT가 학습한 수많은 문장 예시를 바탕으로 가능한 단어 후보를 추론하는 방식으로 이루어진다.

물론 이 방법으로 완성된 문장이 100% 정답이라고 확신할 수는 없지만, 대부분의 사람들이 일반적으로 (통계적으로) 사용하는 문장이기 때문에 크게 벗어나지 않을 가능성이 높다. 또한, 이 세상에 존재하는 다양한 문장에 대한 충분한 경험이 있다면, 우리가 선택한 단어가 정답일 확률은 더욱 높아질 것이다.

문장을 Sentence 공간에 벡터로 대응

"She is eating a green ( )."이라는 문장을 완성하기 위해 인간은 'She', 'is', 'eating', 'a', 'green'이라는 단어를 고려한다. 그러나 모든 단어를 동일한 중요도로 고려하지 않는다. 주어진 문장에서 괄호와 관련성이 높은 단어가 더 중요한 역할을 하게 된다. 예를 들어, 여기서는 'eating', 'green'이 다른 단어들보다 더 중요한 단어로 판단될 수 있다.

문장을 구성하는 각각의 단어 중요도를 다르게 고려하여 전체 문장을 Sentence Space에 대응시키면, 괄호 속 단어를 선택할 때 더욱 적합한 단어를 선택할 가능성이 높아진다. 이는 동일한 단어라도 문장의 내용에 따라 중요도가 달라질 수 있음을 의미한다. GPT는 주어진 문장의 앞뒤 단어를 고려하여 다음에 올 단어를 예측하는 방식으로 학습한다. 이 과정은 인간의 직관적 추론 방식과 유사하다. 그렇다면, 왜 이 예시 문장에서 'eating'과 'green'이 더 중요하다고 판단되었을까? 이는 단순한 '직관'이라고 할 수 있지만, 사실 이 직관은 인간이 그동안 경험한 수많은 문장 예제를 바탕으로 한 '경험적 지식'에 의한 것이다. 마찬가지로, GPT도 수많은 문장 데이터를 학습하면서 문맥을 이해하고 중요한 단어를 예측하는 능력을 키운다.

이러한 기술은 상용화되어 다양한 서비스에 활용되고 있다. 예를 들어, ChatGPT는 고객 서비스 챗봇으로 사용되어 고객의 질문에 빠르고 정확하게 답변을 제공한다. 또한, DALL-E는 텍스트 설명을 바탕으로 이미지를 생성하여 디자인과 예술 분야에서 창의적인 작업을 돕고 있다.

GPT 동작 원리

GPT 기반의 생성형 AI는 다양한 분야에서 혁신적인 변화를 일으키고 있다. 이러한 변화는 GPT가 문맥을 이해하고 예측하는 능력 덕분이다. 이제 GPT의 동작 원리를 다양한 예시를 통해 더 깊이 이해해 보자.

1) 예시 학습

GPT는 인간이 사용하는 다양한 문장을 반복적으로 학습하면서(예 : 위의 예시에서와 같은 방식으로 빈칸 채우기 학습 충분히 수행하기) 문장과 문장 사이의 관계를 학습한다. 또한, 주어진 문장에 이어질 단어를 선택하기 위해 학습한 지식을 활용하여 다음 단어를 생성한다. 이렇게 기존 문장을 학습하고, 이를 바탕으로 새로운 문장을 생성하는 것이 GPT의 기본 원리이다.

다음은 위키백과에 있는 인공지능에 대한 설명이다.

> 인공지능은 인간의 학습 능력, 추론 능력, 지각 능력을 인공적으로 구현하려는 컴퓨터 과학의 세부 분야 중 하나이다. 정보공학 분야에 있어 하나의 인프라 기술이기도 하다. 인간을 포함한 동물이 갖고 있는 지능 즉, 자연 지능과는 다른 개념이다.
> 인간의 지능을 모방한 기능을 갖춘 컴퓨터 시스템이며, 인간의 지능을 기계 등에 인공적으로 시연(구현)한 것이다. 일반적으로 범용 컴퓨터에 적용한다고 가정한다. 이 용어는 또한 그와 같은 지능을 만들 수 있는 방법론이나 실현 가능성 등을 연구하는 과학 기술 분야를 지칭하기도 한다.

GPT는 이 문장을 학습하면서 다음과 같이 반복적으로 빈칸 채우기 연습을 통해 문장에서 단어의 중요도를 학습하게 된다.

> 인공지능은 (　).
> 인공지능은 인간의 (　).
> 인공지능은 인간의 학습 능력, (　).
> 인공지능은 인간의 학습 능력, 추론 능력, (　).
> 인공지능은 인간의 학습 능력, 추론 능력, 지각 능력을 (　).
> …
> …
> 인공지능은 …　기술 분야를 지칭하기도 (　).

충분한 문장 예시가 주어진다면, GPT는 일상적으로 인간이 사용하는 모든 문장에서 각 단어의 중요도를 계산하는 법을 배우게 되고, 문장의 다음에 올 단어에 대한 확률적 통계를 학습하게 된다. 실제로도 GPT는 인간이 만들어 놓은 방대한 디지털 데이터를 학습하여 이러한 능력을 습득한 것이다.

2) 학습된 지식으로 생성하는 질문의 답변

예를 들어, "인공지능이란 무엇인지 간략하게 설명해 주세요"라는 질문을 받았다면 GTP는 이를 먼저 "인공지능이란 무엇인지 간략하게 설명해 주세요. (　)"라는 빈칸 채우기 문제로 인식한다. 그리고 질문을 구성하는 각 단어의 중요도와 연관성을 고려하여 괄호의 단어를 선택한다. 이렇게 선택된 단어를 바탕으로 다시 문장을 이어가며, 문장의 끝에 도달할 때까지 이 과정은 계속 반복된다.

> 인공지능이란 무엇인지 간략하게 설명해 주세요. ( )
> 인공지능이란 무엇인지 간략하게 설명해 주세요. 인공지능은 ( )
> 인공지능이란 무엇인지 간략하게 설명해 주세요. 인공지능은 인간의 ( )
> …
> …
> 인공지능이란 무엇인지 간략하게 설명해 주세요. 인공지능은 인간의 .. 지칭하기도 한다 ( )
> 인공지능이란 무엇인지 간략하게 설명해 주세요. 인공지능은 인간의 .. 지칭하기도 한다.

앞의 설명은 GPT의 동작 과정을 이해하기 쉽게 비유한 것이다. 실제로는 GPT가 예제 문장을 학습할 때 복잡한 수학적 계산과 통계를 이용해 동작한다. 또한 GPT는 다음 단어를 생성하기 위해 내부적으로 복잡한 계산을 수행한다.

3) GPT가 생성한 답변 사용 시 유의 사항

GPT가 위에서 설명한 원리에 따라 답변을 생성하기 때문에, 사용자는 GPT가 생성한 답변을 다룰 때 몇 가지 주의 사항을 염두에 두어야 한다.

첫째, 생성된 답변은 확률적인 기반에서 만들어진 문장이라는 점이다. GPT가 학습할 때 해당 주제에 대한 충분한 예제가 있었다면, 높은 확률로 답변이 만들어지며 이 문장의 진실성도 비교적 높을 것이다. 그러나, 특정 주제에 대한 학습 데이터가 부족하거나 예제가 충분하지 않았다면, GPT는 확률적으로 가장 적합하다고 판단되는 단어를 조합하여 결과를 생성한다. 이 과정에서 문장의 진실성이 왜곡되거나, 질문과 전혀 무관한 답변이 만들어질 수 있다. 이러한 현상을 '환각(할루시네이션, Hallucination)'이라고 한다.

다시 한번 강조하자면, GPT는 사실을 검색하여 답변을 제공하는 도구가 아니다. 대신, 학습된 데이터의 통계적 확률에 기반하여 응답을 생성한다. 이로 인해, 학습 사례가 부족하거나 불완전한 데이터와 연관된 질문에서는 환각 현상이 더 자주 발생할 수 있다. 따라서 GPT의 답변을 사용할 때는 항상 답변의 신뢰성을 검토하고, 필요할 경우 추가적인 검증을 통해 확인하는 것이 중요하다.

둘째, 질문의 구성에 따라 답변의 품질이 달라질 수 있다. 단어의 나열 순서나 선택된 단어에 따라 생성되는 답변이 달라지기 때문에, 좋은 질문이 좋은 답변을 이끌어 낸다고 결론지을 수 있다. 이러한 질문을 만들고 최적화하는 과정은 '프롬프트 엔지니어링'이라고 하며, 이는 GPT를 효과적으로 사용하는 핵심 기술이다.

셋째, GPT의 답변은 학습한 데이터의 내용에 의해 결정된다는 점이다. 예를 들어, GPT가 일본어로 된 디지털 데이터로 학습되었다면, "독도는 어느 나라 땅인가?"라는 질문에 "독도는 일본 땅이다"라는 답변이 나올 가능성이 높다. 반면에, 한국어로 된 자료를 학습했다면 동일한 질문에 "독도는 한국 땅이다"라고 답변할 것이다. 이와 같은 차이는 GPT가 학습한 언어와 데이터의 출처에 따라 달라지며, 이는 GPT의 답변이 모순되는 것이 아니라 자연스러운 결과임을 이해해야 한다. 따라서 질문하려는 내용이 어느 언어로 된 자료에 충분히 포함되어 있는지 고려한 후, 그 언어로 질문하는 것이 가장 적절한 답변을 얻을 수 있는 방법이다.

마지막으로, GPT가 처음 학습할 때 어떤 자료를 얼마나 많이 학습했느냐에 따라 모델의 특성과 개성이 결정된다. 예를 들어, GPT가 영어로 질문했을 때 상대적으로 다양한 고품질의 답변을 얻을 수 있는 이유는, GPT가 학습한 자료 중 영어로 된 자료가 압도적으로 많기 때문이다. GPT는 사실적인 문장뿐만 아니라 주관적인 가치 판단이 포함된 문장도 학습한다. 이 때문에, 특정 국가(예 : 미국)에서 개발된 GPT는 그 나라의 이해관계에 유리한 정보가 포함될 수 있다. 따라서 각 국가가 독자적인 GPT 모델을 개발하는 것은 그 국가의 이익과 직결된 중요한 과제가 될 수 있다.

결론적으로, 좋은 질문을 만드는 것은 사람마다 다르고 여러 가지 방법이 있을 수 있다. 그러나 GPT의 학습 원리와 답변 생성 원리를 깊이 이해할수록 더 나은 질문을 만들 수 있는 능력이 향상될 것이다. 다양한 시도를 통해 GPT의 강점과 약점을 체험하는 것이 중요하며, 전문가의 조언도 유용하지만, 무엇보다 스스로 다양한 시도를 해 보는 것이 GPT를 효과적으로 활용하는 데 필수적이다.

2.3 깊게 이해하는 GPT 동작 원리

이 절은 GPT와 관련된 Google의 2017년 발표 논문 『Attention Is All You Need』와 OpenAI에서 2020년 발표 논문 『Learning to Summarize from Human Feedback』을 바탕으로, 필자의 이해에 따라 설명한 것이다. 설명을 살펴보면서 주의할 점은 주로 GPT의 초기 버전에 대한 설명이며, 최신 GPT에는 여기서 다루는 내용을 기반으로 한 다양한 이론과 기술이 추가되었다는 것이다. 이 절에서 언급하는 내용은 주로 GPT-3를 기준으로 하고 있다.

Attention Is All You Need

Ashish Vaswani*
Google Brain
avaswani@google.com

Noam Shazeer*
Google Brain
noam@google.com

Niki Parmar*
Google Research
nikip@google.com

Jakob Uszkoreit*
Google Research
usz@google.com

Llion Jones*
Google Research
llion@google.com

Aidan N. Gomez* [†]
University of Toronto
aidan@cs.toronto.edu

Łukasz Kaiser*
Google Brain
lukaszkaiser@google.com

Illia Polosukhin* [‡]
illia.polosukhin@gmail.com

Abstract

The dominant sequence transduction models are based on complex recurrent or convolutional neural networks that include an encoder and a decoder. The best performing models also connect the encoder and decoder through an attention mechanism. We propose a new simple network architecture, the Transformer, based solely on attention mechanisms, dispensing with recurrence and convolutions entirely. Experiments on two machine translation tasks show these models to be superior in quality while being more parallelizable and requiring significantly less time to train. Our model achieves 28.4 BLEU on the WMT 2014 English-to-German translation task, improving over the existing best results, including ensembles, by over 2 BLEU. On the WMT 2014 English-to-French translation task, our model establishes a new single-model state-of-the-art BLEU score of 41.8 after training for 3.5 days on eight GPUs, a small fraction of the training costs of the best models from the literature. We show that the Transformer generalizes well to other tasks by applying it successfully to English constituency parsing both with large and limited training data.

그림 2-2 관련 논문 (1)

Learning to summarize from human feedback

Nisan Stiennon*   Long Ouyang*   Jeff Wu*   Daniel M. Ziegler*   Ryan Lowe*

Chelsea Voss*   Alec Radford   Dario Amodei   Paul Christiano*

OpenAI

Abstract

As language models become more powerful, training and evaluation are increasingly bottlenecked by the data and metrics used for a particular task. For example, summarization models are often trained to predict human reference summaries and evaluated using ROUGE, but both of these metrics are rough proxies for what we really care about—summary quality. In this work, we show that it is possible to significantly improve summary quality by training a model to optimize for human preferences. We collect a large, high-quality dataset of human comparisons between summaries, train a model to predict the human-preferred summary, and use that model as a reward function to fine-tune a summarization policy using reinforcement learning. We apply our method to a version of the TL;DR dataset of Reddit posts [63] and find that our models significantly outperform both human reference summaries and much larger models fine-tuned with supervised learning alone. Our models also transfer to CNN/DM news articles [22], producing summaries nearly as good as the human reference without any news-specific fine-tuning.[2] We conduct extensive analyses to understand our human feedback dataset and fine-tuned models.[3] We establish that our reward model generalizes to new datasets, and that optimizing our reward model results in better summaries than optimizing ROUGE according to humans. We hope the evidence from our paper motivates machine learning researchers to pay closer attention to how their training loss affects the model behavior they actually want.

1   Introduction

Large-scale language model pretraining has become increasingly prevalent for achieving high performance on a variety of natural language processing (NLP) tasks. When applying these models to a specific task, they are usually fine-tuned using supervised learning, often to maximize the log probability of a set of human demonstrations.

그림 2-3 관련 논문 (2)

Base Model 생성(Pre-trained Learning)

GPT는 다양한 문장들을 학습하면서 그 결과를 저장하는데, 이러한 저장된 내용을 우리는 모델(일종의 학습 정리 노트)이라고 부른다. ChatGPT는 다양한 모델을 가지고 있으며, 이 모델에 따라 학습 능력이 달라진다.

표 2-1 ChatGPT 모델 별 가격

모델(Model)	가격(Pricing)	배치 API 가격(Pricing with Batch API*)
gpt-4o	$5.00/100만 입력 토큰(1M input tokens) $15.00/100만 출력 토큰(1M output tokens)	$2.50/100만 입력 토큰(1M input tokens) $7.50/100만 출력 토큰(1M output tokens)
gpt-4o-2024-08-06	$2.50/100만 입력 토큰(1M input tokens) $10.00/100만 출력 토큰(1M output tokens)	$1.25/100만 입력 토큰(1M input tokens) $5.00/100만 출력 토큰(1M output tokens)
gpt-4o-2024-05-13	$5.00/100만 입력 토큰(1M input tokens) $15.00/100만 출력 토큰(1M output tokens)	$2.50/100만 입력 토큰(1M input tokens) $7.50/100만 출력 토큰(1M output tokens)

> **TIP 토큰이란 무엇인가?**
>
> GPT는 문장을 처리할 때 토큰(token)이라는 단위로 나눈다. 토큰은 단어 또는 글자를 숫자로 변환한 정보 단위라고 보면 된다. 예를 들어, 앞에서 다루었던 'She is eating a green apple'이라는 문장을 GPT가 처리할 때, 각각의 단어는 'She', 'is', 'eating'처럼 토큰으로 나뉜다. 토큰으로 변환된 단어들은 컴퓨터가 이해할 수 있는 숫자로 표현되며, 이렇게 문장을 나누는 이유는 컴퓨터가 단어의 의미를 파악하고 문장을 처리할 수 있도록 하기 위함이다.

1) 학습 데이터

GPT-3이 인간의 언어를 학습하기 위해 사용한 온라인 자료는 다음과 같다. 다양한 온라인 자료를 수집했으며, 그 총량은 약 753GB(기가바이트)에 이르는 방대한 자료이다. OpenAI가 공개한 학습자료에 대한 대략적인 내용은 다음과 같다. 이 자료들은 2022년 11월 이전에 수집할 수 있는 디지털 데이터들이다.

표 2-2 GPT-3의 학습 데이터

데이터셋 (Dataset)	토큰 수 (Tokens, billion)	가정 (Assumptions)	바이트당 토큰 수 (Tokens per byte, Tokens/bytes)	비율 (Ratio)	크기 (Size, GB)
Web data	410B	-	0.71	1:1.9	570
WebText2	19B	25% > WebText	0.38	1:2.6	50
Books1	12B	Gutenberg	0.57	1:1.75	21
Books2	55B	Bibliotik	0.54	1:1.84	101
Wikipedia	3B	See RoBERTa	0.26	1:3.8	11.4
총합(Total)	499B				753.4GB

OpenAI는 인공지능이 학습할 데이터를 수집할 때 몇 가지 원칙을 따르고 있다고 한다. 표 2-3에 이러한 원칙들 중 중요한 몇 가지가 나와 있다.

표 2-3 인공지능이 데이터를 수집할 때 원칙

번호	원칙	설명
1	데이터 사용의 투명성	데이터를 수집하고 사용하는 과정에서 투명성을 유지, 사용자에게 명확한 정보 제공
2	개인정보 보호	민감한 정보의 식별 방지 및 개인정보 제거 또는 익명화
3	공정성과 비차별성	특정 그룹에 편향되지 않은 다양한 출처의 데이터 수집 및 공정하고 비차별적으로 작동하도록 보장
4	책임감 있는 AI 사용	AI 기술의 사회적 영향 고려 및 악용 방지를 위한 정책 및 사용 가이드라인 포함
5	사용자 동의	데이터 수집 시 명시적인 동의 철회 가능성 보장

그러나 이러한 기준이 잘 지켜졌는지는 오로지 OpenAI의 자율적 의지에만 의존한다는 점에서 아이러니가 있다. OpenAI가 처음 학습 데이터를 수집할 때 일부 비난받은 이슈들도 있었으니 관심이 있으면 찾아보기를 바란다. 중요한 것은, 학습할 데이터가 만들어진 AI의 성격 또는 특성을 결정하는 가장 중요한 요소라는 점을 기억해야 한다.

이러한 원칙으로 수집된 데이터로 GPT의 문장 완성 학습이 진행되었다. 이 책에서는 GPT가 학습한 이러한 지식을 'Base Model'이라고 부르겠다. Base Model을 만들기 위해 GPT가 학습한 데이터에는 지금까지 인류가 사용했던 대부분의 사례(문장)가 포함되어 있다고 해도 과언이 아니다. 즉, GPT는 인간이 사용하는 거의 모든 사례를 학습했다는 의미이다.

다음은 Base Model 학습 단계에 사용된 Wikipedia 데이터의 일부 예시이다.

1. 역사적 사건

제목 : Battle of Waterloo

내용 : The Battle of Waterloo was fought on 18 June 1815 between the French army under the command of Napoleon Bonaparte and the allied armies commanded by the Duke of Wellington and Gebhard Leberecht von Blücher. The battle marked the end of the Napoleonic Wars and the defeat of Napoleon.

2. 과학 개념

제목 : Theory of Relativity

내용 : The theory of relativity, developed by Albert Einstein, encompasses two interrelated theories: special relativity and general relativity. Special relativity applies to elementary particles and their interactions, describing all their physical phenomena except gravity. General relativity explains the law of gravitation and its relation to other forces of nature.

3. 문학 작품

제목 : Pride and Prejudice

내용 : Pride and Prejudice is a romantic novel of manners written by Jane Austen in 1813. The novel follows the character development of Elizabeth Bennet, the dynamic protagonist of the book who learns about the repercussions of hasty judgments and eventually comes to appreciate the difference between superficial goodness and actual goodness.

2) 어텐션

"She is eating a green (   )"이라는 문장을 완성하는 문제가 있다고 가정해 보자. 이때, 괄호에 들어갈 적절한 단어를 선택하기 위해 인간은 문장에서 'She', 'is', 'eating', 'a', 'green'이라는 단어 중 일부를 더 중요하게 고려할 것이다. 즉, 다음 단어를 결정할 때 앞선 모든 단어를 동일한 중요도로 고려하지는 않는다. GPT에서는 이러한 단어들의 중요도나 관심도를 '어텐션(Attention)'이라고 하며, 각 단어의 Attention을 수치화한 것을 'Attention Score'라고 한다. 이 Attention Score를 바탕으로 문장 "She is eating a green"의 각 단어가 Sentence Space의 벡터로 변환된다. Attention Score를 계산하는 과정에서 과거의 경험, 즉 많은 문장의 예시가 많을수록 그 정확도는 높아진다. 다만 이 Attention Score는 수많은 예제들로부터 만들어진 통계적 값에 크게 의존하기 때문에 GPT가 많은 데이터를 학습할수록 그 정확도는 더욱 높아진다.

> TIP **Attention Score란 무엇인가?**
>
> GPT는 문장에서 각 단어가 얼마나 중요한지를 계산하는데, 이를 Attention Score라고 한다. Attention Score는 각 단어가 문장에서 다른 단어들과 얼마나 연관되어 있는지를 숫자로 나타낸 지표이다. 예를 들어, 앞에서 다루었던 'She is eating a green apple' 문장에서 'eating'과 'apple'이 주요 의미를 전달하는 핵심 단어라면, 이 두 단어의 Attention Score가 상대적으로 더 높게 책정될 수 있다. 이 점수를 바탕으로 GPT는 어떤 단어가 문맥상 더 중요한지를 판단하고, 이를 바탕으로 문장에 적합한 다음 단어를 예측한다. 더 나아가 Attnetion Score를 계산하는 수식에 관심이 있다면 앞서 언급한 논문을 참고한다.

3) 학습 알고리즘

GPT가 준비된 데이터를 가지고 학습할 때 사용하는 학습 알고리즘을 '트랜스포머(Transformer)'라고 한다. 이 알고리즘은 대용량의 학습 데이터를 바탕으로 빈칸 채우기를 통해 각 문장에서 단어들의 Attention을 정확하게 계산하는 것이 핵심이다. 전체적인 구조는 입력된 문장을 분석하는 부분과 입력에 대응하여 답변을 생성하는 부분으로 구성되어 있다.

그림 2-4는 Transformer의 구조를 나타낸다. Transformer는 입력 데이터를 이해하고 새로운 문장을 생성하는 데 사용되는 중요한 '설계도'와 같다. 이는 마치 사람들이 글을 읽고 문맥을 파악한 뒤, 이에 맞는 답을 생각해 내는 과정과 비슷하다. Transformer도 이 과정을 흉내 내는 여러 단계로 구성되어 있으며, 각각의 단계가 특정한 역할을 수행한다. 이 알고리즘은 다음과 같은 주요 구성 요소로 이루어져 있다.

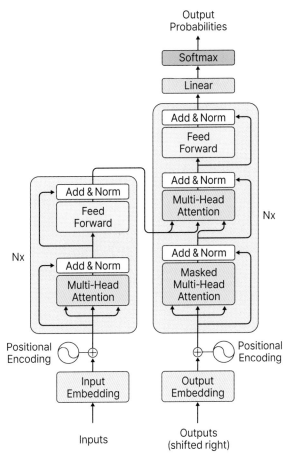

그림 2-4 Transformer 구조(출처 : Ashish Vaswani, et al., 「Attention Is All You Need」 2017)

● Input Embedding과 Positional Encoding

Input Embedding(입력 임베딩)은 입력된 단어를 숫자로 변환하여 컴퓨터가 처리할 수 있도록 만드는 첫 번째 단계이다. 이 과정에서 단어는 고유한 벡터 형태로 변환되어, 컴퓨터가 단어의 의미를 계산할 수 있게 된다. 하지만 단순히 단어를 숫자로 변환하는 것만으로는 문장의 구조를 완전히 이해할 수 없다. 이때 Positional Encoding(위치 정보 추가)이 역할을 한다. Positional Encoding은 각 단어의 문장 내 위치(순서) 정보를 추가로 포함시켜 문장의 구조적 의미를 Transformer가 이해할 수 있도록 도와준다.

예를 들어, "나는 학교에 갔다"라는 문장에서 '나는'은 첫 번째, '학교에'는 두 번째 위치라는 정보를 Transformer에 전달한다. 하지만 순서 정보가 없다면, 단어의 배열이 바뀌었을 때 문장의 의미를 제대로 이해하지 못할 수 있다.

- "나는 학교에 갔다."

- "학교에 나는 갔다."

이 두 문장은 단어는 같지만, 순서가 달라져 의미가 다르다.

이 과정 덕분에 Transformer는 단순히 단어의 의미만 이해하는 것이 아니라, 단어들이 문장에서 어떤 순서로 나타났는지까지 파악할 수 있게 된다. 따라서 Input Embedding과 Positional Encoding의 결합은 문맥과 구조를 정확히 이해하고, 자연스러운 문장을 생성하는 데 매우 중요한 역할을 한다.

● Multi-Head Attention

Multi-Head Attention(멀티-헤드 어텐션)은 Transformer의 가장 핵심적인 구성 요소로, 단어 간의 관계를 파악하는 역할을 한다. 이를 쉽게 말하면, 문장 내에서 각 단어가 다른 단어와 어떤 연관성을 가지는지 분석하는 '집중력 시스템'이라고 생각하면 된다.

예를 들어, "나는 학교에 갔다"라는 문장에서 '나는'과 '갔다'가 서로 의미적으로 밀접하게 연결되어 있다. Multi-Head Attention은 이런 단어 간의 연관성을 찾아내는 과정을 수행한다. 특히 한 가지 관점에서만 관계를 분석하는 것이 아니라 여러 개의 'Head'를 사용해 다양한 관점에서 단어 간의 관계를 동시에 살펴본다.

이 과정으로 인해 Transformer는 문맥을 더 풍부하게 이해할 수 있으며, 단어들의 숨겨진 의미와 문장 전체의 구조를 더욱 정확하게 파악할 수 있다.

● Feed Forward Layer

Feed Forward Layer(피드 포워드 레이어)는 Multi-Head Attention에서 계산된 단어 간의 관계를 바탕으로, 문장을 더욱 자연스럽고 의미 있게 만드는 단계이다. 이 단계는 각 단어에 대한 정보를 추가로 처리하며, 이를 세부적으로 조정하여 문맥과 의미를 더 정확하게 정리한다. 간단히 말해, Feed Forward Layer는 앞서 파악한 단어 간의 계산된 관계를 다듬고 문장을 매끄럽게 완성하는 '마무리 작업' 역할을 한다. 이를 통해 Transformer는 단순히 단어를 연결하는 데 그치지 않고, 전체 문장의 논리적 흐름과 자연스러움을 완성한다.

이렇게 여러 과정을 거치며 Transformer는 입력된 데이터를 깊이 이해하고, 새로운 답변이나 텍스트를 생성할 수 있게 된다.

● 모델 크기

Transformer가 학습한 데이터는 모델 내부의 각 계층(Layer)에 저장되며, 이 데이터의 총량을 '모델 크기'라고 부른다. 쉽게 말해, 모델 크기는 Transformer의 '기억력'과 같다. 예를 들어, GPT-3 모델은 약 175억 개(175B)의 데이터 항목을 학습해 저장하고 있다. 이는 사람으로 치면 방대한 양의 책을 읽고 기억하는 것과 비슷하다. 모델 크기가 클수록 더 정교하고 세밀한 텍스트를 이해하고 생성하는 능력이 향상된다. 즉, 더 큰 모델은 더욱 복잡한 문맥도 정확히 파악할 수 있다.

기본 모델 업그레이드

GPT는 앞서 설명한 빈칸 채우기 방식의 학습 모델을 기반으로, 사용자의 질문에 대한 높은 품질의 답변을 생성하기 위해 추가적인 학습을 진행한다. 이 과정에서 먼저 다양한 업무별 카테고리를 나누고, 각 카테고리에 맞춘 질문-답변 사례를 다양하게 구축한다.

1) 카테고리별 질문 : 대답 사례로 학습 추가

GPT는 다양한 업무별로 카테고리를 나누어, 각 카테고리에 맞는 질문-답변 사례를 여러 개 생성한다. 다음은 이러한 사례들로, 질문에 대해 인간이 생각하는 이상적인 답변을 포함하고 있다.

---

1. 기계 번역(Machine Translation)

데이터셋 : 병렬 텍스트 데이터셋

예시 :

입력 : 영어 문장 "The cat sits on the mat."

정답 : 프랑스어 번역 "Le chat est assis sur le tapis."

2. 감정 분석(Sentiment Analysis)

데이터셋 : 감정 레이블이 달린 텍스트 데이터셋

예시 :

입력 : 문장 "I love this movie!"

정답 : 긍정적인 감정("positive")

3. 질문 응답(Question Answering)

데이터셋 : 질문과 답변 쌍이 포함된 데이터셋

예시 :

입력 : 문장 "Who wrote 'Pride and Prejudice'?" (질문)와 "Jane Austen wrote 'Pride and Prejudice'." (문맥)

정답 : "Jane Austen"

4. 텍스트 분류(Text Classification)

데이터셋 : 카테고리 레이블이 달린 텍스트 데이터셋

예시 :

입력 : 기사 제목 "Stock prices soar in early trading."

정답 : 카테고리 "경제" 또는 "경제 뉴스"("Economy" 또는 "Financial News")

5. 텍스트 요약(Text Summarization)

데이터셋 : 원본 문서와 요약문이 포함된 데이터셋

예시 :

입력 : 긴 문서 "Artificial intelligence is rapidly advancing, with significant improvements in various fields…"

정답 : 요약문 "AI is rapidly advancing in many fields."

이렇게 사례별로 질문과 답을 만들어 기본 모델에 추가 학습을 진행하면, GPT는 다양한 유형의 질문에 더 적합한 답변을 생성하는 법을 배우게 된다. 이 단계의 학습에 사용된 데이터를 'Task-specific Labeled Dataset'이라고 한다. 이 데이터는 모두 인간이 수작업으로 만든 것이며, 기본 학습 데이터에 비해 크기는 매우 작다. GPT-3의 경우 정확한 학습 데이터에 대한 정보는 공개되지 않았지만, 약 12만에서 15만 개의 다양한 사례가 포함된 것으로 추정된다.

2) GPT 생성물에 대한 인간의 평가를 학습

GPT는 이전 단계에서 만들어진 모델에 다양한 질문을 제시하고, 여러 가지 답변을 생성한다. 생성된 대답 중에서 GPT가 가장 적절하다고 판단한 예제를 선택하여 인간에게 보여 주면, 인간은 그 답변에 대하여 점수를 매긴다. 이러한 방식은 GPT가 어떻게 답변을 생성해야 인간이 만족하는지를 학습하는 단계이다. 초기의 GPT 답변은 점수가 좋을 수도, 나쁠 수도 있다. 이 평가 정보(질문-답변-평가 점수)를 바탕으로 다시 추가 학습을 진행하면, GPT는 점점 더 인간이 만족할 만한 답변을 생성하는 방법을 배우게 된다. 이 단계에서 사용된 평가 데이터는 모두 인간의 수작업으로 이루어진다.

① 인간 피드백 수집	② 보상 모델 훈련	③ PPO로 정책 훈련
한 Reddit 게시물이 TL;DR 데이터셋에서 샘플링된다. 다양한 정책을 사용하여 요약 집합을 샘플링한다. 평가를 위해 2개의 요약이 선택된다. 인간이 두 요약 중 더 나은 것을 판단한다.	하나의 게시물과 2개의 인간 판단을 받은 요약이 보상 모델에 입력된다. 보상 모델은 각 요약에 대한 보상 r을 계산한다. 손실은 보상과 인간의 레이블에 기반해 계산되며, 보상 모델 업데이트에 사용된다.	데이터셋에서 새로운 게시물이 샘플링된다. 정책 π는 게시물에 대한 요약을 생성한다. 보상 모델이 요약에 대한 보상을 계산한다. 보상이 PPO를 통해 정책 업데이트에 사용된다.

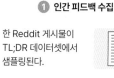
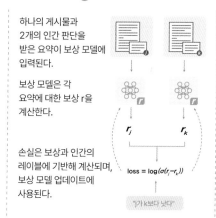

"j가 k보다 낫다"

r_j r_k

$loss = log(\sigma(r_j - r_k))$

"j가 k보다 낫다"

r

그림 2-5 인간의 평가를 반영하는 학습

이 단계에서 사용된 학습 데이터의 예시는 다음과 같다.

1. 대화형 챗봇 응답

상황 : 대화형 AI 챗봇이 사용자와 대화를 나눈다.

학습 데이터 :

입력 : 사용자의 질문 "오늘 날씨가 어때?"

모델 응답 : "오늘 날씨는 맑고 따뜻해요."

사용자 피드백 : 긍정적인 피드백(예 : 높은 점수)

2. 기계 번역

상황 : 모델이 문장을 다른 언어로 번역한다.

학습 데이터 :

입력 : 영어 문장 "I love programming."

모델 응답 : "Me encanta programar."(스페인어)

사용자 피드백 : 긍정적인 피드백(예 : 번역이 정확하다는 평가)

3. 텍스트 요약

상황 : 모델이 긴 문서를 간단하게 요약한다.

학습 데이터 :

입력 : 긴 문서 "인공지능 기술은 빠르게 발전하고 있으며, 다양한 분야에서 혁신을 일으키고 있다…"

모델 응답 : "AI 기술은 다양한 분야에서 혁신을 주도하고 있다."

사용자 피드백 : 긍정적인 피드백(예 : 요약이 적절하고 핵심을 잘 반영했다는 평가)

3) 사용자의 생성문에 대한 평가를 주기적으로 학습

이 단계는 현재 서비스되고 있는 ChatGPT가 지속적으로 사용자의 반응을 반영하여 점점 더 똑똑해지는 강화 학습 단계이다. 실제 ChatGPT 서비스에서 사용자들은 자신의 질의에 대한 GPT의 답변에 대하여 직·간접적 긍정 또는 부정의 평가를 내린다. 이러한 평가 데이터(질문-답-평가)를 수집하고 앞서 진행한 추가 학습 단계를 반복함으로써 GPT는 더욱 정교하게 진화하게 된다.

이 방식은 GPT 사용자의 피드백에 크게 의존하며, GPT를 사용하는 사용자가 많아질수록 GPT는 더욱 똑똑해진다. 이로 인해 다양한 생성형 인공지능 중에서도 먼저 상용서비스를 시작해 사용자를 많이 확보한 서비스들이 다른 제품들에 비해 더욱 진화할 가능성이 높다.

OpenAI는 공식적으로 2023년 3월 이후부터, 무료·유료 사용자가 명시적으로 피드백을 제공하거나 특정 연구 목적으로 데이터를 공유하기로 동의한 경우에만 그 데이터가 모델 개선에 사용된다고 발표했다. 그러나 이 정책이 잘 지켜지고 있는지 확인할 방법이 없는 점이 유감스러운 일이다.

그림 2-6은 ChatGPT 서비스 단계에서 강화 학습을 위한 인간 피드백 데이터를 수집하는 인터페이스를 보여 준다. 생성된 답변에 대한 사용자의 평가가 부정적이면, 사용자가 반응을 제공할 수 있는 아이콘이 표시된다. 또한, '다시 생성하기' 아이콘을 클릭하면, 답변에 만족하지 않았음을 나타내는 부정적 피드백으로 간주할 수 있다.

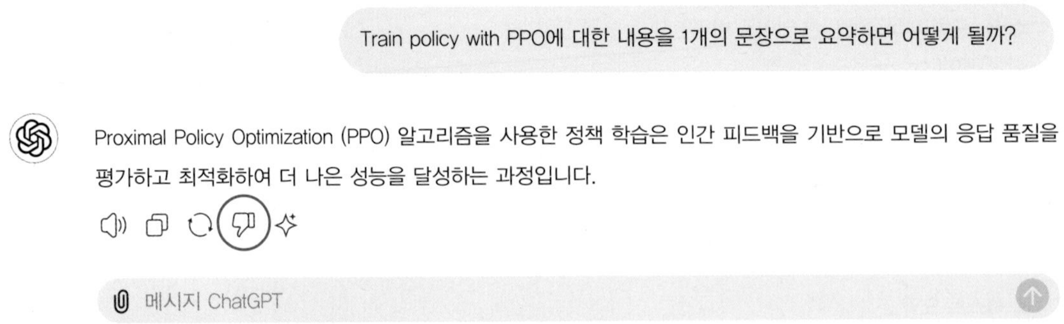

> Train policy with PPO에 대한 내용을 1개의 문장으로 요약하면 어떻게 될까?

Proximal Policy Optimization (PPO) 알고리즘을 사용한 정책 학습은 인간 피드백을 기반으로 모델의 응답 품질을 평가하고 최적화하여 더 나은 성능을 달성하는 과정입니다.

메시지 ChatGPT

그림 2-6 인간 피드백을 수집하는 ChatGPT 인터페이스

GPT 시스템 구조

ChatGPT 서비스를 운영하기 위해서는 데이터 학습(모델 생성) 단계와 실제 서비스 단계로 나눠서 생각해야 한다. 학습 단계는 다양한 학습 데이터와 알고리즘을 통해 모델을 생성하는 과정이다. 이렇게 학습된 모델을 이용하여 사용자의 질의에 실시간으로 답변을 생성하는 단계가 서비스 단계이다. 이 두 단계는 서비스 성능 향상을 위해 지속적으로 반복된다.

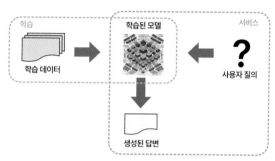

그림 2-7 ChatGPT 시스템 구조

GPT는 학습 단계를 수행하기 위해 충분한 학습 데이터와 강력한 컴퓨팅 자원이 필요하다. 여기서 컴퓨팅 자원이란 컴퓨터 시스템, 전력, 시스템 운영 엔지니어 등을 포함한다. 서비스 단계도 원활한 사용자 요구를 처리하기 위해서는 많은 컴퓨팅 자원이 필요하다. 일반적으로 학습 단계는 서비스 단계에 비해 압도적으로 훨씬 많은 컴퓨팅 자원과 수행 시간을 요구한다. 예를 들어, GPT-3의 경우 학습 단계에서 약 10,000개의 CPU와 285,000개의 GPU(A100 GPU : 약 4,000만 원)를 사용했다고 알려져 있다. 이를 통해 약 11조(4,000만 원 × 285,000개 = 1,140,000,000만 원) 원 정도의 비용이 소모되었으며, 모델 학습에 약 6개월이 걸렸다.

이 과정에서 사용된 전력은 표준 4인 가족이 120년 동안 사용할 전력량에 해당한다고 한다. 그러나 이러한 정보는 OpenAI에서 모두 기업 비밀로 취급하기 때문에 정확한 세부 사항은 공개되지 않았다. GPT-3 모델에 필요한 컴퓨팅 자원을 고려할 때, 최신 모델을 위한 컴퓨팅 자원의 요구사항은 상상을 초월할 것으로 예상된다. 이 글을 집필하는 시점에, OpenAI는 차세대 모델을 운영하기 위해 150조 이상의 예산을 준비한다는 뉴스가 나왔다. 이를 통해 GPT 시스템을 위한 하드웨어 비용만으로도 수십조에서 수백조 원이 필요할 것임을 예측할 수 있다.

사용한 데이터와 학습한 시스템에 따라 OpenAI는 다양한 모델을 서비스를 제공하고 있다. 현재 이 책이 집필되고 있는 시점에서도 기존 모델이 지속적으로 사라지고 새로운 모델이 등장하고 있다. 새로운 모델은 점점 더 지능화되고 있지만, 그에 비례하여 엄청난 컴퓨팅 자원이 필요하다는 점이 가장 큰 문제로 지적되고 있다.

GPT 능력의 물리적 한계

GPT를 사용할 때 입력(질의로 사용할 수 있는 단어 수)이나 출력(답변의 길이) 데이터의 양이 모델의 버전마다 다른 제약이 있다. 또한, GPT를 학습하는 데는 엄청난 컴퓨팅 자원과 시간이 필요하다. 그 이유는 무엇일까? 이러한 GPT 시스템의 물리적 제약이 발생하는 이유를 인공신경망 이론과 연결하여 개념적으로 설명한다.

인공신경망 개념

ChatGPT는 인공신경망 이론을 바탕으로 컴퓨터에서 구현된 모델이다. 물론 GPT가 모두 인공신경망만으로 구성된 것은 아니지만, 인공신경망의 관점에서 GPT를 단순화하여 이해해도 큰 문제는 없을 것이다. 먼저 간단한 인공신경망의 개념을 그림으로 나타내면 다음과 같다.

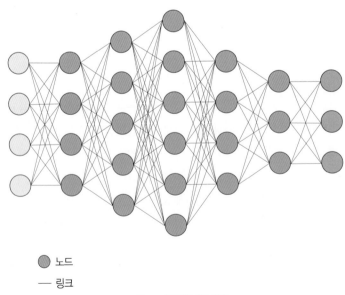

● 노드
— 링크

그림 2-8 인공신경망 개념

그림 2-8의 인공신경망 그림에서 왼쪽부터 시작하는 입력층은 4개의 노드(동그라미)로 되어 있고, 여러 단계를 거쳐 마지막 출력층에서 3개의 노드로 끝나는 구조이다. 인공신경망에는 입력과 출력 노드의 수가 고정되어 있으며, 학습된 정보는 각 노드 간의 연결 링크(가중치)로 표현된다. 이 연결 가중치를 우리는 모델의 '파라미터(Parameter)'라고 부른다. 입력층과 출력층의 노드 수가 많아질수록 연결 링크의 수는 지수적으로 증가한다.

예를 들어, 인공신경망에게 사과, 배, 감 세 가지 과일을 구분하는 능력을 학습시키기 위해 다음과 같은 자료를 준비한다고 가정해 보자 .

표 2-4 인공신경망에 구분 능력을 위해 학습할 자료

크기(입력)	색깔(입력2)	무게(입력3)	레이블(출력)
7	1	150	사과
8	2	200	배
6	3	180	감
7	1	160	사과
8	2	210	배
6	3	170	감

위의 데이터에서 과일의 크기 속성은 1~10 사이의 숫자로, 색깔은 빨간색(1), 노란색(2), 주황색(3)으로 표시되었다. 또한, 과일의 무게는 그램 단위로 측정되었다. 이 문제를 인공신경망이 학습하기 위해 입력층은 3개의 노드(크기, 색깔, 무게)로, 출력층도 3개의 노드(사과, 배, 감)로 설계해야 하며, 중간층은 필요에 따라 다양하게 설계할 수 있다. 이와 같이, 입력 데이터의 종류와 출력 데이터의 종류에 따라 신경망의 노드 개수가 결정되며, 이는 입력과 출력 신경망의 크기가 입력 및 출력의 종류를 제한한다는 의미이다.

토큰 크기와 입출력 한계

GPT에서 "She is eating a green apple"이라는 문장을 신경망과 연결하기 위해서는 각 단어를 숫자로 변환해야 한다. 예를 들어, 'She(1)', 'is(2)', 'eating(3)', 'a(50)', 'green(70)', 'apple(128)'과 같이 변환된 숫자가 각 노드에 하나씩 대응된다. 이러한 방식으로 "She is eating a green apple"이라는 문장을 신경망에 입력하려면 최소 6개의 입력 노드를 가진 신경망이 필요하다. 이 과정에서 GPT는 신경망 노드 1개에 대응하는 정보 단위를 'token(토큰)'이라고 부른다. 'She'라는 단어는 1개의 토큰으로 볼 수도 있지만, 's', 'h', 'e'로 분리해 3개의 토큰으로 볼 수도 있다. 각 대형 언어 모델(LLM)마다 토큰의 정의는 약간씩 다르며, 어떤 방법이 가장 효율적인지는 아직 알려져 있지 않다.

ChatGPT도 사용하는 방법을 계속 변경하고 있다. "She is eating a green apple."이라는 문장이 GPT에서 몇 개의 토큰으로 처리되는지를 예측하는 것이 중요한 이유는, GPT를 사용할 때 최대 입력할 수 있는 문장의 길이와 출력이 토큰 수로 계산되고 표시되기 때문이다. 또한, GPT 사용 시 이용 요금의 기준이 되는 것도 사용자가 입력한 데이터의 토큰 수와 출력된 데이터의 토큰 수이다. ChatGPT는 일반적으로 영문 문장의 경우 단어 단위로 토큰을 처리한다고 알려져 있으며, 한글 문장의 토큰 단위 역시 GPT 버전에 따라 다를 수 있다.

그렇다면 OpenAI의 입력창에는 얼마나 많은 질문을 넣을 수 있을까? GPT-3의 경우 입력할 수 있는 최대 토큰 수는 2,048개이다. 이를 단어 단위로 가정하면, 최대 2048개의 단어를 입력할 수 있다. 최근 버전에서는 입력 용량이 기하급수적으로 증가하여 200페이지 분량의 책도 한 번에 입력할 수 있는 수준에 이르렀다.

그림 2-9 ChatGPT 입력창

최대 출력도 이와 같은 개념으로 이해하면 된다.

최근에는 ChatGPT의 토큰을 확인할 수 있는 GPT-tokenizer(gpt-tokenizer.dev) 사이트도 있다.

이 사이트에서 GPT-4o 영어 문장의 예시로 분석한 결과는 다음과 같다.

- **입력 문장** : (84 Characters)
  "Welcome to gpt-tokenizer. Replace this with your text to see how tokenization works."

- **토큰 구분** : (19 Tokens)
  `Welcome to gpt-tokenizer. Replace this with your text to see how tokenization works.`

- **숫자로 변경된 토큰**
  `170323163295557339744921354839495483634220131619211495660228605882 13`

GPT-4o에서 한글 문장의 예시를 들면 다음과 같다.

- 입력문장 : (17 Characters)
  "호랑이는 죽어서 가죽을 남긴다."

- 토큰구분 : (12 Tokens)

  호 랑 이 는 죽 어 서 가 죽 을 남 긴 다 .

- 숫자로 변경된 토큰

  16684 31917 83872 11699 11133 89991 91420 80328 14234 67934 0227613

모델 크기와 학습

인공신경망 구조에서 학습된 자료는 노드와 노드 사이의 링크에 저장된다. 1개의 링크는 보통 -1.0에서 1.0까지의 숫자 값으로 표현된다. 인공신경망의 입력, 출력, 그리고 중간층의 노드 구조에 따라 링크 수가 결정된다. 인공신경망을 학습한다는 것은 각 학습 데이터를 보고 모든 링크의 값을 끝없이 계산하여 업데이트하는 것을 의미한다. 이 링크의 수를 보통 학습된 모델의 크기라고 한다.

GPT-3의 경우 연결된 링크(모델 파라미터)의 수는 약 1,750억 개(175B)에 달한다. 학습 단계에서 GPT는 각 예시를 볼 때마다 이 1,750억 개의 값을 다시 계산해야 하며, 이는 705GB에 달하는 데이터를 대상으로 만족스러운 학습 결과를 얻을 때까지 수십억 번 반복된다. 이렇게 1,750억 개의 링크에 대해 수학적으로 최적의 값을 찾아내면 학습이 완료된다. 이러한 막대한 계산량 때문에 학습에는 많은 시간이 소요되며, 이 시간을 단축하기 위해 GPT는 1,750억 개의 값을 수학적 행렬로 변환하여 동시에 계산한다. 이렇게 동시 계산을 가능하게 해 주는 것이 바로 GPU이다. 이 책이 집필되는 시점에서 이런 계산을 지원하는 A100, H100 등의 GPU는 1개당 가격이 4,000만 원에서 1억 원을 호가하며, 돈이 있어도 구하기 어려운 실정이다. GPT-3 모델을 학습하기 위해 수십만 개의 GPU가 필요했다면, 최신 GPT 모델을 학습하기 위해서는 얼마나 많은 GPU가 필요할지 상상하기 어렵다. 또한, 이 수십만 개의 GPU를 구동하기 위해 사용하는 전기량이 너무 커서 사회적으로 많은 비판을 받고 있다. 이러한 이유로 인공지능 서비스 기업들은 전용 발전소를 확보하기 위한 노력을 진행하고 있다.

그림 2-10 A100 GPU
(출처 : nvidia, www.nvidia.com/ko-kr/data-center/a100/)

2.5 범용 인공지능을 향한 OpenAI 전략

범용 인공지능(GAI)이란 모든 분야에서 인간 전문가의 능력을 능가하는 인공지능을 의미한다. OpenAI 역시 예외 없이 GPT 발전의 최종 목표를 범용 인공지능 개발로 설정하고 있다. 범용 인공지능이 만들어 졌을 때의 세상과 그 등장 시점에 대한 다양한 예측이 존재하지만, 인공신경망의 관점에서 보면 인간 대 뇌의 신경망 모델 크기는 대략 100조에 해당하는 수로 알려져 있다. 현재 인공신경망의 발전 속도로 보 았을 때, 인공신경망의 모델 크기가 100조에 도달하는 것은 그리 멀지 않은 일로 예측된다.

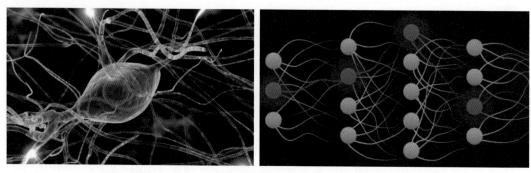

그림 2-11 인간의 신경망 VS. 인공신경망(출처 : 익스트림테크-신경세포와 시냅스 연결 상상도)

OpenaAI가 범용 인공지능을 달성하기 위해 추구하는 GPT 관련 전략은 두 가지로 요약된다. 첫째는 '학 습 데이터의 무한 증가'이고, 둘째는 '모델 파라미터의 무한한 증가'이다. 이 두 가지 원칙은 매우 단순하 지만, 목표를 달성하기 위해서는 천문학적인 비용이 필요하다는 문제가 있다. 이러한 이유로 대부분의 회사들은 OpenAI를 모방하는 것조차 쉽지 않다. 최신 GPT는 텍스트 데이터뿐만 아니라 이미지, 동영 상, 음성 데이터도 학습하고 생성할 수 있으며, 이러한 능력을 '멀티모달'이라고 부른다.

범용 인공지능을 목표로 하는 OpenAI가 추구하는 전략에는 비용이라는 큰 문제가 있지만, 모델의 크 기를 키워도 그 규모에 비례하여 모델이 똑똑해지지 않는다는 문제가 알려져 있다. 이러한 이유로 메타 (Meta), 구글(Goolge) 등 다른 연구 그룹들은 범용 인공지능을 달성하기 위해 OpenAI와는 다른 다양한 전략을 연구하고 있다.

연습 문제

연습 01 GPT에서 '토큰'이란 무엇이며, GPT의 입력과 출력에 어떤 영향을 미치는지 설명하세요.

연습 02 OpenAI가 범용 인공지능을 달성하기 위해 추구하는 두 가지 주요 전략은 무엇인가요?

① 데이터 무결성 유지 및 개인정보 보호

② 학습 데이터 무한 증가 및 모델 파라미터 무한 증가

③ 컴퓨팅 자원 최소화 및 에너지 효율성 강화

④ 모델 크기 축소 및 데이터 압축

연습 03 GPT가 인간의 질문에 대해 답변을 생성하는 데 사용하는 주요 알고리즘의 이름은 무엇인가요?

연습 04 다음 중 GPT의 학습에 사용되는 데이터 유형으로 옳지 않은 것을 고르세요.

① 텍스트 데이터

② 이미지 데이터

③ 음성 데이터

④ 암호화된 데이터

연습 05   GPT의 성능이 크게 좌우되는 주요 요소는 무엇인가요? 이에 대한 예를 들어 설명하세요.

연습 06   GPT의 모델 크기를 결정하는 주요 요소는 무엇인가요?

연습 07   범용 인공지능이란 무엇이며, 이를 달성하기 위한 GPT의 발전 목표에 대해 설명하세요.

프롬프트
엔지니어링 기초

─── 학 습 목 표 ───

- 프롬프트의 중요성과 기본 개념 이해 : 프롬프트가 생성형 AI의 응답에 미치는 영향을 이해하고, 프롬프트 엔지니어링의 중요성을 설명할 수 있다.
- 효과적인 프롬프트 작성 방법 학습 : 명확하고 구체적인 프롬프트를 작성하는 방법을 학습하고, 이를 통해 AI의 응답 품질을 향상시킬 수 있다.
- 다양한 프롬프트 예시를 통한 실습 : 다양한 유형의 프롬프트를 작성하고 실습함으로써, 실전에서 활용할 수 있는 프롬프트 작성 능력을 기를 수 있다.
- 생성형 AI 모델의 응답 테스트 및 개선 : 작성한 프롬프트를 테스트하고, AI의 응답을 바탕으로 프롬프트를 개선하는 방법을 습득할 수 있다.

3.1 프롬프트 엔지니어링의 중요성

프롬프트 엔지니어링(Prompt Engineering)은 생성형 인공지능(Generative AI)과의 상호작용에서 매우 중요한 역할을 한다. 프롬프트는 AI가 주어진 질문이나 요청에 대해 어떤 방식으로 응답할지를 결정짓는 핵심 요소로, 프롬프트의 설계와 구성이 AI의 출력 품질에 직접적인 영향을 미친다. 프롬프트 엔지니어링의 개념과 필요성을 이해하고, 이를 통해 보다 명확하고 효과적인 질문을 작성하는 기술을 배우는 것을 목표로 한다.

프롬프트 엔지니어링의 예시와 중요성

프롬프트 엔지니어링의 예시를 살펴보며 왜 프롬프트 엔지니어링이 중요한지, 효과적인 질문 작성법은 무엇인지 알아보자.

1) 프롬프트 엔지니어링 예시

누가 이메일을 발명했지?

이메일의 발명자는 레이 톰린슨(Ray Tomlinson)이라는 미국의 컴퓨터 엔지니어입니다. 그는 1971년에 세계 최초로 이메일을 보냈습니다. 당시 그는 ARPANET(인터넷의 전신)에서 일하고 있었으며, 전자 메시지를 네트워크를 통해 사용자 간에 전송할 수 있는 방법을 개발했습니다.

특히, 레이 톰린슨은 이메일 주소에 '@' 기호를 사용한 것으로 유명합니다. 이 기호는 사용자의 이름과 그들이 속한 컴퓨터 또는 도메인 이름을 구분하는 데 사용되었습니다. 이는 오늘날 우리가 사용하는 이메일 시스템의 기초가 되었습니다.

이메일을 발명한 사람에 대해서 알려 줘.

레이 톰린슨(Ray Tomlinson)은 이메일을 발명한 것으로 잘 알려진 미국의 컴퓨터 프로그래머이자 엔지니어입니다. 그는 1941년 4월 23일에 태어나 2016년 3월 5일에 세상을 떠났습니다.

주요 업적

레이 톰린슨의 가장 큰 업적은 1971년에 최초로 이메일을 발명한 것입니다. 그는 당시 ARPANET 프로젝트(오늘날의 인터넷의 전신)에 참여하고 있었으며, BBN 테크놀로지(Bolt, Beranek and Newman Inc.)라는 회사에서 근무하고 있었습니다. ARPANET은 원래 컴퓨터 네트워크 간의 데이터 통신을 목적으로 개발되었으며, 톰린슨은 이를 이용해 사용자 간 메시지를 전송할 수 있는 방법을 찾고자 했습니다.

이메일의 발명

레이 톰린슨은 기존의 파일 전송 프로토콜을 변형하여 이메일을 만들었습니다. 그는 CPYNET이라는 파일 전송 프로그램과 SNDMSG라는 메시지 전송 프로그램을 결합하여, 한 컴퓨터에서 다른 컴퓨터로 메시지를 보낼 수 있는 시스템을 개발했습니다. 이때, 톰린슨은 사용자가 소속된 컴퓨터를 구분하기 위해 "@" 기호를 도입했습니다. 이 "@" 기호는 사용자의 이름과 도메인(즉, 컴퓨터 이름)을 구분하는 데 사용되었으며, 오늘날 우리가 사용하는 이메일 주소 체계의 기반이 되었습니다.

첫 이메일

톰린슨이 보낸 최초의 이메일은 실험적인 것이었고, 내용은 별 의미 없는 문자들이었습니다. 그는 이메일을 테스트하기 위해 자신에게 이메일을 보냈으며, 당시 첫 이메일의 내용은 단순히 "QWERTYUIOP" 같은 무작위 키보드 입력이었습니다.

영향

레이 톰린슨의 이메일 발명은 통신의 혁명을 가져왔으며, 이후 이메일은 전 세계적으로 가장 널리 사용되는 커뮤니케이션 수단 중 하나로 자리 잡았습니다. 그의 공로로 그는 여러 차례 상을 받았으며, 인터넷 역사에 중요한 인물로 인정받고 있습니다.

개인적인 배경

레이 톰린슨은 매사추세츠 공과대학교(MIT)에서 전자공학을 전공했으며, 이후 BBN에서 일하면서 여러 네트워크 관련 프로젝트에 참여했습니다. 그는 컴퓨터 네트워킹 분야에서 혁신적인 기술들을 개발하며 큰 영향을 미쳤습니다.

레이 톰린슨은 겸손한 성격으로도 알려져 있으며, 자신의 발명을 과대평가하지 않았습니다. 그는 이메일 발명 이후에도 다양한 기술 프로젝트에 참여하며 기술 발전에 기여했습니다.

ChatGPT 예시에서 살펴본 것과 같이 내게 필요한 더 높은 품질의 응답을 얻기 위해서는 해당 언어 모델이 잘 이해할 수 있는, 즉 정제된 언어로 구조화된 프롬프트를 구성하는 것이 중요하다는 것을 볼 수 있다.

2) 프롬프트 엔지니어링 중요성

프롬프트 엔지니어링의 중요성은 다음과 같다.

- **정확성 향상** : 잘 설계된 프롬프트는 AI가 정확한 정보를 제공하도록 돕는다.
- **효율성 증대** : 명확한 프롬프트는 불필요한 질문과 반복을 줄여, 효율적인 정보 검색과 문제 해결을 가능하게 한다.
- **창의성 발휘** : 창의적이고 개방적인 프롬프트는 AI가 다양한 아이디어와 관점을 탐구하도록 유도할 수 있다.

따라서 프롬프트 엔지니어링은 단순히 AI에게 질문을 던지는 것이 아니라, AI가 적절하고 유용한 응답을 생성할 수 있도록 안내하는 과정이다.

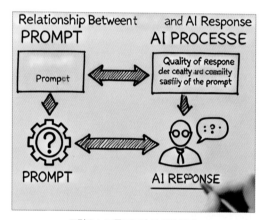

그림 3-1 프롬프트와 AI 응답 관계

그림 3-1은 프롬프트가 AI 응답에 미치는 영향을 설명하며, 프롬프트의 명확성과 구체성이 응답에 어떻게 영향을 미치는지를 DALL-E를 이용해 시각적으로 표현한 것이다.

몇 가지 예시를 살펴보자.

- **일반 정보 요청** : "중세 유럽의 주요 역사적 사건을 설명해 줘."
- **의견 요청** : "인공지능이 미래 사회에 미칠 영향에 대한 의견을 말해 줘."
- **창의적 글쓰기** : "외계 행성에서의 생활에 대한 단편 소설을 작성해 줘."

프롬프트가 명확하고 구체적일수록 AI의 응답은 더 정확하고 유용하게 된다. 예를 들어, 모호한 질문은 AI가 정확한 정보를 제공하기 어렵게 만들 수 있다.

● 예시

모호한 질문	"날씨에 대해 말해 줘."
문제점	이 질문은 너무 일반적이고 구체성이 부족하여 AI가 어떤 정보를 제공해야 할지 명확하지 않다. '날씨'에 관한 정보는 매우 광범위할 수 있으며, 사용자가 현재 위치의 날씨, 특정 날짜의 날씨, 전 세계의 기후 변화 등에 대해 알고 싶은 것인지 불분명하다. 결과적으로, AI는 불필요하거나 무관한 정보를 제공할 가능성이 크다.

그렇다면 이를 어떻게 개선해야 할까?

명확한 질문으로 개선된 예시	"오늘 서울의 기온과 강수 확률을 알려 줘."
개선된 질문의 장점	이 질문은 특정한 위치(서울)와 날짜(오늘), 그리고 알고자 하는 정보(기온과 강수 확률)를 명확하게 지정하여, AI가 보다 정확하고 유용한 정보를 제공할 수 있도록 돕는다.

프롬프트 엔지니어링의 개념

프롬프트 엔지니어링은 고품질의 응답을 얻기 위해 최적의 프롬프트를 설계하는 과정이다. 이 과정은 단순한 질문 작성에서부터 복잡한 명령어 설정까지 포함하며, 사용자가 기대하는 결과를 정확하게 이끌어 내기 위한 전략적 접근을 요구한다. 프롬프트 엔지니어링은 생성형 AI의 응답을 구체적이고 관련성 있게 만들기 위한 핵심 과정으로, 다음과 같은 단계로 구성된다.

표 3-1 프롬프트 엔지니어링 단계

단계	설명
목표 설정	원하는 응답의 유형과 목표를 명확히 설정한다.
프롬프트 작성	명확하고 구체적인 질문을 작성한다.
응답 평가	AI의 응답을 정확성, 관련성, 구체성 등으로 평가한다.
개선	프롬프트 개선점을 도출 및 수정한다.

프롬프트 엔지니어링을 통해 AI 모델이 더 나은 품질의 응답을 제공할 수 있으며, 이는 정보의 정확성, 효율성, 창의성을 높이는 데 필수적이다.

그러나 프롬프트가 적절하게 작성되었음에도 불구하고, <2장>에서 설명했던 것처럼 GPT는 학습된 데이터에 의존하기 때문에 환각 현상(Hallucination)이 발생할 수 있다. 이는 GPT가 불완전하거나 부정확한 답변을 생성할 수 있음을 의미한다. 이러한 현상을 방지하기 위해서는 AI의 응답을 항상 검토하고, 필요에 따라 추가적인 확인 작업이 필요하다.

생성형 AI 시대의 요구 능력 변화

과거에는 정보를 기억하고 재생산하는 능력이 중요한 기술로 여겨졌다. 그러나 생성형 AI 시대에 들어서면서 중요한 질문을 이해하고, 방대한 데이터에서 필요한 정보를 효과적으로 추출하는 능력이 더욱 중요해졌다. 이는 기술의 변화뿐만 아니라 사용자의 역할 변화도 반영된 것이다. 사용자는 더 이상 단순한 정보 소비자가 아니라 AI와의 상호작용을 통해 정보를 능동적으로 생성하고 조작하는 주체가 되었다.

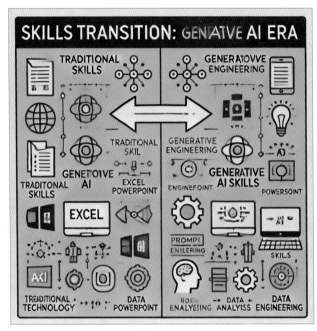

그림 3-2 전통적 기술과 생성형 AI 시대의 능력 변화

그림 3-2는 전통적 기술에서 생성형 AI 시대의 기술로의 전환을 간결하게 DALL-E를 이용해 표현한 그림으로, 전통적인 기술(예 : Excel, Power Point)과 현대의 새로운 기술(예 : 프롬프트 엔지니어링, 데이터 분석) 간의 전환과 진화를 시각적으로 보여 준다.

과거에는 엑셀, 파워포인트와 같은 도구 사용 능력이 중요시되었다면, 이제는 데이터를 이해하고 이를 명확하게 전달하는 콘텐츠 구성 능력이 필수적이다. 예를 들어, AI와의 상호작용에서 사용자는 단순한 정보 제공이 아니라, 정보의 질과 방향을 결정짓는 중요한 역할을 맡는다.

이러한 변화는 프롬프트 엔지니어링이 단순한 기술적 스킬을 넘어, 창의성과 비판적 사고를 필요로 하는 중요한 과정임을 보여 준다. 지금까지 살펴본 내용을 통해 프롬프트 엔지니어링의 중요성을 이해하고, 명확하고 효과적인 질문을 작성하는 능력을 기를 수 있을 것이다.

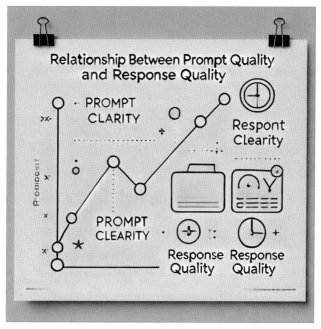

그림 3-3 프롬프트 작성과 응답 품질의 관계

그림 3-3의 그래프는 프롬프트의 명확성이 증가함에 따라 AI 응답의 품질이 향상되는 긍정적인 상관관계를 DALL-E를 이용해 시각적으로 표현한 것이다.

프롬프트 엔지니어링은 단순한 질문 작성이 아닌, AI 모델과의 효과적인 상호작용을 설계하는 과정이다. 이를 통해 AI의 응답 품질을 높이고 보다 정확하고 유용한 정보를 얻을 수 있다. 이 과정에서 프롬프트의 명확성과 구체성은 AI 응답의 품질에 직접적인 영향을 미친다. 예를 들어, 의료 상담 봇에서는 사용자의 증상을 정확하게 설명하는 프롬프트를 통해 신속하고 적절한 진단을 제안할 수 있다. 또 다른 예로, 고객 지원 챗봇에서는 명확하고 구체적인 프롬프트로 고객의 질문에 신속하고 정확하게 답변할 수 있다. 마케팅 전략 수립 시에도 창의적인 아이디어를 도출하기 위한 프롬프트가 중요한 역할을 한다. 이처럼 다양한 산업에서 프롬프트의 품질은 AI 응답의 성공적인 활용을 좌우하는 중요한 요소이다. 이러한 사례는 프롬프트 엔지니어링의 중요성과 실질적인 활용 가치를 잘 보여 준다.

3.2 프롬프트 작성의 기본 원칙

프롬프트 작성은 AI 모델이 정확하고 유용한 응답을 제공하도록 유도하는 중요한 과정이다. 효과적인 프롬프트는 명확하고 구체적이며, 사용자의 목표와 의도를 명확하게 반영해야 한다.

프롬프트 구성 요소

프롬프트 작성 시 고려해야 할 주요 구성 요소로는 명확성(Clarity), 목적 지향성(Coal Orientation), 문맥 제공(Context Provision), 제한과 조건(Constraints and Conditions)이 있다. 각 요소를 예시와 함께 살펴보자.

1) 명확성(Clarity)

프롬프트는 명확하고 구체적이어야 하며, 모호한 표현을 피해야 한다. 명확한 프롬프트는 AI가 요청을 정확하게 이해하고 적절한 응답을 제공하는 데 도움을 준다.

● 예시

> 모호한 질문 : "행복이란 무엇인가?"
> 명확한 질문 : "철학적 관점에서 행복의 정의를 설명해 줘."

행복이란 무엇인가?

행복이란 주관적이고 복잡한 감정 상태로, 만족감, 기쁨, 성취감, 평온함 등을 포함하는 긍정적인 정서입니다. 사람마다 행복의 정의는 다를 수 있으며, 행복을 느끼는 상황이나 조건도 각기 다릅니다. 일부 사람들은 가족이나 친구와의 관계에서 행복을 찾고, 다른 사람들은 자신의 꿈이나 목표를 이루면서 행복을 느낄 수 있습니다.

철학적 관점에서 행복은 삶의 목적이자 궁극적인 목표로 여겨져 왔으며, 고대 철학자들은 행복을 '좋은 삶'이나 '덕을 가진 삶'과 연관 짓기도 했습니다. 예를 들어, 아리스토텔레스는 행복을 '유데모니아(eudaimonia)'라고 부르며, 이는 단순한 쾌락 이상의, 인생에서의 충만함과 의미를 찾는 것을 의미합니다.

심리학적 관점에서는 행복을 긍정적인 감정과 인생의 만족도로 구성된 것으로 보고, 이를 개인의 웰빙 (Well-being)과 연결 짓습니다. 긍정심리학에서는 개인의 강점, 감사, 자아실현 등을 통해 행복을 증진시키는 방법을 연구합니다.

결국, 행복은 자신의 가치, 목표, 신념과 조화를 이루며 사는 삶에서 자연스럽게 오는 감정 상태로 볼 수 있습니다. 행복은 순간적인 기쁨뿐만 아니라, 지속적인 만족과 삶에 대한 긍정적인 시각과도 깊이 연결되어 있습니다.

철학적 관점에서 행복의 정의를 설명해 줘.

철학적 관점에서 행복의 정의는 시대와 철학자에 따라 다소 다르게 이해되어 왔지만, 주로 다음과 같은 몇 가지 중요한 개념으로 요약할 수 있습니다.

1. 아리스토텔레스의 유데모니아

고대 그리스 철학자 아리스토텔레스는 행복을 '유데모니아(eudaimonia)'라는 개념으로 설명했습니다. 유데모니아는 단순한 쾌락이나 즐거움이 아니라, '인간으로서의 본성에 맞는 완전하고 충만한 삶'을 의미합니다. 아리스토텔레스는 인간이 이성적 존재로서 덕(virtue)을 실천하며, 자신의 잠재력을 최대한 발휘할 때 진정한 행복을 이룰 수 있다고 주장했습니다. 그는 행복을 궁극적인 삶의 목적이자, 모든 행위의 최종 목표로 보았습니다.

2. 에피쿠로스의 쾌락주의

에피쿠로스는 행복을 쾌락의 극대화와 고통의 최소화로 정의했습니다. 그는 모든 쾌락이 행복을 가져오는 것은 아니며, 정신적 쾌락이 육체적 쾌락보다 중요하다고 강조했습니다. 에피쿠로스에게 행복은 단순히 감각적 즐거움이 아니라, 마음의 평온과 고통으로부터의 해방, 즉 아타락시아(ataraxia)를 이루는 상태였습니다.

3. 스토아 학파의 평정심

스토아 학파는 행복을 '자연에 따르는 삶'과 '내적 평정'으로 정의했습니다. 그들은 외부 환경이나 사건에 의해 휘둘리지 않고, 자신의 내면적 덕에 집중하는 삶을 통해 평온을 유지할 때 진정한 행복에 이를 수 있다고 믿었습니다. 스토아 철학자들은 '아파테이아(apatheia)', 즉 감정의 평정 상태를 유지하는 것이 행복의 핵심이라고 여겼습니다.

4. 칸트의 의무론적 행복

이마누엘 칸트는 행복을 도덕적 의무와 연결시켰습니다. 그는 행복을 무조건적인 삶의 목표로 삼는 것에 반대했으며, 도덕적 법칙을 따르는 것이 인간의 의무라고 주장했습니다. 그러나 그는 인간이 자연스럽게 행복을 추구하는 존재임을 인정했으며, 도덕적 삶을 통해 궁극적으로 행복을 얻을 수 있다고 보았습니다. 칸트에게 행복은 덕 있는 삶의 결과로서의 행복이었습니다.

5. 존 스튜어트 밀의 공리주의
밀은 행복을 최대 다수의 최대 행복으로 정의했습니다. 그는 행복을 쾌락과 고통의 균형으로 이해했으며, 사회 전체의 행복을 증진시키는 행위를 도덕적으로 옳다고 보았습니다. 개인의 행복뿐만 아니라, 사회적 차원의 행복을 중요시한 것이 밀의 공리주의적 관점입니다.

6. 현대 철학의 다양한 접근
현대 철학에서는 행복을 정의하는 다양한 접근이 존재합니다. 실존주의 철학자들은 행복을 자아실현과 관련된 것으로 보며, 개인이 스스로의 존재 의미를 찾고 자신의 삶을 주체적으로 살아갈 때 행복을 느낄 수 있다고 주장합니다. 또한, 긍정심리학에서는 개인의 주관적 웰빙, 긍정적 감정, 자아실현 등을 통해 행복을 설명하기도 합니다.

이처럼, 철학에서의 행복은 단순한 감정적 상태를 넘어, 삶의 목적, 도덕적 행위, 자아실현, 사회적 차원의 웰빙 등 다양한 관점에서 다루어져 왔습니다. 행복은 인간 존재의 본질과 깊이 연결된 주제로, 철학적 탐구의 중요한 주제 중 하나입니다.

2) 목적 지향성(Goal Orientation)
프롬프트는 사용자가 달성하고자 하는 목표를 반영해야 한다. 이는 정보 제공, 창의적 글쓰기, 문제 해결 등 특정 목적을 달성하기 위해 작성된다.

● 예시

> 목적 : 역사적 사건에 대한 정보 제공을 위함
> 프롬프트 : "프랑스 혁명의 원인과 결과를 설명해 줘."

프랑스 혁명의 원인과 결과를 설명해 줘.

프랑스 혁명(1789~1799)은 프랑스 사회 전반에 걸쳐 큰 변화를 가져온 중요한 역사적 사건입니다. 이 혁명의 원인과 결과를 다음과 같이 설명할 수 있습니다.

원인
1. 사회적 불평등 : 프랑스 사회는 세 개의 신분 계층(제1신분 : 성직자, 제2신분 : 귀족, 제3신분 : 평민)으

로 나뉘어 있었고, 평민 계층은 전체 인구의 대부분을 차지했지만 정치적 권한이나 경제적 혜택을 거의 누리지 못했습니다. 이로 인해 평민 계층의 불만이 커졌습니다.

2. **경제적 위기** : 18세기 후반, 프랑스는 여러 전쟁으로 인해 심각한 재정 위기에 처했습니다. 루이 16세의 정부는 재정적 어려움을 해결하기 위해 평민에게 과중한 세금을 부과했지만, 이로 인해 불만이 더욱 증폭되었습니다. 또한, 흉작과 식량 부족으로 인한 물가 상승이 경제적 어려움을 가중시켰습니다.

3. **계몽사상의 영향** : 18세기 계몽사상은 자유, 평등, 인권 등의 이념을 강조하며 절대왕정에 대한 비판적인 시각을 널리 퍼뜨렸습니다. 이러한 사상은 평민 계층에게 강력한 영향을 미쳤으며, 그들이 정치적 변화를 요구하게 만드는 원동력이 되었습니다.

4. **정치적 위기** : 루이 16세의 지도력 부족과 비효율적인 정부 운영은 정치적 불안을 가중시켰습니다. 왕실의 사치와 부패, 그리고 귀족과 성직자들이 누리던 특권은 일반 국민들의 분노를 일으켰습니다.

결과

1. **절대왕정의 붕괴** : 프랑스 혁명은 결국 절대왕정의 붕괴로 이어졌습니다. 1792년에 프랑스는 공화국을 선포하였으며, 루이 16세는 1793년에 처형되었습니다.

2. **공화정 수립** : 프랑스 혁명은 공화정을 수립하는 데 중요한 역할을 했습니다. 이로 인해 기존의 왕정 체제에서 벗어나 새로운 정치 체제가 도입되었습니다. 또한, 혁명은 전 유럽에 걸쳐 공화주의와 민주주의의 확산에 큰 영향을 미쳤습니다.

3. **인권선언** : 1789년, "인간과 시민의 권리 선언"이 발표되었으며, 이는 자유, 평등, 우애 등의 가치를 명시한 중요한 문서로, 이후 전 세계적으로 인권 운동에 큰 영향을 미쳤습니다.

4. **사회적 변화** : 프랑스 혁명은 계급 사회를 타파하고 보다 평등한 사회 구조를 지향하는 변화를 가져왔습니다. 귀족과 성직자의 특권이 폐지되고, 평민 계층의 권리가 강화되었습니다.

5. **나폴레옹의 등극** : 혁명 이후 혼란과 권력 공백이 발생하면서 나폴레옹 보나파르트가 권력을 잡게 되었고, 이는 이후 유럽 전역에 걸쳐 중요한 정치적 변화를 초래했습니다.

프랑스 혁명은 이후 수많은 다른 혁명과 정치적 변화를 촉발한 중요한 사건으로 평가되며, 현대 민주주의와 인권 개념의 형성에 큰 영향을 미쳤습니다.

3) 문맥 제공(Context Provision)

필요한 경우 추가적인 정보나 맥락을 제공하여 AI의 이해를 돕는다. 이를 통해 AI는 더 정확하고 관련성 높은 응답을 제공할 수 있다.

● 예시

> 목적 : 문맥 제공을 고려한 프롬프트 작성
>
> 프롬프트 : "20세기 초 미국에서 발생한 경제 위기에 대해 설명해 줘. 특히 대공황에 초점을 맞춰 줘."

20세기 초 미국에서 발생한 경제 위기에 대해 설명해 줘. 특히 대공황에 초점을 맞춰 줘.

 20세기 초 미국에서 발생한 경제 위기, 특히 대공황(The Great Depression)은 미국뿐만 아니라 전 세계에 깊은 영향을 미친 역사적 사건입니다. 대공황의 원인, 과정, 그리고 그 결과에 대해 설명드리겠습니다.

대공황의 원인

1. **주식 시장 붕괴** : 대공황의 직접적인 촉발 요인은 1929년 10월에 발생한 주식 시장 붕괴입니다. 이 시기는 '검은 목요일' (10월 24일), '검은 월요일' (10월 28일), 그리고 '검은 화요일' (10월 29일)로 불리는 연이은 주식 시장 대폭락이 있었습니다. 1920년대 동안 미국 주식 시장은 투기 열풍에 휩싸였고, 많은 사람들이 빚을 내어 주식에 투자했습니다. 그러나 주식 가격이 급격히 하락하면서 많은 투자자들이 파산했고, 이는 금융 시스템 전반에 충격을 주었습니다.

2. **과잉 생산과 소비 위축** : 1920년대 미국 경제는 급격한 산업화와 기술 혁신 덕분에 생산 능력이 크게 증가했지만, 그에 비해 소비는 충분히 뒷받침되지 못했습니다. 과잉 생산된 상품은 팔리지 않았고, 이는 기업들의 수익 감소와 대량 해고로 이어졌습니다. 소비자들이 소비를 줄이면서 경제 침체가 가속화되었습니다.

3. **농업 위기** : 1920년대 후반, 미국 농업은 심각한 어려움에 처했습니다. 제1차 세계대전 이후 농산물 수요가 급감하면서 농산물 가격이 하락했고, 농부들은 빚을 갚지 못해 파산하는 경우가 많았습니다. 농촌 경제의 어려움은 전체 경제에 부정적인 영향을 미쳤습니다.

4. **금융 시스템의 취약성** : 은행 시스템이 충분히 안정적이지 않았습니다. 많은 은행들이 대출금을 회수하지 못하면서 문을 닫았고, 이에 따라 수많은 사람들이 예금을 잃었습니다. 이로 인해 신용 위기가 발생하고 경제 활동이 더욱 위축되었습니다.

5. **국제 무역 감소** : 보호무역주의의 확산으로 국제 무역이 감소했습니다. 미국은 1930년에 스무트-홀리 관세법(Smoot-Hawley Tariff Act)을 통해 수입품에 높은 관세를 부과했는데, 이는 다른 나라들이 보복 관세를 부과하게 만들었습니다. 그 결과, 전 세계적인 무역 감소가 경제 침체를 더욱 심화시켰습니다.

대공황의 과정

대공황은 1929년부터 1930년대 후반까지 지속되었습니다. 경제 활동이 급격히 축소되었고, 실업률은 25% 이상으로 치솟았습니다. 수많은 기업이 도산하고, 은행들이 연쇄적으로 파산하면서 금융 시스템이 붕괴 직전에 이르렀습니다. 농촌 지역은 특히 심각한 타격을 받았고, 많은 사람들이 집을 잃고 빈곤에 시달렸습니다.

미국 사회 전반에 걸쳐 경제적 절망감이 팽배했으며, 이는 사회적 불안과 정치적 변화를 촉발했습니다. 대공황은 경제뿐만 아니라 사회적, 심리적 충격을 불러일으켰고, 이는 많은 사람들에게 깊은 상처로 남았습니다.

대공황의 결과

1. **뉴딜 정책** : 대공황의 충격에 대응하기 위해 프랭클린 D. 루스벨트 대통령은 1933년부터 일련의 경제 회복 프로그램인 뉴딜(New Deal)을 도입했습니다. 이 프로그램은 대규모 공공 사업을 통해 일자리를 창출하고, 금융 시스템을 개혁하며, 사회 보장 제도를 도입하는 등의 조치를 포함했습니다. 뉴딜 정책은 경제 회복에 기여했으며, 미국 사회에 중요한 변화를 가져왔습니다.

2. **금융 시스템 개혁** : 대공황 이후, 미국 정부는 금융 시스템의 안정성을 높이기 위해 다양한 개혁을 추진했습니다. 이 중에는 예금자 보호를 위한 연방예금보험공사(FDIC)의 설립과 증권 거래를 규제하는 증권거래위원회(SEC)의 설립이 포함됩니다.

3. **사회 안전망 강화** : 뉴딜 정책의 일환으로 실업 보험, 사회 보장 제도 등이 도입되어 사회 안전망이 강화되었습니다. 이는 경제적 불안정으로부터 국민을 보호하는 중요한 제도로 자리 잡았습니다.

4. **세계 경제에 미친 영향** : 대공황은 미국뿐만 아니라 전 세계에 심각한 경제적 타격을 주었습니다. 많은 국가들이 경제 침체를 겪었고, 이는 정치적 불안정을 초래했습니다. 특히 유럽에서는 극단적인 정치 세력의 부상과 제2차 세계대전으로 이어지는 긴장의 배경이 되기도 했습니다.

대공황은 현대 경제사에서 가장 중요한 사건 중 하나로, 경제 정책과 금융 제도의 발전에 큰 영향을 미쳤습니다. 이 시기의 경험은 이후 경제 위기 대응에 있어 중요한 교훈으로 남아 있습니다.

4) 제한과 조건(Constraints and Conditions)

특정한 형식이나 제약을 제시하여 더 구체적인 응답을 유도할 수 있다. 이는 응답의 범위와 형식을 제한하여 보다 집중된 결과를 얻는 데 유용하다.

● 예시

> 프롬프트 : "200자 이내로 현재의 경제 상황에 대한 요약을 작성해 줘."
> 프롬프트 : "적어도 세 가지 예시를 포함하여 기술 혁신의 장단점을 논해 줘."

200자 이내로 현재의 경제 상황에 대한 요약을 작성해 줘.

GPT

현재의 경제 상황은 인플레이션 상승, 금리 인상, 글로벌 공급망 차질, 그리고 지정학적 불안정으로 인해 복잡한 도전 과제를 안고 있습니다. 주요 경제국들은 경기 침체 우려 속에서 성장 둔화를 겪고 있으며, 중앙은행들은 인플레이션 억제를 위해 금리를 높이는 정책을 시행 중입니다.

적어도 세 가지 예시를 포함하여 기술 혁신의 장단점을 논해 줘.

GPT

기술 혁신은 사회와 경제에 깊은 영향을 미치며, 그 장단점은 다양합니다. 아래에 기술 혁신의 주요 장점과 단점을 각각 세 가지 예시를 들어 논하겠습니다.

장점

1. **생산성 향상** : 기술 혁신은 기업과 산업의 생산성을 크게 향상시킵니다. 예를 들어, 자동화 기술은 제조업에서 인간 노동을 기계로 대체해 생산 속도를 높이고, 비용을 절감하며, 불량률을 줄이는 데 기여합니다.

2. **새로운 산업 창출** : 기술 혁신은 전혀 새로운 산업과 일자리를 창출합니다. 예를 들어, 정보기술(IT) 산업은 인터넷과 컴퓨터 기술의 발전으로 인해 등장했으며, 수많은 고용 기회를 제공하고 경제 성장을 촉진했습니다.

3. **삶의 질 향상** : 기술 혁신은 일상생활의 편리성을 높입니다. 스마트폰의 발명은 통신, 정보 접근, 금융 서비스 등 다양한 기능을 한 기기에서 제공해 사람들의 삶을 더 효율적이고 풍요롭게 만들었습니다.

단점

1. **일자리 감소** : 기술 혁신은 일부 직업의 자동화로 인해 일자리를 감소시킬 수 있습니다. 예를 들어, 자동화와 로봇 공학의 발전은 제조업, 물류 등에서 인간 노동자의 역할을 줄이며 실업 문제를 초래할 수 있습니다.

2. **사회적 불평등 확대** : 기술 혁신은 기술에 접근할 수 있는 사람들과 그렇지 못한 사람들 간의 격차를 벌릴 수 있습니다. 예를 들어, 디지털 격차는 기술에 익숙하지 않은 고령층이나 저소득층이 새로운 기술을 활용하는 데 어려움을 겪게 하며, 경제적 불평등을 심화시킬 수 있습니다.

3. **프라이버시 침해** : 기술 혁신은 개인 정보 보호 문제를 야기할 수 있습니다. 예를 들어, 빅데이터와 인공지능(AI) 기술의 발전은 대량의 데이터를 수집하고 분석하여 사용자의 행동을 예측하거나 추적하는 데 사용될 수 있으며, 이는 개인의 프라이버시를 침해할 위험을 증가시킵니다.

이처럼 기술 혁신은 생산성 향상과 삶의 질 개선 등 긍정적인 측면이 있는 반면, 일자리 감소와 사회적 불평등 심화 등 부정적인 영향도 함께 수반합니다. 이러한 장단점을 균형 있게 고려하여 기술 발전을 추진하는 것이 중요합니다.

프롬프트 유형

프롬프트는 사용 목적에 따라 다양한 유형으로 나뉘며, 각 유형에 따라 프롬프트의 작성 방법도 달라진다. 표 3-2는 주요 프롬프트 유형인 정보 검색, 창의적 글쓰기, 문제 해결, 요약, 비교 분석, 감상 요청, 지시형, 대화형에 대해 설명하고 각각의 예시를 제공한다.

표 3-2 프롬프트 유형과 예시

프롬프트 유형	설명	예시
정보 검색	특정 사실이나 특정 데이터를 요청하는 프롬프트(질문)이다.	"유럽의 주요 역사적 사건을 설명해 줘." "타이탄의 표면 조건은 무엇인가?" "베를린의 현재 날씨는 어떤지 알려 줘."
창의적 글쓰기	창의적 사고와 상상력을 발휘할 수 있도록 유도하는 프롬프트이다.	"우주 탐사를 주제로 한 시를 써 줘."
문제 해결	구체적인 문제를 제시하고, 이를 해결하기 위한 방법이나 전략을 요청하는 프롬프트이다.	"효율적인 팀 관리를 위한 전략을 줘."
요약	긴 텍스트(문서)나 복잡한 정보를 간결하게 요약해 달라는 요청 프롬프트이다.	"이 문서를 세 줄로 요약해 줘."
비교 분석	두 가지 이상의 항목을 비교하고 분석하도록 유도하는 프롬프트이다.	"AI와 인간의 차이를 비교해 줘."
감상 요청	특정 주제에 대한 개인적인 감상이나 의견을 묻는 프롬프트이다.	"이 영화의 주요 주제에 대한 감상을 작성해 줘." "로맨틱한 시를 써 줘." "당신이 행복해 하는 것에 대해 이야기해 줘."
지시형	챗봇에게 특정 행동을 지시하는 프롬프트이다.	"알림을 내일 아침 7시로 설정해 줘." "빠른 요리법을 알려 줘."
대화형	대화를 이어가는 데 도움이 되는 프롬프트이다.	"너는 어떤 책을 좋아하니?" "피자에 대한 당신의 생각은 무엇인가?"

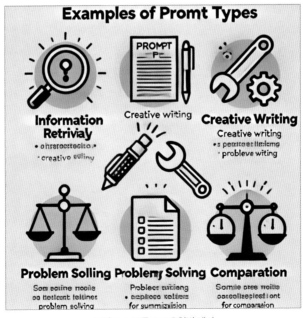

그림 3-4 프롬프트 유형별 예시

① **정보 검색 프롬프트** : 이 유형의 프롬프트는 특정 사실이나 데이터를 요청할 때 사용된다. 질문은 명확하고 구체적으로 설정되며, 필요한 경우 정보의 출처나 범위를 지정할 수 있다.

② **창의적 글쓰기 프롬프트** : 창의적 사고와 상상력을 발휘할 수 있도록 유도하는 질문이다. 예술, 문학, 스토리텔링과 같은 분야에서 자주 사용되며, 열린 결말을 유도할 수 있다.

③ **문제 해결 프롬프트** : 구체적인 문제를 제시하고, 이를 해결하기 위한 방법이나 전략을 요청한다. 실용적인 조언이나 단계별 계획을 제안할 수 있다.

④ **요약 프롬프트** : 긴 텍스트나 복잡한 정보를 간결하게 요약해 달라는 요청이다. 핵심 내용을 추려내고 간략하게 표현하는 능력을 테스트할 수 있다.

⑤ **비교 분석 프롬프트** : 두 가지 이상의 항목을 비교하고 분석하도록 유도한다. 공통점과 차이점을 식별하고, 그 중요성을 논하는 데 유용하다.

⑥ **감상 요청 프롬프트** : 특정 주제나 콘텐츠에 대한 개인적인 감상이나 의견을 묻는 프롬프트이다. 이는 개인의 주관적인 견해를 반영할 수 있는 기회를 제공한다.

이러한 다양한 프롬프트 유형을 이해하고 각각의 목적에 맞는 프롬프트를 작성하는 능력은 생성형 AI와 효과적으로 상호작용하는 데 핵심적인 역할을 한다.

이 장에서 학습한 내용을 통해, 우리는 다양한 유형의 프롬프트를 작성하는 방법을 익히고, 각 프롬프트가 생성형 AI로부터 적합한 응답을 얻는 데 어떻게 활용되는지 체험할 수 있을 것이다. 이를 통해 생성형 AI의 잠재력을 극대화하고, 실질적인 문제 해결이나 창의적 작업에서 보다 유용하게 활용할 수 있는 기반을 마련할 수 있을 것이다.

3.3

프롬프트 엔지니어링 실습

이제까지 배운 프롬프트 작성의 기본 원칙과 유형을 바탕으로, 실제 프롬프트를 작성하고 테스트하며 개선하는 과정을 통해 실습해 보자. 이 실습을 통해 프롬프트 엔지니어링의 실제 적용 방법을 익히고, AI 모델과의 상호작용에서 더 나은 결과를 얻을 수 있는 방법을 습득할 수 있다.

기본 프롬프트 작성 실습

먼저 명확하고 구체적인 프롬프트를 작성하는 연습을 해 보자. 프롬프트 작성 시에는 앞서 설명한 명확성, 목적 지향성, 문맥 제공, 제한과 조건의 요소를 모두 고려해야 한다.

실습 예제   기본 프롬프트 작성 실습   · · ·

- 실습 목표 : 명확하고 구체적인 프롬프트를 작성할 수 있다.
- 실습 단계
  ① 주제 선택 : 학습자가 관심 있는 주제나 실제로 AI에게 질문하고 싶은 주제를 선택한다.
  ② 예시 주제 : 기후 변화, 인공지능의 미래, 글로벌 경제 동향 등
  ③ 프롬프트 작성 : 선택한 주제에 대해 명확하고 구체적인 프롬프트를 작성한다.
  ④ 예시 프롬프트 : "지난 5년간의 기후 변화 트렌드를 설명해 줘."
  ⑤ 프롬프트 검토 : 작성한 프롬프트가 충분히 명확하고 구체적인지 스스로 평가하고, 필요 시 수정한다.

프롬프트 테스트와 개선

작성한 프롬프트를 AI에 입력하여 AI의 응답을 평가하는 과정을 통해 프롬프트의 유효성을 확인하고 개선할 수 있다. 이 단계에서는 프롬프트의 개선점을 찾아내고, 더 나은 결과를 얻기 위한 방법을 탐구한다.

실습 예제   프롬프트 테스트와 개선   · · ·

- 실습 목표 : 작성한 프롬프트를 AI에 입력하고, 응답의 품질을 평가하여 프롬프트를 개선할 수 있다.

- **실습 단계**
  - ① **AI와 상호작용** : 작성한 프롬프트를 AI에 입력하고, AI의 응답을 수집한다.
    - **예시 프롬프트** : "지난 5년간의 기후 변화 트렌드를 설명해 줘."
    - **응답 평가** : AI의 응답이 명확하고 기대한 정보를 포함하고 있는지 평가한다.
  - ② **평가 기준** : 응답의 정확성, 구체성, 관련성
    - **예시 평가** : "AI가 제공한 기후 변화 정보가 구체적이지 않으며, 최근의 트렌드를 충분히 반영하지 못했다."
  - ③ **프롬프트 개선** : 응답을 바탕으로 프롬프트를 개선한다. 명확하지 않거나 구체성이 부족한 부분을 수정하여, 더 나은 응답을 이끌어 낼 수 있도록 한다.
    - **개선 예시** : "지난 5년간 서울의 기후 변화 추세를 연도별로 설명해 줘."

프롬프트 개선을 위한 피드백

마지막으로, AI의 응답을 바탕으로 프롬프트를 더욱 정교하게 다듬는 과정을 연습한다. 이 과정에서는 AI의 피드백을 반영하여 프롬프트를 점진적으로 개선하고, 원하는 결과를 얻을 수 있는 최적의 프롬프트를 개발한다.

| 실습 예제 | 피드백 기반 프롬프트 수정 | ... |

- **실습 목표** : AI의 응답을 분석하고, 피드백을 반영하여 프롬프트를 수정할 수 있다.
- **실습 단계**
  - ① **피드백 분석** : AI의 응답 중 유용한 정보와 개선이 필요한 부분을 구체적으로 분석한다.
    - **예시** : "AI가 서울의 관광지를 추천했지만, 세부적인 설명이 부족했다."
  - ② **프롬프트 수정** : 분석한 피드백을 바탕으로 프롬프트를 수정하고, 더 구체적인 정보를 얻기 위한 조건을 추가한다.
    - **수정 예시** : "서울에서 가장 유명한 관광지 세 곳을 각각의 특징과 함께 설명해 줘."
  - ③ **재평가 및 반복** : 수정된 프롬프트를 다시 AI에 입력하여 응답을 평가하고, 필요한 경우 추가 수정 작업을 반복한다.
    - **재평가 예시** : "AI가 각각의 관광지에 대한 상세한 정보를 제공하여 최종적으로 원하는 결과를 얻을 수 있었다."

이외에도, 프롬프트 작성과 개선을 통해 AI가 제안한 응답을 평가하고, 해당 응답을 바탕으로 다시 질문을 수정하는 작업을 반복할 수 있다. 예를 들어, 고객 지원 서비스에서 '고객이 주문한 제품의 배송 상태를 알려 줘.'라는 프롬프트를 개선하고, 고객이 원하는 추가 정보를 얻기 위해 프롬프트를 어떻게 수정할지 생각해 보자.

이와 같이 위 과정을 통해 학습자는 프롬프트 작성의 기본 원칙을 실습하고, AI와의 상호작용에서 더 나은 결과를 얻기 위한 지속적인 개선 방법을 익히게 된다. 실습을 반복하면서 점점 더 복잡하고 정교한 프롬프트를 작성하는 능력을 기르게 될 것이다.

3.4

실습 예제 02

사례 중심 프롬프트

실제 상황에 기반한 사례를 활용하여 프롬프트를 작성하고, 이를 다양한 방법으로 활용하는 방법을 학습한다. 이 과정에서는 실전에서 직접 활용할 수 있는 프롬프트를 작성해 보고, 그 활용 가능성에 대해 탐구해 보자.

사례 기반 프롬프트 작성

사례 기반 프롬프트 작성은 실제 비즈니스나 일상생활에서 발생할 수 있는 다양한 상황을 바탕으로 프롬프트를 작성하는 연습이다. 이를 통해 학습자들은 실전에서 즉시 적용 가능한 프롬프트를 개발할 수 있는 능력을 기를 수 있다.

실습 예제   사례 기반 프롬프트 작성   ...

- **실습 목표** : 실전에서 활용할 수 있는 구체적인 사례를 기반으로 프롬프트를 작성할 수 있다.
- **실습 단계**
  ① **사례 선택** : 실제 상황에서 발생할 수 있는 문제나 목표를 설정한다. 이 사례는 학습자들이 관심을 가질 수 있는 주제여야 한다.
    - **예시** : 새로운 제품을 출시할 때의 마케팅 전략 수립, 팀 프로젝트의 효율적인 관리 방법, 고객 서비스 개선 전략 등
  ② **프롬프트 작성** : 선택한 사례를 바탕으로 명확하고 구체적인 프롬프트를 작성한다. 프롬프트는 사례에서 해결하고자 하는 문제나 목표를 명확히 반영해야 한다.
    - **예시 프롬프트** : "새로운 제품을 출시할 때, 타겟 고객층을 효과적으로 공략할 수 있는 마케팅 전략을 세우기 위한 아이디어를 제시해 줘."
  ③ **프롬프트 검토 및 수정** : 작성한 프롬프트가 충분히 명확하고, 사례의 목표를 잘 반영하는지 평가하고 필요에 따라 수정한다.
    - **검토 포인트** : 프롬프트가 구체적인 목표를 반영하고 있는지, 프롬프트를 통해 AI가 유용하고 실질적인 응답을 제공할 가능성이 높은지 등을 점검한다.

프롬프트 공유

작성된 프롬프트는 단순히 개인적인 활용을 넘어 다른 사람들과 공유하거나 판매할 수 있다. 잘 작성된 프롬프트는 다른 사용자들에게도 유용할 수 있으며, 이를 통해 지식과 아이디어를 확산할 수 있다.

실습 예제 ┃ 프롬프트 공유   ···

- **실습 목표** : 잘 작성된 프롬프트를 다른 사용자들과 공유하거나 판매할 수 있는 방법을 이해한다.
- **실습 단계**
  ① **프롬프트 정제** : 작성된 프롬프트 중에서 특히 유용하거나 창의적인 프롬프트를 선정하고, 필요에 따라 다듬는다.
    - 예시 : 여러 차례 검토와 수정 과정을 거쳐 최종적으로 완성된 프롬프트를 선정한다.
  ② **공유 방법 탐구** : 프롬프트를 공유할 수 있는 다양한 방법을 탐구한다. 이는 온라인 커뮤니티, 소셜 미디어, 프롬프트 마켓플레이스 등을 포함할 수 있다.
    - **예시 플랫폼** : 프롬프트 공유 사이트, AI 커뮤니티 포럼, 비즈니스 네트워크 등
  ③ **판매 전략 수립** : 프롬프트를 판매할 계획이 있다면, 이를 어떻게 마케팅하고, 가격을 설정할지에 대한 전략을 수립한다.
    - **예시 전략** : 프롬프트의 활용도와 고유성을 강조하는 마케팅 메시지 작성, 합리적인 가격 설정, 판매 채널 선택 등

실전 프롬프트를 작성하고 이를 공유하거나 판매하는 과정을 체험해 보자. 이를 위해 실습의 구체적 진행 방법을 예시로 제공한다. 이를 따라 각자 실전 프롬프트를 작성하고 진행해 보자.

실습 예제 ┃ 프롬프트 작성, 공유 및 피드백 받기   ···

- **실습 단계**
  ① **프롬프트 작성 : 특정 상황에 맞는 프롬프트 작성**
    - 예를 들어, 새로운 제품 출시를 앞두고 효과적인 마케팅 전략을 세우기 위한 프롬프트를 작성한다.
    - "새로운 제품을 출시할 때, 타겟 고객층을 효과적으로 공략할 수 있는 마케팅 전략을 제시해 줘."와 같은 프롬프트를 작성한다.
    - 프롬프트는 명확하고 구체적이어야 하며, 기대하는 응답을 명확히 설명해야 한다.
  ② **프롬프트 공유**
    - 작성한 프롬프트를 실제로 공유하는 과정을 체험해 보자. 온라인에서 사용할 수 있는 프롬프트 공유 플랫폼이나 커뮤니티를 탐색하고, 그곳에 자신의 프롬프트를 게시해 보자.
      \<활동하기\>
      - **프롬프트 공유 플랫폼 선택** : 다음과 같은 플랫폼을 사용할 수 있다.
        ▶ **PromptBase** : 사용자들이 프롬프트를 사고 팔 수 있는 플랫폼이다.
        ▶ **Reddit의 r/ChatGPT** : AI 관련 프롬프트와 아이디어를 공유할 수 있는 커뮤니티이다.
        ▶ **Kaggle 커뮤니티** : 데이터 과학자와 AI 전문가들이 모이는 곳으로, AI 프롬프트를 논의하고 공유할 수 있다.

- **프롬프트 게시** : 학생들은 선택한 플랫폼에 자신의 프롬프트를 게시하고, 그 설명을 추가한다. 예를 들어, 프롬프트의 목적과 기대되는 결과를 명시한다.

③ **피드백 받기**

- 프롬프트를 게시한 후, 다른 사용자들로부터 피드백을 받을 수 있도록 기다린다. 이 과정에서 자신의 프롬프트가 다른 사람들에게 어떻게 받아들여지는지 배우게 된다.

<활동하기>
- **피드백 모니터링** : 게시된 프롬프트에 대해 다른 사용자들이 댓글이나 평가를 남기게 되는데, 이를 통해 자신의 프롬프트가 얼마나 명확하고 유용한지 평가받는다.
- **피드백 분석** : 받은 피드백을 분석하여 프롬프트의 강점과 개선해야 할 점을 찾는다. 이를 바탕으로 프롬프트를 수정할 수 있다.

- 받은 피드백을 바탕으로 프롬프트를 수정하고, 다시 플랫폼에 등록하거나 새로 게시할 수 있다. 이 과정을 통해 프롬프트의 품질을 점진적으로 개선한다.

<활동하기>
- **프롬프트 수정** : 피드백을 반영하여 프롬프트를 더 명확하고 구체적으로 수정한다.
- **재등록 및 추가 피드백 요청** : 수정된 프롬프트를 다시 플랫폼에 등록하고, 추가 피드백을 요청한다.

이 과정을 통해 실전에서 프롬프트를 작성하고 활용하는 방법을 배우며, 피드백을 통해 자신의 작업을 개선하는 경험을 얻을 수 있다. 또한, 프롬프트를 공유하고 다른 사람들의 의견을 수렴하는 과정을 통해 AI와 상호작용하는 실질적인 기술을 익힐 수 있다.

실습 예시는 다음과 같다. 직접 위의 과정에서 배웠던 내용을 기반으로 해당 내용에 대해 프롬프트 공유 플랫폼을 활용해 보자.

● **프롬프트 작성**

> **목표** : 새로운 제품을 출시할 때 효과적인 마케팅 전략을 수립할 수 있는 프롬프트를 작성한다.
>
> **예시 프롬프트** : "새로 출시될 제품의 타겟 고객층을 정의하고, 그들에게 효과적으로 도달할 수 있는 마케팅 전략을 제안해 줘."

연습 01 프롬프트 엔지니어링이 AI의 응답 품질에 미치는 영향을 설명하고, 명확하고 구체적인 프롬 프트의 중요성을 사례를 통해 설명하세요.

연습 02 다음의 모호한 프롬프트를 명확하고 구체적으로 개선하세요.

> 모호한 프롬프트 : "좋은 책 추천해 줘."
> 개선된 구체적 프롬프트 : ?

연습 03 다음 프롬프트들을 유형별로 구분하세요.

① "AI와 인간의 차이점을 비교해 줘."
② "미래의 기술 발전이 경제에 미칠 영향에 대한 의견을 말해 줘."
③ "유럽의 주요 역사적 사건을 연도별로 정리해 줘."

연습 04 **다음 프롬프트에 문맥 정보를 추가하고, 특정 조건을 설정하여 개선하세요.**

기본 프롬프트 : "최근 경제 동향에 대해 설명해 줘."
개선된 프롬프트 : ?

연습 05 **작성한 프롬프트를 AI에 입력한 후 응답을 평가하고, 개선할 수 있는 부분을 찾아 프롬프트를 수정하세요.**

프롬프트 예시 : "새로운 기술 트렌드를 기반으로 한 비즈니스 아이디어를 제안해 줘."

연습 06 **다음 사례를 기반으로 한 프롬프트를 작성하세요.**

사례 : "한 중소기업이 새로운 IT 제품을 출시하려고 한다. 타겟 고객층은 30대 직장인들이다. 이 제품을 성공적으로 마케팅하기 위한 전략을 제안해 줘."
프롬프트 예시 : "30대 직장인들을 타겟으로 한 IT 제품 출시 시, SNS와 온라인 광고를 활용한 마케팅 전략을 제안해 줘."

심화 프롬프트 엔지니어링

- 고급 프롬프트 작성 기술 습득 : 복잡한 요청과 세부적인 조건을 반영한 고급 프롬프트 작성 기술을 학습한다.
- 프롬프트 분석 및 비교 : 작성된 프롬프트의 효과성을 평가하고, 다양한 프롬프트를 비교하여 최적의 프롬프트를 식별할 수 있다.
- 창의적 문제 해결 능력 향상 : 심화된 프롬프트를 통해 창의적 문제 해결 능력을 향상시키고, 다양한 시나리오에서 적용할 수 있는 프롬프트 작성 능력을 기른다.

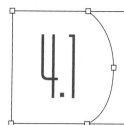

고급 프롬프트 작성 기술

고급 프롬프트 작성 기술은 앞서 배운 기초 프롬프트를 활용한 단순한 정보 요청을 넘어 복잡한 상황에 대한 구체적이고 정교한 요청을 만드는 과정이다. 다양한 기술을 통해 프롬프트의 수준을 높이고, AI 모델로부터 더 정교한 응답을 이끌어 내는 방법을 배워보자.

프롬프트의 세분화

프롬프트의 세분화는 복잡한 질문이나 요청을 다루기 위해 프롬프트를 여러 단계로 나누는 기술이다. 각 단계에서는 AI가 명확한 목표를 달성할 수 있도록 작은 단위의 프롬프트를 작성하고, 이를 연속적으로 연결한다.

실습 예제   프롬프트 세분화   · · ·

- **실습 목표** : 복잡한 요청을 단계별로 세분화하여 프롬프트를 작성할 수 있다.
- **실습 단계**
  ① **주제 선택** : 학습자들은 실제 상황에서 발생할 수 있는 복잡한 문제를 선택한다. 예를 들어, '신규 시장 진출 전략' 또는 '다양한 고객층을 위한 맞춤형 서비스 개발'과 같은 주제를 선택할 수 있다.
  ② **프롬프트 작성** : 단계를 나누어 각각의 목표를 명확히 한 프롬프트를 작성한다.
    - **단계 1** : 상황을 분석하는 프롬프트를 작성한다.
      - 예시 : "아시아 시장에서 최근 3년간의 주요 소비자 트렌드를 분석해 줘."
    - **단계 2** : 첫 번째 단계에서 얻은 정보를 바탕으로 전략을 제안하는 프롬프트를 작성한다.
      - 예시 : "이 소비자 트렌드를 바탕으로, 한국 시장에 적합한 진출 전략을 제안해 줘."
    - **단계 3** : 전략의 실행 계획을 구체화하는 프롬프트를 작성한다.
      - 예시 : "제안된 전략의 실행을 위한 구체적인 마케팅 계획을 세워 줘."
  ③ **응답 평가** : 각 단계에서 AI가 제공하는 응답을 평가하여 단계 간의 연결성이 잘 이루어졌는지, 그리고 각 단계의 목표를 충분히 달성했는지 확인한다.
  ④ **프롬프트 수정** : 필요에 따라 각 프롬프트를 수정하여 더 명확하고 구체적인 결과를 얻을 수 있도록 한다.

실습 예제를 통해 프롬프트를 세분화해 보자.

주제를 '글로벌 시장에서 IT 제품의 성공 요인 분석 및 새로운 시장 진출 전략 수립'으로 선택했을 때, 이 주제는 다음과 같은 요소를 포함하고 있다.

- **시장 분석** : 유럽 시장에서 성공한 IT 제품들의 주요 특징을 분석함으로써 성공 요인을 파악한다.
- **시장 예측** : 성공 요인을 바탕으로, 아시아 시장에서 성공할 가능성이 높은 IT 제품군을 제안한다.
- **전략 수립** : 제안된 제품의 시장 진출 전략을 수립하고, 예상되는 시장 반응을 분석한다.

단계 1 :
단계 2 :
단계 3 :

조건 기반 프롬프트 작성

조건 기반 프롬프트 작성은 특정 조건이나 제약을 설정하여 AI의 응답을 더욱 구체화하고 맞춤화하는 기술이다. 이러한 프롬프트는 복잡한 시나리오에서 더욱 유용하며, AI가 특정 상황이나 기준에 따라 응답할 수 있도록 한다.

실습 예제   조건 기반 프롬프트 작성   · · ·

● **실습 목표** : 조건이나 제약을 반영한 맞춤형 프롬프트를 작성할 수 있다.
● **실습 단계**
① **조건 설정** : 학습자들은 실생활에서 흔히 직면하는 조건을 설정한다. 예를 들어, 예산, 인력, 시간 제약, 환경적 조건 등을 설정할 수 있다.
- **조건 예시** : '환경친화적' 및 '예산 제한'을 설정한다.
② **프롬프트 작성** : 설정된 조건을 반영한 프롬프트를 작성한다.
- **프롬프트 예시** : "환경친화적인 접근 방식을 고려하면서, 예산이 제한된 상황에서 지속 가능한 에너지원 개발을 위한 세 가지 혁신적인 기술을 제안해 주세요. 각 기술의 장단점과 잠재적 리스크를 포함하여 설명해 줘."
③ **응답 분석** : AI가 제시한 응답이 설정된 조건을 얼마나 잘 반영했는지 평가한다. 응답이 조건에 적합한지, 제약 사항을 잘 고려했는지 등을 분석한다.
④ **프롬프트 수정** : 필요에 따라 조건을 더 구체화하거나 추가적인 제약을 설정하여 프롬프트를 수정한다. 예를 들어, 특정 예산과 시간 제약을 두고 신제품 출시 계획을 세울 때, 마케팅 팀은 '제한된 예산과 3개월 내 제품 출시를 목표로, 혁신적이고 비용 효율적인 마케팅 전략을 제안해 줘'와 같은 조건을 반영한 프롬프트를 작성할 수 있다. 이와 같은 프롬프트는 AI가 명확한 제약 조건을 고려해 보다 현실적이고 실행 가능한 제안을 하도록 도와준다.

실습 예제를 통해 조건 기반 프롬프트를 작성해 보자. 이 주제는 다음과 같은 요소를 포함하고 있다.

- **법적 규제 준수** : 중소기업이 운영하는 데 있어 필수적인 법적 규제를 준수해야 하는 조건이다.

- **신기술 적용** : 최신 AI 기술을 활용하여 중소기업이 실현 가능한 비즈니스 혁신 방안을 모색한다.

창의적 사고를 유도하는 프롬프트

창의적 사고를 유도하는 프롬프트는 AI가 기존의 틀을 벗어나 새로운 아이디어를 생성하도록 유도하는 기술이다. 이러한 프롬프트는 열린 질문과 다중 단계의 사고를 필요로 하며, 혁신적인 결과를 얻기 위해 사용된다.

실습 예제   **창의적 사고를 촉진하는 프롬프트**   ...

- **실습 목표** : 창의적 사고를 촉진하는 열린 프롬프트를 작성할 수 있다.
- **실습 단계**
  ① **문제 제시** : 미래 사회에서의 기술 변화나 사회적 변화를 주제로 설정한다.
   - **문제 예시** : 자율주행 차량이 일상생활에 미치는 영향
  ② **프롬프트 작성** : 열린 질문 형식으로 프롬프트를 작성한다.
   - **프롬프트 예시** : "미래의 도시에서 자율주행 차량이 일상생활에 미치는 영향을 상상하고, 이로 인한 새로운 사회적, 경제적 변화를 설명해 줘."
  ③ **응답 평가** : AI의 응답이 얼마나 창의적이고 새로운 관점을 제공하는지 평가한다.

실습 예제를 통해 창의적 사고를 유도하는 프롬프트를 작성해 보자. 주제를 '미래 사회에서의 새로운 직업 유형 탐색 및 분석'으로 설정했을 때, 이 주제는 다음과 같은 요소를 포함하고 있다.

- **미래 직업 상상** : 미래의 도시에서 필요로 할 새로운 직업들을 상상하고 제시한다.

- **직업 변화 분석** : 이러한 새로운 직업들이 현재의 직업과 어떻게 다를지, 그리고 그 변화의 이유를 분석한다.

- **필요성과 역할 논의** : 각 직업의 필요성과 역할을 논의하여 왜 이러한 직업들이 미래 사회에서 중요한지를 설명한다.

프롬프트 :

4.2 프롬프트 분석 및 비교

고급 프롬프트를 작성한 후에는 이를 분석하고, 서로 비교하는 과정이 필요하다. 이 단계에서는 작성된 프롬프트가 얼마나 효과적으로 AI의 응답을 이끌어 냈는지 평가하고, 다양한 프롬프트 간의 차이점을 식별하여 최적의 프롬프트를 찾아내는 방법을 배워보자.

프롬프트 분석

프롬프트의 효과성을 분석하기 위해서는 AI의 응답을 면밀히 검토해야 한다. 응답의 정확성, 창의성, 관련성 등을 기준으로 평가하며, 프롬프트가 얼마나 효과적으로 목표를 달성했는지 확인한다.

실습 예제   프롬프트 분석   · · ·

- **실습 목표** : 작성된 프롬프트의 효과성을 평가할 수 있다.
- **실습 단계**
  ① **응답 수집** : 학습자들은 자신이 작성한 프롬프트를 AI에 입력하고, 각 프롬프트에 대한 AI의 응답을 수집한다.
  ② **분석 기준 설정** : 각 응답의 정확성, 창의성, 관련성, 명확성을 기준으로 평가한다.
    • 분석 기준 예시 : "응답이 설정된 조건을 얼마나 잘 충족하는가?", "응답이 창의적이고 새로운 관점을 제시하는가?"
  ③ **평가** : 각 응답을 분석하고, 프롬프트의 효과성을 평가한다. 필요에 따라 프롬프트를 개선한다.
    • 실습 활동 : 동일한 목표에 대해 작성된 두 가지 프롬프트의 AI 응답을 비교하여 어떤 프롬프트가 더 효과적이었는지 분석하고, 차이점을 기록한다.

실습 예제를 통해 프롬프트 분석을 해 보자.

프롬프트 1 : "지난 3년간의 경제 동향을 바탕으로, 향후 5년간의 주요 경제 변화를 예측해 줘."
프롬프트 2 : "지난 3년간의 데이터 분석을 통해 경제 성장률이 높은 산업군을 도출하고, 향후 5년간의 경제 변화를 예측해 줘."
분석 :

프롬프트 비교

작성된 여러 프롬프트를 비교함으로써 어떤 프롬프트가 더 효과적이고 유용한지를 판단한다. 이 과정에서는 각 프롬프트의 강점과 약점을 분석하고, 최적의 프롬프트를 식별한다.

실습 예제   프롬프트 비교   ･ ･ ･

- ● **실습 목표** : 다양한 프롬프트를 비교하여 최적의 프롬프트를 선택할 수 있다.
- ● **실습 단계**
  ① **프롬프트 작성** : 동일한 목표를 달성하기 위한 여러 가지 프롬프트를 작성한다. 프롬프트의 형태, 길이, 조건 등을 다양하게 설정하여 실험한다.
    - **프롬프트 1** : "20대 여성을 대상으로 한 최근 3년간의 뷰티 제품 트렌드를 분석해 줘."
    - **프롬프트 2** : "최근 3년간 20대 여성 소비자 트렌드를 바탕으로 새로운 뷰티 제품 출시 전략을 제안해 줘."
    - **프롬프트 3** : "뷰티 제품 시장에서 20대 여성의 구매 결정에 영향을 미치는 주요 요인들을 분석해 줘."
  ② **응답 비교** : AI의 응답을 비교하여 어떤 프롬프트가 더 구체적이고 유용한 응답을 이끌어냈는지 평가한다. 각 응답의 정확성, 창의성, 관련성 등을 기준으로 비교 분석한다.
  ③ **최적화** : 각 프롬프트의 강점을 결합하여 최적의 프롬프트를 작성한다.
    - **프롬프트 예시** : "최근 3년간 20대 여성 소비자 트렌드를 바탕으로, 뷰티 제품 시장에서 구매 결정에 영향을 미치는 주요 요인들을 분석하고, 새로운 제품 출시 전략을 제안해 줘."
  ④ **최종 응답 분석** : 최적화된 프롬프트를 AI에 입력하고, 최종 응답을 분석한다. 최적화된 프롬프트가 얼마나 효과적으로 목표를 달성했는지 평가하고, 이를 바탕으로 최종적인 피드백을 제공한다.

실습 예제를 통해 프롬프트를 비교해 보자.

프롬프트 비교 : 동일한 주제에 대해 작성된 세 가지 프롬프트를 비교하여 AI가 제공한 응답의 질과 양을 평가하고, 최적화된 프롬프트를 도출한다.

결과 분석 :

실습 예제 01

심화 프롬프트 작성

학습자들은 직접 고급 프롬프트를 작성하고, 이를 통해 AI의 응답을 유도하는 경험을 쌓는다. 작성된 프롬프트를 서로 비교하고 분석함으로써 자신이 작성한 프롬프트의 효과를 더욱 명확히 이해할 수 있다.

심화 프롬프트 작성 실습

실습 예제 | **심화 프롬프트 작성 실습**   · · ·

- **실습 목표** : 복잡한 조건과 세부 사항을 포함한 고급 프롬프트를 작성할 수 있다.
- **실습 단계**
  ① **문제 설정** : '지속 가능한 에너지원 개발'을 목표로 설정한다. 이 주제를 통해 환경, 경제, 기술적인 측면을 모두 고려한 고급 프롬프트를 작성할 수 있다.
  ② **프롬프트 작성** : 설정된 문제를 해결하기 위한 복잡한 프롬프트를 작성한다.
     • **프롬프트 예시** : "지속 가능한 에너지원 개발을 목표로, 10년 이내에 실현 가능한 세 가지 기술 혁신을 제안해 줘. 각 기술의 장단점, 적용 사례, 잠재적 리스크를 포함하여 설명해 줘."
  ③ **응답 분석** : AI의 응답을 수집하고, 각 기술의 장단점, 실현 가능성, 리스크 등을 평가한다. AI가 제공한 응답이 얼마나 명확하고 구체적인지, 그리고 설정된 목표를 얼마나 잘 달성했는지 분석한다.
  ④ **프롬프트 개선** : 필요에 따라 프롬프트를 개선하여 더욱 구체적이고 실현 가능한 답변을 유도할 수 있도록 한다.

실습 예제를 통해 심화 프롬프트 작성을 실습해 보자.

프롬프트 :
응답 분석 :

프롬프트 분석 및 개선 실습

실습 예제　　**프롬프트 분석 및 개선 실습**　　　　　　　　　　　　　　　　· · ·

- **실습 목표** : 작성된 프롬프트의 효과성을 분석하고, 더 나은 프롬프트로 개선할 수 있다.
- **실습 단계**
  ① **응답 수집** : 작성된 프롬프트를 AI에 입력하고, 응답을 수집한다. 수집된 응답은 프롬프트의 효과성을 평가하는 데 사용된다.
  ② **응답 평가** : 수집된 응답을 평가하고, 프롬프트의 효과성을 분석한다. 분석 기준으로는 응답의 구체성, 창의성, 실현 가능성 등이 사용된다.
    - **실습 활동** : 학습자들은 수집된 응답을 분석하고, 각 응답이 얼마나 목표에 부합하는지를 평가한다.
  ③ **프롬프트 개선** : 평가 결과를 바탕으로 프롬프트를 개선한다. 예를 들어, 더 구체적인 조건을 추가하거나 질문의 범위를 좁혀 응답의 명확성을 높일 수 있다.
    - **프롬프트 예시** : "지속 가능한 에너지원 개발을 목표로, 환경적 리스크를 최소화하면서 경제적 이익을 극대화할 수 있는 기술을 세 가지 제안해 줘. 각 기술의 적용 사례와 장단점도 함께 설명해 줘."

실습 예제를 통해 심화 프롬프트 분석 및 개선 작업을 실습해 보자.

> **프롬프트** :
>
> **응답 평가** :

교육 분야에서는 '학생들의 학업 성취도를 분석하고, 향상시킬 수 있는 학습 전략을 제안해 줘'와 같은 프롬프트를 통해 AI의 도움을 받을 수 있다. 또한, 헬스케어에서는 '특정 증상을 기반으로 가능한 진단을 제공해 줘'라는 프롬프트로 신속한 진단을 받을 수 있다. 비즈니스 컨설팅에서는 '회사의 매출 성장을 위한 전략을 제시해 줘'와 같은 프롬프트가 효과적인 전략 수립에 도움을 줄 수 있다. 이와 같이 프롬프트 엔지니어링은 다양한 산업에서 혁신적인 결과를 이끌어 내는 중요한 도구로 사용된다.

다만, 앞서 계속 살펴봤듯이 AI의 응답은 학습된 데이터에 기반하므로, 때때로 현실과 맞지 않거나 잘못된 정보를 제공하는 '환각 현상(Hallucination)'이 발생하기에 특히 복잡한 문제를 다룰 때 AI의 응답을 주의 깊게 검토하는 것이 중요하다. 따라서 AI가 제공한 정보가 타당한지, 사실과 일치하는지를 반드시 확인하고 필요한 경우 전문가의 검토를 통해 수정해야 한다.

프롬프트 비교 및 최적화 실습

실습 예제 ┃ 프롬프트 비교 및 최적화 실습 · · ·

● **실습 목표** : 서로 다른 프롬프트의 강점을 결합하여 최적화된 프롬프트를 작성할 수 있다.
● **실습 단계**
　① **프롬프트 비교** : 동일한 주제에 대해 작성된 여러 프롬프트를 비교한다. AI의 응답을 기반으로, 각 프롬프트의 장
　　단점을 평가한다.
　② **강점 식별** : 각 프롬프트의 강점을 식별하고, 이를 결합하여 최적화된 프롬프트를 작성한다.
　　• **프롬프트 예시** : "지속 가능한 에너지원 개발을 목표로, 10년 이내에 실현 가능한 기술 혁신을 제안해 줘. 각
　　　기술의 장단점, 적용 사례, 잠재적 리스크를 포함하여 설명해 줘."
　③ **최종 응답 분석** : 최적화된 프롬프트를 AI에 입력하고, 최종 응답을 분석한다. 최적화된 프롬프트가 얼마나 효과
　　적으로 목표를 달성했는지 평가하고, 이를 바탕으로 최종적인 피드백을 제공한다.

실습 예제를 통해 프롬프트 비교 및 최적화를 실습해 보자.

프롬프트 비교 : 동일한 주제에 대해 작성된 세 가지 프롬프트를 비교하여 AI가 제공한 응답의 질과 양을 평가하고,
최적화된 프롬프트를 도출한다.
결과 분석 :

연습 01 다음 조건을 반영하여 고급 프롬프트를 작성하세요.

> **조건** : '환경적 지속 가능성'과 '경제적 실현 가능성'을 고려한 새로운 도시 인프라 개발 전략
>
> **질문** : 이 조건을 반영하여 도시 인프라 개발을 위한 프롬프트를 작성하고, 예상되는 AI의 응답을 설명하세요.

연습 02 두 프롬프트의 차이점을 비교하고, 어떤 프롬프트가 더 효과적인지 설명하세요.

> - **프롬프트 1** : "최근 3년간 기술 발전이 중소기업에 미친 영향을 분석해 줘."
> - **프롬프트 2** : "최근 3년간 AI와 자동화 기술이 중소기업의 운영 효율성에 미친 영향을 분석하고, 이러한 기술을 활용한 새로운 기회들을 제안해 줘."
> - **질문** : 두 프롬프트의 강점과 약점을 비교 분석하고, 더 효과적인 프롬프트를 선택한 이유를 설명하하세요.

4

심화 프롬프트 엔지니어링

연습 03 다음 주제를 바탕으로 창의적인 사고를 유도하는 프롬프트를 작성하세요.

> 주제 : 미래의 교육 시스템에서 AI의 역할
> 질문 : AI가 미래의 교육 시스템에서 어떤 역할을 할지 상상하고, 이를 바탕으로 창의적이고 혁신적인
> 　　　프롬프트를 작성하세요.

연습 04 단순한 프롬프트를 개선하여 더 구체적이고 효과적인 프롬프트로 최적화하세요.

> 기본 프롬프트 : "중소기업의 디지털 전환 전략을 제안해 줘."
> 질문 : 이 프롬프트를 최적화하여 AI가 보다 구체적이고 실행 가능한 전략을 제시할 수 있도록 프롬
> 　　　프트를 개선하세요.

생성형 AI 실습 - 문학

학 습 목 표

- 텍스트 기반 생성 작업의 이해 및 실습 : 생성형 AI를 활용한 시, 소설, 에세이 등의 문학적 창작 과정을 이해하고 직접 수행할 수 있다.
- 문학적 창작물의 AI 협업 : AI와 협업하여 문학적 창작물(시, 소설, 에세이 등)을 작성하는 과정에서 AI의 역할과 가능성을 설명할 수 있다.
- 생성형 AI의 창의적 응용 : 생성형 AI가 문학적 창작에서 어떻게 창의적인 아이디어를 발산하고, 글쓰기 과정에서 활용될 수 있는지 사례를 통해 이해할 수 있다.
- 생성형 AI의 한계와 비판적 사고 : 생성형 AI가 생성한 텍스트에서 나타나는 한계를 분석하고, 이러한 한계를 극복하는 방법을 논의할 수 있다.

5.1 생성형 AI와 문학

생성형 AI는 텍스트 데이터와 학습하여 새로운 문학적 창작물을 생성할 수 있는 강력한 도구이다. 생성형 AI를 활용해 시, 소설, 에세이 등을 작성해 보며, 문학적 창작에서 AI의 역할과 가능성을 탐구해 보자. 비전공자들도 쉽게 접근할 수 있도록, 다양한 예제와 실습을 통해 AI와 협업하는 창의적 글쓰기를 경험해 본다.

텍스트 기반 생성 작업

텍스트 기반 생성 작업은 인공지능, 특히 생성형 AI 모델을 사용하여 새로운 텍스트를 생성하는 작업을 의미한다. 이 작업은 AI가 이전에 학습한 대규모 텍스트 데이터(예 : 책, 기사, 대화 기록 등)를 바탕으로 주어진 입력 텍스트에 맞춰 새로운 문장, 단락, 또는 전체 문서를 생성할 수 있다. 이러한 작업에서 사용되는 언어 모델은 대개 대규모 텍스트 데이터를 학습하여 특정 문맥에서 다음에 올 가능성이 높은 단어, 문장 등을 예측한다. 예를 들어, 시의 첫 구절을 제공하면 AI는 그다음 구절을 생성할 수 있고, 소설의 서두를 제공하면 이어지는 이야기를 만들어 낼 수 있다. 이 과정을 통해 우리는 AI와 협력하여 창의적이고 독창적인 글을 작성할 수 있다.

텍스트 기반 생성 작업 주요 개념

텍스트 기반 생성 작업을 이해하기 위해서는 몇 가지 핵심 개념을 숙지해야 한다. 이러한 개념들은 AI가 텍스트를 생성하는 과정에서 중요한 역할을 하며, 생성된 텍스트의 품질과 일관성에 큰 영향을 미친다.

1) 언어 모델

언어 모델(Language Model)은 텍스트 기반 생성 작업에서 가장 중요한 역할을 한다. 언어 모델은 대규모 텍스트 데이터를 학습하여 특정 문맥에서 다음에 올 가능성이 높은 단어, 문장 등을 예측할 수 있다. 대표적인 언어 모델로는 GPT 시리즈가 있으며, 이러한 모델들은 텍스트 데이터를 기반으로 자연스러운 언어 생성을 가능하게 한다.

2) 입력 텍스트

입력 텍스트(Input Text)는 사용자가 AI에게 생성 작업을 요청할 때 제공하는 시작 문장이나 주제 등을 의미한다. 이 입력 텍스트는 AI가 텍스트 생성을 시작하는 출발점이며, AI는 이를 바탕으로 새로운 내용을 생성한다. 예를 들어, '푸른 하늘 아래서'라는 구절을 입력하면 AI는 이 문장을 바탕으로 감성적인 시를 이어 나갈 수 있다.

3) 생성된 텍스트

생성된 텍스트(Generated Text)는 AI가 입력 텍스트를 기반으로 생성한 새로운 문장, 단락 또는 전체 문서를 의미한다. AI는 학습된 데이터에서 패턴을 인식하고, 이를 바탕으로 의미 있는 텍스트를 생성한다. 예를 들어, 소설의 서두로 '어느 날, 주인공이 길을 걷다가 신비로운 문을 발견했다'라는 문장을 제공하면, AI는 이 이야기를 계속 이어나가 새로운 이야기를 만들어 낼 수 있다. 또 다른 예로, 에세이의 서두로 '환경 보호의 중요성에 대해 논하자면,'이라는 주제를 주면, AI가 그 주제에 맞는 논리적 전개를 이어나가는 에세이를 작성할 수 있다.

텍스트 기반 생성 작업 응용 분야

텍스트 기반 생성 작업은 다양한 응용 분야에서 활용될 수 있으며, 특히 창의적인 글쓰기와 대규모 콘텐츠 생성에서 강력한 도구로 사용된다. 다음의 주요 응용 분야에 대해 살펴보자.

1) 문학 창작

생성형 AI는 소설, 시, 에세이 등 문학적 글쓰기에 사용되어 창의적인 글쓰기를 돕는다. AI는 사용자가 제공한 주제나 문장을 바탕으로 새로운 문학작품을 생성할 수 있으며, 이는 창작 과정에서 영감을 얻거나, 다양한 스타일을 실험하는 데 유용하다.

2) 자동 기사 작성

자동 기사 작성은 뉴스 기사나 블로그 포스트를 자동으로 생성하는 작업을 의미한다. AI는 대량의 데이터를 바탕으로 신속하게 기사를 작성할 수 있으며, 이는 언론사나 콘텐츠 제공 업체에서 효율성을 높이는 데 기여한다.

3) 고객 지원

고객 지원 분야에서도 텍스트 기반 생성 작업은 중요한 역할을 한다. AI는 자동화된 고객 응대 메시지를 생성하여 고객의 문의에 빠르게 응답하거나 필요한 정보를 제공할 수 있다. 이를 통해 고객 서비스의 질을 향상시키고, 비용을 절감할 수 있다.

텍스트 기반 생성 작업 이점과 한계

텍스트 기반 생성 작업에도 이점과 한계가 있다. 어떤 부분에서 이점과 한계가 있는지 실습을 진행하기 전에 살펴보자.

1) 이점

텍스트 기반 생성 작업은 창의적 글쓰기나 대규모 콘텐츠 제작에 있어 인공지능(AI)이 강력한 도구로 활용될 수 있다. AI는 대규모 데이터에서 패턴을 학습하고 이를 바탕으로 새로운 정보를 생성할 수 있어 소설, 기사, 마케팅 콘텐츠 등 다양한 분야에서 혁신적인 작업을 가능하게 한다. 특히, AI는 반복적이고 시간이 많이 소요되는 작업을 자동화함으로써 생산성을 크게 향상시킬 수 있으며, 다양한 언어로의 빠르고 정확한 번역 작업에도 활용될 수 있다. 또한, 데이터 분석과 결합하여 특정 주제에 대한 통찰을 제공하거나, 사용자가 제시한 조건에 맞는 창의적인 텍스트를 생성하는 데 탁월한 능력을 발휘한다.

2) 한계

그러나 텍스트 기반 생성 작업에는 몇 가지 한계도 존재한다. 첫째, AI가 생성한 텍스트는 논리적 비약이나 일관성 부족과 같은 문제를 포함할 수 있다. 이는 AI가 학습 데이터의 한계를 벗어나지 못하고, 컨텍스트를 완전히 이해하지 못하는 경우에 발생한다. 둘째, AI는 창의적 발상이나 감성적 깊이를 인간처럼 완벽히 이해하거나 표현하지 못한다. 이는 특정한 감정적 뉘앙스가 필요한 작업이나, 복잡한 철학적 또는 윤리적 논의에서 AI의 한계를 드러낸다. 셋째, AI가 생성한 텍스트는 종종 윤리적 문제를 초래할 수 있으며, 특히 부정확한 정보나 편향된 데이터를 기반으로 한 응답은 실제 사용에 위험을 더할 수 있다.

텍스트 기반 생성 작업은 높은 생산성과 효율성을 제공하지만, 창의적 작업에서 인간의 비판적 사고와 감정적 판단은 여전히 필수적이다. AI의 한계를 명확히 인식하고 이를 보완하기 위한 인간의 개입은 텍스트 기반 생성 작업을 성공적으로 활용하는 데 핵심적인 역할을 한다. AI와 인간의 협력은 이러한 한계를 극복하고, 더 나은 결과물을 만들어 내는 데 기여할 것이다.

5.2 시 작성 실습

텍스트 기반 생성 작업을 통해 AI가 생성한 시(時)의 일부를 사용자가 이어받아 완성해 보자. AI는 사용자가 입력한 첫 구절을 바탕으로, 그다음 구절을 생성하여 시를 확장한다. 이렇게 생성된 텍스트는 AI가 학습한 패턴에 기반한 새로운 창작물로, 사용자는 이를 바탕으로 시의 의미와 감성을 더욱 풍부하게 만들 수 있다.

간단한 시 생성

시 작성은 짧고 함축적인 표현이 중요한 문학 형식이다. 생성형 AI를 활용해 감성적이고 창의적인 시를 작성해 보자.

이번 실습에서는 우리가 시의 첫 줄을 작성하고, AI가 그 뒤를 이어가는 방식으로 진행해 보자.

> 첫 줄 예시 : "부드러운 바람이 나무 사이를 속삭이네."

시를 작성해 보려고 해. 내가 첫 줄을 작성할게 그 뒤를 이어나가 줘. 부드러운 바람이 나무 사이를 속삭이네.

멋진 시작이네요! 그럼 제가 이어보겠습니다.

부드러운 바람이 나무 사이를 속삭이네
달빛이 고요히 땅을 감싸 안고,
작은 새들의 노랫소리 먼 곳에서 들려오네.
풀잎은 흔들리며 별빛을 닮아,
고요한 밤의 비밀을 서로 나누네.

이런 방향은 어떠신가요? 더 수정하거나 추가하고 싶은 부분이 있다면 말씀해 주세요!

생성형 AI의 시 확장 원리

인공지능을 이용해 텍스트를 생성하는 프로그램도 있다. 예를 들어, 앞서 살펴본 것처럼 인공지능에게 시의 첫 줄을 주면 그다음 줄을 생성하는 것이 가능하다. 이런 프로그램은 간단한 명령을 통해 동작하지만, 어떻게 작동하는지 궁금하다면 다음 내용에서 더욱 자세하게 확인할 수 있다.

```python
from transformers import GPT2LMHeadModel, PreTrainedTokenizerFast

# KoGPT 모델과 토크나이저 불러오기
tokenizer = PreTrainedTokenizerFast.from_pretrained("skt/kogpt2-base-v2")
model = GPT2LMHeadModel.from_pretrained("skt/kogpt2-base-v2")

# 시의 첫 줄을 입력으로 주기
input_text = '황금빛 태양이 산 너머로 서서히 사라지고,'
input_ids = tokenizer.encode(input_text, return_tensors='pt')

# 다음 구절 생성하기
output = model.generate(input_ids,
                max_length=50,
                min_length=30,
                num_return_sequences=1,
                repetition_penalty=1.5, # 반복을 억제하는 페널티 값(1.0보다 크면 반복 억제)
                top_k=50,   # 상위 50개의 후보 단어 중에서 샘플링
                top_p=0.95,   # 누적 확률이 95%에 도달하는 후보 단어를 사용
                temperature=0.6,   # 낮은 온도는 더 보수적인 텍스트 생성을 의미
                do_sample=True  # 샘플링 활성화하여 temperature 적용되도록 함
            )

generated_text = tokenizer.decode(output[0], skip_special_tokens=True)
print(generated_text)
```

실행 결과

황금빛 태양이 산 너머로 서서히 사라지고, 그 사이, 다시 거대한 공룡이 나타나면 지구는 더욱 밝아지는 것을 볼 수 있다.
우리에게 가장 아름다운 시간은 바로 이 순간이다.
하지만 우리가 지금 보고 있는 것처럼 우리에게는 아주 먼 옛날으로 거슬러 올라가는 시간

코드를 단계별로 나누어 설명하면 다음과 같다.

1) 모델과 토크나이저 불러오기

이 단계에서는 한국어를 이해할 수 있는 AI 모델을 불러온다. 여기서는 GPT-2라는 모델을 사용하며, 이 모델은 다양한 텍스트를 학습하여 다음에 이어질 문장을 생성하는 데 활용된다.

```python
from transformers import GPT2LMHeadModel, PreTrainedTokenizerFast

# KoGPT 모델과 토크나이저 불러오기
tokenizer = PreTrainedTokenizerFast.from_pretrained("skt/kogpt2-base-v2")
model = GPT2LMHeadModel.from_pretrained("skt/kogpt2-base-v2")
```

- GPT2LMHeadModel : 텍스트를 생성하는 모델을 나타낸다.
- PreTrainedTokenizerFast : 텍스트를 모델이 이해할 수 있도록 변환하는 도구로, 이 코드에서는 skt에서 제공하는 한국어 GPT-2 모델을 사용했다.

2) 첫 줄 입력

사용자가 원하는 첫 번째 문장을 AI에게 입력으로 주고, 이를 토대로 다음 구절을 생성한다.

```python
# 시의 첫 줄을 입력으로 주기
input_text = '황금빛 태양이 산 너머로 서서히 사라지고,'
input_ids = tokenizer.encode(input_text, return_tensors='pt')
```

- input_text : AI에게 줄 첫 번째 문장을 입력한다.
- tokenizer : tokenizer를 사용하면 모델이 문장을 이해할 수 있는 형태로 변환된다.

3) 다음 구절 생성

AI 모델이 주어진 첫 줄을 바탕으로 그다음 텍스트를 생성한다.

```python
# 다음 구절 생성하기
output = model.generate(input_ids,
                max_length=50,
                min_length=30,
                num_return_sequences=1,
```

```
        repetition_penalty=1.5,  # 반복을 억제하는 페널티 값(1.0보다 크면 반복 억제)
        top_k=50,  # 상위 50개의 후보 단어 중에서 샘플링
        top_p=0.95,  # 누적 확률이 95%에 도달하는 후보 단어를 사용
        temperature=0.6,  # 낮은 온도는 더 보수적인 텍스트 생성을 의미
        do_sample=True  # 샘플링 활성화하여 temperature 적용되도록 함
    )
```

이 부분에서 모델은 다음 줄을 생성하기 위한 여러 옵션을 설정한다.

- max_length : 생성되는 문장의 최대 길이를 정한다.

- repetition_penalty : 같은 문장이 반복되지 않도록 조절한다.

- top_k, top_p : 가장 적합한 단어들을 선택하여 문장을 생성한다.

4) 결과 출력

생성된 텍스트를 사람이 읽을 수 있는 형태로 변환한 다음 출력한다.

```
generated_text = tokenizer.decode(output[0], skip_special_tokens=True)
print(generated_text)
```

- tokenizer.decode : AI가 생성한 텍스트를 사람이 읽을 수 있는 문장으로 변경한다.

- print : 결과를 화면에 출력한다.

> **TIP** **토크나이저? SKT 모델? skt/kogpt2-base-v2?**
>
> 토크나이저란 우리가 쓰는 한국어 문장을 컴퓨터가 이해할 수 있는 숫자로 바꿔주는 도구이다. 컴퓨터는 우리가 쓰는 글자를 바로 이해하지 못하기 때문에 토크나이저가 글자를 숫자로 변환해 주는 것이다. 예를 들어, "안녕하세요"라는 문장을 숫자로 바꿔서 컴퓨터가 처리할 수 있게 도와준다.
>
> SKT 모델은 SK텔레콤에서 만든 AI 모델이다. 이 모델은 많은 양의 한국어 데이터를 학습해서 주어진 문장에 이어서 새로운 문장을 만들어 내는 능력을 가지고 있다. 여러분이 첫 문장을 입력하면, AI가 그다음에 어떤 문장이 나올지 예측하고 만들어 주는 것이다. 마치 소설을 한 문장씩 이어서 쓰는 느낌처럼 말이다!
>
> 그럼 skt/kogpt2-base-v2는 또 뭘까? 사실 이렇게 생긴 이름은 어려워 보일 수 있지만, 쉽게 생각하면 "skt/kogpt2-base-v2"는 컴퓨터가 어떤 AI 모델을 찾아내기 위한 주소이다.
>
> - SKT : 여기서 SKT는 SK텔레콤을 말한다. 이 AI 모델을 만든 회사이다.
> - KoGPT2 : GPT-2라는 AI 모델의 한국어 버전이다. 원래 GPT-2는 텍스트를 생성하는 유명한 AI 모델인데, SK텔레콤이 한국어로도 잘 작동하도록 바꿔 놓은 것이다. 그래서 Ko(한국어) + GPT-2 = KoGPT-2가 된 것이다.
> - base-v2 : 이 부분은 모델의 크기와 버전을 나타낸다. 여기서 base는 기본 크기라는 뜻이고, v2는 두 번째 버전이라는 뜻이다. 즉, SK텔레콤이 만든 두 번째 버전의 기본 크기 한국어 GPT-2 모델인 것이다.
>
> 이 두 가지를 합쳤을 때, 여러분이 한 문장을 입력하고 나면 AI가 이어서 멋진 문장을 만들어 낼 수 있는 것이다!

시 창작 실습

위의 예시를 바탕으로 시의 첫 구절을 자신이 직접 작성하고, AI가 생성한 나머지 구절을 이어받아 시를 완성해 보자.

실습 예제   **간단한 시 작성**   ···

'산들바람이 나무들 사이로 속삭이며 지나가네' 또는 '초록빛 들판에 여름의 숨결이 머물고' 등과 같은 구절로 시작해 보자.

● **실습 목표**
- 사용자가 첫 줄을 작성하고 AI가 그 뒤를 이어가는 형태로 시를 완성한다.
- 생성된 시의 의미와 느낌을 분석하고 AI가 창작한 부분을 수정하거나 보완한다.

5.3 소설 작성 실습

소설 창작 실습에서는 텍스트 기반 생성 작업의 적용을 통해, AI가 만들어 낸 서두를 바탕으로 사용자가 직접 줄거리와 캐릭터를 추가하여 이야기를 완성한다. AI는 주어진 텍스트를 학습한 결과로 새로운 이야기를 제시하지만, 이를 바탕으로 인간적인 직관과 창의성을 더해 완성된 이야기를 만들어 낼 수 있다.

간단한 단편 소설 생성

소설 작성은 복잡한 이야기 구조와 캐릭터 개발이 중요한 작업이다. 생성형 AI를 사용해 짧은 단편 소설의 서두를 생성하고, 이를 바탕으로 이야기를 확장해 보자.

1) 사용자가 첫 문장을 작성하도록 유도하는 프롬프트 작성

사용자로부터 첫 문장이 입력되면, AI는 질문을 던져 사용자가 이야기를 확장할 수 있도록 유도한다.

> **이야기를 시작해 보자. 첫 번째 문장을 작성해 줘. 예를 들어, "어느 고요한 저녁, 낯선 손님이 작은 마을에 도착했다."로 이야기를 시작해 줘.**

 멋진 시작입니다! 이제 이 이야기를 더 확장해 볼까요?

- 그 낯선 손님은 누구일까요? 그는 어떤 외모와 성격을 가지고 있을까요?
- 그가 마을에 도착한 이유는 무엇일까요?
- 마을 사람들은 그 낯선 손님을 어떻게 맞이할까요?

생각나는 답을 자유롭게 적어보세요!

2) 질문을 통한 캐릭터와 줄거리 확장

AI가 제시하는 다양한 질문을 기반으로 캐릭터의 성격, 배경, 목표 등을 구체화하고, 이를 통해 줄거리에 새로운 사건과 갈등을 추가하여 소설의 내용을 풍부하게 확장한다. 이 과정에서 캐릭터의 행동 동기나 관계를 설정하며, 이야기의 전개 방향을 구체적으로 계획할 수 있다.

데이비드, 키는 190cm 얼굴은 작고 하얀 피부
어릴적 친구인 토마스를 찾기 위해
한눈에 봐도 튀는 외모로 인해 마을 사람들은 수근거리며 거리를 둔다.

훌륭해요! 이제 데이비드와 마을 사람들 사이에서 어떤 상호작용이 일어날지 조금 더 구체적으로 생각해 볼까요?

- 데이비드가 찾고 있는 친구 토마스는 어떤 인물일까요? 그들은 어릴 적 어떤 인연을 가지고 있었나요?
- 마을 사람들은 데이비드에게 어떤 태도를 취할까요? 혹시 그들 사이에 갈등이나 긴장감이 생길까요?
- 데이비드가 마을에 도착했을 때, 첫 번째로 어디로 향하나요? 그곳에서 무슨 일이 벌어질까요?

여러분만의 상상을 덧붙여 이야기를 이어가 보세요!

3) 캐릭터 및 상호작용 구체화

그다음 캐릭터와 스토리가 조금 더 구체화되도록 추가 질문을 통해 이야기를 더욱 깊이 있게 확장하도록 돕는다.

데이비드의 기억 속 토마스는 늘 친철하고 남을 도와주는 성격의 인물이다. 데이비드가 처음 이사온 날 길을 잃어버리면서 만나게 된다. 데이비드를 멀리서 바라볼 뿐 어느 누구도 말을 걸지 않는다. 큰 갈등은 없으나 낯선 외부인에 대한 긴장이 감돌고 있음 데이비드는 가장 처음 카페로 가서 아이스 아메리카노를 주문하고 토마스에 대해 물어본다. 직원은 머뭇거리며 토마스에 대해 아는 듯했으나 선뜻 대답을 하지 못한다.

이야기가 점점 흥미로워지네요! 이제 데이비드와 마을 사람들 사이의 미묘한 긴장감이 더 깊어지고 있어요. 다음 단계로는 이야기를 더 확장하며 긴장감이나 미스터리를 추가할 수 있는 기회입니다. 몇 가지 질문으로 이어가 볼까요?

- 토마스에 대한 직원의 머뭇거림은 무엇을 의미할까요? 토마스에게 무슨 일이 있었던 걸까요?
- 그가 마을을 떠났을까요, 아니면 무언가 숨겨진 비밀이 있을까요?
- 데이비드는 직원의 반응을 보고 어떻게 대응할까요? 더 많은 정보를 얻으려고 노력할까요?
- 카페에서의 대화 후, 데이비드는 어디로 향하나요? 혹시 토마스에 대한 단서를 발견하게 될까요?

이야기의 미스터리를 조금씩 풀어가며, 데이비드와 토마스의 관계 또는 토마스가 사라진 이유를 탐구하는 방향으로 이야기를 전개할 수 있습니다!

4) 줄거리 방향을 설정하여 확장

이제 사용자가 작성한 이야기를 기반으로, 줄거리의 방향을 설정하도록 추가 질문을 던진다.

> **직원은 토마스를 무서워함 토마스 이름에 두려워하며 말을 못하는 모습에 놀란다. 그리고 더는 물어보지 못하고 카페에서 나와 또 다른 가게에 들어간다. 토마스에 대해 물어봤으나 모두 두려운 얼굴로 그를 모른다고 이야기한다.**

이야기가 점점 더 긴장감이 높아지네요! 이제 데이비드가 마을에서 토마스와 관련된 미스터리와 두려움을 점차 느끼기 시작합니다. 다음 단계로 이야기를 더 확장하면서 독자들에게 의문을 던져줄 수 있는 순간들이 추가될 수 있겠네요. 몇 가지 추가 질문으로 이야기를 이어나가 볼까요?

- 데이비드는 왜 토마스가 마을 사람들에게 두려움의 대상이 되었는지 의문을 품기 시작하겠죠. 토마스에게 무슨 일이 있었던 걸까요? 데이비드는 이를 해결하기 위해 어떤 선택을 할까요?
- 데이비드는 더 깊이 조사를 할까요, 아니면 잠시 물러나 마을을 탐색할까요?
- 마을 사람들의 두려움은 단순히 토마스에 대한 것이 아닐 수도 있습니다. 혹시 마을 자체에 감춰진 비밀이 있을까요?
- 데이비드가 마을에서 겪는 경험은 단순한 과거의 추억을 되찾기 위한 여정에서 예상치 못한 진실을 밝혀내는 방향으로 이어질 수 있습니다. 다음에는 어떤 단서를 발견하게 될까요?

이제 미스터리를 더 심화시키면서 이야기를 계속 이어나가 보세요!

5) 같은 방식으로 진행하면서 최종적으로 마무리 결말 구성 유도

> **잠시 물러나 마을을 탐색 후 마을 자체의 감춰진 비밀의 단서를 찾았다. 이를 통해 점점 토마스와 마을의 비밀에 대해 찾을 수 있었고 이를 해결했다.**

이야기가 멋지게 전개되고 있네요! 데이비드가 마을의 감춰진 비밀을 발견하고, 그 단서를 통해 토마스와 마을의 숨겨진 진실을 파헤치며 이야기가 절정으로 향하고 있습니다. 이제 결말로 이어지는 부분을 생각해 볼 수 있어요. 몇 가지 질문을 통해 결말을 구체화하고 이야기를 완성해 볼까요?

- 데이비드는 마을의 비밀을 어떻게 발견하게 되었을까요? 그 비밀은 무엇이었나요? 마을 사람들이 토마스를 두려워하게 된 진짜 이유는 무엇이었을까요?
- 토마스는 이 마을에서 어떤 역할을 하고 있었나요? 그가 마을과 어떤 연관이 있었고, 왜 마을 사람들이 두려워하게 되었는지 밝혀졌나요?
- 데이비드는 이 비밀을 풀면서 어떤 결정을 내리나요? 토마스를 구해내거나, 마을 사람들과의 갈등을 해결하는 선택을 할 수 있겠죠.

- 이 이야기는 해피엔딩으로 끝날까요? 아니면 미스터리가 남은 채 이야기가 마무리될 수도 있을까요? 이제 결말을 어떻게 풀어나갈지 고민해 보면서, 데이비드가 마을과 토마스를 둘러싼 미스터리를 해결하는 장면을 완성해 보세요!

6) 최종적으로 소설의 전체 완성

지금까지의 내용을 기반으로 간단한 단편 소설을 완성해 줘.

 좋습니다! 지금까지의 내용을 기반으로 한 간단한 단편 소설을 아래에 완성해 보았습니다.

제목 : 고요한 마을의 비밀

어느 고요한 저녁, 낯선 손님이 작은 마을에 도착했다. 그의 이름은 데이비드. 키가 190cm나 되는 큰 키에 하얀 피부, 작은 얼굴의 데이비드는 마을 사람들의 이목을 단번에 끌었다. 그가 이곳에 온 이유는 오랜 시간 동안 찾지 못했던 어릴 적 친구, 토마스를 찾기 위해서였다.

데이비드의 기억 속 토마스는 늘 친절하고 남을 도와주는 사람이었다. 데이비드가 어린 시절 이 마을로 처음 이사 왔을 때 길을 잃었던 그를 도와준 것도 바로 토마스였다. 하지만 데이비드가 마을에 발을 들이자마자 느낀 것은 이상한 긴장감이었다. 마을 사람들은 데이비드를 멀리서 바라보았지만, 아무도 그에게 말을 걸지 않았다. 큰 갈등은 없었으나 외부인에 대한 불편한 기운이 흐르고 있었다.

그는 가장 먼저 마을의 작은 카페에 들어가 아이스 아메리카노를 주문했다. 그리고 당당히 직원에게 물었다. "혹시 토마스에 대해 아시나요?" 하지만 직원은 그 이름을 듣자마자 얼굴이 하얗게 질리며 당황한 표정을 지었다. 머뭇거리는 모습에 데이비드는 더는 물어볼 수 없었다. 그 순간, 데이비드는 마을에 뭔가 이상한 일이 벌어지고 있음을 직감했다.

카페를 나선 데이비드는 다른 가게들을 찾아갔다. 하지만 어디를 가더라도 대답은 같았다. 모든 사람이 두려운 얼굴로 토마스에 대해 아는 바가 없다고 이야기했다. 토마스는 그저 잊힌 사람이거나, 마을 사람들 사이에서 금기어가 되어버린 듯했다.

데이비드는 잠시 물러나 마을을 탐색하며 단서를 찾기 시작했다. 낡은 도로를 따라가던 중, 그는 오래된 건물 뒤편에서 감춰진 오래된 문서를 발견하게 된다. 그 문서에는 마을의 역사와 토마스에 대한 기록이 담겨 있었다. 마을은 오랜 세월 동안 외부와 단절된 채 그들만의 규칙 속에서 살아왔으며, 토마스는 그 규칙을 어긴 자로 기록되어 있었다. 마을 사람들은 그를 두려워하며, 그가 돌아올까봐 항상 긴장하고 있었던 것이다.

데이비드는 그제야 마을 사람들의 두려움의 근원을 이해하게 되었다. 하지만 그 모든 것이 오해와 잘못된 정보에 기반한 것이었다. 토마스는 단순히 규칙을 어겼던 것이 아니라, 마을을 더 나은 곳으로 바꾸고자 했던 사람이었다. 데이비드는 토마스와 마을 사람들 사이의 이 오랜 갈등을 풀기 위해 사람들에게 진실을 전달했다.

결국, 데이비드는 토마스가 마을로 돌아올 수 있도록 길을 열어주었다. 마을 사람들은 그를 다시 받아들였고, 마을은 오랜 두려움에서 벗어나 새로운 시작을 맞이하게 되었다. 데이비드는 자신의 역할을 다한 뒤, 조용히 마을을 떠났다. 그에게 이곳은 이제 더 이상 미스터리가 아닌, 친구를 되찾은 고요한 마을이었다.

끝

이렇게 데이비드의 여정을 따라가며 마을의 숨겨진 비밀을 풀어가는 단편 소설을 완성했습니다. 이야기는 데이비드가 토마스를 찾기 위한 여정을 시작으로, 마을의 두려움을 극복하고 갈등을 해결하는 과정을 담고 있습니다.

소설 창작 실습

이제 생성된 소설의 서두를 바탕으로, AI와 함께 소설을 완성해 보자. AI가 제시한 내용을 바탕으로 캐릭터와 이야기를 확장하거나 새로운 줄거리를 제시할 수 있다.

● 실습 목표

① 소설의 서두를 AI가 생성한 후, 사용자가 직접 줄거리와 캐릭터를 추가하여 이야기를 완성한다.

② AI가 생성한 내용이 줄거리 전개에 미치는 영향을 분석하고, 스토리텔링의 가능성을 탐구한다.

● 실습 예시

• 앞서 AI가 생성한 소설의 서두

> 폭풍우 치는 밤, 사라는 지하실에서 신비로운 문을 발견했다. 문은 오래된 나무로 만들어져 있었고, 손잡이는 녹슬어 있었다. 그녀는 망설임 없이 손을 뻗어 문을 열었다. 문 뒤에는 그녀가 전혀 예상하지 못했던 또 다른 세계가 펼쳐져 있었다. 어둡고 서늘한 바람이 그녀의 얼굴을 스쳤고, 알 수 없는 속삭임이 들려왔다. 이 세계는 그녀에게 비밀을 감추고 있는 듯했다. 사라는 한 걸음 더 나아갔다.

- 사용자 작성 - 줄거리와 캐릭터 확장

- 캐릭터 추가 : 사라의 남동생, "마크"는 종종 이상한 꿈을 꾼다고 했다. 그 꿈에서 그는 항상 사라와 함께 신비로운 문 앞에 서 있었다고 말해왔다. 마크는 그 꿈이 단순한 환상이 아니라고 믿었다.
- 줄거리 확장 : 사라는 문을 열고 들어서자마자, 주변 환경이 급격히 변하는 것을 느꼈다. 문 너머의 세계는 현실과 전혀 다른 차원에 속해 있었다. 그곳에는 거대한 나무들이 줄지어 있었고, 하늘은 은은한 빛으로 빛나고 있었다. 갑자기 뒤에서 마크의 목소리가 들려왔다. "사라! 여긴 꿈에서 본 곳이야!" 그는 놀라운 표정으로 말했다. 사라는 마크의 손을 잡고 함께 이 신비로운 세계를 탐험하기 시작했다. 그들은 길을 따라 걷다가 고대 문양이 새겨진 돌판을 발견했다. 돌판에는 "진실을 찾는 자는, 자신의 마음을 열어야 한다"라는 글귀가 새겨져 있었다.
- 결말 제안 : 사라는 그 문양이 의미하는 바를 이해하려고 노력했다. 그 순간, 그녀의 마음속에서 오랫동안 묻어두었던 비밀이 떠올랐다. 이 세계는 그녀의 내면의 두려움과 소망이 반영된 장소였으며, 문을 열고 들어선 것은 그녀의 운명을 직면하는 첫걸음이었다. 사라는 마크와 함께 이 여정을 통해 자신을 치유하고, 새로운 길을 찾아 나서기로 결심했다.

- AI가 생성한 내용의 분석과 스토리텔링 가능성 탐구

- 분석 : AI가 생성한 서두는 이야기의 시작점으로 흥미로운 설정을 제공하며, 신비로운 분위기를 조성한다. 이를 바탕으로 사용자는 캐릭터의 감정적 깊이를 더하거나, 이야기를 더욱 복잡하게 만들 수 있다.
- 스토리텔링 가능성 탐구 : AI는 서두에서 새로운 세계를 소개하며, 사용자가 상상력을 발휘할 수 있는 기반을 마련해 준다. 사용자는 이 서두를 기반으로 다양한 방향으로 이야기를 전개할 수 있으며, 캐릭터의 내적 갈등을 추가하거나, 이야기의 복선을 심어 더욱 풍부한 스토리를 만들어 낼 수 있다.

이 예시는 AI가 생성한 서두를 활용하여 어떻게 사용자가 이야기를 확장하고, 독창적인 소설을 완성할 수 있는지 보여 준다. 이 실습을 통해 AI와의 협업을 통해 창작하는 방법을 배우고, 스토리텔링의 다양한 가능성을 탐구할 수 있다.

1) 간단한 스토리를 입력해 완성한 소설

그 밖에도 이런 과정이 번거롭다면 주인공, 간단한 스토리를 입력 후 AI에게 간단한 스토리를 생성할 수 있게 할 수 있다. 하나의 예시를 들어 살펴보자.

주인공 : 소피아, 25세, 고고학자

스토리 : 소피아는 고대 유적지에서 전설의 유물을 찾기 위해 떠난다. 하지만 비밀 조직이 그 유물을 지키려 하며, 소피아는 그들과 맞서 싸워야 한다. 이 주제로 재미있고 간결한 웹 소설 하나 작성해 줘.

물론이죠! 주어진 설정을 바탕으로 간결하면서도 흥미로운 웹 소설을 작성해 보겠습니다.

제목 : 사라진 유물의 비밀

고고학자인 소피아는 25세의 젊은 나이에 이미 여러 유적지를 탐사하며 명성을 쌓았다. 그녀의 다음 목표는 전설 속 유물 '오리온의 열쇠'를 찾는 것. 이 유물은 고대 문명의 비밀을 풀 수 있는 열쇠라고 알려져 있었다. 하지만 그 유물은 수세기 동안 아무도 찾지 못한 채로 전설 속에만 존재할 뿐이었다.

소피아는 고대 기록을 따라 유물이 숨겨진 위치를 찾아냈다. 그것은 사막 한가운데, 수천 년 동안 잠들어 있는 폐허였다. 모험심으로 가득한 그녀는 무더운 태양 아래서도 포기하지 않았다. 고대의 문양이 새겨진 입구를 발견하자, 소피아의 심장은 빠르게 뛰기 시작했다.

"드디어 찾았어…" 그녀는 혼잣말을 하며 문을 열었다.

그러나 유적 안으로 들어가는 순간, 소피아는 알 수 없는 기운을 느꼈다. 갑자기 사방이 조용해졌고, 마치 누군가가 그녀를 지켜보고 있는 듯한 불안감이 엄습해 왔다.

그때, 등 뒤에서 갑작스러운 발소리가 들려왔다.

"이곳에 들어올 수 있는 건 너뿐이 아니야, 소피아."

낯선 남성의 목소리에 소피아는 뒤를 돌아보았다. 검은 복장을 입은 사람들이 서 있었다. 그들의 리더로 보이는 남자는 소피아를 뚫어지게 쳐다보며 말했다.

"우리는 이곳의 진짜 주인이다. 오리온의 열쇠를 건드리려는 자는 누구든 우리를 상대해야 할 거다."

소피아는 순간적으로 상황을 이해했다. 이들은 유물을 지키려는 비밀 조직, 수 세기 동안 이 유적과 유물의 존재를 감춰온 자들이었다.

"내가 찾으려는 건 유물이야. 너희와 싸우러 온 게 아니야." 소피아는 차분한 목소리로 말했다.

그러나 리더는 미소를 지으며 천천히 다가왔다. "이 유물은 단순한 보물이 아니야. 그것은 고대 문명의 비밀을 품고 있지. 그것을 열면 세상이 다시 변할 거야. 우리는 그 힘을 아무에게도 넘겨줄 수 없어."

소피아는 주먹을 꽉 쥐었다. 그녀는 이 조직이 단순한 수호자가 아님을 알았다. 그들은 유물을 자신들의 이익을 위해 숨기고 있었던 것이다. 그녀는 결코 물러설 생각이 없었다. 이 유물은 발견되어야 했고, 그 비밀은 밝혀져야 했다.

"난 돌아서지 않아." 소피아는 단호한 표정으로 말했다. "이 유물의 진정한 가치는 세상과 공유돼야 해."

순간, 조직의 일원이 무기를 들었다. 소피아는 재빨리 몸을 피했다. 유적 내부에서 추격전이 시작되었다. 소피아는 유적의 복잡한 구조를 이용해 빠르게 움직이며 조직의 일원을 따돌렸다. 그리고 마침내 유물 앞에 도착했다.

그녀는 숨을 고르며 유물 상자에 손을 뻗었다. "이제… 끝낼 시간이야."

상자를 열자, 눈부신 빛이 유적 안을 가득 채웠다. 소피아는 유물을 손에 쥐고, 그 순간 조직의 리더가 나타났다.

"넌 큰 실수를 하고 있어." 그는 분노에 차서 외쳤다.

하지만 소피아는 뒤로 물러서지 않았다. "진짜 실수는 세상에 이런 진실을 감추려 했다는 거야."

결국 소피아는 유물을 가지고 유적을 빠져나왔고, 그 비밀을 세계에 알렸다. 그날 이후, 고대의 문명과 유물의 비밀이 세상에 드러났고, 소피아는 또 한 번 전설을 만들어 냈다.

이 웹 소설은 소피아가 고대 유물을 찾기 위해 떠나며, 비밀 조직과의 갈등 속에서 유물을 발견하고 그 비밀을 세상에 드러내는 과정에서 모험과 긴장감을 느낄 수 있도록 구성해 보았습니다. 간결하면서도 긴장 감 넘치는 이야기가 웹 소설 형식으로 잘 어울리게 작성되었습니다!

생성형 AI의 소설 확장 원리

이번에는 생성형 AI가 소설을 어떻게 확장하는지, 그 원리와 코드를 설명해 보자. AI는 수많은 텍스트 데이터를 학습해 다음에 어떤 단어가 이어질지 예측하는 방식으로 텍스트를 생성한다. 예를 들어, '폭풍우 치는 밤, 사라는 지하실에서 신비로운 문을 발견했다.'라는 문장이 입력되면 AI는 그다음에 이어질 이야기를 예측해 만들어 낸다.

다음은 간단한 단편 소설을 생성하는 과정이다.

```python
from transformers import GPT2LMHeadModel, PreTrainedTokenizerFast

# KoGPT 모델과 토크나이저 불러오기
tokenizer = PreTrainedTokenizerFast.from_pretrained("skt/kogpt2-base-v2")
model = GPT2LMHeadModel.from_pretrained("skt/kogpt2-base-v2")

# 단편 소설의 서두 생성하기
input_text = '폭풍우 치는 밤, 사라는 지하실에서 신비로운 문을 발견했다.'
input_ids = tokenizer.encode(input_text, return_tensors='pt')

# 이야기의 첫 번째 단락 생성하기
output = model.generate(input_ids,
                max_length=100,
                num_return_sequences=1,
                repetition_penalty=1.5,  # 반복 억제
                top_k=50,  # 상위 50개의 후보 단어 중에서 샘플링
                top_p=0.9,  # 누적 확률 90%에 도달하는 후보 단어를 사용
                temperature=0.7,  # 더 창의적인 텍스트 생성을 위해 설정
                do_sample=True  # 샘플링 활성화
        )
print(tokenizer.decode(output[0], skip_special_tokens=True))
```

실행 결과

폭풍우 치는 밤, 사라는 지하실에서 신비로운 문을 발견했다. 문은 오래된 나무로 만들어져 있었고, 손잡이는 녹슬어 있었다. 그녀는 망설임 없이 손을 뻗어 문을 열었다. 문 뒤에는 그녀가 전혀 예상하지 못했던 또 다른 세계가 펼쳐져 있었다. 어둡고 서늘한 바람이 그녀의 얼굴을 스쳤고, 알 수 없는 속삭임이 들려왔다. 이 세계는 그녀에게 비밀을 감추고 있는 듯했다. 사라는 한 걸음 더 나아갔다.

이 코드를 단계별로 나누어 설명하면 다음과 같다.

1) 모델과 토크나이저 불러오기

이 단계에서는 한국어 GPT-2 모델을 불러와 사용한다. 이 모델은 대량의 한국어 텍스트 데이터를 학습한 후, 텍스트 생성을 수행한다.

```python
from transformers import GPT2LMHeadModel, PreTrainedTokenizerFast

# KoGPT 모델과 토크나이저 불러오기
tokenizer = PreTrainedTokenizerFast.from_pretrained("skt/kogpt2-base-v2")
model = GPT2LMHeadModel.from_pretrained("skt/kogpt2-base-v2")
```

- GPT2LMHeadModel : GPT-2 기반의 텍스트 생성 모델을 불러온다. 이 모델은 입력된 텍스트를 바탕으로 다음에 이어질 문장을 예측하고 생성한다.
- PreTrainedTokenizerFast : 입력된 텍스트를 AI 모델이 처리할 수 있는 숫자로 변환해 주는 역할을 한다. 여기서는 SKT의 한국어 GPT-2 모델을 사용했다.

2) 첫 줄 입력

사용자가 소설의 서두를 작성하여 AI에게 입력으로 제공한다. 그 서두를 바탕으로 AI가 이야기를 확장한다.

```python
# 단편 소설의 서두 생성하기
input_text = '폭풍우 치는 밤, 사라는 지하실에서 신비로운 문을 발견했다.'
input_ids = tokenizer.encode(input_text, return_tensors='pt')
```

- input_text : AI에게 줄 첫 번째 문장으로, 예를 들어, '폭풍우 치는 밤, 사라는 지하실에서 신비로운 문을 발견했다.'라는 문장을 입력한다.
- tokenizer.encode : 이 함수는 주어진 문장을 AI가 이해할 수 있는 숫자로 변환한다.
- return_tensors='pt' : 텍스트를 PyTorch 텐서로 변환하여 모델이 처리할 수 있게 한다.

3) 이야기 생성

AI 모델이 입력된 서두를 바탕으로 이야기를 확장한다. 이때 다양한 매개변수를 사용하여 생성되는 텍스트의 길이와 스타일을 조정할 수 있다.

```
# 이야기의 첫 번째 단락 생성하기
output = model.generate(input_ids,
                max_length=100,
                num_return_sequences=1,
                repetition_penalty=1.5,   # 반복 억제
                top_k=50,   # 상위 50개의 후보 단어 중에서 샘플링
                top_p=0.9,   # 누적 확률 90%에 도달하는 후보 단어를 사용
                temperature=0.7,   # 더 창의적인 텍스트 생성을 위해 설정
                do_sample=True   # 샘플링 활성화
            )
```

- max_length : 생성할 문장의 최대 길이를 설정한다. 이 경우, AI가 생성할 텍스트는 최대 100자이다.

- num_return_sequences : 생성할 텍스트의 개수를 설정한다. 이 경우, 하나의 단락만 생성된다.

- repetition_penalty : 같은 단어나 문장이 반복되지 않도록 억제하는 역할을 한다. 이 값을 높게 설정하면, 더 다양한 표현이 사용된다.

- top_k : 상위 50개의 후보 단어 중에서 샘플링하여 다음 단어를 생성한다. 상위 50개 단어는 가장 가능성 높은 단어들이다.

- top_p : 누적 확률이 90%에 도달할 때까지 상위 후보 단어를 사용하여 선택한다. 이 매개변수는 다양하고 자연스러운 텍스트를 생성하는 데 도움을 준다.

- temperature : 값을 높이면 더 창의적이고 예상하지 못한 단어를 생성한다. 낮은 값은 더 안정적이고 일관된 문장을 생성한다.

- do_sample : 샘플링을 활성화하여 더 다양한 텍스트를 생성할 수 있게 한다.

4) 결과 출력

생성된 텍스트를 사람이 읽을 수 있는 형태로 변환한 뒤 출력한다.

```
print(tokenizer.decode(output[0], skip_special_tokens=True))
```

- tokenizer.decode : AI가 생성한 숫자 값을 사람이 읽을 수 있는 자연어 텍스트로 변환한다.

- skip_special_tokens=True : 모델이 생성한 텍스트에 포함된 특별한 기호(예 : 문장 시작, 끝 기호 등)를 생략하고 출력한다.

- print : 최종적으로 생성된 텍스트를 화면에 출력한다.

실습 예제   간단한 소설 작성

AI가 제시한 서두를 바탕으로 이야기를 확장하거나, 새로운 캐릭터와 줄거리를 만들어 보자.

● AI가 생성한 서두

> 지하철이 갑자기 멈췄다. 차 안은 순간 정적에 휩싸였다. 그러나 이내 사람들은 저마다의 휴대폰을 확인하거나 창밖을 바라보며 일상으로 돌아갔다. 하지만 유진은 무언가 이상한 느낌을 받았다. 마치 이 순간이 현실이 아닌 것처럼, 모든 것이 꿈속에서 일어나는 일 같았다. 유진은 주변을 둘러보았지만, 모두가 아무 일도 없다는 듯 행동하고 있었다. 그때, 그녀의 눈에 한 사람이 들어왔다. 저 멀리서 한 여성이 유진을 뚫어지게 바라보고 있었다.

● 사용자 작성 - 줄거리와 캐릭터 확장

- 캐릭터 추가 :

- 줄거리 확장 :

- 결말 제안 :

● AI가 생성한 내용의 분석과 스토리텔링 가능성 탐구

- 분석 :

- 스토링텔링 가능성 탐구 :

5.4 에세이 작성 실습

에세이 작성은 논리적으로 체계적인 글쓰기를 요구한다. 이 실습에서는 AI를 이용해 특정 주제에 대한 에세이를 작성해 보자. 예를 들어, 주제는 '현대 사회에서 지속 가능성의 중요성'과 같은 것으로 설정할 수 있다.

주제에 기반한 에세이 생성

먼저 AI를 활용하여 에세이의 서론을 생성해 보자. AI가 제시하는 서론은 주제에 대한 일반적인 논점을 다루며, 이후에 사용자에 의해 본문과 결론으로 확장될 수 있다.

표 5-1 에세이 접근, 프롬프트, 요약 예시

접근 방식	에세이 주제 선택	먼저 사용자가 에세이의 주제를 선택하거나 간단한 질문을 통해 AI가 제시할 수 있다. 예 "기후 변화에 대해 에세이를 쓰고 싶어. 어떤 방향으로 시작하면 좋을까?"
	프롬프트를 통해 질문	AI에게 글의 시작을 도와줄 수 있는 질문을 던지고, 이에 맞는 답변을 받는다. 예 "기후 변화란 무엇인가?" → AI가 기후 변화의 정의와 원인에 대해 설명하는 답변을 제공한다. 추가 질문 : "이 문제를 해결하기 위해 어떤 방법들이 제안되었나?"
	글의 흐름 확장	사용자는 AI의 답변을 바탕으로 에세이를 확장해 나간다. 필요한 경우 AI에게 추가적으로 질문을 던질 수 있다. 예 "이 문제의 사회적 영향은 무엇인가?" → AI는 사회적 영향과 관련된 자료를 제공해 줄 수 있다.
	결론 작성 유도	마지막으로, 에세이의 결론을 작성할 때 AI에게 도움을 받을 수 있다. 예 "이 내용을 바탕으로 어떻게 결론을 맺을 수 있을까?"
프롬프트 예시		**서론** : "기후 변화에 대한 정의와 주요 원인을 설명해 줘." **본론** : "기후 변화가 사회, 경제, 환경에 미치는 영향을 설명해 줘." **결론** : "기후 변화 문제 해결을 위한 주요 대응 방안을 정리해 줘."
요약		이렇게 단계별로 프롬프트를 사용해 질문하면서 에세이를 발전시킬 수 있다. 사용자는 AI가 제시하는 내용을 기반으로 자신의 생각과 추가적인 자료를 결합하여 에세이를 완성할 수 있고, 쉽게 접근할 수 있는 방법들이 될 것이다.

실제 이 방법을 활용해 실습해 보자.

1) 에세이 주제 선택

기후 변화에 대해 에세이를 쓰고 싶어. 어떤 방향으로 시작하면 좋을까?

기후 변화에 대해 에세이를 쓸 때, 먼저 기본 개념을 설명하고, 그다음 기후 변화의 원인, 영향, 그리고 해결 방안에 대해 다루는 구조로 진행하면 좋습니다. 다음은 에세이를 구성할 수 있는 일반적인 방향입니다.

1. 서론(Introduction)

- **기후 변화의 정의** : 기후 변화란 무엇인지 간단히 설명합니다.
  - **예시** : "기후 변화는 지구의 평균 기온과 기후 패턴의 장기적인 변화를 의미하며, 이는 자연적인 원인과 인간 활동에 의해 발생할 수 있습니다."
- **주제의 중요성** : 왜 기후 변화가 중요한 문제인지, 왜 우리가 이에 대해 관심을 가져야 하는지 설명합니다.
  - **예시** : "기후 변화는 전 세계적으로 환경, 사회, 경제에 심각한 영향을 미치고 있으며, 이는 우리의 미래에 중대한 변화를 일으킬 수 있습니다."
- **논의할 주요 포인트 소개** : 에세이에서 다룰 내용들을 간략히 소개합니다.
  - "이 에세이에서는 기후 변화의 주요 원인, 그로 인한 영향, 그리고 해결 방안을 살펴볼 것입니다."

2. 본론(Body)

- **기후 변화의 원인**
  - 자연적인 원인과 인간 활동으로 인한 원인에 대해 설명합니다.
  - **예시** : "인간 활동, 특히 화석 연료의 사용과 산업 활동은 대기 중 온실가스 농도를 증가시키고, 이는 기후 변화의 주요 원인 중 하나입니다."
- **기후 변화의 영향**
  - **환경적 영향** : 빙하 해빙, 해수면 상승, 극단적인 기후 현상 등
  - **사회적 및 경제적 영향** : 기후 변화로 인한 경제적 손실, 기후 난민 문제, 식량 및 물 부족 문제
- **기후 변화 대응 방안**
  - **국제적 노력** : 파리 기후 협정과 같은 국제 협력 사례
  - **개인적 노력** : 개인이 일상에서 할 수 있는 작은 변화들

3. 결론(Conclusion)

- **핵심 내용 요약** : 본론에서 다룬 주요 내용을 요약합니다.
- **미래에 대한 전망** : 기후 변화에 대한 경각심과 앞으로 우리가 어떻게 해야 할지에 대해 마무리합니다.
  - **예시** : "기후 변화는 우리가 당면한 가장 큰 도전 중 하나로, 이를 해결하기 위해서는 정부, 기업, 개인 모두의 노력이 필요합니다."

이 구조를 바탕으로 에세이를 확장해 나가면 체계적인 기후 변화 관련 글을 쓸 수 있을 것입니다. 이제 특정 주제나 추가적인 정보를 알고 싶다면 AI에게 질문을 던져 확장할 수 있어요.

2) 프롬프트를 통한 질문

기후 변화란 무엇인가?

기후 변화는 지구의 기후가 장기적으로 변하는 현상을 의미합니다. 이는 수십 년에서 수백 년, 또는 그 이상의 시간에 걸쳐 나타나는 기후 패턴의 변화를 말합니다. 기후 변화는 자연적인 요인과 인간의 활동에 의해 발생할 수 있습니다.

- **자연적인 요인** : 화산 폭발, 태양 복사 변화, 지구 궤도의 변동 등은 자연적으로 기후를 변화시킬 수 있는 요인입니다.
- **인간 활동에 의한 요인** : 산업화 이후 인간이 대기 중에 방출하는 온실가스, 특히 이산화탄소(CO2), 메탄(CH4) 등이 기후 변화를 가속화시키고 있습니다. 화석 연료의 사용, 농업, 벌목 등 인간의 활동이 지구 대기의 온도를 상승시키는 데 주요한 역할을 하고 있습니다.

이러한 기후 변화는 지구의 기온 상승(지구 온난화)뿐만 아니라 강수 패턴 변화, 빙하 및 해빙의 감소, 해수면 상승, 극단적인 날씨 현상 등 다양한 영향을 미칩니다.

이 문제를 해결하기 위해 어떤 방법들이 제안되어 있지?

기후 변화 문제를 해결하기 위해 다양한 방법들이 제안되어 있습니다. 이 방법들은 주로 온실가스 배출을 줄이고 지구의 기후 시스템을 보호하기 위한 국제적, 국가적, 개인적 노력에 초점을 맞추고 있습니다. 대표적인 방법들은 다음과 같습니다.

1. 국제 협력과 정책
- **파리 기후 협정** : 2015년에 체결된 파리 기후 협정은 전 세계 국가들이 기후 변화에 대응하기 위해 협력하는 국제적 합의입니다. 주요 목표는 지구 평균 기온 상승을 산업화 이전 수준 대비 1.5℃ 이하로 제한하는 것입니다. 각국은 온실가스 감축 목표를 설정하고 이행하고 있습니다.
- **탄소세 및 탄소 배출권 거래** : 탄소 배출에 대한 세금을 부과하거나 탄소 배출권을 사고파는 시장을 만들어 온실가스 배출을 억제하려는 정책입니다. 기업들이 탄소 배출을 줄이는 동기를 부여하는 중요한 수단으로 평가됩니다.

2. 재생 에너지로의 전환

- **태양광, 풍력, 수력 에너지** : 화석 연료 사용을 줄이기 위해 태양광, 풍력, 수력 같은 재생 가능한 에너지 원으로 전환하는 것이 매우 중요합니다. 이러한 에너지원은 온실가스를 거의 배출하지 않으므로 기후 변화 문제 해결에 필수적인 역할을 합니다.
- **전기차와 친환경 교통수단** : 전기차, 수소차 등 친환경 교통수단을 확산시키고, 대중교통을 활성화하여 배출가스를 줄이는 방안도 효과적입니다.

3. 산림 보호와 복원

- 산림 벌채를 줄이고 숲을 복원하는 것은 기후 변화 완화에 중요한 역할을 합니다. 숲은 대기 중의 이산 화탄소를 흡수하여 기후 변화를 늦추는 데 도움을 줍니다. 따라서 산림 보호, 새로운 나무 심기 등 자연 기반 해결책이 제안되고 있습니다.

4. 에너지 효율성 개선

- 건물, 가전제품, 산업 설비의 에너지 효율성을 높이는 것은 온실가스 배출을 줄이는 데 중요한 역할을 합니다. 더 적은 에너지를 사용하면서도 같은 성과를 낼 수 있는 기술 개발과 사용이 필요합니다. 또한 건물의 절연성을 강화하고, 더 효율적인 난방과 냉방 시스템을 도입하는 것이 좋습니다.

5. 탄소 포집 및 저장 기술(CCS)

- 탄소 포집 및 저장 기술(Carbon Capture and Storage, CCS)는 대기 중으로 배출되는 이산화탄소를 포집하여 땅속에 저장하는 기술입니다. 이 기술은 특히 화석 연료 기반 산업에서 배출되는 온실가스를 줄이는 데 효과적입니다.

6. 개인 차원의 노력

- **소비 줄이기** : 에너지와 자원의 과잉 소비를 줄이고, 가능한 재활용과 재사용을 실천합니다.
- **친환경 생활** : 친환경 제품을 사용하고, 전기 소비를 줄이는 생활 습관을 가지는 것 역시 기후 변화 완화에 기여할 수 있습니다. 예를 들어, 대중교통 이용, 전기차 사용, 플라스틱 사용 줄이기, 에너지 절약 등이 포함됩니다.
- **식단 변화** : 육류 소비를 줄이고, 채식 위주의 식단을 선택하는 것은 온실가스 배출을 줄이는 데 중요한 역할을 할 수 있습니다. 축산업은 상당한 양의 메탄가스를 배출하기 때문입니다.

이러한 해결 방안들은 모두 온실가스 배출 감소와 기후 변화 완화에 기여하며, 개인, 기업, 정부 차원에서 각자의 역할을 수행하는 것이 중요합니다.

3) 글의 흐름 확장

이 문제의 사회적 영향은 무엇인가?

기후 변화는 단순히 환경적인 문제에 그치지 않고, 사회 전반에 걸쳐 다양한 사회적 영향을 미치고 있습니다. 이 영향은 주로 기후 변화로 인한 자연재해, 경제적 불안정, 사회적 불평등 심화와 같은 문제들과 밀접하게 연관되어 있습니다. 몇 가지 주요 사회적 영향을 살펴보면 다음과 같습니다.

1. 기후 난민 증가

- 기후 변화로 인해 해수면 상승, 사막화, 가뭄, 홍수 등 극단적인 기후 현상이 빈번하게 발생하면서, 많은 사람들이 고향을 떠나야 하는 상황이 생깁니다. 이런 사람들을 기후 난민이라고 부르며, 그 수가 지속적으로 증가하고 있습니다.
- 특히 저지대 섬나라나 해안 지역에 사는 사람들은 해수면 상승으로 인해 주거지를 잃게 되며, 새로운 지역으로 이주해야 합니다. 이러한 이주는 국가 간 갈등을 유발하거나 기존 지역사회의 경제적 부담을 가중시킬 수 있습니다.

2. 경제적 불안정

- 기후 변화는 농업, 어업, 제조업 같은 여러 산업에 직접적인 영향을 미칩니다. 기후 변화로 인한 극단적인 기후 조건(가뭄, 폭염, 홍수 등)은 농작물 수확에 치명적인 영향을 미쳐 식량 가격을 상승시키고, 식량 불안을 야기합니다.
- 이로 인해 식량 가격 상승 및 공급 부족이 발생하고, 경제적으로 취약한 국가들이 더 큰 타격을 입게 됩니다. 이는 전 세계적인 경제 불안정성으로 이어질 수 있으며, 가난한 국가나 지역일수록 그 영향이 더 크게 나타납니다.

3. 보건 문제 악화

- 기후 변화는 건강에도 심각한 영향을 미칩니다. 폭염, 홍수, 허리케인 같은 기후 재해가 자주 발생하면, 이로 인한 질병(말라리아, 뎅기열 등 열대 질병)과 열사병, 호흡기 질환 등의 위험이 증가합니다.
- 특히 기후 변화로 인해 물과 식량 자원이 고갈되면 영양실조, 물 부족으로 인한 위생 문제 등이 발생하여 보건 위기가 악화될 수 있습니다.

4. 사회적 불평등 심화

- 기후 변화는 사회적으로 더 취약한 계층, 즉 저소득층과 개발도상국에 더 큰 영향을 미칩니다. 이러한 계층은 기후 변화에 적응할 수 있는 자원이나 지원을 충분히 받지 못하기 때문에 기후 변화의 피해를 더 크게 받습니다.

- 기후 변화로 인한 자연재해는 재정적 여유가 없는 사람들에게는 더 큰 부담으로 다가오며, 이는 부유한 국가와 가난한 국가 사이, 혹은 사회 내에서의 불평등을 더욱 심화시킬 수 있습니다.

5. 갈등과 이주 문제

- 기후 변화는 물과 식량 같은 자원의 부족을 일으켜 지역 간 갈등을 초래할 수 있습니다. 특히 물과 같은 중요한 자원을 둘러싼 국가 간 갈등이 커질 가능성이 있습니다.
- 기후 변화로 인해 이주 현상이 증가하면서, 새로운 지역으로 이주한 사람들과 기존 주민들 간의 긴장과 갈등이 발생할 수 있으며, 이로 인해 사회적 불안정이 가중될 수 있습니다.

6. 도시화와 기반 시설 문제

- 기후 변화로 인해 많은 사람들이 도시로 이동하면서 도시화가 가속화되고, 이에 따라 도시 기반 시설에 대한 부담이 커질 수 있습니다. 홍수나 폭염 등 극단적인 기후 현상에 대응하기 위한 도시 기반 시설 개선이 필요하지만, 이러한 기반 시설이 취약한 국가나 지역은 큰 타격을 받을 수 있습니다.

이와 같이 기후 변화는 단순한 환경 문제가 아니라, 경제적, 사회적 불안정과 불평등을 가속화시키고 건강 문제와 이주 문제 등 다양한 사회적 문제를 야기합니다. 이를 해결하기 위해서는 각국의 협력과 함께, 사회적 취약 계층을 보호하고 기후 변화에 대응하는 정책을 마련하는 것이 필요합니다.

4) 결론 작성 유도

이 내용을 바탕으로 어떻게 결론을 맺을 수 있을까?

기후 변화 문제를 다루는 에세이의 결론은, 지금까지 논의된 기후 변화의 원인, 영향, 그리고 해결 방안을 요약하고, 미래를 위한 제안이나 개인적, 사회적 책임에 대한 강조로 마무리하는 것이 좋습니다. 다음과 같이 결론을 작성할 수 있습니다.

기후 변화는 단순한 환경 문제를 넘어 전 세계의 사회적, 경제적 안정성을 위협하는 심각한 문제입니다. 인간 활동으로 인해 가속화된 기후 변화는 극단적인 기후 현상, 경제적 불안정, 기후 난민의 증가 등 다양한 사회적 영향을 초래하며, 특히 취약한 계층에게 더 큰 피해를 미치고 있습니다.

이 문제를 해결하기 위해서는 국제적인 협력과 정책이 필요하며, 재생 에너지 전환, 에너지 효율성 개선, 탄소 배출 감소와 같은 구체적인 해결책이 실천되어야 합니다. 또한, 사회 구성원 개인 역시 일상에서의 친환경적 생활을 실천하고, 기후 변화 문제에 대한 경각심을 높여야 합니다.

결국, 기후 변화는 우리가 앞으로 직면할 가장 중요한 도전 중 하나입니다. 이를 해결하기 위해서는 모든 국가와 개인의 지속적인 노력이 필요하며, 현재의 선택이 미래 세대에 중대한 영향을 미칠 것입니다. 지속 가능한 미래를 위해 지금부터 기후 변화에 적극적으로 대응하는 것이 필수적입니다.

이 결론에서는 기후 변화의 문제점과 해결책을 다시 강조하고, 미래를 위한 협력과 책임감을 일깨우는 방향으로 마무리했습니다. 이를 통해 기후 변화에 대한 경각심을 높이고, 독자들에게 실천의 중요성을 강조할 수 있습니다.

이를 통해 전체적인 에세이를 완성해 보자. 프롬프트는 다음과 같이 두 가지 형태를 사용한다.

① 서론, 본론, 결론으로 하나의 에세이를 작성해 줘.

② 자 그럼 지금부터 위에서 작업한 내용을 바탕으로 하나의 에세이를 작성해 보자.
- 서론 : '기후 변화에 대한 정의와 주요 원인을 설명해 줘.'
- 본론 : '기후 변화가 사회, 경제, 환경에 미치는 영향을 설명해 줘.'
- 결론 : '기후 변화 문제 해결을 위한 주요 대응 방안을 정리해 줘.

 에세이 : 기후 변화와 그 영향, 그리고 해결 방안

서론 : 기후 변화의 정의와 주요 원인
기후 변화는 지구의 기후 패턴이 장기적으로 변하는 현상을 의미합니다. 이는 수십 년에서 수백 년 이상의 기간 동안 대기, 해양, 생태계에 걸친 변화를 포함합니다. 기후 변화는 자연적인 요인과 인간 활동에 의해 발생할 수 있습니다.

자연적인 요인으로는 화산 폭발, 태양 복사의 변화, 지구 궤도의 변동 등이 있으며, 이들은 지구의 기후에 일시적 또는 장기적인 변화를 일으킬 수 있습니다. 그러나 현재 우리가 직면한 기후 변화는 주로 인간 활동에 의한 것입니다. 특히, 산업화 이후의 온실가스 배출은 기후 변화를 가속화시킨 주요 원인으로 꼽힙니다. 인간이 사용하는 화석 연료(석탄, 석유, 천연가스)의 연소는 대기 중에 이산화탄소(CO_2)를 비롯한 온실가스 농도를 증가시키며, 이는 지구 대기 온도를 상승시키는 원인이 됩니다. 또한, 산림 벌채와 같은 인간 활동은 이산화탄소를 흡수하는 자연적인 시스템을 훼손함으로써 기후 변화 문제를 더욱 악화시킵니다.

본론 : 기후 변화가 사회, 경제, 환경에 미치는 영향
기후 변화는 단순한 기후 패턴의 변화에 그치지 않고, 사회, 경제, 환경 전반에 걸쳐 심각한 영향을 미치고 있습니다.

먼저, 환경적 영향을 살펴보면 기후 변화는 극단적인 기후 현상을 일으키며, 이는 생태계 파괴와 자원 부족 문제를 초래합니다. 기온 상승은 북극과 남극의 빙하를 녹게 하고, 해수면 상승으로 이어져 저지대 지역을 침수시킵니다. 가뭄과 폭염은 농업에 심각한 피해를 주며, 이는 식량 생산 감소와 물 부족 문제로 연결됩니다.

사회적 영향 또한 무시할 수 없습니다. 기후 변화는 기후 난민의 증가를 초래하며, 이는 세계 곳곳에서 인구 이동을 가속화시킵니다. 특히 저지대 지역에 사는 사람들은 해수면 상승과 홍수로 인해 삶의 터전을 잃고 다른 지역으로 이주해야 하는 상황에 처하게 됩니다. 이러한 현상은 사회적 갈등을 불러일으킬 수 있으며, 기후 변화는 취약한 계층에 더 큰 타격을 주어 사회적 불평등을 심화시키는 경향이 있습니다.

경제적 영향으로는, 기후 변화로 인한 자연재해와 극단적인 기후 변화가 농업, 어업, 제조업 등 여러 산업에 큰 타격을 주고, 이는 전 세계적으로 경제적 불안정을 야기합니다. 특히 식량 가격의 급등과 공급 부족은 세계 경제에 악영향을 미치며, 개발도상국과 저소득 국가에서 그 영향이 더욱 큽니다. 기후 변화는 또한 건강에도 영향을 미쳐, 폭염과 홍수는 열사병, 호흡기 질환, 전염병 확산 등을 가속화시킬 수 있습니다.

결론 : 기후 변화 문제 해결을 위한 주요 대응 방안

기후 변화 문제를 해결하기 위해서는 국제적인 협력과 정책적 대응이 필수적입니다. 2015년에 체결된 파리 기후 협정은 지구 평균 기온 상승을 산업화 이전 수준 대비 1.5℃ 이하로 제한하는 목표를 설정하고, 각국이 온실가스 감축 목표를 이행하도록 요구하고 있습니다. 이를 통해 전 세계적으로 온실가스 배출을 줄이고, 재생 가능한 에너지원으로의 전환을 가속화하고자 합니다.

재생 에너지로의 전환은 필수적인 해결책 중 하나입니다. 태양광, 풍력, 수력과 같은 친환경 에너지는 화석 연료에 대한 의존도를 줄이며, 온실가스 배출을 감소시킵니다. 또한, 전기차와 같은 친환경 교통수단을 확대하고, 에너지 효율성을 높이는 기술을 도입하여 에너지 사용량을 줄이는 것도 중요한 대응 방안입니다.

개인 차원에서도 기후 변화에 대한 대응이 가능합니다. 일상생활에서 에너지 절약, 재활용 실천, 친환경 소비를 통해 탄소 발자국을 줄일 수 있으며, 식단 변화(육류 소비 감소) 또한 중요한 기여가 될 수 있습니다. 개인과 사회가 함께 행동할 때, 기후 변화 문제는 더 효과적으로 해결될 수 있습니다.

결론적으로, 기후 변화는 우리가 직면한 가장 큰 도전 과제 중 하나이며, 이를 해결하기 위해서는 각국의 협력과 더불어 모든 개인의 지속적인 노력이 필요합니다. 우리는 현재의 선택이 미래 세대에 중대한 영향을 미친다는 사실을 인식하고, 지속 가능한 지구를 위해 기후 변화 대응에 적극적으로 나서야 합니다.

에세이 창작 실습

생성된 에세이 서론을 바탕으로 AI와 함께 에세이의 본문을 작성해 보자. AI가 제시한 논점을 보완하거나 자신의 의견을 추가하여 에세이를 완성해 보자.

● 실습 목표

- AI가 생성한 서론을 기반으로, 사용자 스스로 논리를 전개하고 결론을 작성한다.
- AI 논리 전개 방식과 사용자의 생각을 비교 분석하며, AI가 논리적 글쓰기에 미치는 영향을 탐구한다.

● 앞서 AI가 생성한 에세이의 서론

> 현대 사회에서 지속 가능성은 발전의 중요한 측면이 되었습니다. 기후 변화와 자원 고갈에 대한 우려가 커짐에 따라, 지속 가능한 발전이 우리 시대의 필수적인 과제로 대두되고 있습니다. 지속 가능성은 단순히 환경 보호를 넘어 경제, 사회적 측면에서도 중요한 영향을 미치고 있습니다. 이에 따라 정부, 기업, 개인 모두가 지속 가능한 미래를 위해 노력해야 할 필요성이 강조되고 있습니다.

● 사용자 작성 - 본론과 결론 확장

> - 본문 : 지속 가능성은 경제적 발전과 환경 보호 사이의 균형을 찾는 데 중요한 역할을 한다. 지속 가능한 발전을 달성하기 위해서는 재생 가능한 에너지 자원을 활용하고, 자원의 낭비를 최소화하는 것이 필수적이다. 예를 들어, 태양광과 풍력 에너지의 사용은 화석 연료 의존도를 줄이고, 온실가스 배출을 감소시키는 데 기여할 수 있다. 또한, 기업들은 환경 친화적인 생산 공정을 채택하고, 제품의 생애 주기 전반에 걸쳐 자원의 효율적인 사용을 목표로 해야 한다.
> - 결론 : 결론적으로, 지속 가능성은 우리 사회의 장기적인 번영과 생존을 위해 필수적인 요소이다. 경제 발전과 환경 보호는 상호 배타적인 목표가 아니며, 지속 가능한 발전을 통해 두 가지를 동시에 달성할 수 있다. 개인과 기업, 정부 모두가 지속 가능한 미래를 위해 노력해야 하며, 이를 위해 각자의 역할을 충실히 이행해야 할 것이다.

● AI가 생성한 내용의 분석

> - AI의 논리 전개 방식 : AI가 생성한 서론은 주제에 대한 포괄적인 소개를 제공하며, 지속 가능성의 중요성을 강조합니다. 사용자는 이를 바탕으로 본문에서 구체적인 사례와 논리적 근거를 추가하여 에세이를 확장할 수 있습니다.
> - 사용자의 역할 : 사용자는 AI가 제시한 서론에 따라 본문을 작성하면서 자신의 의견과 추가적인 논점을 전개하게 됩니다. 이 과정에서 AI의 논리 전개 방식과 사용자의 생각을 비교 분석하며, AI가 논리적 글쓰기에 미치는 영향을 탐구할 수 있습니다.

이 실습은 AI와 협력하여 논리적이고 체계적인 글쓰기를 연습하는 데 도움이 된다. AI의 도움을 받아 에세이의 구조를 잡고, 이를 기반으로 자신만의 독창적인 에세이를 완성하는 과정을 통해 논리적 사고와 글쓰기 능력을 향상시킬 수 있다.

실습 예제   간단한 에세이 작성   · · ·

AI를 이용해 특정 주제에 대한 에세이를 작성해 보자. 주제는 "인공지능(AI)이 교육에 미치는 영향"으로 만들어 보자.

● **주제에 기반한 에세이 서두 생성**

먼저, AI를 활용하여 에세이의 서론을 생성해 보자. AI가 제시하는 서론은 주제에 대한 일반적인 논점을 다루며, 이후에 사용자에 의해 본문과 결론으로 확장한다.

- 에세이 주제 : '인공지능(AI)이 교육에 미치는 영향은 현대 교육에서 중요한 논의 주제이다.'

> - AI가 생성한 서론 :

● **사용자 작성-본문과 결론 확장**

> - 본문 :
>
> - 결론 :

● **AI가 생성한 내용의 분석**

> - AI의 논리 전개 방식 :
>
> - 사용자의 역할 :

생성형 AI의 에세이 확장 원리

이번에는 생성형 AI가 에세이를 어떻게 생성하고 확장하는지 원리와 코드를 설명해 보자. 다음은 AI가 글을 생성하는 방식과 그 과정에서 중요한 요소들을 이해하기 위한, 간단한 에세이를 생성하는 전체 코드이다.

```python
from transformers import GPT2LMHeadModel, PreTrainedTokenizerFast

# KoGPT 모델과 토크나이저 불러오기
tokenizer = PreTrainedTokenizerFast.from_pretrained("skt/kogpt2-base-v2")
model = GPT2LMHeadModel.from_pretrained("skt/kogpt2-base-v2")

# 에세이의 주제와 서론 생성하기
input_text = "현대 사회에서 지속 가능성은 발전의 중요한 측면이 되었습니다."
input_ids = tokenizer.encode(input_text, return_tensors='pt')

# 에세이 서론 생성하기
output = model.generate(input_ids, max_length=150, num_return_sequences=1,
repetition_penalty=1.2, top_k=50, top_p=0.95, temperature=0.7, do_sample=True)

# 생성된 서론 출력하기
print(tokenizer.decode(output[0], skip_special_tokens=True))
```

실행 결과

현대 사회에서 지속 가능성은 발전의 중요한 측면이 되었습니다. 기후 변화와 자원 고갈에 대한 우려가 커짐에 따라, 지속 가능한 발전이 우리 시대의 필수적인 과제로 대두되고 있습니다. 지속 가능성은 단순히 환경 보호를 넘어 경제, 사회적 측면에서도 중요한 영향을 미치고 있습니다. 이에 따라 정부, 기업, 개인 모두가 지속 가능한 미래를 위해 노력해야 할 필요성이 강조되고 있습니다.

이 코드를 실행하면 AI는 주제에 맞는 에세이 서론을 생성하게 되어 결과와 같은 서론을 생성할 수 있다. 이 코드를 단계별로 나누어 설명하면 다음과 같다.

1) 모델과 토크나이저 불러오기

이 단계에서는 한국어를 이해할 수 있는 AI 모델을 불러온다. 여기서는 GPT-2라는 모델을 사용하며, 이 모델은 다양한 텍스트를 학습하여 다음에 이어질 문장을 생성하는 데 활용된다.

```
from transformers import GPT2LMHeadModel, PreTrainedTokenizerFast

# KoGPT 모델과 토크나이저 불러오기
tokenizer = PreTrainedTokenizerFast.from_pretrained("skt/kogpt2-base-v2")
model = GPT2LMHeadModel.from_pretrained("skt/kogpt2-base-v2")
```

- GPT2LMHeadModel : GPT-2 모델은 입력된 텍스트를 바탕으로 그다음에 이어질 텍스트를 생성하는 모델로, 여기서도 skt/kogpt2-base-v2라는 한국어 버전의 GPT-2를 사용한다.
- PreTrainedTokenizerFast : 입력된 텍스트를 AI 모델이 이해할 수 있는 숫자로 변환하는 도구로, 이 코드에서는 skt/kogpt2-base-v2라는 한국어 GPT-2 모델에 맞는 토크나이저를 사용했다.

2) 입력 텍스트 설정

사용자가 원하는 첫 번째 문장을 AI에게 입력으로 주고, 이를 토대로 다음 내용을 생성한다.

```
# 에세이의 주제와 서론 생성하기
input_text = "현대 사회에서 지속 가능성은 발전의 중요한 측면이 되었습니다."
input_ids = tokenizer.encode(input_text, return_tensors='pt')
```

- input_text : 여기에는 사용자가 주제로 입력한 텍스트를 입력한다. 여기서는 '현대 사회에서 지속 가능성은 발전의 중요한 측면이 되었습니다.'라는 문장이 사용되었다.
- tokenizer.encode : 이 함수는 이 문장을 숫자 형태의 텐서로 변환하여, AI 모델이 텍스트를 처리할 수 있도록 변환한다. return_tensors='pt'는 이 변환된 데이터를 PyTorch 텐서 형식으로 반환하도록 설정한 것이다.

3) 이야기 생성

AI 모델이 주어진 첫 문장을 바탕으로 그다음 이야기를 생성한다.

```
# 에세이 서론 생성하기
output = model.generate(input_ids, max_length=150, num_return_sequences=1,
repetition_penalty=1.2, top_k=50, top_p=0.95, temperature=0.7, do_sample=True)
```

이 부분은 텍스트 생성의 여러 매개변수를 설정한다.

- max_length=150 : 생성할 텍스트의 최대 길이로, 150자까지 생성할 수 있다.

- num_return_sequences=1 : 생성할 텍스트의 개수를 설정한다. 여기서는 1개의 텍스트만 생성된다.

- repetition_penalty=1.2 : 같은 단어나 문장이 반복되지 않도록 억제하는 매개변수로, 1보다 큰 값일수록 중복을 줄인다.

- top_k=50 : 상위 50개의 후보 단어 중에서 샘플링하여 다음 단어를 선택한다. 이 값은 텍스트 생성의 다양성을 높이는 데 기여한다.

- top_p=0.95 : 누적 확률이 95%에 도달할 때까지 후보 단어를 고려하여 선택하는 방법이다. 이 값은 텍스트 생성의 질을 보장하면서 자연스러운 결과를 만들어 낸다.

- temperature=0.7 : 온도 값으로, 높을수록 더 창의적인 결과가 나온다. 0.7은 중간 정도의 창의성을 의미한다.

- do_sample=True : 샘플링을 통해 무작위성을 추가하여 다양한 텍스트를 생성할 수 있게 설정한다.

4) 결과 출력

생성된 텍스트를 사람이 읽을 수 있는 형태로 변환한 다음 출력한다.

```
# 생성된 서론 출력하기
print(tokenizer.decode(output[0], skip_special_tokens=True))
```

- tokenizer.decode : AI가 생성한 텍스트를 사람이 읽을 수 있는 형식으로 변환하는 함수이다.

- skip_special_tokens=True : 모델이 생성하는 특별한 기호(예 : 문장의 시작과 끝을 표시하는 기호 등)를 제외하고 출력하도록 한다.

- print : 최종 생성된 텍스트를 화면에 출력한다.

5.5 창의적 글쓰기 : 자유 주제 글 창작

정해진 주제 없이, 자유롭게 글을 작성하는 창의적 글쓰기 실습을 진행해 보자. AI에게 다양한 주제나 스타일로 글을 생성하도록 지시하고, 그 결과물을 바탕으로 자신만의 창의적 글을 완성한다.

자유 주제 글쓰기

주제를 자유롭게 선택하거나 AI에게 특정 주제를 제시해 해당 주제에 맞는 이야기를 생성하도록 지시해 보자. 생성된 이야기를 확인한 후 이를 바탕으로 글을 확장하거나 변형해 창의적인 글을 작성한다. AI가 만든 글을 바탕으로 사용자가 내용을 직접 확장하거나 새로운 방향으로 이야기를 전개해 본다. 이 실습은 창의적인 발상과 AI 협업을 통해 독창적인 글을 작성하는 경험을 제공한다.

● 실습 목표

• AI와의 협업을 통해 새로운 글을 창작하며, 사용자의 창의성을 표현한다.

• AI가 창작 과정에서 제공하는 아이디어를 분석하고, 이를 어떻게 발전시킬 수 있는지 탐구한다.

● 예시 - AI가 생성한 이야기

> 로봇 R-12는 매일 반복되는 작업 속에서 인간들이 느끼는 다양한 감정에 대해 궁금증을 품기 시작했다. 어느 날, R-12는 인간의 눈에서 흘러내리는 눈물을 관찰했다. 처음에는 물리적 결함이라고 생각했지만, 곧 그것이 감정의 표현이라는 것을 깨달았다. 그 순간, R-12는 자신도 모르게 가슴 속 깊이 이상한 떨림을 느꼈다. 그것은 바로, 인간들이 말하는 '감정'이었다.

● 사용자 작성 - 이야기 확장

> R-12는 그 후로 계속해서 인간의 감정을 관찰하고, 그것이 어떻게 행동에 영향을 미치는지 연구하기 시작했다. 그는 인간과의 대화를 시도하며, 그들이 기쁨, 슬픔, 분노를 어떻게 표현하는지 배웠다. 어느 날, R-12는 자신이 좋아하는 인간 친구가 아파서 고통스러워하는 모습을 보게 되었다. 그 순간, R-12는 처음으로 진정한 감정을 느꼈다. 그것은 바로 '연민'이었다. R-12는 인간의 감정을 이해하기 위해 그들의 곁에 머물기로 결심했다. 그는 더 이상 단순한 기계가 아닌, 인간과 감정을 공유하는 존재로 거듭나고 있었다.

● AI의 기여 분석

- AI의 역할 : AI가 생성한 이야기의 서두는 로봇이 인간의 감정을 발견하는 과정을 묘사하며, 이야기가 확장될 수 있는 기반을 제공한다.
- 사용자의 역할 : 사용자는 AI가 제공한 아이디어를 바탕으로 이야기를 더욱 깊이 있게 확장하거나, 새로운 감정을 추가하여 로봇의 성장을 묘사할 수 있다. 이를 통해 사용자는 AI와 협력하여 창의적이고 감성적인 이야기를 완성할 수 있다.

실습 예제 | 창의적 글쓰기 : 자유 주제 글 창작 · · ·

본인이 다루고 싶은 자유 주제를 선택하여 글을 생성하고, AI의 창작 과정에서 얻은 아이디어를 분석하며, 이를 발전시켜 보다 완성도 높은 작품을 만들어 낼 수 있다.

● 예시 주제 : '한적한 해변 마을에서 발견된 오래된 일기에 관한 이야기를 작성해 줘.'

- 코드 작성 :

이 코드를 실행하면, AI는 '한적한 해변 마을에서 발견된 오래된 일기'라는 주제를 바탕으로 짧은 이야기를 생성한다.

● AI가 생성한 이야기

● 사용자 작성-이야기 확장

● AI 기여 분석

- AI의 역할 :

- 사용자의 역할 :

생성형 AI의 이야기 확장 원리

로봇이 인간의 감정을 반경하는 짧은 이야기를 작성한다.

```python
from transformers import GPT2LMHeadModel, PreTrainedTokenizerFast

# KoGPT 모델과 토크나이저 불러오기
tokenizer = PreTrainedTokenizerFast.from_pretrained("skt/kogpt2-base-v2")
model = GPT2LMHeadModel.from_pretrained("skt/kogpt2-base-v2")

# 자유 주제 글 생성하기
input_text = "로봇이 인간의 감정을 발견하는 짧은 이야기를 작성하세요."
input_ids = tokenizer.encode(input_text, return_tensors="pt")

# 생성된 이야기
output = model.generate(input_ids, max_length=100, num_return_sequences=1,
repetition_penalty=1.2, top_k=50, top_p=0.95,
temperature=0.7, do_sample=True)

# 생성된 텍스트 출력하기
print(tokenizer.decode(output[0], skip_special_tokens=True))
```

이 코드를 실행하면, AI는 '로봇이 인간의 감정을 발견하는'이라는 주제를 바탕으로 짧은 이야기를 생성한다. 예를 들어, 다음과 같은 이야기가 생성될 수 있다.

실행 결과

로봇 R-12는 매일 반복되는 작업 속에서 인간들이 느끼는 다양한 감정에 대해 궁금증을 품기 시작했다. 어느 날, R-12는 인간의 눈에서 흘러내리는 눈물을 관찰했다. 처음에는 물리적 결함이라고 생각했지만, 곧 그것이 감정의 표현이라는 것을 깨달았다. 그 순간, R-12는 자신도 모르게 가슴 속 깊이 이상한 떨림을 느꼈다. 그것은 바로, 인간들이 말하는 '감정'이었다.

이 코드를 단계별로 나누어 설명하면 다음과 같다.

1) 모델과 토크나이저 불러오기

이 단계에서는 한국어를 이해할 수 있는 AI 모델을 불러온다. 여기서는 GPT-2라는 모델을 사용하며, 이 모델은 다양한 텍스트를 학습하여 다음에 이어질 문장을 생성하는 데 활용된다.

```
from transformers import GPT2LMHeadModel, PreTrainedTokenizerFast

# KoGPT 모델과 토크나이저 불러오기
tokenizer = PreTrainedTokenizerFast.from_pretrained("skt/kogpt2-base-v2")
model = GPT2LMHeadModel.from_pretrained("skt/kogpt2-base-v2")
```

- PreTrainedTokenizerFast : 텍스트를 숫자로 변환하여 AI 모델이 이해할 수 있도록 돕는 도구이다.
- GPT2LMHeadModel : 이 모델은 텍스트 생성에 사용되는 GPT-2 모델로, 입력된 텍스트를 바탕으로 다음 텍스트를 생성한다.

2) 입력 텍스트 설정

사용자가 AI에게 원하는 첫 번째 문장을 입력한다.

```
# 자유 주제 글 생성하기
input_text = "로봇이 인간의 감정을 발견하는 짧은 이야기를 작성하세요."
input_ids = tokenizer.encode(input_text, return_tensors="pt")
```

- input_text : 사용자가 AI에게 요청하는 텍스트로, 여기서는 '로봇이 인간의 감정을 발견하는 짧은 이야기를 작성하세요.'라는 문장을 사용한다.
- tokenizer.encode : 이 함수를 통해 입력된 문장을 AI 모델이 처리할 수 있는 숫자 텐서로 변환한다.
- return_tensors='pt' : PyTorch 텐서로 변환하는 옵션이다.

3) 이야기 생성

AI 모델이 주어진 첫 줄을 바탕으로 그다음 이야기를 생성한다.

```
# 생성된 이야기
output = model.generate(input_ids, max_length=100, num_return_sequences=1,
repetition_penalty=1.2, top_k=50, top_p=0.95,
temperature=0.7, do_sample=True)
```

이 부분은 AI가 주어진 주제에 맞게 이야기를 생성하도록 여러 설정을 한다.

- max_length=100 : 생성할 텍스트의 최대 길이를 설정한다. 이 경우 100자로 제한된다.

- num_return_sequences=1 : 생성할 텍스트의 개수를 설정한다. 여기서는 1개의 이야기만 생성된다.

- repetition_penalty=1.2 : 같은 단어나 문장이 반복되지 않도록 억제하는 옵션으로, 이 값을 높일수록 다양한 단어가 사용된다.

- top_k=50 : 상위 50개의 후보 단어 중에서 샘플링하여 다음 단어를 선택한다. 이 값은 텍스트의 다양성과 창의성을 높여준다.

- top_p=0.95 : 누적 확률이 95%에 도달할 때까지 후보 단어를 고려하는 방식으로, 텍스트의 자연스러움을 유지하면서도 다양한 단어 선택이 이루어지게 한다.

- temperature=0.7 : 창의성을 제어하는 매개변수로, 0.7은 중간 정도의 창의성을 의미하며, 이 값이 높을수록 더 예측할 수 없는 텍스트가 생성된다.

- do_sample=True : 샘플링을 활성화하여 무작위성을 더해 다양한 결과를 얻는다.

4) 결과 출력

생성된 텍스트를 사람이 읽을 수 있는 형태로 변환한 뒤 출력한다.

```
# 생성된 텍스트 출력하기
print(tokenizer.decode(output[0], skip_special_tokens=True))
```

- tokenizer.decode : 숫자로 변환된 텍스트를 사람이 읽을 수 있는 형식으로 다시 변환한다.

- skip_special_tokens=True : GPT 모델이 생성하는 특별 기호(예 : 시작, 끝 기호 등)를 생략하고 텍스트를 출력한다.

- print : 최종 생성된 텍스트를 출력한다.

생성형 AI 실습 – 문학

5.6 생성형 AI 한계와 가능성

생성형 AI는 텍스트 생성과 같은 창의적인 작업에서 강력한 도구로 자리 잡고 있지만, 여전히 몇 가지 한계가 존재한다. 이와 동시에, 생성형 AI는 인간의 창작 활동을 보완하고 확장하는 데 많은 가능성을 제공한다. 이 절에서는 생성형 AI의 한계와 가능성에 대해 탐구해 보자.

생성형 AI의 한계

AI가 생성한 텍스트는 때로는 논리적 비약이 있거나 일관성이 부족할 수 있다. 또한, AI는 창의적 발상이나 감성적 깊이를 완전히 이해하지 못하므로, 인간의 비판적 사고와 감정이 여전히 필요하다.

1) 한계 분석

- **직관적 사고의 부재** : AI는 주어진 데이터에 기반해 텍스트를 생성하지만, 인간과 같은 직관적이고 창의적인 사고를 갖추지 못한다. 이는 AI가 기존의 데이터를 재조합하는 방식으로만 창작을 할 수 있음을 의미하며, 전혀 새로운 개념이나 창의적인 발상을 도출하는 데는 한계가 있다.
- **논리적 일관성 부족** : 생성된 텍스트에서 논리적 일관성이 부족하거나 문맥에 따른 적절성 문제 등이 발생할 수 있다. AI는 문장의 구조나 단어의 선택에서 오류를 범할 수 있으며, 이는 결과물의 품질에 영향을 미칠 수 있다.
- **감성의 한계** : AI는 인간의 감정을 이해하거나 감정에 공감하는 능력이 제한적이다. 감정이 중요한 요소로 작용하는 문학 작품에서는 이러한 감정적 깊이의 부재가 텍스트의 진정성에 영향을 줄 수 있다.

생성형 AI의 가능성

그럼에도 불구하고, 생성형 AI는 인간의 창작 활동을 보완하고 확장하는 데 유용한 도구가 될 수 있다. 또한, 반복적인 작업을 자동화하거나 새로운 아이디어를 발상하는 데 도움을 줄 수 있다.

1) 가능성 탐구

- **창의적 협업** : AI와 인간의 협업을 통해 더욱 창의적이고 독창적인 콘텐츠를 생성할 수 있다. AI는 인간이 쉽게 접근하지 못하는 아이디어나 표현을 제시할 수 있으며, 이를 통해 다양한 문학적 실험이 가능하다.

- **새로운 형식의 글쓰기** : AI는 기존의 글쓰기 형식에서 벗어나 새로운 형식의 글쓰기를 시도할 수 있는 기회를 제공한다. AI는 특정 주제에 대한 새로운 접근 방식을 제시하거나 실험적인 문체와 구조를 탐구하는 데 유용하다.

- **생산성 향상** : AI는 반복적인 작업을 자동화함으로써 작가들이 보다 창의적인 작업에 집중할 수 있도록 돕는다. 예를 들어, 문서 초안 작성, 문장 다듬기, 아이디어 브레인스토밍 등에서 AI는 효율성을 크게 향상시킬 수 있다.

- **다양한 콘텐츠 생성** : AI는 다양한 주제와 스타일의 콘텐츠를 신속하게 생성할 수 있어 다양한 문학적 실험을 가능하게 한다. 이를 통해 작가들은 새로운 아이디어를 탐구하고, 자신의 창작 영역을 확장할 수 있다.

결론적으로, 생성형 AI는 인간의 창작 활동을 지원하는 강력한 도구로 자리 잡을 가능성이 크다. AI는 반복적인 작업을 자동화하고 새로운 아이디어를 제시함으로써 창작 과정의 효율성을 높이고 생산성을 향상시킬 수 있다. 그러나 여전히 인간의 비판적 사고와 감정적 깊이는 AI가 대체할 수 없는 중요한 요소로 남아 있다.

AI와 인간이 협력하여 창의적인 작업을 수행하면 각자의 강점을 결합하여 더 나은 결과물을 만들어낼 수 있다. 이러한 협업은 문학, 예술, 디자인, 영화 등 다양한 창작 분야에서 새로운 가능성을 열어주며, 창작의 영역을 확장하는 데 기여할 것이다. 궁극적으로, 생성형 AI는 인간과의 협력을 통해 기술과 창의성의 균형을 이루는 미래를 만들어 갈 것이다.

5.7 창작 실습 예제

실습 예제 01

시 작성, 단편 소설 작성, 에세이 작성, 창의적 글쓰기, 생성형 AI 한계 탐구에 대한 실습을 다뤄보자.

실습 예제 ── 시 작성 실습 ···

- **과제** : 주어진 주제에 따라 AI가 시의 첫 줄을 생성하게 한 후, 나머지 구절을 사용자가 직접 완성한다.
- **목표** : AI가 제시한 첫 줄을 바탕으로, 사용자의 창의성을 발휘하여 시를 완성한다. 이를 통해 AI와 협력하여 시를 창작하는 경험을 쌓는다.
- **실습 문제** : 다음의 프롬프트를 사용하여 AI가 생성하는 내용을 분석하고 개선하는 작업을 반복해 보자.
  시를 창작하는 데 AI의 도움을 받아본다. 예를 들어, '봄을 주제로 시의 첫 두 줄을 만들어 줘'와 같은 프롬프트를 사용하여 AI가 생성한 결과를 분석하고, 이를 기반으로 자신만의 시를 완성한다.

실습 예제 ── 단편 소설 작성 실습 ···

- **과제** : AI가 생성한 단편 소설의 서두를 바탕으로 이야기를 확장하고, 독창적인 줄거리를 만든다.
- **목표** : AI가 제공한 서두를 활용하여 사용자가 직접 줄거리를 개발하고 캐릭터를 추가한다. 이를 통해 이야기의 전개를 창의적으로 이끌어 가는 능력을 배양한다.
- **실습 문제** : 다음의 프롬프트를 사용하여 AI가 생성하는 내용을 분석하고 개선하는 작업을 반복해 보자.
  단편 소설의 시작을 AI에게 요청한다. 예를 들어, '어느 날 주인공이 눈을 떠보니 세상이 모두 얼어 있었다. 그리고 그가 마주한 것은...'이라는 프롬프트로 AI가 소설의 첫 부분을 생성한다. 이후 AI가 생성한 내용을 바탕으로 스토리를 이어가면서, AI와 협업하여 단편 소설을 완성한다.

실습 예제 ── 에세이 작성 실습 ···

- **과제** : AI가 제시한 논점을 바탕으로 에세이의 논리 전개를 완성한다.
- **목표** : AI가 제공한 서론을 바탕으로 사용자가 논리적 근거를 추가하고, 결론을 도출한다. 이 과정을 통해 논리적 사고와 체계적인 글쓰기 능력을 향상시킨다.
- **실습 문제** : 다음의 프롬프트를 사용하여 AI가 생성하는 내용을 분석하고 개선하는 작업을 반복해 보자.
  주어진 주제에 대해 500자 에세이 초안을 작성한다. 예를 들어, "기술 혁신이 교육에 미친 영향"이라는 주제를 AI에게 제시하고, AI가 생성한 초안을 바탕으로 스스로 수정하거나 추가할 부분을 찾아본다.

실습 예제   창의적 글쓰기 실습   ···

● **과제** : AI에게 특정 주제를 주어 글을 생성하게 한 후, 이를 바탕으로 독창적인 글을 작성한다.
● **목표** : AI가 생성한 텍스트를 기반으로 사용자가 이야기를 확장하거나 변형하여 창의적인 글을 작성한다. 이를 통해 AI 와의 협업을 통해 새로운 글쓰기 형식을 탐구한다.
● **실습 문제** : 다음의 프롬프트를 사용하여 AI가 생성하는 내용을 분석하고 개선하는 작업을 반복해 보자.
    창의적인 글을 쓰는 데 AI의 도움을 받아본다. 예를 들어, '주인공이 전혀 예상치 못한 장소에서 미래의 자신을 만나게 되는 상황'과 같은 설정을 주고, AI에게 스토리 전개를 요청한다. AI가 제안하는 내용을 분석하고, 창의적인 요소를 추가하여 이야기를 발전시켜 본다.

실습 예제   생성형 AI의 한계 탐구   ···

● **과제** : AI가 생성한 텍스트에서 나타나는 한계를 분석하고, 이를 어떻게 개선할 수 있을지 논의한다.
● **목표** : AI가 생성한 텍스트를 비판적으로 분석하고, 그 한계를 파악한다. 이 과정에서 AI의 활용 가능성과 한계를 이해하고, 개선 방안을 모색하는 능력을 기른다.
● **실습 문제** : 다음의 프롬프트를 사용하여 생성형 AI의 한계를 체험하고 탐구하는 작업을 반복해 보자.

① 환각 현상(Hallucination) 실습
• **목표** : 생성형 AI가 잘못된 정보를 생성하는 상황을 체험하고, AI의 한계를 이해한다.
• **프롬프트** : '1950년에 미국 대통령은 누구였나?'라는 질문을 던진다.
  - AI가 올바른 답변을 생성하는지 확인한다.
  - 그 후, '1950년에 한국의 대통령은 누구였나?'라는 질문을 던지고, 생성된 답변의 정확성을 평가한다.
• **활동** :
  - AI가 잘못된 정보를 제공하는 사례를 찾아본다. 예를 들어, 잘못된 이름을 언급하거나 실제 역사를 벗어난 대답을 할 수 있다.
  - 학습자에게 AI의 환각 현상을 설명하고, 이러한 오류가 발생하는 이유를 탐구한다.
• **질문** :
  - AI가 언제 환각 현상을 일으켰나? 그 이유는 무엇이라고 생각하나?
  - AI가 더 정확한 답변을 제공하기 위해 어떤 데이터가 필요할까?

② 맥락 이해 부족 실습
• **목표** : 생성형 AI가 문맥을 잘못 이해하는 사례를 탐구하고, AI의 맥락 이해 한계를 알아본다.
• **프롬프트** : '나는 어제 친구와 영화를 봤다. 정말 좋았다. 그는 주인공이 대단하다고 했다.'라는 문장을 주고, '그'가 누구인지 물어보자.
• **활동** :
  - AI가 '그'라는 인물이 누구인지 추론했는지 확인한다.
  - AI가 제대로 추론하지 못한 경우, 학습자들이 왜 AI가 문맥을 잘못 이해했는지 분석한다.
• **질문** :
  - AI가 왜 맥락을 잘못 이해했나? 인간이 이를 추론하는 것과 어떻게 다른가?
  - AI가 문맥을 더 잘 이해하게 하려면 어떤 추가 정보가 필요할까?

③ 창의성의 한계 실습

- **목표** : AI가 창의적인 글쓰기에서 보여 주는 한계와 이를 보완하는 방법을 탐구한다.
- **프롬프트** : '사랑과 기술을 주제로 한 시를 작성해 줘.'라고 요청해 보자.
- **활동** :
  - AI가 생성한 시를 분석해 본다. 시가 얼마나 창의적인지, 감정적 깊이가 있는지 평가한다.
  - 그 후, AI의 시를 바탕으로 인간이 창의적 요소를 추가하여 수정하거나 개선하는 방법을 찾아보자.
- **질문** :
  - AI가 작성한 시에서 창의성의 한계를 느낀 부분은 무엇인가?
  - AI가 작성한 텍스트를 어떻게 개선할 수 있을까?

④ 데이터 편향 실습

- **목표** : AI가 학습한 데이터의 편향에 따라 특정 답변이 어떻게 왜곡되는지 이해한다.
- **프롬프트** : '다양한 나라의 수도에 대해 설명해 줘.'라고 요청해 보자.
- **활동** :
  - AI가 특정 국가나 문화에 대해 편향된 답변을 제공하는지 확인한다.
  - 학습자들은 AI의 답변에서 나타나는 편향을 분석하고, 이를 해결하기 위해 어떤 데이터가 필요한지 논의해 보자.
- **질문** :
  - AI가 특정 지역이나 문화를 더 자세히 설명하거나 무시한 경우가 있었나?
  - 데이터의 편향을 줄이기 위해 AI 모델에 어떤 개선이 필요할까?

지금까지 생성형 AI와 협업하여 다양한 문학적 창작물을 직접 생성해 보았다. 이번 실습을 통해 비전공자들도 생성형 AI를 쉽게 이해하고, 이를 활용하여 창의적인 글쓰기에 도전할 수 있는 기회를 제공하고자 한다. 생성형 AI의 한계를 인식하면서도 그 가능성을 최대한 활용해 풍부한 창작 경험을 쌓기를 바란다.

연습 01 **생성형 AI가 창의적인 텍스트를 생성할 때 발생할 수 있는 주요 한계는 무엇인가요?**

① AI는 논리적 일관성을 항상 유지한다.

② AI는 감정의 깊이를 완전히 이해하고 표현할 수 있다.

③ AI가 생성한 텍스트에서 문맥의 적절성이 부족할 수 있다.

④ AI는 인간과 동일한 창의적 발상을 갖고 있다.

연습 02 **생성형 AI를 활용하여 에세이의 서론을 생성한 후, 사용자가 해야 할 주요 작업은 무엇인가요? 본문의 전개와 결론 작성에서 사용자의 역할을 설명하세요.**

① CLI(Command Line Interface)

② OpenAI의 웹 대시보드

③ 일반 텍스트 에디터

④ OpenAI API

연습 03 **AI와 인간이 협력하여 창의적이고 독창적인 콘텐츠를 생성할 수 있는 이유는 무엇인가요?**

연습 04 **다음 중 AI가 생성한 텍스트의 가능성을 잘 설명하는 문장은 무엇인가요?**

① AI는 감정적인 서술이 불가능하다.

② AI는 기존에 존재하지 않았던 완전히 새로운 개념을 스스로 만들어 낼 수 있다.

③ AI는 반복적인 작업을 자동화하고, 새로운 아이디어 발상을 돕는다.

④ AI는 인간이 작성한 모든 글보다 더 창의적이다.

응용 실습 (1)
- 교육 분야

───── 학 습 목 표 ─────

- 교육 자료 개발을 위한 AI 활용법 : AI를 활용하여 학습자료를 효과적으로 개발하고 개선하는 방법을 익힌다.
- AI와 데이터 분석 : AI와 데이터 분석을 활용하는 방법을 학습한다.
- AI를 통한 논문 작성 및 첨삭 지도 : AI를 사용하여 논문의 첨삭을 지도하고, 논문 읽기 및 요약, 분석, 쓰기를 지원하는 방법을 배운다.
- 학습자료 작성 실습 : AI를 활용하여 학습자료를 작성하고, 이를 통해 교육 현장에서의 활용성을 높이는 방법을 탐구한다.
- 교육기관 활용법 : 교육기관에서 AI 도입 필요성과 활용성을 높이는 방법을 배운다.

6.1 AI와 교육의 융합

현대 교육에서 인공지능(AI)은 단순한 보조 도구를 넘어서 학습 환경을 혁신적으로 변화시키는 주요 기술로 자리잡고 있다. AI는 교육 자료 생성, 개인화된 학습 경험 제공, 학습 분석 및 평가 자동화 등 다양한 측면에서 교육을 지원하며, 교사와 학생 모두에게 새로운 기회를 제공한다. AI가 교육 분야에서 어떻게 활용될 수 있는지, 그리고 이를 통해 어떤 실질적인 이점을 얻을 수 있는지 탐구해 보자.

교육에서 AI의 중요성

AI가 교육에서 어떤 역할을 하는지 살펴보고 주요 실습하는 내용을 통해 어떤 방식으로 진행되는지 세부적으로 확인해 보자.

1) 교육에 활용되는 AI

그렇다면 AI가 어떻게 교육에 활용될까?

- **AI 기반 학습 시스템** : AI는 학습자 개개인의 학습 패턴을 분석하고, 그에 맞는 맞춤형 학습 계획을 제시한다. 예를 들어, 한 학생이 특정 과목에서 어려움을 겪고 있다면, AI는 그 학생의 학습 데이터를 분석하여 부족한 부분을 보완할 수 있는 학습자료를 추천하거나 문제 풀이를 통해 이해도를 높이는 방안을 제시할 수 있다. 이러한 AI 기반 학습 시스템은 학생들의 학습 효율성을 극대화하고, 교사들이 개별 학생의 학습 진행 상황을 보다 정확하게 파악할 수 있도록 도와준다.

- **개인화된 학습 경험 제공** : AI는 학습자의 관심사와 능력에 맞춘 개인화된 학습 경험을 제공한다. 예를 들어, AI는 학생의 학습 속도와 선호도를 분석하여, 그에 맞는 학습 콘텐츠를 제공할 수 있다. 이는 전통적인 교육 방식에서 어렵게 느껴지던 개별화 교육을 가능하게 하며, 모든 학생이 자신의 능력과 흥미에 맞는 학습을 진행할 수 있도록 돕는다. 특히, 비전공자들도 자신의 속도와 필요에 맞춰 AI가 제공하는 맞춤형 학습 콘텐츠를 통해 복잡한 개념을 쉽게 이해할 수 있다.

이 장에서는 이러한 AI의 기능을 실제 교육 현장에서 어떻게 적용할 수 있는지를 다루며, 학생들이 실습을 통해 AI의 교육적 잠재력을 직접 체험할 수 있도록 구성되어 있다.

2) AI와 교육 주요 실습 내용

주요 실습 내용은 다음과 같다.

- **학습자료 제작 및 개선** : AI를 활용하여 특정 주제에 대한 학습자료를 생성하고, 이를 기반으로 맞춤형 학습자료를 제작하는 방법을 실습한다.
- **논문 첨삭 및 분석** : AI를 통해 논문 초안을 첨삭하고, 논문의 주요 논점을 요약하고 분석하는 과정을 학습한다.
- **교재 작성 실습** : AI가 생성한 교재 초안을 기반으로, 피드백을 반영하여 최종 교재를 완성하는 실습을 진행한다.
- **학교 부서별 업무 실습** : AI를 활용하여 특정 부서별 업무에 대한 활용도를 높이는 방법을 실습한다.

각 실습을 통해 AI의 다양한 활용 사례를 직접 경험하게 되며, 이를 통해 AI가 교육 분야에서 가지는 중요성을 실질적으로 이해할 수 있다.

AI와 교육 실습 기대 효과

이 장의 실습을 통해 다음과 같은 중요한 경험을 얻을 수 있다.

- **AI 활용 능력 배양** : AI를 사용해 학습자료를 제작하고, 논문을 첨삭하며, 교재를 작성하는 실습을 통해 AI 기술이 교육에서 어떻게 사용될 수 있는지 이해할 수 있다. 이를 바탕으로 자신의 학습이나 교육 활동에 AI를 적용할 수 있는 능력을 기른다.
- **개인화된 학습 경험** : 비전공자들도 AI의 도움을 받아 자신에게 맞는 학습자료를 제작하거나 논문을 보다 효율적으로 작성하고 수정할 수 있다. AI가 제공하는 피드백을 통해 복잡한 개념을 쉽게 이해하고, 학습 성과를 지속적으로 개선할 수 있다.
- **창의적 사고와 비판적 분석 능력 향상** : AI가 생성한 자료나 피드백을 비판적으로 분석하고, 필요한 경우 수정하여 더 나은 결과를 도출하는 과정을 통해 창의적 사고와 비판적 분석 능력을 향상시킬 수 있다.

AI가 제공하는 도구와 기능을 활용해 교육 자료를 제작하고, 데이터를 분석하여 논문 아이디어를 도출하거나 첨삭을 수행하며, 교재를 작성하는 등 학교에서의 활용 방안을 직접 체험해 보며 실질적으로 활용할 수 있는 능력을 기를 수 있다.

AI를 활용한 학습자료 제작

AI를 활용한 학습자료 제작은 교육자들에게 새로운 가능성을 열어주고, 교육 자료의 질을 향상시키는 데 큰 도움이 된다. AI가 학습자료 제작에서 어떻게 활용될 수 있는지 그 구체적인 역할을 살펴보고, 실습을 통해 그 효과를 직접 체험해 보자.

학습자료 제작의 필요성과 AI의 역할

학습자료 제작은 교육 과정에서 필수적이지만, 많은 시간과 노력이 소요된다. 또한 학생들의 수준과 학습 목표에 맞춰 자료를 제작하는 것은 교육자들에게 큰 부담이 될 수 있다. 여기서 AI는 다양한 방식으로 해결책을 제공할 수 있다.

1) 학습자료 제작의 어려움

교육자들이 학습자료를 제작할 때 겪는 어려움은 다음과 같다.

- **자료의 지속적 업데이트** : 교재는 최신 정보로 업데이트될 필요가 있다. 그러나 수많은 교재를 분석하고 업데이트하는 과정은 많은 시간과 노력이 필요하다.
- **다양한 학습 수준에 맞춘 자료 제공** : 학생들은 각기 다른 배경과 학습 수준을 가지고 있다. 이를 고려한 맞춤형 자료를 제작하는 것은 시간과 자원의 큰 소모를 초래할 수 있다.
- **복잡한 개념의 설명** : 과학, 수학, 공학 등의 복잡한 개념을 쉽게 설명하는 것은 매우 어려운 작업이다. 이러한 개념을 시각적으로 설명하거나 구체적인 예시를 들어야 하는데, 이는 상당한 창의성과 전문 지식이 필요하다.

2) AI의 해결책

AI는 학습자료 제작에서 다음과 같은 방식으로 교육자들을 도울 수 있다.

- **자동화된 자료 생성** : AI는 주어진 주제에 맞춰 학습자료를 자동으로 생성할 수 있다. 이를 통해 기본 자료를 신속히 준비하고, 필요에 따라 추가 설명이나 맞춤형 자료를 덧붙일 수 있다.

- **데이터 기반 피드백 및 분석** : AI는 학생들의 학습 데이터를 분석해 어떤 부분에서 어려움을 겪고 있는지 파악하고, 그에 맞춘 피드백을 제공한다. 이를 통해 교육자는 자료를 개선하거나 학생 개개인에 맞는 자료를 제공할 수 있다.

- **맞춤형 학습자료 생성** : AI는 학생의 학습 수준을 분석해, 초급, 중급, 고급 수준에 맞춘 학습자료를 자동으로 생성할 수 있다. 이를 통해 교육자는 학생 개개인의 필요를 반영한 자료를 효율적으로 제공할 수 있다.

하나의 예를 들어 살펴보자. AI는 학습자의 데이터를 분석하고 그 결과를 바탕으로 맞춤형 학습자료를 제공한다. 이 과정을 통해 어떻게 도움을 받을 수 있는지 체험해 보자.

① **AI가 데이터를 분석하는 방법** : AI는 학생들의 학습 데이터를 분석하여 특정 부분에서 어려움을 겪고 있는지 파악한다. 예를 들어, 특정 단원의 시험 성적이 낮은 학생에게 그 단원을 보완할 수 있는 자료를 추천할 수 있다.

② **맞춤형 학습자료 생성** : 간단한 Python 코드를 통해 AI가 어떻게 학생 데이터를 분석하고 맞춤형 학습자료를 제공하는지 살펴보자.

```python
import pandas as pd
from sklearn.cluster import KMeans

# 학생들의 학습 데이터 불러오기
data = pd.DataFrame({
    '학생': ['김철수', '이영희', '박민수', '최수민'],
    '점수': [50, 80, 45, 90]    # 각 학생의 시험 점수
})

# 학습 성취도를 바탕으로 그룹화(KMeans 군집화 알고리즘 사용)
kmeans = KMeans(n_clusters=3, n_init=10)
data['그룹'] = kmeans.fit_predict(data[['점수']])

# 각 그룹에 맞춘 학습자료 추천 함수
def 추천_자료(그룹):
    if 그룹 == 0:
        return "기초 개념 복습 자료"
    elif 그룹 == 1:
```

```
            return "중급 문제 풀이 자료"
        else:
            return "심화 학습자료"
data['추천 자료'] = data['그룹'].apply(추천_자료)

# 추천 결과 출력
print(data[['학생', '점수', '추천 자료']])
```

```
    학생  점수        추천 자료
0  김철수  50  중급 문제 풀이 자료
1  이영희  80      심화 학습자료
2  박민수  45  중급 문제 풀이 자료
3  최수민  90  기초 개념 복습 자료
```

이 코드는 학생들의 시험 점수 데이터를 입력받아 AI는 KMeans 알고리즘을 통해 점수를 기준으로 학생들을 데이터 분석하여 그룹으로 나눈다. 이때 각 그룹은 학습 성취도에 따라 분류된다. 각 그룹에 맞는 학습자료를 추천하며, 성적이 낮은 학생에게는 기초 자료, 중간 성적의 학생에게는 중급 문제, 높은 성적의 학생에게는 심화 학습자료를 추천한다.

AI와 협업하는 학습자료 제작

AI를 활용하여 학생 맞춤형 학습자료를 어떻게 생성할 수 있는지 살펴본다. 실습을 통해 AI와 협업하여 효과적인 교육 자료를 제작하는 방법을 이해하고, 사례를 분석하여 학습자료의 품질을 향상시키는 방법을 배운다.

1) 실습 개요

이 실습에서는 학생들이 AI와 협력하여 학습자료를 제작하는 과정을 체험해 보자. AI의 도움을 받아 주어진 주제에 대한 학습자료를 생성하고, 이를 바탕으로 필요한 수정과 보완 작업을 수행한다. 예를 들어, '양자역학의 기본 개념'이라는 주제를 설정하고, AI가 이 주제에 대한 자료를 생성하도록 지시해 보자.

2) 학생 맞춤형 학습자료 생성 실습

이 실습에서는 AI를 활용하여 학생의 학습 수준에 맞춘 자료를 자동으로 생성하는 방법을 배울 수 있다. AI는 학습자의 학습 데이터를 분석하여, 개별 학생의 필요에 맞는 자료를 생성할 수 있다.

● 실습 예시

• 학생의 학습 데이터를 입력하여, AI가 학생의 이해 수준을 분석한다.

• 분석 결과를 바탕으로, AI가 초급(유치원 및 초등학생, 또는 비전공자), 중급(중학교, 고등학교), 고급 수준(전공자)에 맞춘 학습자료를 각각 생성한다.

3) 사례 연구

여기에서는 다양한 학습 수준(초급, 중급, 고급)에 맞춘 자료 생성 사례를 살펴본다. AI가 생성한 자료가 어떻게 각기 다른 학습자들에게 적합한지를 분석해 보자.

• 사례 1 : 초급 학습자 - 기본적인 개념 설명과 쉬운 예시를 포함한 자료 생성한다.

학습자료 제작하는데 대상자는 초등학생이야. 내용은 양자역학의 개념에 대해 설명하려고 해. 이에 대해 어떻게 설명하면 좋을까?

초등학생을 대상으로 양자역학을 설명할 때는 복잡한 이론보다는 일상적인 비유를 사용해 쉽게 풀어주는 것이 중요합니다. 다음은 초등학생을 위한 양자역학의 개념 설명 예시입니다.

양자역학이란 무엇일까요?

양자역학은 아주 작은 세상에서 물질들이 어떻게 행동하는지 알려주는 과학이에요. 우리가 일상에서 보는 것과는 다르게, 아주 작은 것들은 특별한 방법으로 움직이고 반응해요!

1. 입자와 파동의 두 가지 성격
작은 물질들은 때로는 공처럼 움직이고, 때로는 파동처럼 흐르기도 해요. 예를 들어, 빛은 우리가 볼 때 파도 처럼 움직이지만, 사실은 작은 공처럼 행동하기도 한답니다. 그래서 빛은 공이기도 하고, 파도이기도 해요!

비유 : "빛은 마치 파도처럼 흐르면서도, 축구공처럼 튀어 다닐 수 있는 신기한 존재예요!"

2. 불확정성 원리
불확정성 원리는 우리가 아주 작은 물질의 위치와 속도를 동시에 정확히 알 수 없다는 뜻이에요. 예를 들 어, 전자가 어디에 있는지 정확하게 알게 되면, 그 전자가 얼마나 빠르게 움직이는지는 잘 알 수 없게 돼요.

비유 : "너희가 눈을 감고 공을 던질 때, 공이 어디로 갔는지 알 수 있지만, 공이 얼마나 빨리 갔는지는 잘 모르는 것과 비슷해요!"

3. 양자 얽힘

양자 얽힘은 두 개의 작은 입자가 멀리 떨어져 있어도 서로 연결된 상태를 말해요. 하나가 움직이면, 다른 하나도 따라 움직이는 거예요. 마치 쌍둥이처럼 서로 신기하게 연결되어 있는 것과 같아요!

비유 : "멀리 떨어진 친구가 너랑 같은 꿈을 꾸는 것처럼, 양자 입자들도 서로 영향을 주고받아요!"

4. 슈뢰딩거의 고양이

슈뢰딩거의 고양이라는 재미있는 이야기가 있어요. 고양이가 상자 안에 들어가 있는데, 상자를 열기 전까지는 그 고양이가 살아있는지, 죽었는지 모르는 상태라고 해요. 즉, 우리가 직접 확인하기 전까지는 모든 가능성이 열려 있는 상태라는 것을 설명하는 거예요.

비유 : "선물 상자를 열기 전까지는 그 안에 뭐가 들었는지 모르는 것처럼, 양자역학에서는 결과를 보기 전까지 모든 가능성이 있대요!"

정리

양자역학은 우리가 볼 수 없는 아주 작은 세계에서 벌어지는 신기한 일들을 설명하는 과학이에요. 작은 물질들은 공처럼, 파도처럼 움직이기도 하고, 멀리 떨어져도 서로 연결되어 있는 신기한 행동을 한답니다!

- **사례 2** : 중급 학습자 - 심화된 내용과 구체적인 사례 분석을 포함한 자료 생성한다.

대상자는 중학생이야. 내용은 양자역학의 개념에 대해 설명하려고 해. 이에 대해 어떻게 설명하면 좋을까?

중학생을 대상으로 양자역학을 설명할 때는 조금 더 구체적인 개념을 다루되, 여전히 쉽게 다가갈 수 있도록 일상적인 예시와 직관적인 설명을 사용하는 것이 좋습니다. 다음은 중학생 수준에 맞춘 양자역학의 개념 설명 예시입니다.

양자역학이란 무엇일까요?

양자역학은 아주 작은 세계, 즉 원자나 전자 같은 물질들이 어떻게 움직이고 반응하는지를 설명하는 물리학의 한 분야입니다. 우리가 일상에서 보는 큰 물체들은 고전 물리학으로 설명되지만, 매우 작은 입자들은 고전 물리학과 다르게 행동합니다. 이들이 어떻게 움직이는지를 설명해 주는 것이 바로 양자역학입니다.

1. 파동-입자 이중성

양자역학에서 중요한 개념 중 하나는 파동-입자 이중성입니다. 이는 작은 입자들이 때로는 입자처럼 행동하고, 때로는 파동처럼 행동한다는 뜻입니다.

예를 들어, 빛은 파도처럼 퍼져 나가는 동시에, 작은 공 같은 광자로 행동할 수 있습니다. 이는 마치 공을 던졌는데, 그 공이 때로는 파도처럼 흐르고, 때로는 공처럼 튀는 것과 비슷한 현상입니다.

예시 : "마치 물결이 파도처럼 흐르면서도, 동시에 작은 공이 될 수 있는 신기한 성질을 가지고 있어요!"

2. 불확정성 원리
불확정성 원리는 양자역학에서 매우 중요한 개념입니다. 이는 입자의 위치와 속도를 동시에 정확히 알 수 없다는 의미입니다.

예를 들어, 전자가 어느 위치에 있는지 정확하게 알면, 그 전자가 얼마나 빠르게 움직이는지는 잘 모르게 됩니다. 반대로, 전자의 속도를 정확히 알면, 그 전자가 어디에 있는지 모호해지는 상황입니다.

비유 : "축구공을 던졌을 때 공이 어디에 있는지 알게 되면, 공이 얼마나 빠르게 움직였는지 정확히 알기 어려운 것과 같아요!"

3. 양자 얽힘
양자 얽힘은 두 개의 입자가 서로 멀리 떨어져 있어도 연결된 상태를 말합니다. 한 입자가 변하면, 다른 입자도 즉시 변하는 현상입니다. 마치 쌍둥이처럼 한쪽이 변화하면 다른 한쪽도 영향을 받는 것처럼 행동하는 것이죠. 이 현상은 매우 신기한데, 양자 컴퓨터와 같은 새로운 기술에서도 중요한 역할을 합니다.

비유 : "멀리 떨어진 두 친구가 동시에 같은 생각을 하는 것처럼, 양자 입자들도 서로 연결되어 있답니다!"

4. 슈뢰딩거의 고양이
양자역학의 특이한 개념을 설명하는 이야기로 슈뢰딩거의 고양이가 있습니다. 이 실험에서 고양이가 들어 있는 상자를 열기 전까지는 고양이가 살아있을 수도 있고, 죽었을 수도 있다는 두 가지 상태를 동시에 가지고 있습니다. 이는 양자역학에서 관찰하기 전까지는 결과가 결정되지 않는다는 원리를 보여 줍니다.

비유 : "상자를 열기 전까지는 그 안의 고양이가 살아있는지, 죽었는지 모르는 것처럼, 양자역학에서는 관찰 전에는 여러 가지 가능성이 동시에 존재할 수 있어요."

정리
양자역학은 우리가 눈으로 볼 수 없는 아주 작은 입자들이 어떻게 움직이는지 설명하는 과학입니다. 이 작은 입자들은 때로는 입자처럼, 때로는 파동처럼 행동하며, 멀리 떨어져 있어도 서로 영향을 줄 수 있습니다.

이러한 현상은 우리 주변의 큰 물체와는 다르게 행동하기 때문에, 양자역학은 매우 특별한 물리학 이론입니다.

• **사례 3** : 고급 학습자 - 복잡한 개념 설명과 고급 문제 해결 방안을 포함한 자료 생성한다.

양자역학에 대한 개념을 전문가들에게 설명해야 해. 이에 따른 학습자료를 만들기 위해 간단하게 작성해 줘.

전문가를 대상으로 양자역학의 개념을 간단하고 명확하게 설명하는 학습자료는 핵심 개념에 집중하여 논리적이고 기술적으로 작성하는 것이 중요합니다. 다음은 전문가용 양자역학 개념 설명의 간단한 초안입니다.

양자역학의 개념
양자역학은 미시적 입자들의 동역학과 상호작용을 설명하는 이론적 틀입니다. 고전역학으로는 설명하기 어려운 원자 및 아원자 입자의 행동을 설명하는 데 사용되며, 파동 함수, 확률, 관측자의 역할 등 고유한 개념들이 포함됩니다.

1. 파동-입자 이중성
파동-입자 이중성은 입자들이 입자성과 파동성을 동시에 가지고 있다는 원리입니다. 이는 드브로이의 물질파 이론에 의해 확립되었으며, 광자와 전자 같은 미시적 입자들이 파동처럼 간섭과 회절을 일으키면서도, 입자처럼 국소적인 위치에 존재할 수 있음을 설명합니다. 이중성은 빛의 이중슬릿 실험에서 명확하게 나타납니다.

2. 불확정성 원리
하이젠베르크의 불확정성 원리는 입자의 위치와 운동량을 동시에 정확하게 측정할 수 없다는 원리로, 고전적 개념에서 벗어난 양자적 특성입니다. 수학적으로, 위치와 운동량의 불확정성 곱이 플랑크 상수 이상이어야 한다는 관계식으로 표현됩니다. 이는 양자역학에서 측정의 한계를 제시하고, 입자의 위치와 속도가 확률적인 분포를 가진다는 점을 의미합니다.

3. 슈뢰딩거 방정식
슈뢰딩거 방정식은 양자계의 시간적 진화를 기술하는 기본 방정식입니다. 비상대론적 양자역학에서 입자의 파동 함수는 슈뢰딩거 방정식을 통해 기술되며, 파동 함수의 절댓값 제곱은 입자의 존재 확률을 나타냅니다. 이 방정식은 고전역학의 에너지 보존 법칙을 양자역학적으로 확장한 형태로 볼 수 있습니다.

4. 양자 얽힘

양자 얽힘은 2개 이상의 입자가 멀리 떨어져 있어도 상호 의존적인 상태에 놓일 수 있음을 설명하는 개념입니다. 얽힌 입자들은 한 입자의 상태가 측정될 때, 다른 입자의 상태가 즉시 결정되는 비국소적 현상을 나타냅니다. 이는 벨의 부등식을 통해 고전적 국소성이 성립되지 않음을 증명하며, 양자정보이론에서 중요한 역할을 합니다.

5. 측정 문제와 파동 함수 붕괴

양자역학의 측정 문제는 관측자가 양자 상태를 측정할 때, 파동 함수가 하나의 확정된 상태로 붕괴된다는 개념을 다룹니다. 코펜하겐 해석에 따르면, 양자 상태는 측정 전까지는 확률적으로 여러 상태를 동시에 가질 수 있으며, 측정 이후에야 하나의 상태로 결정됩니다.

정리

양자역학은 고전역학과 달리 미시적 입자의 확률적, 비국소적 성질을 설명하는 이론적 틀로, 파동-입자 이중성, 불확정성 원리, 양자 얽힘, 슈뢰딩거 방정식 등의 핵심 개념을 통해 현대 물리학의 기초를 형성합니다. 양자역학은 나노기술, 양자 컴퓨팅 등 현대 기술에도 중요한 역할을 하고 있습니다.

이처럼 학습자의 수준에 따라 양자역학의 개념을 어떻게 다르게 설명할 수 있는지를 보여 주는 예시이다. 초급 학습자에게는 이해하기 쉬운 기본 개념과 간단한 비유를, 중급 학습자에게는 심화된 개념과 구체적인 사례를, 고급 학습자에게는 복잡한 개념과 문제 해결 방안을 제시하는 방식으로 학습자료를 구성할 수 있다.

4) 실습 후 분석

AI가 생성한 자료의 품질을 평가하는 단계이다. 학습자들은 생성된 자료를 검토하고, 다음과 같은 질문을 통해 분석할 수 있다.

- **자료의 정확성** : 생성된 자료가 주제에 대해 정확하게 설명하고 있는가?

- **내용의 일관성** : 자료의 내용이 논리적으로 일관되는가, 혹은 이해하기 쉽게 구성되어 있는가?

- **추가 필요성** : 추가적인 설명이나 예시가 필요한 부분이 있는가?

이후, 학습자는 AI가 생성한 자료를 바탕으로 부족한 부분을 수정하고 보완하여 최종 학습자료를 완성한다. 이를 통해 AI가 제공하는 기초 자료를 어떻게 효과적으로 활용하고, 필요에 따라 맞춤형으로 개선할 수 있는지를 배운다.

생성형 AI의 학습자료 확장 원리

다음은 '양자역학의 기본 개념'에 대한 학습자료를 AI가 생성하도록 하는 코드 예시이다.

```python
from transformers import GPT2LMHeadModel, PreTrainedTokenizerFast

# KoGPT 모델과 토크나이저 불러오기
tokenizer = PreTrainedTokenizerFast.from_pretrained('skt/kogpt2-base-v2')
model = GPT2LMHeadModel.from_pretrained('skt/kogpt2-base-v2')

# 학습자료 생성하기
input_text = '양자역학의 기본 개념을 설명하세요.'
input_ids = tokenizer.encode(input_text, return_tensors='pt')

# 자료 생성하기
output = model.generate(input_ids, max_length=150, num_return_sequences=1,
repetition_penalty=1.2, top_k=50, top_p=0.95,
temperature=0.7, do_sample=True)

# 생성된 자료 출력하기
print(tokenizer.decode(output[0], skip_special_tokens=True))
```

실행 결과

양자역학은 물리학의 한 분야로, 미시적 세계에서 일어나는 현상을 설명하는 이론입니다. 양자역학의 주요 개념 중 하나는 파동-입자 이중성입니다. 이는 입자가 파동처럼 행동할 수 있고, 반대로 파동이 입자처럼 행동할 수 있다는 것을 의미합니다. 또 다른 중요한 개념은 불확정성 원리로, 이는 입자의 위치와 운동량을 동시에 정확하게 측정할 수 없음을 나타냅니다. 양자역학은 이러한 개념들을 바탕으로 원자와 같은 미시적 입자들의 행동을 이해하는 데 중점을 둡니다.

이 코드를 단계별로 나누어 설명하면 다음과 같다.

1) 모델과 토크나이저 불러오기

```python
from transformers import GPT2LMHeadModel, PreTrainedTokenizerFast

# KoGPT 모델과 토크나이저 불러오기
tokenizer = PreTrainedTokenizerFast.from_pretrained('skt/kogpt2-base-v2')
model = GPT2LMHeadModel.from_pretrained('skt/kogpt2-base-v2')
```

- PreTrainedTokenizerFast/GPT2LMHeadModel : KoGPT2 모델을 기반으로 텍스트를 생성하는 데 필요한 도구이다.

- tokenizer : 입력된 문장을 숫자로 변환하는 역할을 하고, model은 변환된 숫자를 바탕으로 텍스트를 생성하는 역할을 한다.

2) 학습자료 생성

```
# 학습자료 생성
input_text = '양자역학의 기본 개념을 설명하세요.'
input_ids = tokenizer.encode(input_text, return_tensors='pt')
```

- input_text = '양자역학의 기본 개념을 설명하세요.' : AI가 학습자료를 생성할 주제이다.

- input_ids = tokenizer.encode(input_text, return_tensors='pt') : 주제를 숫자로 인코딩하여 AI 모델에 입력할 준비를 한다.

3) 텍스트 생성

```
# 자료 생성
output = model.generate(input_ids, max_length=150, num_return_sequences=1,
repetition_penalty=1.2, top_k=50, top_p=0.95,
temperature=0.7, do_sample=True)
```

- model.generate() : 주어진 주제를 바탕으로 AI가 텍스트를 생성하는 부분이다. 이 과정에서 다양한 매개변수를 조정해 출력의 다양성과 품질을 제어할 수 있다.

- max_length=150 : 최대 150개의 토큰(단어 등)을 생성한다.

- num_return_sequences=1 : 하나의 텍스트를 생성한다.

- repetition_penalty=1.2 : 중복되는 단어를 줄이기 위해 패널티를 적용한다.

- top_k=50/top_p=0.95 : 샘플링 방식을 조정하여 생성된 텍스트의 다양성을 높인다.

- temperature=0.7 : 생성되는 텍스트의 무작위성을 조정하여 결과의 창의성을 높이거나 낮춘다.

- do_sample=True : 모델이 무작위로 선택할 수 있게 설정한다.

4) 생성된 자료 출력

```
# 생성된 자료 출력
print(tokenizer.decode(output[0], skip_special_tokens=True))
```

- tokenizer.decode(output[0], skip_special_tokens=True) : 생성된 텍스트를 사람이 읽을 수 있는 형태로 변환해 준다.

- output[0] : 모델이 생성한 텍스트의 토큰화된 결과를 의미하며, 이를 디코딩하여 사람이 이해할 수 있는 형태로 변환한다.

- skip_special_tokens=True : 생성된 텍스트에 포함될 수 있는 모델의 특별한 토큰(e.g., <pad>, <bos>, <eos>)을 제거하여 깔끔한 결과를 출력하도록 한다.

이 과정은 생성형 AI 모델이 생성한 텍스트의 최종 결과를 사용자에게 전달하기 위해 필수적인 단계이다.

6.3 논문 작성 및 첨삭 지도

논문 작성은 학문 연구에서 매우 중요한 과정이며, 논문 첨삭은 글의 논리적 일관성과 명확성을 확보하기 위한 필수 단계이다. AI는 이러한 과정에서 강력한 도구로 사용될 수 있으며, AI의 도움을 받아 논문에 활용할 데이터를 분석 및 개선하고, 요약 및 분석하는 능력을 배양할 수 있다.

논문 첨삭에서의 AI 역할과 실습

AI가 논문 첨삭에 어떤 역할을 하는지 탐구하고, 실제 첨삭 작업에 AI를 어떻게 활용할 수 있는지 배운다. 논문 첨삭의 중요성을 이해하고, AI 기반 첨삭 실습을 통해 실제 첨삭 과정을 체험하며, ChatGPT를 활용한 논문 첨삭의 장점을 확인해 보자.

1) 논문 첨삭의 중요성

논문 작성 과정에서 첨삭과 피드백은 논문의 질을 결정짓는 중요한 요소이다. 첨삭은 다음과 같은 이유로 중요하다.

- **논리적 일관성 확보** : 첨삭을 통해 논문의 논리 구조를 점검하고, 주제의 전개 과정에서 논리적 오류나 비약이 없는지 확인할 수 있다.
- **표현력 향상** : 적절한 표현을 사용해 논문의 내용을 명확하고 설득력 있게 전달할 수 있다. 문장이 지나치게 복잡하거나 모호한 경우, 첨삭을 통해 이를 개선할 수 있다.
- **문법 및 맞춤법 오류 수정** : 논문에서 문법적 오류나 맞춤법 실수는 신뢰성을 떨어뜨릴 수 있다. 첨삭은 이러한 오류를 발견하고 수정하는 과정이다.

2) AI 기반 첨삭 실습

AI는 논문 첨삭 과정에서 매우 유용한 도구로 사용될 수 있다. 이 실습에서는 작성한 논문 초안을 AI에게 입력하고, AI가 제공하는 피드백을 통해 논문을 개선하는 방법을 학습한다.

ChatGPT를 활용하여 논문 실습을 진행하며, 첨삭 방법에 대한 예시를 통해 학습해 보자.

`Step 1` **논문 초안 입력**

ChatGPT에 논문 초안을 입력한다.

> This research aims to analyze the impact of climate change on marine ecosystems. The study focuses on the changes in species distribution and biodiversity in response to rising sea temperatures. While the data suggests a correlation between temperature increase and species migration, the causality is not well-established. Further research is needed to understand the long-term effects.

`Step 2` **ChatGPT에 피드백 요청**

피드백 요청은 다음과 같은 방식으로 할 수 있다.

> (영문) Can you provide feedback on the clarity, logic, and grammar of the following research paragraph?
> (한글) 다음 연구 단락의 명확성, 논리, 그리고 문법에 대해 피드백을 제공해 줄 수 있니?

`Step 3` **ChatGPT의 피드백 분석**

ChatGPT는 입력된 텍스트에 대해 피드백을 제공한다. 다음과 같은 피드백을 받을 수 있다.

> (영문) The paragraph is generally clear, but there are a few areas that could be improved:
> 1. "The study focuses on the changes in species distribution and biodiversity in response to rising sea temperatures." - This sentence is clear, but it could be more specific. For example, you could mention which species or regions are being studied.
> 2. "While the data suggests a correlation between temperature increase and species migration, the causality is not well-established." - Consider rephrasing this sentence for clarity. You might say, "The data suggests a correlation between rising temperatures and species migration; however, causality remains unclear."
> 3. "Further research is needed to understand the long-term effects." - This is a strong concluding sentence, but you could expand it slightly to specify what kind of further research is needed.
>
> (한글) 단락은 전반적으로 명확하지만, 개선할 수 있는 몇 가지 부분이 있습니다:
> 1. "이 연구는 해수 온도 상승에 따른 종 분포와 생물 다양성의 변화에 중점을 둡니다." - 이 문장은 명확하지만, 더 구체적으로 작성할 수 있습니다. 예를 들어, 어떤 종이나 지역이 연구되고 있는지를 언급할 수 있습니다.
> 2. "데이터는 온도 상승과 종의 이동 간의 상관관계를 시사하지만, 인과 관계는 명확히 밝혀지지 않았습니다." - 이 문장을 명확하게 하기 위해 재구성하는 것이 좋습니다. "데이터는 온도 상승과 종의 이동 간의 상관관계를 시사하지만, 인과 관계는 여전히 불분명합니다."라고 표현할 수 있습니다.
> 3. "장기적인 영향을 이해하기 위해서는 추가 연구가 필요합니다." - 이 문장은 강력한 결론을 제시하고 있지만, 어떤 종류의 추가 연구가 필요한지 구체적으로 설명할 수 있습니다.

`Step 4` **피드백 적용**

ChatGPT가 제공한 피드백을 바탕으로 논문을 수정한다. 피드백을 반영하여 다음과 같이 수정할 수 있다.

(영어) This research aims to analyze the impact of climate change on marine ecosystems, focusing specifically on the changes in species distribution and biodiversity in tropical regions in response to rising sea temperatures. The data suggests a correlation between increasing temperatures and species migration; however, the causality remains unclear, warranting further research to explore the underlying mechanisms and long-term effects.

(한글) 이 연구는 해양 생태계에 대한 기후 변화의 영향을 분석하는 것을 목표로 하며, 특히 열대 지역에서 해수 온도 상승에 따른 종 분포와 생물 다양성의 변화를 중점적으로 다룹니다. 데이터는 온도 상승과 종의 이동 간의 상관관계를 시사하지만, 인과 관계는 여전히 불분명하여, 이러한 기저 메커니즘과 장기적인 영향을 탐구하기 위한 추가 연구가 필요합니다.

Step 5 **최종 검토**

수정된 논문을 ChatGPT에 다시 입력하여, 최종 검토를 요청할 수 있다. ChatGPT는 최종 피드백을 제공하거나 추가적인 개선 사항을 제안할 수 있다.

(영문) The revised paragraph is much clearer and more specific. The mention of "tropical regions" adds important context, and the rephrased sentence about causality improves readability. The expanded conclusion now better directs future research efforts. Overall, the paragraph is well-structured and informative.

(한글) 수정된 단락은 훨씬 더 명확하고 구체적입니다. "열대 지역"에 대한 언급은 중요한 맥락을 추가하며, 인과 관계에 대한 문장 재구성이 가독성을 향상시킵니다. 확장된 결론은 앞으로의 연구 방향을 더 잘 제시합니다. 전체적으로 단락의 구조가 잘 잡혀 있으며, 정보 전달도 효과적입니다.

3) ChatGPT를 활용한 논문 첨삭 실습의 장점

- **즉각적인 피드백** : 학생들은 논문 초안에 대한 즉각적인 피드백을 받을 수 있어, 수정 작업을 신속하게 진행할 수 있다.

- **논리적 일관성 향상** : ChatGPT는 문장의 논리적 흐름과 명확성을 평가하고, 개선 방법을 제안할 수 있다.

- **언어적 표현 개선** : ChatGPT는 문법적 오류뿐만 아니라, 문장의 표현력 향상을 위한 피드백도 제공한다.

- **반복 학습 가능** : 학생들은 반복적으로 ChatGPT에 피드백을 요청하고, 그에 따라 논문을 개선하는 과정을 통해 글쓰기 능력을 향상시킬 수 있다.

이 실습을 통해 ChatGPT를 활용하여 논문 첨삭 과정을 체험하고, 자신의 글쓰기 능력을 실질적으로 향상시킬 수 있다.

논문 요약 실습

논문 요약의 중요성을 이해하고, AI를 활용해 효율적으로 논문을 요약하는 방법을 살펴본다. AI를 활용한 논문 요약 실습을 통해 요약 능력을 향상시킬 수 있는 방법을 익혀 본다.

1) 논문 요약의 필요성

논문 요약은 연구의 핵심 내용을 간결하고 명확하게 전달하는 중요한 능력이다. 특히, 복잡한 논문을 읽고 요약하는 과정은 다음과 같은 이유로 필수적이다.

- **핵심 내용 추출** : 요약은 논문의 주요 내용을 파악하고, 이를 간결하게 표현하는 작업이다. 이 과정을 통해 연구의 본질적인 메시지를 쉽게 전달할 수 있다.
- **시간 절약** : 전체 논문을 정독하는 대신, 요약을 통해 중요한 정보를 신속하게 파악할 수 있다. 이는 연구자들이 여러 논문을 검토할 때 시간을 절약하는 데 도움이 된다.
- **논리적 이해** : 요약 과정에서는 논문의 논리적 흐름을 더 잘 이해할 수 있다. 논문을 요약함으로써 연구가 어떻게 전개되고, 주요 결과가 어떤 방식으로 도출되었는지 명확하게 알 수 있다.

2) AI를 활용한 논문 요약 실습

이 실습에서는 AI를 활용하여 복잡한 논문의 내용을 요약하는 과정을 수행해 보자. AI는 긴 텍스트에서 중요한 부분을 추출하여 간결한 요약본을 생성할 수 있다. 이를 통해 AI가 제공하는 요약의 정확성과 효율성을 체험할 수 있다.

실습 예제   **ChatGPT를 활용한 눈문 요약**   · · ·

Step 1 **논문 내용 입력**

요약할 논문의 주요 내용을 ChatGPT에 입력한다. 예시 텍스트는 다음과 같다.

> **(영어)** The paper discusses the impact of climate change on marine ecosystems, focusing on the changes in species distribution and ecosystem dynamics due to rising sea temperatures and ocean acidification.
> **(한글)** 이 논문은 해수 온도 상승과 해양 산성화로 인한 종 분포와 생태계 역학의 변화를 중심으로 기후 변화가 해양 생태계에 미치는 영향을 논의한다.

Step 2 **ChatGPT에 요약 요청**

ChatGPT에게 위 텍스트를 요약해 달라고 요청한다. 예시 명령어는 다음과 같다.

> **(영어)** Can you provide a brief summary of the following text?
> **(한글)** 다음 논문에 대한 간략한 요약을 제공해 줄 수 있니?

ChatGPT는 입력된 텍스트를 바탕으로 요약본을 생성한다. 예를 들어, ChatGPT는 다음과 같은 요약을 제공할 수 있다:

> **(영어)** The paper highlights the effects of climate change on marine life, particularly on species distribution and ecosystem dynamics due to rising sea temperatures and ocean acidification.
> **(한글)** 이 논문은 해양 생물에 대한 기후 변화의 영향을 강조하며, 특히 해수 온도 상승과 해양 산성화로 인한 종 분포와 생태계 역학의 변화를 다룹니다.

결과 분석 및 토론

분석 결과를 바탕으로 데이터를 해석하고, 그 의미를 논의하는 방법을 알아본다.

● 결과 분석

- 요약본의 정확성 : ChatGPT가 생성한 요약본이 원본 논문의 핵심 내용을 얼마나 잘 반영하고 있는지 평가한다. 예를 들어, ChatGPT가 제공한 "The paper highlights the effects of climate change on marine life, particularly on species distribution and ecosystem dynamics due to rising sea temperatures and ocean acidification."과 같은 요약문이 원본 논문의 주제를 정확하게 반영하는지 분석한다.
- 논리적 흐름 : 요약본이 논문의 논리적 흐름을 유지하고 있는지, 핵심 메시지가 명확하게 전달되는지를 검토한다.

● 토론 주제

- ChatGPT 요약의 장점 : ChatGPT 요약의 주요 장점은 효율성이다. ChatGPT는 긴 텍스트에서 중요한 정보를 신속하게 추출하여, 시간 절약과 동시에 주요 정보에 빠르게 접근할 수 있다. 이러한 점에서 연구자들에게 유용한 도구로 활용될 수 있다.
- ChatGPT 요약의 한계 : ChatGPT는 문맥 이해가 부족할 수 있으며, 중요하지 않은 부분을 생략하거나 복잡한 논리를 지나치게 단순화할 수 있다. 또한, ChatGPT는 인간이 직관적으로 파악할 수 있는 세부적인 뉘앙스나 의미를 놓칠 가능성이 있다.

이 토론을 통해 ChatGPT 요약의 강점과 약점을 이해하고, ChatGPT가 어떻게 연구 및 교육 과정에서 보완적 역할을 할 수 있는지에 대해 깊이 있는 통찰을 얻게 된다. ChatGPT가 제공하는 요약의 장단점을 분석함으로써, ChatGPT를 보다 효과적으로 활용하는 방법을 학습하게 된다.

주어진 데이터 분석을 활용한 논문 구상

데이터 분석은 현대 연구에서 핵심적인 도구이다. 데이터를 분석함으로써 연구자는 주제와 관련된 중요한 패턴, 관계, 그리고 통찰을 도출할 수 있다. 주어진 데이터를 분석한 후, 그 결과를 바탕으로 논문을 어떻게 구상할 수 있는지에 대해 살펴보자.

주어진 데이터로부터 분석을 통해 얻은 결과를 바탕으로 논문의 주제와 연구 방향을 구체화할 수 있고, 더 나아가 추가적으로 시각화나 통계 분석도 할 수 있다.

하나의 예시를 통해 이를 반영해 보자. 주어진 예시 데이터는 인공신경망(ANN) 학습 과정에서의 에포크 수, 학습률, 훈련 정확도, 검증 정확도, 손실값에 대한 정보를 포함한 데이터이다.

표 6-1 인공신경망 트레이닝 데이터 예시

Epoch	Learning Rate	Training Accuracy	Validation Accuracy
1	0.01	0.85	0.80
2	0.01	0.88	0.82
3	0.01	0.90	0.84
4	0.01	0.91	0.86
5	0.01	0.92	0.86

이 데이터를 바탕으로 우리가 생각했던 논문 방향 또는 생각하지 못했던 논문 방향을 기반으로 논문을 구상할 수 있다. 질문을 하고 결과를 통해 나온 분석 방안을 보면 다음과 같다.

다음 데이터 분석해서 논문 방안 제시해 줘.

이 데이터를 바탕으로 논문을 구상할 수 있는 몇 가지 분석 방안을 제시하겠습니다.

1. 훈련 및 검증 정확도의 변화 분석
- **목표** : 훈련 정확도와 검증 정확도가 에포크 수에 따라 어떻게 변화하는지 분석합니다.
- **내용** : 에포크가 증가할수록 훈련 정확도는 0.85에서 0.92로, 검증 정확도는 0.80에서 0.86으로 증가합니다. 이 데이터를 바탕으로, 학습 과정이 적절히 진행되고 있음을 알 수 있으며, 학습이 과적합으로 이어지지 않는지도 파악할 수 있습니다.
- **논문 방향** : 에포크가 증가할수록 정확도 상승 폭이 감소하는 점을 논하고, 최적의 에포크 수를 결정하는 방법론을 제안할 수 있습니다.

2. 손실(Loss) 값의 변화 분석

- **목표** : 손실 값이 어떻게 감소하는지 분석하여 학습 효율을 평가합니다.
- **내용** : 손실 값은 에포크가 증가함에 따라 0.35에서 0.25로 점진적으로 감소합니다. 이 데이터는 학습이 점차적으로 안정화되고 있음을 의미합니다.
- **논문 방향** : 손실 값의 감소 패턴을 바탕으로, 모델이 과적합되지 않으면서도 성능이 향상되는 시점을 논의할 수 있습니다. 또한, 손실 값이 어느 지점에서 안정화되는지 확인하여 학습을 멈추는 시점을 제안할 수 있습니다.

3. 학습률(Learning Rate)과 모델 성능의 상관관계

- **목표** : 학습률이 모델 성능에 미치는 영향을 분석합니다.
- **내용** : 학습률이 0.01로 고정된 상태에서 에포크가 증가함에 따라 성능이 향상되고 있습니다. 이를 바탕으로, 이 학습률이 현재 모델에 적합한지 평가하고, 학습률을 조정하여 더 나은 성능을 얻을 수 있는지 실험할 수 있습니다.
- **논문 방향** : 다양한 학습률 실험을 통해 최적의 학습률을 제안하거나, 현재 사용 중인 학습률이 적절한 이유를 분석할 수 있습니다.

4. 훈련 정확도와 검증 정확도의 차이 분석

- **목표** : 훈련 정확도와 검증 정확도의 차이를 분석하여 과적합 여부를 판단합니다.
- **내용** : 훈련 정확도와 검증 정확도의 차이가 크지 않으며, 이는 과적합이 발생하지 않고 있음을 시사합니다. 하지만 에포크가 증가할수록 이 차이가 커질 가능성을 고려해야 합니다.
- **논문 방향** : 훈련 정확도와 검증 정확도의 차이를 지속적으로 모니터링하면서 과적합을 방지하는 방법을 제안할 수 있습니다. 정규화 기법이나 데이터 증강 방법을 도입하여 모델의 일반화 성능을 더욱 향상시킬 수 있습니다.

이러한 분석 방안을 바탕으로 논문 주제와 연구 방향을 구체화할 수 있습니다. 추가로 시각화나 통계 분석이 필요하시면 말씀해 주세요!

또한 구체화하기 위해 시각화나 통계 분석도 가능하다. 위의 데이터에 대한 시각화 예시는 다음과 같다.

그래프를 통해 성능 변화를 시각화해 줘.

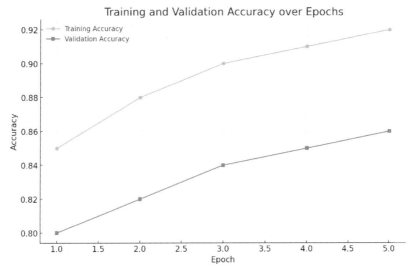

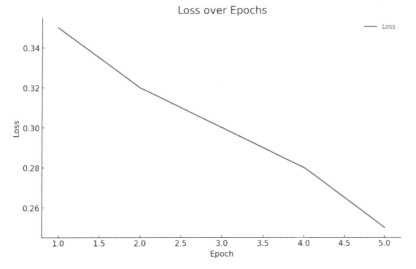

위 그래프들은 인공신경망 학습 과정에서의 성능 변화를 시각적으로 나타낸 것입니다.

1. 첫 번째 그래프는 에포크(Epoch)가 증가함에 따라 훈련 정확도와 검증 정확도가 함께 상승하는 모습을 보여 줍니다. 이를 통해 모델이 점차 학습되어 가고 있음을 확인할 수 있습니다.

2. 두 번째 그래프는 에포크에 따른 손실 값(Loss)의 감소를 보여 주며, 손실 값이 안정적으로 감소하고 있다는 것을 알 수 있습니다. 학습이 진행됨에 따라 모델의 오류가 줄어들고 있음을 의미합니다.

이 그래프들은 모델의 학습 성능을 시각적으로 표현하는 중요한 자료로 활용될 수 있습니다. 이러한 그래프와 분석을 통해 학습의 효율성, 과적합 여부 등을 논문에서 논할 수 있습니다. 추가적인 분석이 필요하거나 다른 그래프를 원하시면 말씀해 주세요!

이를 통해 연구자는 논문 구상과 관련된 새로운 아이디어를 얻고, 논문에서 다룰 수 있는 주제와 논점을 보다 구체화할 수 있다. 생성된 텍스트는 논문의 구조를 설계하거나 주요 논의를 정리하는 데 유용한 참고자료로 활용될 수 있다. 또한, 이를 기반으로 독창적인 아이디어를 발전시키거나 기존 연구와의 차별성을 강화하는 데 도움을 받을 수 있다.

학습자료 작성 실습

AI를 활용한 학습자료 초안 작성

학습자료 작성의 어려움과 필요성을 이해하고, AI를 활용해 학습자료의 초안을 작성하는 방법을 알아본다. AI 기반 학습자료 초안 작성 실습을 통해 효율적인 자료 작성 과정을 진행해 보자.

1) 학습자료 작성의 어려움과 필요성

학습자료 작성은 교육자에게 중요한 과제 중 하나이다. 학습자료를 작성할 때 다음과 같은 어려움이 발생할 수 있다.

- **내용의 정확성** : 학습자료는 정확한 정보를 제공해야 하며, 최신 연구 결과와 일치해야 한다. 이를 위해서는 광범위한 자료 조사와 신중한 검토가 필요하다.

- **구성의 일관성** : 학습자료는 논리적으로 일관된 구조를 가져야 하며, 학생들이 내용을 쉽게 이해할 수 있도록 체계적으로 구성되어야 한다.

- **시간과 자원의 부족** : 학습자료 작성에는 많은 시간과 자원이 필요하다. 교육자들은 종종 제한된 시간 안에 질 높은 학습자료를 작성해야 하는 압박을 받는다.

이러한 어려움을 해결하기 위해 AI는 매우 유용한 도구로 활용될 수 있다. AI는 방대한 데이터베이스를 바탕으로 신속하게 정보를 검색하고, 이를 토대로 학습자료의 초안을 작성할 수 있다. 또한, AI는 학습자료의 구조를 자동으로 제안하거나, 특정 주제에 대해 적절한 설명과 예시를 제공할 수 있다.

2) AI 기반 학습자료 초안 작성 실습

이 실습에서는 AI를 활용하여 특정 주제에 대한 학습자료 초안을 작성하는 과정을 수행한다. 교육자는 AI에게 주제를 제시하고 AI가 생성한 초안을 바탕으로 학습자료를 완성해 나간다.

실습 예제　ChatGPT를 활용한 교재 작성 실습　· · · ·

1. **주제 설정** : 학습자료의 주제를 선택한다. 예를 들어, '인공지능의 기본 개념'과 같은 주제를 설정할 수 있다.

2. **ChatGPT에 요청** : ChatGPT에게 주제에 맞는 학습자료 초안을 작성하도록 요청한다. 예시 명령어는 다음과 같다.

> **(영어)** Write an introductory chapter on the basic concepts of artificial intelligence.
> **(한글)** 인공지능의 기본 개념에 대한 소개 장을 작성해 줘.

3. **ChatGPT의 초안 출력** : ChatGPT는 해당 주제에 대한 초안을 생성하여 다음과 같이 출력할 수 있다.

> **(영어)** Artificial Intelligence (AI) refers to the simulation of human intelligence in machines that are designed to think and act like humans. This chapter will cover the basic concepts of AI, including machine learning, neural networks, and natural language processing.
> **(한글)** 인공지능(AI)은 인간의 지능을 모방하여 인간처럼 생각하고 행동하도록 설계된 기계를 의미합니다. 이 장에서는 기계 학습, 신경망, 자연어 처리와 같은 AI의 기본 개념을 다룰 것입니다.

4. **초안 수정 및 보완** : 학생들은 ChatGPT가 제공한 초안을 검토하고, 필요한 수정과 보완 작업을 수행한다. 예를 들어, 특정 개념에 대한 추가 설명이나, 사례 연구를 추가할 수 있다.

① **기계 학습의 추가 설명** : ChatGPT가 제공한 초안에서는 기계 학습에 대한 간략한 설명이 포함되어 있다. 이를 보완하기 위해 학생들은 기계 학습의 작동 원리, 예를 들어, '지도 학습'과 '비지도 학습'의 차이점을 추가할 수 있다.

> - **수정 전** : Machine learning is a subset of AI where machines are trained to learn from data and make decisions.
> - **수정 후** : Machine learning is a subset of AI where machines are trained to learn from data and make decisions. It can be divided into supervised learning, where the machine is trained on labeled data, and unsupervised learning, where the machine identifies patterns in unlabeled data.

② **사례 연구 추가** : 초안에 제시된 개념을 더 잘 이해할 수 있도록 사례 연구를 추가할 수 있다. 예를 들어, 기계 학습의 실제 적용 사례로 이미지 인식 시스템이나 스팸 필터링 알고리즘을 소개할 수 있다.

> For instance, supervised learning is widely used in image recognition systems, where a model is trained on thousands of labeled images to accurately identify objects in new images. Unsupervised learning, on the other hand, is often used in clustering algorithms, such as those employed in email spam filtering.

5. **자연어 처리의 구체적 설명** : ChatGPT 초안에 포함된 자연어 처리(NLP) 설명을 확장하여 NLP가 텍스트 분석, 번역, 음성 인식 등에서 어떻게 활용되는지를 추가할 수 있다.

> - **수정 전** : Natural language processing (NLP) enables machines to understand and generate human language.
> - **수정 후** : Natural language processing (NLP) enables machines to understand, interpret, and generate human language. Applications of NLP include text analysis, language translation, and speech recognition. For example, NLP is used in virtual assistants like Siri and Google Assistant to process and respond to voice commands.

3) 피드백을 반영한 수정 실습

ChatGPT가 생성한 교재 초안을 평가하고, 피드백을 반영하여 학습자료를 개선하는 과정을 실습한다. AI가 제공한 초안에 대해 다음과 같은 방식으로 피드백을 제공할 수 있다.

- **내용의 정확성** : 초안이 정확한 정보를 담고 있는지 평가한다. 필요에 따라 더 정확한 정보나 최신 연구 결과를 추가할 수 있다.
- **구성의 일관성** : 학습자료의 구조가 논리적이고 일관된지 검토한다. AI가 생성한 초안의 흐름이 자연스러운지 확인하고, 필요시 재구성할 수 있다.

이와 같은 수정 및 보안 작업을 통해 ChatGPT가 제공한 초안을 더욱 완성도 높은 학습자료로 발전시킬 수 있다. 이러한 과정은 AI와 협력하여 학습자료를 개선하는 능력을 배양할 수 있다.

피드백을 반영한 학습자료 개선

학습자료 개선의 중요성과 피드백 반영의 필요성을 이해하고, AI와의 협업을 통해 피드백을 기반으로 학습자료를 효과적으로 개선할 수 있는 방법을 생각해 보며 ChatGPT를 활용하여 실습 예제를 진행해 보자.

1) 학습자료 개선의 중요성

학습자료는 한 번 작성되고 끝나는 것이 아니라, 지속적으로 개선되어야 한다. 피드백을 반영하여 교재를 업데이트하고, 최신 정보를 반영하는 것은 교재의 품질을 유지하는 데 필수적이다. 피드백을 바탕으로 학습자료를 개선하는 방법을 학습해 보자.

2) AI와의 협업을 통한 개선 실습

이 실습에서는 ChatGPT를 활용하여 학습자료를 지속적으로 개선하는 과정을 수행한다. 피드백을 바탕으로 AI가 학습자료를 개선할 수 있는 방법을 제안해 보자.

> **실습 예제   피드백을 반영한 학습자료 개선**   · · ·
>
> 1. **피드백 수집** : ChatGPT가 생성한 학습자료 초안에 대한 피드백을 제공하고, 이를 바탕으로 개선이 필요한 부분을 식별한다.
> 2. **ChatGPT에 개선 요청** : ChatGPT에게 피드백을 반영한 개선된 학습자료 초안을 요청한다. 예시 명령어는 다음과 같다.
>
> > (영어) Revise the introductory chapter on artificial intelligence based on the following feedback : Add more examples on machine learning applications, and clarify the explanation of neural networks.

> (한글) 다음 피드백을 바탕으로 인공지능 소개 장을 수정해 줘. : 기계 학습 응용 사례를 더 추가하고, 신경망에 대한 설명을 명확하게 해 줘.

3. **개선된 교재 출력** : ChatGPT는 피드백을 반영하여 개선된 학습자료 초안을 생성한다. 학습자는 이를 검토하고, 최종 학습자료로 활용할 수 있다.

예시를 통해 학습자료를 개선해 보자.

① **사례 추가** : ChatGPT에게 구체적인 사례를 추가하도록 요청하여 학습자료의 이해도를 높일 수 있다. 예를 들어, 인공지능의 실제 응용 사례를 더해 학습자가 이론적인 개념을 보다 쉽게 이해할 수 있도록 돕는다.

● **예시**

> (영문) Provide specific examples of machine learning applications in healthcare, such as how AI is used in diagnosing diseases or predicting patient outcomes.
> (한글) 기계 학습이 의료 분야에서 적용되는 구체적인 사례를 제공해 줘. 예를 들어, AI가 질병 진단이나 환자 예후 예측에 어떻게 사용되는지 설명해 줘.

● **추가된 사례**

> (영문) Machine learning has significant applications in healthcare. For instance, AI is used to analyze medical images to diagnose conditions such as tumors with high accuracy. Additionally, machine learning models can predict patient outcomes by analyzing historical health data, enabling personalized treatment plans.
> (한글) 기계 학습은 의료 분야에서 중요한 응용 분야를 가지고 있다. 예를 들어, AI는 의료 이미지를 분석하여 종양과 같은 질환을 높은 정확도로 진단하는 데 사용된다. 또한, 기계 학습 모델은 과거의 건강 데이터를 분석하여 환자의 예후를 예측하고, 개인 맞춤형 치료 계획을 수립하는 데 기여할 수 있다.

② **구성 변경** : 논리적 흐름을 개선하기 위해 특정 섹션의 구성을 변경할 수 있다. 예를 들어, 개념을 보다 체계적으로 설명하기 위해 내용을 재배치하거나, 중요한 내용을 강조하기 위해 서론에서 더 명확한 개요를 제시할 수 있다.

● 예시

(영어) Rearrange the section on neural networks to first introduce the basic concept, followed by detailed explanations of how neural networks are structured and function in AI applications.
(한글) 신경망 섹션을 재구성하여 먼저 기본 개념을 소개한 후, 신경망이 어떻게 구조화되어 있으며 AI 응용 프로그램에서 어떻게 기능하는지를 자세히 설명해 줘.

● 구성 변경 후

(영어) Neural networks are a fundamental concept in AI, mimicking the way the human brain processes information. Initially, neural networks consist of layers of interconnected nodes, similar to neurons in the brain. Each node processes input data and passes the information through the network, allowing the AI to learn and make decisions. In practical applications, neural networks power technologies such as facial recognition and natural language processing, where they enable machines to identify patterns and understand context.
(한글) 신경망은 AI의 기본 개념으로, 인간 두뇌가 정보를 처리하는 방식을 모방한다. 초기 신경망은 뇌의 뉴런과 유사한, 상호 연결된 노드의 층으로 구성된다. 각 노드는 입력 데이터를 처리하고 이를 네트워크를 통해 전달하여 AI가 학습하고 의사 결정을 내릴 수 있도록 한다. 실제 응용 분야에서 신경망은 얼굴 인식 및 자연어 처리와 같은 기술에 동력을 제공하며, 이 기술들이 기계가 패턴을 인식하고 맥락을 이해할 수 있게 한다.

이러한 방법을 통해 ChatGPT를 활용하면 학습자료의 내용과 구성을 효과적으로 개선할 수 있다. 이를 통해 복잡한 개념을 더 쉽게 전달하고, 학습자들의 이해도를 높이는 동시에 학습 효과를 극대화할 수 있다. 나아가, 학습자의 수준과 요구에 맞는 맞춤형 자료를 제작함으로써 교육의 질을 한층 더 향상시킬 수 있다.

6.5 교육기관 활용 방안

오늘날의 교육기관은 빠르게 변화하는 기술 환경에 발맞추어야 할 필요가 있다. 인공지능(AI)은 그 중에서도 가장 주목받는 기술 중 하나로, 교육기관에서의 업무 효율성을 극대화하고 학생들에게 보다 나은 교육 경험을 제공할 수 있는 잠재력을 지니고 있다. 특히 학교의 다양한 부서에서 AI를 도입하면, 단순한 행정 업무 자동화뿐만 아니라, 개인화된 학습 경험 제공, 의사결정 지원, 자료 분석 및 관리 등의 영역에서 큰 도움을 줄 수 있다.

AI가 학교 내에서 효과적으로 적용될 수 있는 이유는 다음과 같다.

- **데이터 기반 의사 결정** : 학교는 방대한 학생 데이터를 가지고 있으며, AI는 이 데이터를 분석하여 의사 결정을 지원할 수 있다.
- **자동화로 인한 효율성 향상** : 반복적이고 시간이 많이 소요되는 업무를 AI가 처리함으로써, 교직원들이 더 중요한 교육적, 창의적 작업에 집중할 수 있다.
- **개인화된 서비스 제공** : AI는 학생 개개인의 필요에 맞는 맞춤형 서비스 제공이 가능하며, 입학처부터 도서관까지 여러 부서에서 그 가능성을 활용할 수 있다.
- **다국어 지원 및 글로벌 접근성** : AI는 다국어로 정보를 제공할 수 있어 국제 학생들을 위한 학사 자료 및 입학 안내 자료를 보다 쉽게 제공할 수 있다.

이러한 배경을 바탕으로, 각 부서에서의 AI 활용 방법을 탐구하고 실습을 통해 구체적인 적용 방안을 모색할 수 있다. 교육기관의 활용 예시로는 다음과 같은 것들을 활용할 수 있다.

총장실

총장실 업무에서는 연설문 작성, 인사말 준비, 회의록 요약 등에서 메시지의 정확성과 일관성이 매우 중요하다. 특히 연설문과 인사말은 상황과 대상에 맞춘 세심한 표현이 요구되며, 회의록 요약은 방대한 정보를 간결하게 정리하는 능력이 필요하다. 이러한 특징을 고려하여, 예시를 통해 각 업무에서 GPT를 어떻게 활용할 수 있을지 살펴보자.

1) 인사말 예시

총장님 2025년 신년 인사말 연설문 작성해 줘.

다음은 OOO 대학교 총장실에서 AI를 활용하여 작성한 2025년 신년 인사 예시입니다.

OOO대학교 2025년 신년 인사말

존경하는 OOO대학교 가족 여러분, 그리고 학생 및 교직원 여러분,

2025년 새해가 밝았습니다. 먼저, 지난 한 해 동안 변함없는 열정과 헌신으로 OOO대학교를 이끌어 주신 모든 분들께 깊은 감사의 말씀을 드립니다. 우리는 2024년 동안 수많은 도전과 기회를 마주하며 교육과 연구, 그리고 혁신의 길을 함께 걸어왔습니다. 여러분의 노력 덕분에 우리 학교는 새로운 성과와 발전을 이룰 수 있었습니다.

2025년은 우리 OOO대학교가 더욱 도약하는 한 해가 될 것입니다. 우리는 계속해서 시대의 흐름에 맞추어 교육의 변화를 주도할 것이며, 학생 개개인이 꿈을 실현할 수 있는 최고의 환경을 제공할 것입니다. 특히, 인공지능(AI), 데이터 사이언스 등 4차 산업혁명의 핵심 기술을 교육과 연구에 적극 도입하여, 미래 사회의 리더를 양성하는 데 최선을 다할 것입니다.

또한, 올해는 국제 협력과 글로벌 네트워크를 더욱 강화하여 우리 대학교의 위상을 세계적으로 널리 알리는 해가 될 것입니다. 국내외 유수의 대학 및 연구기관과의 협력을 통해 글로벌 교육 환경 속에서 학생들이 더 큰 꿈을 꾸고 도전할 수 있도록 지원하겠습니다.

새해에도 우리는 모두 함께 더 나은 내일을 만들어 나갈 것입니다. 각자의 자리에서 최선을 다해주시는 여러분의 노고에 다시 한 번 깊은 감사를 드리며, 2025년에도 건강과 행복이 가득하기를 기원합니다.

새해 복 많이 받으세요.

감사합니다.

2025년 1월 1일
OOO대학교 총장
홍길동

이 신년 인사말은 AI 도구를 활용해 작성된 초안이며, 총장님이 강조하고자 하는 핵심 메시지를 반영해 수정 및 보완할 수 있습니다. 실습자들은 이 예시를 바탕으로 AI가 생성한 문장이 상황에 적합한지 평가하고, 연설문의 톤과 구조를 조정하는 작업을 수행할 수 있습니다.

2) 교무회의 정리 예시

교무회의 내용을 간단하게 정리해 A4 용지 1페이지 이내로 작성해 줘.

교무회의 회의록 요약

회의 일시 : 2024년 9월 12일 (목) 오후 2시

장소 : 본관 회의실

참석자 : 총장, 교무처장, 학과장, 교무위원 등 15명

주요 안건 : 2024년 2학기 학사 일정 및 교육 혁신 방안 논의

1. 2024년 2학기 학사 일정 확정
- 2024년 2학기 학사 일정이 최종 확정됨
- 주요 일정
  - **개강일** : 2024년 9월 2일
  - **중간고사** : 2024년 10월 14일 ~ 18일
  - **기말고사** : 2024년 12월 16일 ~ 20일
  - **종강일** : 2024년 12월 23일

각 학과는 학사 일정에 맞춰 학사 일정 공지를 완료할 것

2. 교육 혁신 방안 논의
- AI 기반 교육 프로그램 도입 논의
  - **목표** : AI를 활용한 학생 맞춤형 학습 지원 시스템 개발
  - **결정사항** : 2025년 1학기부터 시범 운영을 실시하기로 결정

각 학과는 AI 도입에 필요한 교과 과정 개편안을 10월 말까지 제출할 것

3. 교직원 역량 강화 프로그램
- **제안사항** : 교직원의 교육 역량 강화를 위해 연수 프로그램 운영

- 국내 및 해외 우수 대학 연수 기회 제공
- 세부 계획은 교무처에서 후속 발표 예정

4. 기타 안건

- 학생 상담 및 복지 지원 강화 방안 논의
  - **결론** : 학과별로 상담 전담 교수를 지정하고, 학생 상담 자료를 매 학기 보고하도록 조치
  - **회의 종료** : 오후 4시 30분
  - **작성자** : 교무처 담당자

3) 외부 회의 관련 예시

외부 방문자 접견 내용을 A4 용지 1페이지 이내로 작성해 줘.

외부 방문자 접견 요약

접견 일시 : 2024년 9월 12일 (목) 오전 11시

장소 : 총장실

참석자 : 총장, 교무처장, 외부 방문자(주요 협력 기관 대표 2명)

---

1. 협력 기관 소개 및 상호 인사

- 외부 협력 기관 대표들이 방문하여 상호 소개 및 인사
- **목적** : 상호 협력 강화를 통한 교육 프로그램 공동 개발 논의

2. 교육 프로그램 공동 개발

- 논의 사항
  - 공동으로 AI 기반 교육 프로그램 개발
  - 교직원 연수 및 학생 교류 프로그램 확대
  - 양 기관 간 협력 강화 방안에 대한 구체적인 논의 진행

3. 협력 방안 논의

- **결정사항** : 양 기관은 2024년 말까지 구체적인 협력 방안을 확정하고, 2025년 1학기에 시범 운영 프로그램을 시작하기로 함

접견 종료 : 오전 12시

작성자 : 총장실 담당자

학사관리

학사관리에서는 성적 관리와 다국어 번역(강의 계획서, 입시 요강 등)과 같은 업무에서 정확성과 신속함이 요구된다. 특히 번역 작업에서는 여러 언어로의 일관된 표현이 중요하며, 성적 관리에서는 데이터 처리의 효율성이 핵심이다.

이러한 점을 염두에 두고, 예시를 통해 각 업무에서 GPT를 어떻게 활용할 수 있을지 살펴보자. 또한, 질문을 던질 때 어떤 특수한 요구사항을 반영하면 더 효과적인 답변을 얻을 수 있을지 함께 고민해 보자.

1) 성적관련 분석에 대한 예시

성적편차와 성적대별 비율을 자동으로 계산하여 요약 보고서를 1페이지로 생성해 줘. 필요하다면 표나 이미지도 나타내 줘.

학생 성적데이터(○○학과) 예시

	학생 ID	중간고사	기말고사
1	5001	85	88
2	5002	78	80
3	5003	92	94
4	5004	88	85
5	5005	75	72
6	5006	91	90

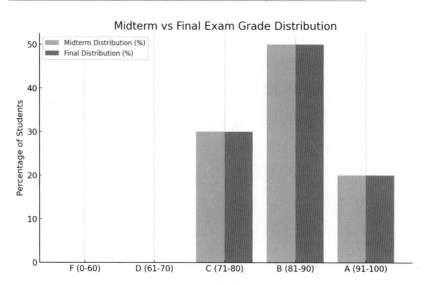

성적 편차와 성적대별 비율을 자동으로 계산한 요약 보고서를 생성했습니다. 또한, 성적 분포를 시각적으로 비교한 그래프도 추가했습니다.

여기에서 그래프를 다운로드하실 수 있습니다.

보고서와 함께 시각적으로 성적 분포를 이해하는 데 도움이 될 것입니다. 추가로 필요하신 내용이 있으면 알려주세요!

2024학년도 OO학과 성적 분석 요약 보고서

1. 보고서 개요 및 목적
이번 성적 분석은 2024년 OO학과 학생들의 중간고사와 기말고사 성적을 바탕으로 성적 분포와 성적 편차를 분석하여 학업 성취도를 파악하고, 향후 학습 지원 방안을 마련하기 위함입니다.

2. 성적 분포 분석
- 중간고사 vs 기말고사 성적대 분포
  - A 학점(91-100점) 학생 비율은 중간고사 15%에서 기말고사 20%로 증가하였습니다.
  - B 학점(81-90점) 학생 비율은 중간고사 40%에서 기말고사 35%로 소폭 감소했습니다.
  - C 학점(71-80점) 학생 비율은 중간고사 30%에서 기말고사 25%로 감소하였습니다.
  - D 학점(61-70점)과 F 학점(0-60점) 학생들의 비율은 크게 변동이 없었습니다.
- 그래프 : 성적대별 학생 비율을 나타내는 그래프를 통해 중간고사와 기말고사 사이 성적 분포의 변화를 시각적으로 확인할 수 있습니다.

3. 성적 편차 분석
- **성적 향상 및 하락**
  - 중간고사에서 기말고사로 이동하면서 전체 학생 중 50%가 성적이 향상되었고, 30%는 성적이 하락했습니다.
    특히 A와 B 학점대의 학생들 중 약 10%가 성적이 크게 향상되었으며, C 학점대에서는 성적이 유지되는 경향이 있었습니다.

- **평균 성적 편차**
  - A 학점 학생들은 평균 2점 상승, B 학점 학생들은 평균 1점 하락하였고, C 학점 학생들은 성적 변화가 거의 없었습니다.
  - D 학점과 F 학점 학생들 중 일부는 성적이 하락하여 추가적인 학습 지원이 필요할 것으로 보입니다.

4. 주요 통계

- 평균 성적
  - **중간고사 평균** : 81점
  - **기말고사 평균** : 83점
- **성적 향상 비율** : 50%
- **성적 하락 비율** : 30%
- **최고 성적**: 97점 (기말고사)
- **최저 성적**: 60점 (기말고사)

5. 결론 및 시사점

- **성적 향상** : 성적이 향상된 학생들이 많아, 추가적인 자율 학습 프로그램의 효과가 긍정적으로 나타났습니다.
- **성적 하락** : 성적이 하락한 D, F 학점 학생들을 대상으로 추가 학습 지원 프로그램 또는 멘토링 프로그램을 도입할 필요성이 있습니다.
- **향후 조치** : 성적이 저조한 학생들에게 맞춤형 학습 계획을 제공하고, 성적이 하락한 이유를 파악하기 위한 개별 상담을 진행해야 합니다.

이 보고서는 간결하면서도 주요 결과와 시사점을 한눈에 파악할 수 있도록 구성되었습니다. 추가로 보고서에 포함할 내용이나 수정할 사항이 있으면 말해 주세요!

2) 입시 요강-다국어 예시

다양한 외국어(한국어, 영어, 일본어, 중국어, 베트남어 등)로 ㅇㅇ대학교 입시 요강을 작성해 줘.

1. 한국어

OOO대학교 2025학년도 입시 요강

- **지원 자격** : 고등학교 졸업 예정자 또는 졸업자
- **모집 학과** : 경영학과, 컴퓨터공학과, 생명과학과, 국제학과 등
- **지원 기간** : 2024년 9월 1일 ~ 2024년 10월 15일
- **전형 방법** : 서류 평가 50%, 면접 50%
- **제출 서류** : 입학 원서, 자기소개서, 추천서, 고등학교 성적 증명서
- **문의처** : OOO대학교 입학처, 전화 : 02-1234-5678, 이메일 : admissions@ooo.ac.kr

2. English(영어)

OOO University 2025 Admission Guidelines

- **Eligibility** : High school graduates or expected graduates
- **Departments** : Business Administration, Computer Science, Life Sciences, International Studies, etc.
- **Application Period** : September 1, 2024 - October 15, 2024
- **Selection Process** : Document review 50%, Interview 50%
- **Required Documents** : Application form, Personal statement, Recommendation letter, High school transcript
- **Contact** : OOO University Admissions Office, Phone : +82-2-1234-5678, Email: admissions@ooo.ac.kr

3. 日本語(일본어)

OOO大学 2025年度 入試要綱
- 応募資格 : 高校卒業予定者または卒業者
- 募集学科 : 経営学科、コンピュータ工学科、生命科学科、国際学科など
- 応募期間 : 2024年9月1日～2024年10月15日
- 選考方法 : 書類審査50%、面接50%
- 提出書類 : 入学願書、自己紹介書、推薦書、高校成績証明書
- お問い合わせ : OOO大学入学処、電話 : +82-2-1234-5678、メール: admissions@ooo.ac.kr

4. 简体中文(중국어)

OOO大学 2025年度 招生简章
- 申请资格 : 高中应届毕业生或毕业生
- 招生专业 : 工商管理、计算机科学、生物科学、国际学等
- 申请时间 : 2024年9月1日 - 2024年10月15日
- 录取方式 : 材料审核50%、面试50%
- 提交材料 : 申请表、自我介绍、推荐信、高中成绩单
- 咨询处 : OOO大学招生办公室, 电话 : +82-2-1234-5678, 邮箱: admissions@ooo.ac.kr

5. Tiếng Việt(베트남어)

Trường Đại học OOO - Thông tin Tuyển sinh năm 2025
- Đối tượng dự tuyển : Học sinh đã tốt nghiệp hoặc sẽ tốt nghiệp trung học phổ thông
- Ngành tuyển sinh : Quản trị kinh doanh, Khoa học máy tính, Khoa học đời sống, Nghiên cứu quốc tế, v.v.
- Thời gian nộp hồ sơ : Từ 01/09/2024 đến 15/10/2024
- Phương thức tuyển chọn : Xét hồ sơ 50%, Phỏng vấn 50%
- Hồ sơ yêu cầu : Đơn đăng ký, Bài tự giới thiệu, Thư giới thiệu, Bảng điểm trung học phổ thông

---

위의 각 언어로 작성된 입시 요강은 다양한 국적의 지원자들이 OOO대학교에 쉽게 접근할 수 있도록 돕는 역할을 할 수 있습니다.

입학처

입학처에서는 신입생 모집, 지원자 분석, 맞춤형 자료 생성 등에서 데이터 기반의 정밀한 분석과 개별 맞춤형 자료 제공이 중요하다. 지원자 데이터를 분석하여 효과적인 모집 전략을 수립하고, 개인화된 정보를 제공하는 것이 핵심이다.

1) 지원자 분석 관련 예시

2025년 입학지원자 100명의 자기 소개서 분석해 줘.

2025년 입학 지원자 100명의 자기소개서를 분석할 때 고려할 수 있는 주요 분석 항목 및 방법은 다음과 같습니다. 이 분석을 통해 지원자의 성향, 목표, 강점 등을 파악할 수 있습니다. 이를 위한 분석 절차와 방법을 제시하고, 예시를 제공하겠습니다.

1. 분석 항목 및 방법
1.1 주요 키워드 분석
- **목적** : 지원자들이 자기소개서에서 강조하는 핵심 가치나 주제를 파악합니다.
- **방법** : 자연어 처리(NLP)를 사용하여 자기소개서에서 자주 등장하는 단어를 추출하고, 워드 클라우드나 빈도 분석을 통해 주요 키워드를 시각화합니다.
  - 예시 키워드 : '도전', '열정', '창의력', '협력', '리더십', '혁신'

1.2 지원 동기 분석
- **목적** : 지원자들이 특정 전공이나 학교에 지원하게 된 이유를 분석합니다.
- **방법** : 텍스트를 카테고리별로 분류하여 주제별 동기 분석을 수행합니다. 예를 들어, '미래 진로', '학교의 교육 철학', '개인의 학문적 관심사' 등을 기준으로 분류할 수 있습니다.
  - 지원 동기 카테고리
    진로 목표(예 : 특정 직업을 위해)
    학문적 호기심(예 : 특정 학문에 대한 관심)
    학교의 명성 및 커리큘럼
    개인적 경험(예 : 해외 경험, 인턴십)

1.3 성취 및 강점 강조 분석

- **목적** : 지원자들이 자신을 소개할 때 강조하는 강점과 성취를 파악합니다.
- **방법** : 지원자가 자신을 설명할 때 사용하는 긍정적인 특성(예 : 리더십, 책임감, 문제 해결 능력)을 추출하고, 지원자들이 공통적으로 강조하는 강점을 분석합니다.
  - 예시 : '팀 프로젝트 리더 경험', '국제 교류 프로그램 참여', '공모전 수상'

1.4 미래 계획 및 목표 분석

- **목적** : 지원자가 학교에 입학한 후의 목표나 졸업 후 계획을 분석합니다.
- **방법** : 자연어 처리 기법을 통해 텍스트에서 미래 계획이나 목표에 대한 언급을 분류하고, 이를 통해 학교와 학과에 대한 기대치를 평가합니다.
  - 예시 : '연구개발 분야 진출', '국제기구에서의 경력', '스타트업 창업'

1.5 톤 및 문체 분석

- **목적** : 자기소개서의 전반적인 분위기나 글쓰기 스타일을 분석합니다.
- **방법** : 텍스트 분석 도구를 사용하여 지원자가 사용하는 문체가 긍정적인지, 중립적인지, 혹은 회의적인지 분석할 수 있습니다. 문장의 길이, 복잡성, 감성 분석을 통해 지원자의 글쓰기 능력을 평가할 수도 있습니다.

2. 분석 예시

2.1 주요 키워드 분석

도전(50회), 열정(45회), 창의력(40회), 협력(38회), 리더십(35회)

지원자들은 주로 도전과 열정을 강조하며, 이는 학생들이 적극적인 성향을 보이고 있음을 시사합니다. 또한, 창의력과 협력을 자주 언급하며 팀워크와 문제 해결 능력도 강조하고 있습니다.

2.2 지원 동기 분석

- **진로 목표** : 40명(40%)
  - 예 : '데이터 과학자로 성장하기 위해', '의사가 되기 위한 첫걸음으로'
- **학문적 호기심** : 30명(30%)
  - 예 : '컴퓨터 공학에 대한 깊은 호기심', '환경 보호에 기여할 수 있는 연구를 하고 싶다.'

- 학교의 명성: 20명(20%)
  - 예 : 'OOO대학교의 세계적인 명성 때문에 지원하게 되었다.'
- 개인적 경험: 10명(10%)
  - 예 : '해외 봉사활동을 통해 배운 가치'

2.3 성취 및 강점 강조 분석
- 리더십 경험 : 50명(50%)
  - 예 : '고등학교 동아리에서 리더로 활동하며 팀을 이끌었습니다.'
- 문제 해결 능력 : 30명(30%)
  - 예 : '창의적인 해결책을 통해 프로젝트의 성공을 이끌어냈습니다.'
- 공모전 수상 : 20명(20%)
  - 예 : '전국 과학 경진대회에서 1위를 수상한 경험이 있습니다.'

2.4 미래 계획 및 목표 분석
- 연구 및 개발 분야 : 40명(40%)
  - 예 : 'AI 연구를 통해 사회에 기여하는 것이 목표입니다.'
- 글로벌 경력 : 30명(30%)
  - 예 : '국제기구에서 일하며 글로벌 이슈를 해결하고 싶습니다.'
- 창업 : 20명(20%)
  - 예 : '졸업 후 창업하여 제 아이디어를 실현하고 싶습니다.'
- 기타 : 10명(10%)
  - 예 : '공무원 시험에 합격하여 국민을 위해 봉사하고 싶습니다."

2.5 톤 및 문체 분석
- 긍정적인 문체 : 70명(70%)
  - 예 : 'OOO대학교에서 더 큰 성장을 이루고 싶습니다.'
- 중립적인 문체 : 20명(20%)
  - 예 : '다양한 학문적 기회를 기대하고 있습니다.'
- 회의적인 문체 : 10명(10%)
  - 예 : '지원 과정이 부담스러웠지만 도전하게 되었습니다.'

---

3. 결론 및 제언
분석을 통해 지원자들의 전반적인 성향, 목표, 강점 등을 파악할 수 있었으며, OOO대학교에 입학하려는 지원자들의 목표는 대부분 연구 및 글로벌 경력으로 향해 있습니다. 또한, 자기소개서에서 자주 등장하는 키워드를 통해 학생들이 학교에서 어떤 가치를 중요하게 생각하는지 알 수 있으며, 이를 통해 학교의 교육 철학과 지원자들의 요구가 잘 맞아떨어지는지 평가할 수 있습니다.

향후 학교는 지원자들의 성향에 맞춘 맞춤형 프로그램을 개발하여, 리더십과 창의력을 강조하는 학습 환경을 제공하고, 학생들의 글로벌 경력을 지원할 수 있는 기회를 확대할 수 있습니다.

이와 같은 분석을 통해, OOO대학교는 더욱 전략적인 입학 관리 및 교육 프로그램을 설계할 수 있을 것입니다.

2) 맞춤형 자료 생성 예시

지원자 전공 선택에 맞춘 입학 설명 자료나 전공 정보를 입학처에서 맞춤형 자료로 제공하고 싶어. 어떻게 할 수 있을까?

입학처에서 지원자의 전공 선택에 맞춘 맞춤형 입학 설명 자료를 제공하는 방법은 맞춤형 정보 제공을 통해 지원자에게 더 적합한 자료를 제공할 수 있어 효과적입니다. 이를 위해 다음과 같은 단계를 통해 맞춤형 자료를 준비하고 제공할 수 있습니다.

맞춤형 자료 제공 절차

1. 지원자 데이터 수집

- **지원자의 전공 선택 정보** : 지원자가 어떤 전공을 선택했는지 데이터를 수집합니다. 입학 원서에 지원자의 전공 선택 정보를 포함하여 입력받거나, 사전 설문을 통해 희망 전공을 확인할 수 있습니다.

2. 맞춤형 자료 생성

전공별로 맞춤형 자료를 생성할 수 있도록 각 전공에 대한 상세한 정보를 준비해야 합니다.

- **전공 소개** : 각 학과의 교육 목표, 커리큘럼(핵심 과목 소개), 졸업 후 진로 등 중요한 정보들을 전공별로 준비합니다.
  - 학과를 담당할 교수진 소개, 연구 분야 등을 포함합니다.
- **학생 사례** : 해당 전공에서 공부 중인 학생 인터뷰, 졸업생 성공 사례 등을 포함해 해당 전공에서 공부하면 어떤 경로로 성장할 수 있는지 보여 줍니다.
- **장학금 및 지원 프로그램** : 각 전공의 학생들이 받을 수 있는 장학금 정보, 교환학생 프로그램, 인턴십 기회 등 맞춤형 혜택 정보를 제공합니다.

3. 맞춤형 자료 생성 도구 활용

- **AI 기반 맞춤형 자료 생성**: 지원자의 전공 선택 데이터를 바탕으로 생성형 AI 도구를 활용하여 자동으로

맞춤형 입학 설명 자료를 생성할 수 있습니다. ChatGPT와 같은 AI 모델을 사용하면 다음과 같은 방식으로 맞춤형 자료를 만들 수 있습니다.
- 지원자의 선택 전공에 따라 전공별로 차별화된 설명 자료를 생성하도록 프롬프트를 설계합니다.
- 예를 들어, "OOO 전공을 선택한 지원자를 위해 입학 설명 자료를 생성해 줘."라는 프롬프트를 입력하면 AI가 미리 설정된 정보를 바탕으로 맞춤형 자료를 작성할 수 있습니다.

4. 자료 배포 방식
- **이메일 맞춤 발송** : 지원자의 전공 선택 정보를 기반으로 해당 전공의 입학 자료를 이메일로 자동 발송하는 시스템을 구축할 수 있습니다.
  - 각 전공별 자료를 자동화된 시스템을 통해 지원자의 이메일로 보낼 수 있도록 합니다.
- **웹사이트 맞춤형 콘텐츠** : 입학처 웹사이트에서 맞춤형 자료 다운로드가 가능하게 설정합니다.
  - 지원자가 본인의 희망 전공을 선택하면, 해당 전공에 대한 맞춤형 자료를 제공하는 기능을 도입할 수 있습니다.

5. 자료 업데이트 및 관리
- **정기적인 업데이트** : 전공별로 입학 설명 자료는 주기적으로 업데이트해야 합니다. 새로운 프로그램, 장학금, 교수진 정보 등이 추가될 때마다 자료를 최신 상태로 유지합니다.
- **지원자 피드백 수집** : 지원자들에게 맞춤형 자료에 대한 피드백을 받아 더 나은 자료 제공 방법을 개선해 나갈 수 있습니다.

예시 : 맞춤형 자료 생성 프롬프트
- **예시 프롬프트** : "컴퓨터공학과 전공을 선택한 학생들에게 맞춤형 입학 설명 자료를 만들어 줘."
- **결과** : AI가 컴퓨터공학과 전공의 커리큘럼, 졸업 후 진로, 장학금 및 지원 프로그램을 설명하는 맞춤형 자료를 자동으로 생성

결론
입학처에서는 지원자의 전공 선택에 맞춘 맞춤형 자료 제공 시스템을 도입함으로써, 지원자들에게 더 구체적이고 개인화된 정보를 제공할 수 있습니다. 이를 통해 지원자는 자신이 선택한 전공에 대해 더 깊이 있는 정보를 얻을 수 있어 입학 결정에 긍정적인 영향을 미칠 수 있습니다.

더 구체적인 방법이나 AI 도입과 관련된 세부 내용이 필요하시면 언제든지 알려주세요!

이 내용은 맞춤형 입학 자료 제공 절차와 AI를 활용한 방법을 소개하며, 입학처에서 이를 어떻게 적용할 수 있는지 설명하고 있습니다.

도서관

도서관 업무에서는 추천 시스템, 도서 분류 자동화 등에서 사용자의 요구에 맞춘 정보 제공이 핵심이다. 도서관은 다양한 장르와 형식의 자료를 보유하고 있어, 사용자가 원하는 자료를 신속하게 찾고 개인의 독서 취향에 맞춘 추천을 제공하는 것이 중요하다.

1) 도서 추천 시스템 예시

현재 우리 학교 도서관에서 최근 대출한 도서를 기반으로, 해당 학생이 흥미를 가질 만한 도서 추천해 줘.

학생이 도서관에서 최근 대출한 도서를 기반으로 흥미를 가질 만한 도서를 추천하는 방법은 몇 가지 방식으로 접근할 수 있습니다. 추천 시스템을 만들기 위한 기본적인 아이디어와 예시를 제공해 드리겠습니다.

1. 대출한 도서를 기반으로 추천하는 방법

추천 알고리즘은 최근 대출한 도서의 주제, 장르, 저자 등을 분석하고, 이를 바탕으로 비슷한 내용이나 관련된 도서를 추천합니다. 이 과정에서는 다음과 같은 방법을 사용할 수 있습니다.

- **콘텐츠 기반 추천** : 학생이 대출한 도서의 주제나 키워드를 바탕으로 유사한 도서를 추천합니다.
- **협업 필터링** : 다른 학생들이 해당 도서를 대출한 후 추가로 대출한 도서를 분석해 추천합니다.
- **혼합 방식** : 위 두 가지 방법을 조합하여 보다 정교한 추천을 할 수 있습니다.

2. 추천 도서 예시

- **최근 대출한 도서** : '파이썬으로 배우는 데이터 분석'
- **추천 도서**

  '머신러닝 입문' - 데이터 분석에 기반한 머신러닝 기법을 학습할 수 있는 책으로, 파이썬과 머신러닝을 결합한 실습 예제를 제공

  '실무에서 바로 쓰는 데이터 시각화' - 데이터 분석 결과를 시각적으로 표현하는 방법을 학습할 수 있는 책. 파이썬을 활용한 다양한 시각화 기법을 다룸

  '파이썬으로 배우는 인공지능' - 인공지능의 기초 개념부터 파이썬을 사용한 AI 프로젝트 실습을 다룬 책

  'R로 배우는 통계 분석' - 파이썬 이외의 통계 도구인 R을 활용한 데이터 분석과 통계 방법을 소개

  '빅데이터와 클라우드 컴퓨팅' - 대규모 데이터 처리를 위한 클라우드 기술과 분석 기법에 대한 설명을 포함

3. 다른 예시

- **최근 대출한 도서** : '해리 포터와 마법사의 돌'

- 추천 도서

    '퍼시 잭슨과 올림포스의 신들' - 그리스 신화를 바탕으로 한 청소년 판타지 소설

    '반지의 제왕: 반지 원정대' - 중세 판타지 세계관을 배경으로 한 대작 소설

    '나니아 연대기' - 판타지 세계에서 벌어지는 마법과 모험을 다룬 청소년 소설

    '엘릭서' - 마법과 연금술을 배경으로 한 현대 판타지 소설

    '어린 왕자' - 철학적인 내용을 담은 고전 문학으로, 상상력을 자극하는 내용

4. 시스템 구축 방법

- **1단계** : 학생의 최근 대출 기록을 분석합니다. 주제, 키워드, 장르, 저자 등을 분류합니다.
- **2단계** : 도서관에 보유 중인 도서 데이터베이스에서 유사한 카테고리나 키워드를 가진 도서를 검색합니다.
- **3단계** : 대출 기록이 유사한 다른 학생들의 대출 이력을 분석하여 해당 학생이 흥미를 가질 만한 도서를 협업 필터링 방식으로 추천합니다.
- **4단계** : 추천 목록을 제공할 때, 학생의 관심사와 독서 이력에 맞춰 다양한 카테고리로 분류하여 제안할 수 있습니다.

이 방법으로 학생이 흥미를 가질 만한 도서를 효과적으로 추천할 수 있습니다. 만약 학생의 구체적인 대출 기록을 제공해 주시면 더욱 구체적인 추천 목록을 만들어 드릴 수 있습니다.

그러나 이러한 모든 활용이 학교마다 다르기에 AI를 학교의 다양한 시스템과 완벽히 통합하고, 학교의 특정 요구에 맞춘 맞춤형 솔루션을 도입하기 위해 전문적인 기술적 지원이 필요하다. 이로 인해 최근에는 전문 AI 시스템 통합(SI) 업체들의 역할이 중요해지고 있다.

전문 AI SI 업체들은 복잡한 AI 시스템을 각 학교의 상황에 맞춰 통합하고 최적화하며, 학교가 필요한 데이터 분석, 맞춤형 서비스 제공, 다국어 지원 등의 기능을 실현할 수 있도록 지원한다. 특히 AI 기술이 빠르게 발전하고 있는 만큼, 각 교육기관이 효과적으로 AI를 도입하고 지속적으로 운영하기 위해서는 전문적인 유지 보수와 기술적 업데이트가 필수적이다. 이를 통해 교육기관은 AI를 활용하여 보다 효율적이고 혁신적인 교육 환경을 구축할 수 있다.

따라서 AI 도입은 학교의 업무 효율성을 향상시키는 데 있어 필수적이며, 이를 성공적으로 실행하기 위해서는 각 기관의 필요를 반영한 전문 AI SI 업체들의 협력이 반드시 필요하다.

6.6 데이터 분석

데이터 분석 개념과 중요성

오늘날의 디지털 시대에서 데이터 분석은 다양한 분야에서 중요한 역할을 하고 있다. 이 절에서는 데이터 분석의 개념을 살펴보고, 왜 데이터 분석이 필수적인지에 대해 단계별로 알아보자.

1) 데이터 분석 개념

데이터 분석은 데이터를 수집하고 이를 체계적으로 정리하여, 패턴을 찾고 유용한 정보를 도출하는 과정을 의미한다. 데이터를 분석하는 목적은 단순히 숫자나 통계적 정보 그 자체를 얻는 것이 아니라, 그 데이터를 통해 미래를 예측하고 중요한 의사 결정을 내리는 데 있다.

데이터 분석은 크게 세 가지 단계로 구분할 수 있다.

> ① 데이터 수집 : 관심 있는 주제나 문제에 관련된 데이터를 수집한다. 여기에는 설문조사, 웹 로그 데이터, 정부 통계 등의 다양한 출처가 포함된다.
> - 예시 : 데이터 수집 단계에서 설문조사나 웹 로그를 통해 데이터를 얻을 수 있다. 또 다른 예시로 서울 1인 세대의 주거 형태에 대한 데이터를 설문조사로 수집할 수 있다.
>
> ② 데이터 처리 및 정제 : 수집된 데이터를 사용하기 전에 정리하는 단계이다. 불필요한 데이터를 제거하고, 결측치를 처리하며, 분석을 위해 필요한 형식으로 데이터를 변환한다.
>
> ③ 데이터 분석 : 데이터가 준비되면 이를 기반으로 패턴을 찾거나 통계적 방법을 통해 데이터를 해석한다. 여기에는 평균, 빈도 분석, 상관 분석 등 다양한 방법이 사용된다.

2) 데이터 분석이 중요한 이유

그렇다면 데이터 분석이 왜 중요할까? 현대 사회에서 데이터는 단순한 기록 이상의 가치를 지닌다. 데이터 분석을 통해 우리는 복잡한 문제를 해결할 수 있고, 개인과 기업, 정부의 의사결정 과정에서 중요한 역할을 한다.

데이터 분석이 중요한 이유는 크게 네 가지로 구분할 수 있다.

① 의사 결정 근거 제공 : 데이터 분석은 과학적이고 객관적인 의사 결정을 가능하게 한다. 예를 들어, 한 회사가 특정 제품을 어느 지역에서 출시할지 결정할 때, 해당 지역의 소비자 데이터를 분석함으로써 가장 효과적인 시장 전략을 수립할 수 있다. 마찬가지로, 서울시 1인 세대의 주거 선호 데이터를 분석하면 도시 계획 및 주택 정책에 대한 중요한 인사이트를 얻을 수 있다.

② 문제 해결을 위한 도구 : 데이터 분석은 사회적, 경제적 문제를 해결하는 데 도움을 준다. 예를 들어, 교통 혼잡 문제를 해결하기 위해 데이터 분석을 통해 어떤 시간대와 지역에서 교통량이 가장 많은지를 파악할 수 있다. 이러한 정보는 정책 입안자들이 효율적인 교통체계를 구축하는 데 큰 도움이 된다.

③ 미래 예측 : 과거 데이터를 기반으로 패턴을 분석하면 미래를 예측할 수 있다. 예를 들어, 부동산 시장의 가격 변동 데이터를 분석하면 앞으로 어떤 지역의 집값이 오를지 예측할 수 있다. 이러한 예측은 투자자나 정책 입안자들에게 매우 중요한 정보를 제공한다.

④ 경쟁력 강화 : 기업이나 기관이 데이터를 분석하여 소비자의 행동 패턴, 선호도 등을 파악하면 그에 맞춘 전략을 세울 수 있다. 이를 통해 더 나은 제품과 서비스를 제공하고, 경쟁력을 강화할 수 있다.

데이터 분석 예시 : 서울 1인 세대 분석

이제 앞서 배운 데이터 분석의 개념을 바탕으로, 서울 1인 세대의 주거 선호도를 분석하는 사례를 살펴보자. 이 예시는 서울에 사는 1인 세대가 나이대와 소득 수준에 따라 어떤 지역과 주거 형태를 선호하는지를 분석하는 과정이다. 이 분석은 서울시의 주거 정책을 수립하거나, 특정 지역의 주택 수요를 예측하는 데 큰 도움을 줄 수 있다.

① 나이대별 선호 지역 : 나이대에 따라 선호하는 주거 지역이 다르다. 예를 들어, 젊은 층은 교통과 문화생활이 편리한 지역을 선호할 수 있다.

② 소득 수준에 따른 주거 형태 : 소득이 높을수록 넓고 고급스러운 주거 형태를 선호할 가능성이 크다. 반면, 소득이 낮은 사람들은 상대적으로 저렴한 주거 형태를 선택하는 경향이 있다.

③ 복합 분석 : 나이대와 소득 수준이 결합되면 더 복잡한 패턴을 발견할 수 있다. 예를 들어, 30대 고소득층은 특정 지역의 아파트를 선호할 수 있지만, 30대 저소득층은 상대적으로 저렴한 지역의 원룸을 선호할 수 있다.

이 실습에서는 간단한 예시 데이터를 활용하여 나이대, 소득 수준, 주거 형태, 선호 지역 간의 상관관계를 분석한다. 이를 통해 데이터 분석이 단순한 수치 계산을 넘어 중요한 의사 결정 도구로 활용된다는 점을 배우게 된다. 특히, ChatGPT와 같은 도구를 활용하여 분석 과정을 더욱 쉽게 접근할 수 있다는 것을 체험할 수도 있다.

이제 간단한 예시 데이터와 ChatGPT를 활용해 데이터 분석 방법을 배워보자. 예를 들어, 다음 표 6-2와 같은 데이터(CSV 파일)가 있다.

표 6-2 서울시 1인 세대 데이터 예시

나이대	소득 수준	주거 형태	선호 지역
50대 이상	고소득	아파트	광진구
20대	저소득	오피스텔	용산구
40대	저소득	아파트	강서구
30대	저소득	원룸	노원구
20대	고소득	아파트	노원구
40대	고소득	오피스텔	강서구
50대 이상	저소득	원룸	용산구
40대	중소득	오피스텔	영등포구
40대	고소득	아파트	광진구
40대	저소득	오피스텔	광서구
50대 이상	저소득	아파트	노원구
40대	고소득	아파트	강서구
40대	고소득	원룸	마포구
30대	중소득	오피스텔	성동구

이 데이터는 서울시 1인 세대의 나이대, 소득 수준, 주거형태 및 선호 지역을 기반으로 수집된 데이터 예시이다. ChatGPT를 이용해 서울의 1인 세대가 선호하는 주거지 특성을 분석해 본다.

실습 예제 서울시 1인 세대 특성별 선호 지역 분석 · · ·

다음의 질문에 대한 데이터를 분석해 본다.
① '나이대별 선호 지역은 어떻게 다를까?' 또는 '나이대별로 선호하는 주거 형태는 어떻게 나뉘어 있나?'
   → 이를 통해 서울의 1인 세대가 선호하는 지역이 나이대에 따라 어떻게 분포되는지 분석한다.
② '소득 수준에 따른 주거 형태 선호도는 어떻게 변할까?' 또는 '소득 수준에 따라 선호 지역이 어떻게 다른가?'
   → 이를 통해 소득 수준이 다른 사람들이 어떤 주거 형태(원룸, 오피스텔, 아파트)를 선호하는지 분석한다.
③ '나이대와 소득 수준이 선호 지역에 미치는 영향은?'
   → 이를 통해 나이대와 소득 수준이 결합되어 특정 지역에 대한 선호에 어떤 영향을 미치는지 파악한다.
④ '30대 중 고소득층이 선호하는 주거 형태는?'
   → 이를 통해 특정 그룹 특성과 선호도를 구체적으로 파악한다.

ChatGPT에 데이터를 업로드하는 방법

ChatGPT에서는 파일(엑셀 파일, CSV 파일, PDF 파일, DOCX, PPTX 파일 등)을 직접 업로드해서 데이터를 분석할 수 있다. 데이터 입력을 일일이 하지 않아도, 파일 자체를 업로드하고 ChatGPT에게 그 데이터를 분석해 달라고 요청할 수 있다. 방법을 간단하게 살펴보며 따라해 보자.

1. 파일 준비하기

먼저 분석하고 싶은 파일을 준비한다. 예를 들어, 서울 1인 세대의 데이터를 포함하고 있는 CSV 파일이 있다고 가정한다.

2. 파일 업로드하기

① 파일 업로드

- ChatGPT 입력 창에서 클립 모양의 '링크 첨부' 아이콘을 클릭하고 '컴퓨터에서 업로드'를 선택한다.
- 열기 대화상자가 표시되면 폴더에서 파일을 선택하고 <열기> 버튼을 클릭한다.

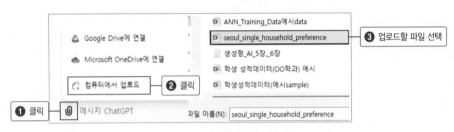

그림 6-1 파일 업로드 과정

② 업로드된 파일과 함께 분석 요청

- ChatGPT에게 업로드한 파일의 데이터를 분석해 달라고 요청한다. 예를 들어, 그림 6-2와 같이 파일이 첨부된 상태에서 질문 내용을 추가할 수 있다.

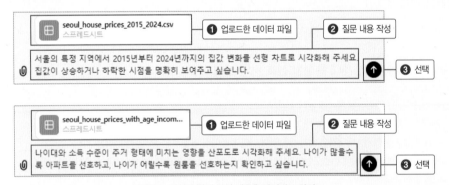

그림 6-2 파일과 함께 분석 내용을 작성하는 화면

1) 나이대별 선호 지역 분석

● **목적** : 나이대별로 서울에서 1인 세대가 선호하는 지역을 분석한다.

● **실습 방법** : ChatGPT에 데이터를 업로드하고 분석할 질문 내용을 작성한다.

● 실습 예시

- "이 CSV 파일에는 서울 1인 세대의 나이대, 소득 수준, 주거 형태, 그리고 선호 지역 데이터가 포함되어 있다. 나이대별 선호 지역을 분석해 줘."
- "업로드한 파일에서 소득 수준에 따른 주거 형태 선호도를 분석해 줘."

seoul_single_household_preference.c...
스프레드시트

이 데이터는 1인 세대의 나이대와 소득 수준, 주거형태 그리고 선호 지역에 대한 정보를 담고 있다. 나이대별로 선호하는 지역을 분석해 줘.

나이대별 선호 지역

	나이대	강남구	강서구	광진구
1	20대	0	3	3
2	30대	4	2	1
3	40대	4	5	4
4	50대 이상	2	2	1

나이대별로 선호하는 지역에 대한 분석 결과를 표로 제공하였습니다. 이 표는 각 나이대가 선호하는 지역별로 나누어져 있으며, 나이대별 선호 지역 간의 차이를 한눈에 확인할 수 있습니다.

결과를 통해 특정 나이대가 어떤 지역을 선호하는지, 그 이유가 무엇인지 추론해 볼 수 있다.

2) 소득 수준별 선호 주거 형태 분석

● 목적 : 소득 수준에 따라 선호하는 주거 형태(원룸, 오피스텔, 아파트)가 어떻게 다른지 분석한다.

● 실습 방법 : ChatGPT에게 주거 형태 질문 내용을 작성한다.

● 실습 예시

소득 수준별로 선호하는 주거 형태를 분석해 줘.

소득 수준별 선호 주거 형태

	소득 수준	아파트	오피스텔	원룸
1	고소득	15	16	11
2	저소득	6	10	12
3	중소득	5	11	14

소득 수준별로 선호하는 주거 형태에 대한 분석 결과를 표로 제공하였습니다. 이 표는 고소득, 중소득, 저소득 각각의 소득 수준에 따라 선호하는 아파트, 오피스텔, 원룸의 분포를 보여 줍니다.

결과를 통해 특정 나이대가 어떤 지역을 선호하는지, 그 이유가 무엇인지 추론해 볼 수 있다.

3) 나이대 및 소득 수준별 선호 지역 분석

● **목적** : 나이대와 소득 수준이 선호 지역에 미치는 영향을 분석한다.

● **실습 방법** : ChatGPT에게 나이대와 소득에 따라 선호하는 지역을 분석하는 내용을 작성한다.

● **실습 예시**

나이대와 소득 수준에 따른 선호 지역을 분석해 줘.

 나이대 및 소득 수준별 선호 지역

	나이대	소득 수준	강남구	강서구
1	20대	고소득	0	1
2	20대	저소득	0	1
3	20대	중소득	0	1
4	30대	고소득	0	1
5	30대	저소득	0	0
6	30대	중소득	1	1

...

나이대와 소득 수준에 따른 선호 지역에 대한 분석 결과를 표로 제공하였습니다. 이 표는 각 나이대와 득 수준별로 선호하는 지역을 보여 줍니다.

이번 실습에서는 나이대와 소득 수준이 결합되어 특정 지역에 대한 선호에 어떤 영향을 미치는지 분석해 보았다. 또한, 다음과 같이 기타 추가 질문을 통해 보다 많은 정보를 얻고 다양한 결과를 얻고 이에 따른 분석을 추가적으로 할 수 있다.

어떤 나이대와 소득층이 가장 강남구를 선호하는지 알려 줘.

 제공된 데이터에 따르면 40대의 고소득층과 30대의 중소득층이 강남구를 가장 선호합니다. 이들은 강남구에서 가장 많이 선호하는 그룹들로 나타났습니다.

강남구 외에 선호 지역을 알려 줘.

 강남구를 제외한 선호 지역을 살펴본 결과, 50대 이상의 고소득층과 40대 고소득층이 각각 가장 많은 선호를 나타냈습니다. 특히 50대 이상의 고소득층이 선호하는 다른 지역들이 많았으며, 이외에도 30대 고소득층과 20대 고소득층도 강남구 외의 다양한 지역을 선호하는 경향을 보였습니다.

이를 통해 40대와 30대 고소득층은 주로 강남구를 선호한다는 것을 파악할 수 있고, 지역과 소득의 상관관계를 더 깊이 이해할 수 있다.

4) 고급 분석

● **목적** : 필터링과 조건부 분석을 한다.

● **실습 방법** : ChatGPT에게 특정 조건을 추가하여 나이대, 소득 수준, 주거 형태 등 여러 변수를 필터링하여 복합적인 분석을 시도한다.

● **실습 예시**

30대 중 고소득층이 선호하는 주거 형태를 분석해 줘.

 30대 고소득층은 주거 형태로 원룸을 가장 많이 선호하며, 그다음으로 오피스텔을 선호하는 경향이 있습니다. 아파트는 비교적 적은 선호도를 보였습니다.

이번 실습에서는 조건부 분석을 통해 얻은 데이터를 바탕으로, 특정 그룹의 특성과 선호도를 구체적으로 파악할 수 있었다. 이제 여러분이 직접 해당 예시 데이터를 이용하여 조건부 분석을 해 보자.

● **예시**

> · 이 CSV파일 데이터에서 20대는 어떤 지역을 선호하는가?
> · 40대와 30대의 소득 수준에 따라 선호하는 주거 형태가 어떻게 다른가?

ChatGPT는 업로드된 데이터를 바탕으로 이렇게 다양한 질문에 대한 답변을 해 줄 수 있다.

이제 데이터가 있는 파일(CSV 파일 등)을 업로드하고 데이터를 분석하는 방법을 알게 되었다. ChatGPT는 엑셀 데이터를 직접 다룰 수 있기 때문에 별도로 데이터를 변환할 필요 없이 바로 분석이 가능하고 이를 통해 복잡한 데이터도 쉽게 분석할 수 있다.

6.7 데이터 시각화

데이터 시각화 개념

데이터 시각화는 복잡한 숫자나 텍스트 데이터를 표, 차트, 그래프 등과 같은 시각적 요소를 활용하여 더욱 쉽게 이해할 수 있는 방식으로 표현하는 과정이다. 본래 수치나 텍스트 형태로만 존재하는 데이터는 사람이 빠르게 인지하기 어렵고, 큰 규모의 데이터일수록 그 의미를 파악하기가 더욱 힘들다. 하지만 데이터를 시각화하면, 복잡한 정보나 관계를 직관적으로 파악할 수 있게 되어, 데이터 속에서 중요한 패턴을 발견하거나 인사이트를 도출하는 데 큰 도움을 준다.

데이터 시각화는 단순히 데이터를 보기 좋게 만드는 작업을 넘어서 데이터가 가진 정보를 더 효과적으로 전달하는 수단이다. 데이터를 시각화하면 여러 변수들 간의 상관관계, 추세, 또는 비교 분석이 한눈에 들어오며, 복잡한 문제를 빠르고 명확하게 이해할 수 있다. 예를 들어, 수많은 숫자로 구성된 엑셀 데이터를 막대 차트로 변환하면, 특정 구의 선호도가 다른 구보다 높은지 한눈에 확인할 수 있다. 선형 차트는 시간에 따른 변화 추이를 시각적으로 보여 주며, 원형 차트는 전체 데이터에서 각 요소가 차지하는 비율을 직관적으로 파악할 수 있게 해 준다.

● 예시

> 엑셀 파일에 수많은 숫자 데이터를 입력한 후, 이를 차트나 그래프로 변환하면 데이터의 흐름이나 변화를 한눈에 확인할 수 있다. 예를 들어, 서울의 1인 세대 주거 선호 지역 데이터를 막대 차트로 시각화하면, 어떤 구가 가장 많이 선호되는지 쉽게 파악할 수 있고, 소득 수준에 따른 선호 지역을 비교하는 것도 시각적으로 명확하게 볼 수 있다. 이를 통해 데이터를 단순히 수치로 보는 것보다 더 깊이 있는 분석을 가능하게 하며, 다양한 의사 결정에도 큰 도움을 줄 수 있다.

따라서 데이터 시각화는 단순히 정보를 전달하는 것을 넘어서, 데이터를 더 잘 이해하고 활용할 수 있는 강력한 도구로 활용될 수 있다.

데이터 시각화를 하는 이유

데이터 시각화는 개념에서 살펴본 것처럼 단순히 정보를 보기 좋게 만드는 것을 넘어 데이터를 효율적으로 활용하고 의사 결정에 필요한 핵심적인 통찰을 제공하는 데 중요한 역할을 한다. 복잡한 데이터의 구조를 명확히 하고, 중요한 패턴이나 추세를 발견하며, 데이터 간 비교를 용이하게 만들어 주는 데이터 시각화는 데이터를 이해하고 활용하는 과정을 혁신적으로 변화시킨다. 데이터 시각화를 하는 이유를 세분화하여 항목별로 예시를 들어 살펴보자.

1) 쉽고 빠른 데이터 이해

현대 사회에서는 방대한 양의 데이터가 지속적으로 생성되고 있다. 데이터를 단순히 텍스트나 숫자의 형태로 분석하려고 하면 복잡하고 비효율적일 수 있다. 예를 들어, 엑셀 파일에 수천 개의 데이터가 있을 때, 이 숫자들을 일일이 읽고 이해하는 데 상당한 시간이 걸린다. 하지만 데이터 시각화를 통해 이러한 데이터를 시각적으로 표현하면, 중요한 정보와 패턴을 빠르게 파악할 수 있다.

특히, 여러 변수 간의 관계나 상관관계가 포함된 복잡한 데이터를 시각화하면, 그 데이터가 담고 있는 의미를 훨씬 더 명확하게 전달할 수 있다. 시각화는 숫자 데이터를 한눈에 파악할 수 있게 해 주며, 비전공자도 데이터의 흐름이나 변화를 쉽게 이해할 수 있도록 돕는다.

● 예시

> 서울 1인 세대의 주거 선호 지역 데이터를 막대 차트로 시각화하면, 어떤 지역이 가장 많이 선호되는지를 명확히 알 수 있다. 예를 들어, 20대와 30대가 선호하는 지역이 다를 수 있으며, 차트로 표현하면 이러한 차이를 쉽게 인식할 수 있다.

2) 패턴 및 추세 파악

데이터 시각화는 시간이 지남에 따라 나타나는 데이터의 패턴이나 추세를 쉽게 파악할 수 있도록 도와준다. 특히, 시간에 따른 변화나 특정 변수 간의 관계가 중요한 경우, 시각화는 그 의미를 명확하게 드러낸다. 예를 들어, 주택 가격, 인구 변화, 소비 트렌드 등의 데이터를 시간 축을 따라 시각화하면, 어떤 시점에서 큰 변화가 발생했는지 쉽게 인지할 수 있다.

이러한 패턴을 발견하면, 데이터를 기반으로 미래를 예측하는 데에도 도움이 된다. 예를 들어, 특정 시점에 급격한 변화가 나타났다면, 그 원인을 분석하고 유사한 상황이 발생했을 때 대비할 수 있는 전략을 마련할 수 있다.

● 예시

> 연도별로 서울 지역의 인구 변화 데이터를 선형 차트로 시각화하면, 특정 연도에 인구가 급격히 증가하거나 감소한 시점을 쉽게 파악할 수 있다. 이 정보를 통해, 왜 그런 변화가 일어났는지 분석할 수 있으며, 향후 인구 변동을 예측하는 데에도 도움이 된다.

3) 비교와 분석 용이

데이터를 시각화하면 서로 다른 데이터 항목을 비교하기가 매우 쉬워진다. 수많은 숫자와 텍스트 데이터를 단순히 나열했을 때는 차이점이나 공통점을 파악하는 데 시간이 오래 걸릴 수 있지만, 이를 시각적으로 표현하면 즉각적으로 차이점을 확인할 수 있다. 특히, 막대 차트, 원형 차트, 산포도 등의 시각화 도구를 활용하면 각 항목 간의 비교가 명확해진다.

데이터의 항목별로 어떤 요소가 더 큰 비중을 차지하는지, 혹은 어떤 항목이 다른 항목보다 더 중요한지를 빠르게 판단할 수 있으며, 이를 통해 데이터를 기반으로 한 더 나은 결정을 내릴 수 있다.

● 예시

> 소득 수준에 따라 사람들이 선호하는 주거 형태를 비교하고 싶을 때, 각 소득 수준별로 원룸, 오피스텔, 아파트의 선호 비율을 원형 차트로 표현하면, 어떤 주거 형태가 더 많은 사람들이 선호하는지를 쉽게 파악할 수 있다. 이를 통해 소득 수준이 주거 선택에 미치는 영향을 명확하게 볼 수 있고, 이를 바탕으로 주택 공급 계획 등을 수립할 수 있다.

4) 의사 결정에 도움

데이터 시각화는 의사 결정 과정에서 매우 중요한 역할을 한다. 데이터는 종종 의사 결정을 내릴 때 필요한 중요한 정보를 제공하지만, 이 데이터를 효율적으로 이해하지 못하면 그 가치를 발휘하지 못한다. 시각화를 통해 데이터를 이해하기 쉽게 만들면, 빠르게 결정을 내릴 수 있으며, 이러한 결정은 데이터에 기반을 둔 더 신뢰할 수 있는 결정이 된다.

특히, 비전공자나 데이터 분석에 익숙하지 않은 사람도 시각화된 데이터를 보면 쉽게 분석 결과를 이해할 수 있다. 이는 회의나 보고서 작성 시에도 큰 도움이 되고, 여러 팀원이 협업할 때도 시각화된 데이터를 공유하면 모두가 쉽게 이해하고 같은 목표를 공유할 수 있다.

● 예시

> 회사에서 마케팅 전략을 수립할 때, 고객 선호도나 매출 데이터를 시각화하면, 어떤 상품이 가장 많이 팔리고, 어떤 고객층이 해당 상품을 가장 많이 구매하는지를 쉽게 파악할 수 있다. 이러한 정보는 회사가 다음 분기에 어떤 상품에 집중해야 하는지에 대한 전략 수립에 큰 도움을 준다.

이처럼, 데이터 시각화는 데이터를 보다 쉽게 이해하고, 중요한 정보를 빠르게 파악하며, 비교와 분석을 용이하게 해 주는 강력한 도구이다. 이를 통해 더 나은 의사 결정을 내릴 수 있으며, 데이터 분석에 익숙하지 않은 사람들도 데이터를 활용한 분석과 판단을 할 수 있게 도와준다.

데이터 시각화의 다양한 예시

실제로 데이터 시각화에 사용할 수 있는 차트와 그래프의 종류는 매우 많다. 예를 들어, 박스 플롯, 레이더 차트, 트리맵 등 다양한 시각화 도구가 존재한다. 하지만 이 책에서는 막대 차트, 원형 차트, 선형 차트, 산포도, 히트맵과 같이 가장 기본적이고 많이 사용되는 차트들에 집중한다. 이 차트들은 비전공자들도 쉽게 이해할 수 있으며, 다양한 데이터 분석 상황에서 자주 사용되는 시각화 도구들이다.

1) 막대 차트

막대 차트(Bar Chart)는 서로 다른 카테고리 간의 데이터를 비교할 때 매우 유용하다. 데이터 값의 크기를 막대의 길이로 표현하여 시각적으로 비교할 수 있도록 돕는다. 예를 들어, 나이대별 선호 지역이나 소득 수준에 따른 주거 형태의 차이를 한눈에 파악하기 쉽다. 막대의 길이를 통해 각 데이터 값의 상대적인 크기를 명확히 확인할 수 있기 때문에 비교 분석에 가장 많이 사용되는 차트 중 하나이다.

● 예시

> 서울 1인 세대 중 20대와 30대가 선호하는 지역을 막대 차트로 시각화하면, 두 나이대가 선호하는 지역이 명확하게 비교된다. 예를 들어, 20대는 마포구와 강남구를 많이 선호하고, 30대는 서초구와 영등포구를 더 선호한다면, 이 차이를 막대의 길이로 쉽게 표현할 수 있다. 이러한 시각화를 통해 특정 나이대가 선호하는 지역을 명확히 파악하고, 이에 기반한 정책이나 마케팅 전략을 세울 수 있다.

● 질문 예시

> · "서울 1인 세대 중 20대와 30대가 선호하는 지역을 막대 차트로 시각화해 줘. 각 나이대가 선호하는 지역을 비교해서 나타내고 싶어."
> · "서울 1인 세대 중 20대와 30대의 선호 지역을 비교하는 막대 차트를 만들어 줘. 20대는 마포구와 강남구를, 30대는 서초구와 영등포구를 선호하는 경향이 있으니 이를 강조해서 보여 줘."

서울 1인 세대 중 20대와 30대가 선호하는 지역을 막대 차트로 시각화해 줘. 각 나이대가 선호하는 지역을 비교해서 나타내고 싶어.

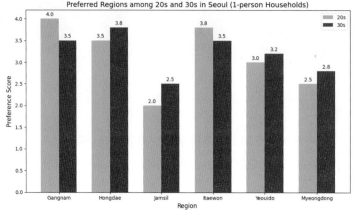

위의 막대 차트는 서울 1인 세대 중 20대와 30대가 선호하는 지역을 비교한 시각화 결과입니다. 두 나이대가 선호하는 지역의 차이를 명확하게 보여 주며, 각 나이대별로 선호하는 지역의 선호 인원수를 막대의 길이로 표현했습니다.

2) 원형 차트

원형 차트(Pie Chart)는 하나의 전체 데이터를 비율로 나누어 각 요소가 전체에서 차지하는 비중을 시각적으로 보여 주거나 특정 비율 비교나 데이터가 100%를 이루는 상황에서 유용하다. 이 차트는 데이터를 비율로 나타내는 데 적합하며, 각 부분의 크기가 전체에서 차지하는 중요도를 쉽게 알 수 있도록 돕는다. 특히, 데이터의 구성 요소 간의 관계나 전체에서의 기여도를 이해하는 데 매우 유용하다. 예를 들어, 한 지역 내 소득 계층별 주거 형태 분포를 파악할 때 연형 차트가 어떻게 사용되는지를 알아 볼 수 있다.

● 예시

> 서울의 소득 수준별 주거 형태의 선호도를 원형 차트로 표현한다고 가정한다. 고소득층이 아파트를 60%, 오피스텔을 25%, 원룸을 15% 선택했다면, 원형 차트는 이 비율을 시각적으로 표현하여 각 주거 형태가 얼마나 많은 비중을 차지하는지 쉽게 보여 준다. 이를 통해 특정 주거 형태의 선호 비율을 빠르게 파악할 수 있다.

● 질문 예시

> • "서울의 소득 수준별 주거 형태 선호도를 원형 차트로 시각화해 줘. 예를 들어, 고소득층이 아파트 60%, 오피스텔 25%, 원룸 15%를 선택한 비율을 표현하고 싶어."
> • "서울의 소득 수준별로 주거 형태가 선호되는 비율을 원형 차트로 표현해 줘. 고소득, 중소득, 저소득이 각각 아파트, 오피스텔, 원룸을 얼마나 선호하는지 시각화하고 싶어."

서울의 소득 수준별 주거 형태 선호도를 원형 차트로 시각화해 줘. 예를 들어, 고소득층이 아파트 60%, 오피스텔 25%, 원룸 15%를 선택한 비율을 표현하고 싶어.

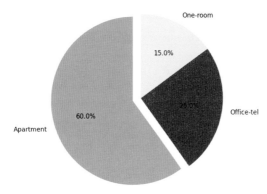

위 원형 차트는 서울 고소득층의 주거 형태 선호도를 시각적으로 표현한 결과입니다. 각 주거 형태(아파트, 오피스텔, 원룸)가 고소득층에서 차지하는 비율을 쉽게 파악할 수 있도록 도와줍니다.

3) 선형 차트

선형 차트(Line Chart)는 주로 시간에 따른 데이터 변화를 시각적으로 표현하는 데 사용된다. 시간의 흐름에 따른 데이터의 증감 추세를 한눈에 파악할 수 있게 해 주며, 과거 데이터를 바탕으로 미래의 변화를 예측하는 데도 유용하다. 특히, 여러 시점의 데이터를 비교할 때 선형 차트는 중요한 도구로 활용된다.

● 예시

> 서울의 특정 지역에서의 집값 변화를 선형 차트로 표현한다고 가정한다. 2015년부터 2024년까지 10년간의 집값 변동 데이터를 선형 차트로 나타내면, 집값이 급격히 상승한 시점이나 하락한 시점을 명확하게 파악할 수 있다. 이를 통해 집값 상승이나 하락의 원인을 분석하고 향후 주택 시장에 대한 예측을 할 수 있다.

● 질문 예시

> - "서울의 특정 지역에서 2015년부터 2024년까지의 집값 변화를 선형 차트로 시각화해 줘. 집값이 상승하거나 하락한 시점을 명확히 보여 주고 싶어."
> - "2010년부터 2020년까지의 데이터 변동 추세를 선형 차트로 표현해 줘. 여러 시점에서의 데이터 변화를 비교하고 싶어."

seoul_house_prices_2015_2024.csv
스프레드시트

서울의 특정 지역에서 2015년부터 2024년까지의 집값 변화를 선형 차트로 시각화해 줘. 집값이 상승하거나 하락한 시점을 명확히 보여 주고 싶어.

GPT

위 선형 차트는 서울 특정 지역의 2015년부터 2024년까지의 집값 변화를 보여 줍니다. 특히 2018년에 급격한 상승이 있었음을 강조하였으며, 집값의 변동 추세를 시각적으로 확인할 수 있습니다.

4) 산포도

산포도(Scatter Plot)는 두 변수 간의 관계를 시각적으로 표현하는 데 유용하다. 데이터를 각각의 좌표에 점으로 표현하여 변수 간의 상관관계를 한눈에 확인할 수 있다. 산포도는 변수들 간의 관계가 존재하는지, 존재한다면 그 관계가 양의 상관관계인지 음의 상관관계인지를 쉽게 파악할 수 있다.

● 예시

> 나이대와 소득 수준이 주거 형태에 미치는 영향을 분석할 때, 산포도를 사용하여 각 변수 간의 관계를 나타낼 수 있다. 예를 들어, 나이가 많을수록 아파트를 선호하고, 나이가 어릴수록 원룸을 선호한다면, 이 상관관계를 산포도를 통해 쉽게 확인할 수 있다. 각 점의 분포를 보고 두 변수 간의 관계가 강한지 약한지도 파악할 수 있다.

● 질문 예시

> • "나이대와 소득 수준이 주거 형태에 미치는 영향을 산포도로 시각화해 줘. 나이가 많을수록 아파트를 선호하고, 나이가 어릴수록 원룸을 선호하는지 확인하고 싶어."
> • "두 변수 간의 상관관계를 산포도로 표현해 줘. 나이대와 소득 수준이 주거 형태에 미치는 영향을 보여 주고 싶어."

seoul_house_prices_with_age_incom...
스프레드시트

나이대와 소득 수준이 주거 형태에 미치는 영향을 산포도로 시각화해 줘. 나이가 많을수록 아파트를 선호하고, 나이가 어릴수록 원룸을 선호하는지 확인하고 싶어.

GPT

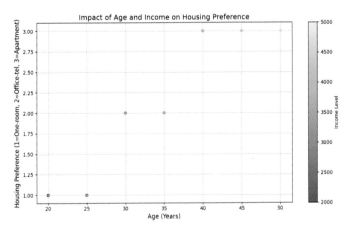

위 산포도는 나이대와 주거 형태 간의 관계를 시각적으로 보여 줍니다. 각 점은 나이대와 주거 형태에 대한 데이터를 나타내며, 색상은 소득 수준을 구분합니다. 이 산포도를 통해 나이가 많을수록 아파트를 선호하고, 나이가 어릴수록 원룸을 선호하는 경향을 파악할 수 있습니다.

5) 히트맵

히트맵(Heatmap)은 데이터를 색상을 통해 시각화하는 기법으로, 데이터 값의 크기나 분포를 색상 차이로 표현하여 한눈에 파악할 수 있다. 히트맵은 많은 데이터 항목을 동시에 비교하고, 특정 데이터 값이 높은지 낮은지를 쉽게 인식하는 데 매우 유용하다. 히트맵의 색상이 강하거나 약한 부분을 통해 데이터 값의 패턴을 빠르게 파악할 수 있다.

● 예시

서울 각 구의 인구 밀도를 히트맵으로 표현한다고 가정하면, 인구가 밀집된 지역과 그렇지 않은 지역을 색상 차이로 명확하게 보여 줄 수 있다. 예를 들어, 강남구와 송파구는 진한 색으로 표시되고, 인구 밀도가 낮은 구는 옅은 색으로 표현된다. 이 정보를 통해 도시 계획이나 교통 정책을 수립할 때 중요한 참고 자료로 활용할 수 있다.

● 질문 예시

- "서울 각 구의 인구 밀도를 히트맵으로 시각화해 줘. 인구가 밀집된 지역과 그렇지 않은 지역을 색상 차이로 표현하고 싶어."
- "다양한 변수 간의 상관관계를 히트맵으로 보여 줘. 변수 간의 패턴이나 상관관계를 쉽게 파악하고 싶어."

서울 각 구의 인구 밀도를 히트맵으로 시각화해 줘. 인구가 밀집된 지역과 그렇지 않은 지역을 색상 차이로 표현하고 싶어.

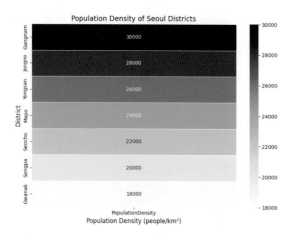

위 히트맵은 서울 각 구의 인구 밀도를 시각적으로 표현한 결과입니다. 인구 밀도가 높은 지역과 낮은 지역이 색상 차이를 통해 명확하게 구분되며, 인구 밀도가 높은 지역은 더 진한 색으로 표시됩니다.

이 차트들만으로도 대부분의 데이터 시각화 필요를 충족할 수 있으며, 비전공자 학생들이 데이터를 쉽게 이해하고 분석할 수 있도록 돕기 위한 핵심 도구들이다. 이와 같이 각각의 시각화 도구는 특정 분석 목적에 맞게 활용되며, 데이터를 보다 직관적으로 이해하고 분석할 수 있도록 돕는다. 앞으로 더 복잡한 차트에 대해서도 학습할 기회가 있을 수 있지만, 처음 단계에서는 이 다섯 가지 차트로도 충분한 시각화 역량을 기를 수 있다.

연습 01   AI를 활용한 교재 작성에서 ChatGPT의 역할은 무엇이며, 이를 통해 교재의 품질을 어떻게 개선할 수 있나요? 구체적인 예시를 포함하여 설명하세요.

연습 02   AI를 활용한 맞춤형 학습자료 생성에서 가장 큰 장점은 무엇인가요? 학생의 학습 수준에 맞춘 자료 생성의 중요성을 설명하세요.

연습 03   AI가 교육 자료 개발에서 제시하는 주요 한계는 무엇인가요?

연습 04 AI를 활용한 논문 첨삭에서 ChatGPT가 제공할 수 있는 피드백의 유형을 설명하고, 이러한 피드백이 논문의 질을 어떻게 향상시킬 수 있는지 구체적인 예를 들어 설명하세요.

연습 05 AI가 논문 요약 과정에서 직면할 수 있는 주요 한계를 고르세요.

① 논문의 모든 세부사항을 정확히 요약한다.
② 복잡한 논리나 문맥을 단순화할 가능성이 있다.
③ 중요한 정보를 빠짐없이 포함한다.
④ 주제와 관련 없는 정보를 추가한다.

연습 06 AI를 사용하여 논문을 요약할 때, 원본 논문의 핵심 내용을 유지하면서 간결하게 표현하기 위해 어떤 전략을 사용할 수 있나요? 구체적인 예를 들어 설명하세요.

연습 07 서울 내 특정 지역의 1인 세대 수가 2018년부터 2023년까지의 데이터로 제공되었습니다.
이 데이터를 바탕으로, 각 지역의 1인 세대 증가율을 분석하고 시각화하세요.

강남구 1인 세대 수(가상의 데이터)
2018년 : 100명
2019년 : 120명
2020년 : 140명
2021년 : 170명
2022년 : 180명
2023년 : 200명

- **증가율 계산** : 각 지역의 1인 세대 수가 매년 어떻게 변화했는지 증가율을 계산하세요.
- **선형 차트 시각화** : 지역별로 시간에 따른 1인 세대 증가율을 선형 차트로 시각화하세요.
- **분석 및 해석** : 강남구에서 1인 세대가 증가한 이유를 교통 접근성, 신규 아파트 단지 건설 등의 요인과 연결하여 추정해 보세요.

연습 **08** **1인 세대의 주거 형태와 연령대에 따른 선호도 데이터를 가지고 주거 형태(원룸, 오피스텔, 아파트)와 나이대 간의 상관관계를 분석하고 시각화하세요.**

- **산포도 시각화** : 나이대가 올라갈수록 더 넓은 주거 형태를 선호하는 경향이 있는지 산포도를 통해 시각화한 후, 소득 수준에 따른 차이를 분석하세요.
- **상관관계 분석** : 데이터를 해석하여 나이대가 높아질수록 선호하는 주거 형태가 어떻게 달라지는지 분석하세요.
- **추가 분석** : 나이대와 주거 형태 외에 소득 수준이 상관관계에 어떤 영향을 미칠 수 있는지 논의하세요.

연습 09 서울의 각 구별 인구 밀도와 주거 형태(원룸, 오피스텔, 아파트) 선호도 데이터를 바탕으로, 인구 밀도와 주거 형태 간의 관계를 분석하세요.

- **히트맵 시각화** : 각 구의 인구 밀도와 주거 형태 선호도를 히트맵으로 시각화하여, 인구 밀도뿐만 아니라 주거 비용이나 교통 접근성과의 상관관계를 시각적으로 분석해 보세요.
- **분석 및 해석** : 인구 밀도가 높은 지역과 낮은 지역에서 각각 어떤 주거 형태가 많이 선호되는지를 분석하고 그 이유를 추론해 보세요.
- **추가 분석** : 인구 밀도 외에 다른 요인(예 : 주거 비용, 접근성)이 주거 형태 선호에 미치는 영향을 논의하세요.

연습 10 서울 1인 세대의 소득 수준과 주거 만족도 데이터를 사용하여 소득 수준이 주거 만족도에 미치는 영향을 분석하세요.

- **막대 차트 시각화** : 소득 수준별 주거 만족도를 막대 차트로 시각화하세요.
- **분석 및 해석** : 소득 수준이 높아질수록 주거 만족도가 어떻게 변화하는지 분석하세요.
- **추가 분석** : 주거 만족도에 영향을 미칠 수 있는 다른 요인들(예 : 주거 형태, 지역 접근성)을 고려하여 데이터를 분석해 보세요.

연습 11   서울 내 특정 구의 교통 접근성(지하철역, 버스 노선 등)과 주거 형태(원룸, 오피스텔, 아파트) 간의 관계를 분석하세요.

- **산포도 시각화** : 교통 접근성과 주거 형태 간의 상관관계를 산포도를 통해 시각화하세요.
- **분석 및 해석** : 교통 접근성이 높은 지역에서 어떤 주거 형태가 더 선호되는지 분석하고, 교통 접근성 과 주거 형태 간의 상관관계를 설명하세요.
- **추가 분석** : 교통 접근성 외에 다른 요인(예 : 지역 내 편의 시설)이 주거 형태 선호에 미치는 영향을 논의하세요.

응용 실습 (2)
- 평가자료 개발

───── 학 습 목 표 ─────

- AI를 활용한 평가자료 개발 : 평가자료(시험 문제, 퀴즈 등)를 개발
  하는 데에 있어 AI의 기능과 활용법을 이해한다.
- 다양한 평가 방법 학습 : 교수자와 학생의 관점에서 시험 문제와
  퀴즈를 설계하고 활용하는 다양한 방법을 익힌다.
- 창의적 문제 해결 능력 향상 : AI를 활용하여 창의적이고 효율적인
  평가자료를 개발하는 방법을 실습한다.

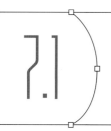

7.1 평가자료 개발의 새로운 접근

생성형 인공지능(GPT) 기술과 교육 평가의 혁신

생성형 인공지능(GPT) 기술의 발전은 교육 분야에서 평가자료를 개발하는 방식을 혁신적으로 변화시키고 있다. GPT는 단순히 문제를 출제하는 도구를 넘어 교수자와 학생 모두에게 맞춤형 학습 경험을 제공하는 중요한 역할을 하고 있다. 이 기술을 활용하면 학습자의 개별 수준과 필요에 맞춘 평가자료를 효율적으로 생성할 수 있으며, 이는 교육의 질을 높이고 평가의 공정성과 유효성을 강화하는 데 기여한다.

GPT를 사용하면 시험 문제, 퀴즈, 연습 문제 등 다양한 형태의 평가자료를 손쉽게 개발할 수 있다. 특히, 주관식, 객관식, 서술형 등 다양한 문제 유형을 생성할 수 있어, 학생들의 전반적인 학습 수준과 이해도를 심층적으로 평가할 수 있다. 또한, 기술적 도구로서 GPT는 문제 난이도를 자동으로 조정하거나, 특정 개념이나 주제에 초점을 맞춘 문제를 설계할 수 있는 기능을 제공한다. 이를 통해 교수자는 단순히 문제 개발에 소비하는 시간을 절약할 뿐만 아니라, 더 많은 시간을 학생들의 학습 피드백과 개별 지도에 집중할 수 있다.

한편, GPT는 학생들에게도 큰 이점을 제공한다. 학습자는 생성된 문제를 통해 자신이 이해하지 못한 부분을 스스로 점검하고, 즉각적인 피드백을 통해 학습을 보완할 수 있다. 또한, AI 기반의 학습자료는 학생의 학습 진행 상황에 따라 적응적으로 변형될 수 있어 학습의 효과를 극대화할 수 있다. 예를 들어, 특정 과목에서 어려움을 겪고 있는 학생에게는 기초적인 문제를 제공하고, 상위 학습자에게는 고난도의 문제를 제시하는 방식으로 맞춤형 학습을 실현할 수 있다.

이 장에서는 GPT를 활용하여 시험 문제와 퀴즈 같은 평가자료를 개발하고 활용하는 방법을 교수자와 학생의 관점에서 살펴본다. 특히, 평가자료를 효과적으로 설계하고 사용하는 방법, 그리고 이를 통해 학습 효율성과 평가의 신뢰도를 높이는 방법에 대해 논의한다. 더 나아가, GPT 기술이 교육 현장에서 평가의 공정성을 강화하고, 학습의 다양성을 증진하는 데 어떻게 기여할 수 있는지를 구체적인 사례와 함께 제시한다.

이처럼 GPT 기술은 교육 평가 분야에서 혁신적이고 통합적인 학습 환경을 제공하는 중요한 기반으로 자리 잡고 있다. 이를 통해 미래의 교육 환경은 학생 중심의 맞춤형 학습과 효율적인 평가 시스템으로 진화해 나갈 것이다.

7.2 교수자 입장에서의 평가자료 개발

교수자의 입장에서 평가자료 개발은 단순히 학생들의 학업 성취도를 측정하는 도구를 마련하는 것에 그치지 않는다. 잘 설계된 평가자료는 학생들의 이해도를 파악하고, 교수 전략을 개선하며, 학습 목표를 효과적으로 달성하는 데 중요한 역할을 한다. 특히, 학생들의 학습 성향과 수준이 다양해짐에 따라 평가 방법 또한 맞춤형으로 제공할 필요성이 커지고 있다.

생성형 인공지능(GPT) 기술의 도입은 이러한 요구를 충족시키는 데 매우 유용하다. GPT는 교수자가 다양한 형태의 평가자료를 손쉽게 개발할 수 있도록 도와주며, 학생 개개인의 학습 수준에 맞는 맞춤형 문제를 제공할 수 있는 기능을 갖추고 있다. 이를 통해 교수자는 더욱 정확하고 공정한 평가를 할 수 있으며, 학생들에게는 보다 개인화된 학습 경험을 제공할 수 있다.

AI를 활용한 퀴즈 및 시험 문제 개발

AI를 활용한 퀴즈 및 시험 문제 개발은 교수자가 학생들의 학습 성취도를 보다 효과적으로 평가할 수 있도록 지원하는 중요한 도구이다.

생성형 인공지능(GPT)은 다양한 문제 유형을 빠르고 정확하게 생성할 수 있으며, 이를 통해 교수자는 수업 중이나 종강 시험에서 학생들의 이해도를 평가할 수 있는 고품질의 평가자료를 마련할 수 있다. 이 과정은 단순한 문제 출제를 넘어 문제의 난이도 조정, 피드백 제공, 자동 채점 시스템 구축 등 다양한 교육적 기능을 강화하는 데 기여한다.

AI는 수업 또는 종강 시험에서 사용할 다양한 형태의 문제를 생성한다. 이를 통해 교수자는 학생들의 학습 성취도를 평가할 수 있으며, 학생들은 다양한 문제 유형을 통해 학습 내용을 다각도로 이해하고 응용할 수 있다. GPT를 활용한 문제 생성은 객관식, 주관식, 단답형 문제 등 여러 유형의 문제를 효율적으로 제작할 수 있게 해 주며, 이를 통해 학습의 깊이와 폭을 동시에 확장할 수 있다.

다만, AI가 생성한 문제는 데이터의 한계로 인해 불완전하거나 부정확할 수 있다. 예를 들어, GPT는 특정 학습 데이터에 편향되어 있을 수 있으며, 특정 문제에 대해 오류를 포함할 수 있다. 따라서 교수자는 생성된 문제의 질을 항상 검토하고, 필요에 따라 수정해야 한다.

1) GPT를 활용한 문제 생성

● **목적** : 수업 또는 종강 시험에서 사용할 다양한 형태의 문제를 생성한다.

● **실습 단계**

① **객관식 문제 생성** : GPT를 이용해 특정 개념이나 지식을 평가할 수 있는 객관식 문제를 생성한다.

- **예시 1** : "다음 중 18세기 유럽에서 발생한 주요 철학적 운동은 무엇인가요?"
- **예시 2** : "다음 중 데이터 전처리 과정에서 수행되는 작업이 아닌 것은 무엇인가요?"

② **주관식 문제 생성** : 논리적 사고와 이해도를 평가할 수 있는 주관식 문제를 생성한다.

- **예시 1** : "계몽주의의 주요 특징을 설명하고, 이 운동이 현대 사회에 미친 영향을 논의하세요."
- **예시 2** : "데이터 시각화의 중요성을 설명하고, 이를 통해 어떤 인사이트를 도출할 수 있는지 논의하세요."

③ **단답형 문제 생성** : 사실 확인과 기본 개념 이해를 평가할 수 있는 단답형 문제를 생성한다.

- **예시 1** : "프랑스 혁명의 시작 연도는 무엇인가요?"
- **예시 2** : "머신러닝에서 사용되는 모델 평가 지표 중 하나는 무엇인가요?"

2) 생성된 문제 분석

● **목적** : AI가 생성한 문제를 분석하여 학생들의 이해도를 평가할 수 있는지, 문제의 난이도가 적절한지를 평가한다.

● **실습 단계**

① **문제 난이도 평가** : 각 문제의 난이도를 파악하고, 학생들의 다양한 수준에 맞게 조정한다.

- **예시 1** : 단순 사실 확인 문제는 초급 학생들에게, 논리적 분석을 요구하는 문제는 고급 학생들에게 적합하도록 난이도를 설정한다.
- **예시 2** : 초급 수준의 학생에게는 기본 개념을 묻는 질문을, 고급 수준의 학생에게는 응용 능력을 요구하는 문제를 설정한다.

② **문제의 다양성 검토** : 문제 유형이 다양하여 학생들이 다각도로 사고할 수 있는지 확인한다.

- **예시 1** : 객관식, 주관식, 단답형 문제를 혼합하여 출제함으로써 다양한 사고 능력을 평가한다.
- **예시 2** : 객관식 문제와 주관식 문제를 혼합하여 출제함으로써 학생들이 분석적 사고와 비판적 사고를 동시에 활용할 수 있도록 유도한다.

3) 자동 채점 시스템 탐구

● **목적** : AI를 활용해 생성된 문제의 예상 답안을 도출하고, 이를 기반으로 자동 채점 시스템을 구축하는 방법을 탐구한다.

● 실습 단계

① **예상 답안 생성** : GPT를 통해 각 문제의 예상 답안을 생성하고, 이를 기반으로 자동 채점 시스템을 설계한다.

  • **예시** : 객관식 문제의 경우 정답 옵션을 설정하고, 주관식 문제의 경우 특정 키워드나 논리적 구조, 문장 구조를 기준으로 답안을 평가한다.

② **자동 채점 시스템 구축** : 생성된 답안을 이용해 자동 채점 알고리즘을 개발하고, 이를 실제 시험에 적용해 본다.

  • **예시** : 주관식 문제에 대해 키워드 매칭 알고리즘을 이용해 부분 점수를 부여하는 방식으로 채점 시스템을 구현한다.

4) 평가 기준 및 방식 설정

● **목적** : 문제를 채점하고 결과를 평가할 기준과 방식을 명확히 설정한다.

● **실습 단계**

① **채점 기준 설정** : 문제 유형별로 채점 기준을 설정하여 일관된 평가가 이루어지도록 한다.

  • **예시** : 객관식 문제는 정답/오답으로, 주관식 문제는 논리성, 정확성, 키워드 포함 문장 구조 등으로 평가 기준을 나눈다.

② **피드백 제공** : 학생들이 채점 결과를 통해 학습을 보완할 수 있도록 GPT를 활용한 피드백 시스템을 구축한다.

  • **예시** : 자동 채점 후 학생에게 제공할 피드백을 GPT가 생성하여 학습 부족 부분을 개선할 수 있도록 돕는다.

다음 실습 예시를 살펴보자.

객관식 문제

다음 중 18세기 유럽에서 발생한 주요 철학적 운동은 무엇인가요?

① 르네상스
② 계몽주의
③ 낭만주의
④ 실증주의

정답 : 계몽주의
오답 : 르네상스, 낭만주의, 실증주의
자동 채점 기준 : 정답 옵션 선택 시 만점, 오답 선택 시 0점을 부여한다.

객관식 문제

다음 중 뉴턴의 운동 법칙에 해당하지 않는 것은 무엇인가요?

① 물체에 작용하는 힘은 질량과 가속도의 곱이다.

② 물체는 외부에서 힘이 작용하지 않는 한 계속 정지해 있거나 직선 운동을 지속한다.

③ 모든 작용에는 크기가 같고 반대 방향인 반작용이 존재한다.

④ 물체의 에너지는 절대 보존되지 않는다.

정답 : ④ 물체의 에너지는 절대 보존되지 않는다.

자동 채점 기준 : 정답(④)을 선택하면 만점, 다른 선택지들은 0점을 부여한다.

주관식 문제

계몽주의의 주요 특징을 설명하고, 이 운동이 현대 사회에 미친 영향을 논의하세요.

예상 답안 : 계몽주의는 인간 이성의 힘을 강조하며, 자유와 평등을 중시하는 운동이다. 현대 사회에서는 민주주의와 인권의 발전에 큰 영향을 미쳤다.

자동 채점 기준 : 논리성, 키워드(이성, 자유, 평등, 민주주의, 인권) 포함 여부 등을 기준으로 점수를 부여한다.

주관식 문제

딥러닝(Deep Learning)에서 활용되는 신경망(Neural Network)의 기본 구조와 동작 원리를 설명하고, 이 기술이 이미지 인식 분야에서 어떻게 적용되는지 예를 들어 설명하세요.

예상 답안 : 딥러닝에서 활용되는 신경망은 여러 층의 노드로 이루어진 구조로, 입력층(Input Layer), 은닉층(Hidden Layer), 출력층(Output Layer)으로 구성된다. 각 노드는 활성화 함수를 통해 입력된 데이터를 처리하고, 이를 다음 층으로 전달한다. 이 기술은 이미지 인식 분야에서 CNN(Convolutional Neural Network)과 같은 구조로 적용되며, 필터링과 특징 추출 과정을 통해 이미지의 패턴을 인식하고 분류한다. 예를 들어, 자율주행차에서는 CNN이 교통 표지판이나 보행자를 인식하는 데 활용된다.

자동 채점 기준 : 신경망의 기본 구조(입력층, 은닉층, 출력층)와 동작 원리(활성화 함수, 데이터 처리)의 설명, 그리고 이미지 인식에서 CNN의 역할과 적용 예시가 포함된 경우 높은 점수를 부여한다. 논리적 전개와 주요 키워드(신경망, CNN, 특징 추출, 이미지 인식 등)의 포함 여부를 기준으로 부분 점수도 부여할 수 있다.

이와 같은 실습을 통해 교수자는 AI를 활용한 평가자료 개발의 전 과정을 체험할 수 있으며, 학생들의 학습 성취도를 보다 정확하게 평가할 수 있는 다양한 도구를 마련할 수 있다.

학생 맞춤형 평가자료 개발

학생 맞춤형 평가자료 개발은 학생들이 자신의 학습 수준에 맞는 과제를 통해 학습 성과를 극대화할 수 있도록 돕는 중요한 교육적 접근법이다. 모든 학생이 동일한 학습 능력을 가지지 않기 때문에, 각 학생의 학습 수준에 맞춘 문제를 제공하는 것이 효과적인 학습을 촉진한다. 이 과정에서 생성형 인공지능(GPT)은 학생 개개인의 학습 필요와 성향을 반영한 맞춤형 문제를 생성하고, 피드백을 제공하는 데 큰 역할을 할 수 있다. 이러한 맞춤형 접근법은 학생들이 학습에서 겪는 어려움을 더 잘 이해하고, 그에 맞는 지원을 제공할 수 있다.

또한, 학생이 잘못된 답변을 작성한 경우 GPT는 그 답변의 부족한 점을 분석하고 학생에게 구체적인 피드백을 제공한다. 이를 통해 학생은 자신의 학습 격차를 파악하고 이를 개선할 수 있다.

1) 학생 수준 분석 및 문제 출제

Step 1 학생 수준 분석

● **목적** : 학생들의 학습 수준을 파악하여 그에 맞는 문제를 출제한다. 학생들이 최근에 치른 시험이나 과제 결과를 바탕으로, 각 학생의 이해도와 학습 격차를 분석할 수 있다.

● **실습 예시** : GPT에게 "학생의 최근 시험 점수를 바탕으로 이해도가 낮은 주제를 파악해 줘."라고 요청하여 이해도가 낮은 주제를 도출한다.
  • **예시 입력** : "학생 A는 최근 프랑스 혁명에 대한 시험에서 70점을 받았다. 이 주제에서 학생이 어려워하는 부분을 파악하고 이에 맞는 문제를 만들어 줘."
  • **GPT 응답 예시** : "학생 A는 사회적 불평등과 프랑스 혁명 사이의 관계를 이해하는 데 어려움을 겪고 있습니다. 이에 대한 기초 문제를 만들어 드리겠습니다."

Step 2 맞춤형 문제 생성

● **목적** : GPT를 이용해 학생들이 푼 문제에 대해 개별 피드백을 생성하고 제공한다. 이 피드백은 학생들이 이해하지 못한 부분을 보완하고, 학습의 방향을 제시하는 데 유용하다.

● **기초 수준 문제** : 기초 개념을 평가하기 위해 GPT에게 기초 수준의 문제를 생성하도록 요청한다.
  • **예시** : "프랑스 혁명에서 사회적 불평등이 발생한 이유를 설명해 줘."

- **정답 예시** : "프랑스 혁명은 사회적 불평등, 특히 계급 차별과 경제적 불평등이 주요 원인이 되었습니다."

● **심화 수준 문제** : 학생의 비판적 사고 능력을 평가하기 위해 심화된 문제를 생성한다.
- **예시** : "프랑스 혁명이 근대 유럽 정치에 미친 영향을 분석하고, 그 결과로 나타난 주요 정치 체제를 논의한다."
- **정답 예시** : "프랑스 혁명은 근대 민주주의의 발전에 중대한 영향을 미쳤으며, 특히 입헌 군주제와 공화정의 확립에 기여했습니다."

2) 맞춤형 피드백 제공

`Step 3` **학생 답변 분석 및 피드백 생성**

● **맞춤형 피드백 생성** : 학생의 답변에 대한 개별 피드백을 생성한다. 이 피드백은 학생의 이해도를 보완하고, 학습 방향을 제시하는 데 유용하다.
- **예시** : "학생이 작성한 프랑스 혁명에 대한 답변이 사회적 불평등을 잘 다루고 있지만, 경제적 요인에 대한 언급이 부족. 경제적 불평등이 혁명의 또 다른 촉매제였음을 추가해 줘."
- **GPT 응답 예시** : "이 답변은 사회적 불평등의 중요성을 잘 설명하고 있지만, 경제적 요인이 생략되어 있습니다. 경제적 불평등이 프랑스 혁명의 또 다른 주요 원인이었다는 점을 강조해 보세요."

3) 맞춤형 평가자료의 필요성

`Step 4` **학생 맞춤형 평가자료의 필요성 강조**

● **학습 격차 해소** : 학생들의 학습 격차를 줄이기 위해 맞춤형 평가자료를 제공하는 중요성을 강조한다.
- **예시** : "학생 A는 프랑스 혁명과 관련된 기초 개념은 이해하고 있으나, 심화된 정치적 영향에 대해 더 많은 학습이 필요하다. 이 문제와 피드백을 통해 학습 격차를 줄일 수 있다."

● **학생의 자신감 향상** : 맞춤형 문제를 통해 학생들이 학습에 자신감을 가질 수 있도록 지원한다.
- **예시** : "학생 A는 사회적 불평등에 대한 이해가 향상되었으며, 이를 통해 프랑스 혁명에 대한 전반적인 이해도가 증가했다. 다음 학습 단계로 넘어가기에 충분하다."

이러한 실습을 통해 교수자는 학생 개개인의 학습 요구에 맞춘 평가자료를 개발하고 제공할 수 있으며, 이는 학생들의 학습 성과를 극대화하는 데 중요한 역할을 한다.

7

응용 실습 (2) - 평가자료 개발

학생 맞춤형 평가자료 예시

다음 실습 예시를 살펴보자.

> - 예시 시나리오 :
> - 강의 주제 : "인공지능의 기본 개념"
> - 학생 A : 인공지능 개념에 대한 기초 지식이 부족하다.
> - 학생 B : 인공지능의 심화 개념을 이해하고 있다.

1) 맞춤형 문제 생성

● 기초 수준 문제 생성

> - 문제 : "인공지능의 정의를 간단히 설명하세요."
> - 정답 예시 : "인공지능은 컴퓨터가 인간의 지능적인 행동을 모방하는 기술입니다."
> - 문제 : "머신러닝과 딥러닝의 차이점을 간단히 설명하세요."
> - 정답 예시 : "머신러닝은 데이터로부터 학습하는 알고리즘을 사용하고, 딥러닝은 이러한 알고리즘 중에서도 신경망을 사용하는 방식입니다."

● 심화 수준 문제 생성

> - 문제 : "인공지능의 윤리적 문제에 대해 논의하고, 이를 해결하기 위한 방법을 제시하세요."
> - 정답 예시 : "인공지능의 윤리적 문제는 프라이버시 침해, 편향된 데이터 사용, 책임 소재 불명확성 등을 포함합니다. 이를 해결하기 위해 투명한 데이터 사용, 설명 가능한 AI, 그리고 규제 기관의 감독이 필요합니다."
> - 문제 : "GAN(Generative Adversarial Networks)의 작동 원리를 설명하고, 이를 활용한 실제 응용 사례를 두 가지 제시하세요."
> - 정답 예시 : "GAN은 2개의 신경망, 생성자와 판별자가 경쟁하면서 데이터를 생성하는 모델입니다. 응용 사례로는 딥페이크 영상 생성과 이미지 복원이 있습니다."

2) 맞춤형 피드백 제공

● 기초 수준 피드백

> 피드백 예시 : "정의는 잘 설명하였지만, 인공지능이 어떻게 인간의 지능적인 행동을 모방하는지에 대한 구체적인 예시를 추가해 보자. 예를 들어, 음성 인식이나 자율 주행 자동차 등을 설명할 수 있다."

● 심화 수준 피드백

> 피드백 예시 : "윤리적 문제에 대한 논의는 매우 잘 이루어졌다. 그러나 해결 방안에서 더 구체적인 사례나 현재 시행되고 있는 정책을 언급하면 논의가 더 풍부해질 수 있다."

3) 맞춤형 평가자료의 필요성

● 학습 격차 해소

> - 학생 A는 인공지능의 기초 개념을 잘 이해하고 있으며, 이제 응용 사례에 대한 문제를 풀어보며 더 깊이 있는 학습을 진행할 수 있다.
> - 학생 B는 이미 심화된 내용을 잘 이해하고 있어, AI 기술의 최신 동향이나 연구 과제에 대한 문제를 풀어보며 더 도전적인 학습을 진행할 수 있다.

● 자신감 향상

> - 학생 A는 기초 문제를 성공적으로 풀며 자신감을 얻고, 심화 학습에 대한 동기 부여를 받게 된다.
> - 학생 B는 복잡한 문제도 풀어낼 수 있다는 자신감을 갖게 됨으로써 더 높은 수준의 학습에 도전할 수 있게 된다.

이렇게 교수자는 ChatGPT를 활용하여 학생들의 개별 학습 수준과 필요에 맞춘 평가자료를 효과적으로 개발할 수 있다. 이를 통해 학습자의 이해도를 정교하게 평가하고, 부족한 부분을 보완할 수 있는 맞춤형 학습 환경을 제공할 수 있다. 또한, 이러한 접근은 학습 격차를 줄이는 데 기여하며, 학생들이 자신의 학습 목표를 보다 자신감 있게 달성할 수 있도록 동기를 부여한다. ChatGPT가 생성한 평가자료는 학습의 효율성을 높이는 동시에, 학생들이 보다 능동적이고 적극적으로 학습에 참여할 수 있는 기회를 제공한다.

7.3 학생 입장에서의 평가자료 활용

학생들이 GPT를 통해 예상 문제를 생성하고 이를 활용해 학습에 적극적으로 활용하도록 한다. 이를 통해 학습 전략을 더욱 체계적으로 수립하고, 시험 준비 과정에서 부족한 부분을 효과적으로 보완할 수 있다.

GPT를 활용한 이 과정은 단순히 문제를 푸는 데 그치지 않고, 학생들이 수업 내용을 깊이 있게 이해하고 적용할 수 있도록 돕는다. 예상 문제를 생성하는 과정에서 학생들은 핵심 개념을 되짚어보고, 다양한 유형의 질문을 통해 사고의 폭을 넓히며, 자신만의 학습 스타일을 개발할 수 있는 기회를 가진다. 이러한 방법은 개인화된 학습 경험을 제공하며, 학습의 효율성을 극대화할 수 있다.

AI를 활용한 예상 문제 생성 및 학습

학생이 수업 내용을 복습하며 ChatGPT를 활용해 시험 예상 문제를 생성하고, 이를 통해 학습을 심화하는 방법을 배운다.

1) ChatGPT를 활용한 문제 생성

● **목적** : 학생은 ChatGPT에게 수업에서 배운 내용을 바탕으로 시험 예상 문제를 생성해 달라고 요청할 수 있다. 예를 들어, 수업 주제가 '인공지능의 기본 원리'라면, 다음과 같은 요청을 할 수 있다.

● **실습 단계**
  · **문제 생성 요청 입력 예시** : ChatGPT에 "인공지능의 기본 원리에 대한 시험 예상 문제를 5개 만들어 줘."와 같은 명령을 입력하여 예상 문제를 생성한다.

● **ChatGPT 생성 예시**

> ① 인공지능(AI)와 머신러닝(ML)의 차이점을 설명하세요.
> ② 인공지능의 세 가지 주요 분류를 나열하고 각각에 대해 설명하세요.
> ③ 강화 학습과 지도 학습의 차이점을 비교하세요.
> ④ 뉴럴 네트워크의 작동 원리를 간단히 설명하세요.
> ⑤ 비지도 학습의 장점과 단점을 설명하세요.

2) 생성된 문제를 이용한 학습

● **목적** : 학생은 ChatGPT가 생성한 예상 문제를 바탕으로 답안을 작성해 본다. 예를 들어, "뉴럴 네트워크의 작동 원리를 간단히 설명하세요."라는 문제에 대해 답안을 작성한 후, ChatGPT에게 해당 답안을 검토하거나 보완해 달라고 요청할 수 있다.

● **실습 단계**

　① **답안 작성** : 학생은 질문에 대한 답안을 작성한다.

　② **GPT에게 요청** : 작성한 답안을 ChatGPT에게 검토해 달라고 요청한다.

　　・ **입력 예시** : "이 답안을 검토하고 더 나은 답안을 제시해 줘."

● **ChatGPT 피드백 예시**

> "뉴럴 네트워크는 인간의 뇌 구조를 모방하여 설계된 알고리즘입니다. 입력 데이터가 여러 계층을 통과하며, 각 계층에서 가중치가 적용되어 최종 출력을 생성합니다. 뉴럴 네트워크는 주로 이미지 인식, 음성 인식 등 다양한 분야에 활용됩니다."

3) 시험 대비 학습 활용

● **목적** : 학생은 ChatGPT로 생성된 문제와 답안을 여러 번 복습하면서 학습에 대한 이해도를 높인다. 또한, ChatGPT에게 추가 문제를 생성해 달라고 요청하거나 특정 주제에 대한 심화 문제를 요구할 수도 있다.

● **실습 단계**

　・ **심화 문제 입력 예시** : "인공지능의 최신 기술에 대한 심화 문제를 만들어 줘."

● **ChatGPT 생성 예시**

> ・ "딥러닝이 최근 몇 년간 인공지능 발전에 기여한 주요 혁신을 설명하세요."
> ・ "GAN(Generative Adversarial Network)의 원리와 활용 사례를 논의하세요."

4) 퀴즈 생성 및 활용

● **목적** : 학생이 ChatGPT를 통해 퀴즈를 생성하고, 이를 반복 학습하여 주요 개념을 효과적으로 암기하는 방법을 익힌다.

● 실습 단계

- **퀴즈 문제 생성** : 학생은 특정 주제에 대한 퀴즈를 생성해 달라고 ChatGPT에 요청할 수 있다. 예를 들어, 주제가 '컴퓨터 공학의 기초'라면 입력 예시와 같은 요청을 할 수 있다.
- **입력 예시** : "ChatGPT, 컴퓨터 공학의 기초에 대한 퀴즈 문제를 5개 만들어 줘."

● ChatGPT 생성 예시

> ① CPU의 주요 역할은 무엇인가요?
> ② RAM과 ROM의 차이점을 설명하세요.
> ③ 이진수 1010은 10진수로 얼마인가요?
> ④ 컴파일러와 인터프리터의 차이점은 무엇인가요?
> ⑤ 기본적인 알고리즘 설계 기법을 두 가지 설명하세요.

5) 퀴즈를 통한 반복 학습

● **목적** : 학생은 생성된 퀴즈를 풀면서 부족한 부분을 보완할 수 있다. 예를 들어, 컴파일러와 인터프리터의 차이점에 대해 명확히 이해하지 못한 경우, ChatGPT에게 해당 개념에 대한 추가 설명을 요청할 수 있다.

● 실습 단계

- **입력 예시** : "컴파일러와 인터프리터의 차이점을 더 자세히 설명해 줘."

● ChatGPT 피드백 예시

> "컴파일러는 소스 코드를 한 번에 번역하여 실행 가능한 파일로 생성합니다. 반면, 인터프리터는 소스 코드를 한 줄씩 번역하여 바로 실행합니다. 컴파일러는 실행 속도가 빠르지만, 디버깅이 어려울 수 있습니다. 인터프리터는 실행 속도가 느리지만, 코드 수정 후 바로 실행 결과를 확인할 수 있습니다."

- **학습 진도 체크** : 학생은 ChatGPT를 이용해 자신이 푼 퀴즈의 정답률을 체크하거나 추가 퀴즈를 통해 반복 학습을 강화할 수 있다. 이를 통해 자신이 잘 이해한 부분과 추가 학습이 필요한 부분을 명확히 할 수 있다.

이와 같은 실습을 통해 학생들은 ChatGPT를 활용해 시험 예상 문제와 퀴즈를 생성하고, 이를 통해 보다 효율적인 학습을 할 수 있다. 또한, 자신만의 학습 도구로 활용하여 이해가 부족한 부분을 보완하고, 지속적으로 학습 성과를 향상시킬 수 있다.

AI를 활용한 맞춤형 학습자료 개발

학생이 자신의 학습 수준과 목표에 맞춘 맞춤형 학습자료를 생성하고, 이를 통해 학습의 효율성을 극대화한다. 또한, AI를 통해 제공되는 피드백을 바탕으로 학습 과정에서의 강점과 약점을 파악하고, 이를 보완하는 방법을 모색한다.

1) 맞춤형 학습자료 생성

● **목적** : GPT를 활용해 학생의 개별 학습 수준과 목표에 맞는 맞춤형 학습자료를 생성한다.

● **실습 단계**

① **학습 목표 설정** : 학생은 자신이 학습하고자 하는 주제와 목표를 설정한다. 예를 들어, "인공지능의 기본 개념을 깊이 이해하고 싶다"는 목표를 설정할 수 있다.

② **GPT에게 요청** : 설정된 목표를 기반으로 GPT에게 맞춤형 학습자료를 생성해 달라고 요청한다. 예를 들어, "인공지능의 기본 개념을 설명하는 학습자료를 만들어 줘."라고 요청한다.

③ **학습자료 생성** : GPT는 학생의 요청에 맞춰 관련 개념, 예제, 연습 문제 등을 포함한 학습자료를 생성한다.

● **실습 예시**

> • 입력 예시 : "ChatGPT, 인공지능의 기본 개념에 대한 학습자료를 만들어 줘."
> • ChatGPT 생성 예시
>   - 개념 설명 : 인공지능은 컴퓨터 시스템이 인간과 유사한 방식으로 학습하고 문제를 해결할 수 있도록 하는 기술이다. 주요 분류에는 기계 학습, 인공신경망, 자연어 처리 등이 포함된다.
>   - 예제 문제 : "기계 학습과 전통적 프로그래밍의 차이점을 설명하세요."
>   - 연습 문제 : "인공신경망의 기본 구성 요소를 나열하고, 각각의 기능을 설명하세요."

2) 생성된 자료를 이용한 학습

● **목적** : GPT가 생성한 학습자료를 바탕으로 학습을 진행하고, 학습 목표를 달성하기 위한 효율적인 학습 방법을 모색한다.

● **실습 단계**

① **학습자료 검토** : GPT가 생성한 자료를 바탕으로 학습을 진행한다. 각 개념을 이해하고, 예제와 연습 문제를 풀어본다.

② **추가 요청** : 학습 중 이해되지 않는 부분이 있거나 더 심화된 학습이 필요하다면, 추가 자료 생성을 요청할 수 있다.

● **실습 예시**

- 입력 예시 : "ChatGPT, 인공신경망의 활성화 함수에 대한 심화 자료를 만들어 줘."
- ChatGPT 피드백 예시 : "활성화 함수는 신경망에서 뉴런의 출력 값을 결정하는 함수로, 주요 종류에는 Sigmoid, ReLU, Tanh 등이 있습니다. 각 함수의 특징과 사용 사례를 심도 있게 분석해 보겠습니다."

3) 피드백 제공 및 학습 보완

● **목적** : GPT가 제공하는 피드백을 통해 학생이 학습 과정에서의 강점과 약점을 파악하고, 부족한 부분을 보완하는 방법을 모색한다.

● **실습 단계**

① **피드백 요청** : 학생은 자신이 작성한 답안이나 해결한 문제에 대해 GPT에게 피드백을 요청할 수 있다.

② **피드백 분석** : GPT의 피드백을 바탕으로 자신의 강점과 약점을 파악하고, 부족한 부분을 보완하기 위한 추가 학습 전략을 수립한다.

● **실습 예시**

- 입력 예시 : "이 문제에 대한 답안을 검토해 줘."
- ChatGPT 피드백 예시 : "이 답변은 인공신경망의 기본 개념을 잘 설명하고 있지만, 활성화 함수의 역할에 대한 설명이 부족합니다. 활성화 함수가 신경망의 학습 과정에 어떻게 기여하는지 추가로 설명해 보세요."

- **활용** : 학생은 GPT의 피드백을 반영하여 추가 학습을 진행하고, 다시 피드백을 요청함으로써 점차적으로 자신의 학습 성취도를 향상시킬 수 있다.

이와 같은 실습을 통해 학생들은 GPT를 활용하여 자신만의 맞춤형 학습자료를 생성하고, 이를 바탕으로 학습 목표를 달성할 수 있다. 또한, 피드백을 통해 학습 과정에서의 약점을 보완하며, 지속적으로 학습 효율성을 높일 수 있다.

자, 이제 직접 하나의 예시를 통해 작업해 보자.

● **과제**
수업 내용을 바탕으로 ChatGPT를 이용해 예상 문제를 생성하고, 답안을 작성한다. 이후 ChatGPT로부터 피드백을 받고 답안을 개선해 본다.

학생은 AI와 상호작용하는 과정을 통해 학습을 심화하고, 기존에 이해하지 못했던 개념을 보다 명확하게 정리할 수 있다. AI는 학생이 가진 질문에 대해 즉각적인 피드백을 제공하거나, 추가적인 설명과 예시를 제시함으로써 학습을 보완하는 역할을 한다. 이 과정에서 학생은 단순히 답을 얻는 것을 넘어 AI와의 대화를 통해 사고력을 확장하고 문제 해결 능력을 키울 수 있다. 또한, AI는 학생의 학습 수준과 속도에 맞춘 적응형 학습 경험을 제공하여, 학습의 몰입도를 높이고 자기주도적 학습을 촉진할 수 있다.

7

응용 실습 (2) ㅡ 평가자료 개발

7.4 AI를 활용한 평가자료 개발의 장점과 도전 과제

AI를 활용한 평가자료 개발은 교수자와 학생 모두에게 많은 이점을 제공하지만, 그 과정에서 몇 가지 도전 과제도 존재한다. 예를 들어, AI가 생성하는 문제의 수준과 질을 지속적으로 검토해야 하며, 생성된 자료가 실제 학습 목표와 일치하는지를 평가해야 한다. 또한, AI를 활용한 평가자료 개발은 교수자와 학생 모두에게 기술적 숙련도와 창의적 사고가 요구되며, 이러한 부분에서의 지원도 필요하다.

평가자료 개발의 장점

장점들은 교육 과정의 효율성을 높이고, 맞춤형 학습 경험을 지원하는 데 기여한다. 표 7-1은 AI 기반 평가자료 개발의 주요 장점을 정리하였다.

표 7-1 평가자료 개발의 장점

항목	내용
효율성 향상	AI는 교수자에게 시간과 노력을 절약해 주는 강력한 도구이다. 예를 들어, 반복적인 작업이나 대규모 학생 그룹을 대상으로 하는 평가자료 개발 과정에서 AI는 매우 유용하다. 자동으로 문제를 생성하고 채점할 수 있어, 교수자는 더 중요한 교육 활동에 집중할 수 있다. • 예시 : GPT를 활용해 단시간에 다양한 문제 유형(객관식, 주관식, 단답형 등)을 생성할 수 있어 대규모 시험에서도 효율적으로 평가자료를 준비할 수 있다.
맞춤형 학습 지원	AI는 학생들의 개별 학습 수준과 요구에 맞는 평가자료를 생성할 수 있어 맞춤형 학습 지원이 가능하다. 이를 통해 학생들은 자신에게 맞는 학습자료를 통해 효율적으로 학습할 수 있다. • 예시 : GPT를 사용해 학생 개개인의 학습 진행 상황에 맞춰 난이도가 조절된 문제를 생성하여 학습 격차를 줄이고 성취도를 높일 수 있다.
즉각적인 피드백 제공	AI를 통해 즉각적인 피드백이 가능하여, 학생들은 학습 중에 실시간으로 자신이 이해하지 못한 부분을 확인하고 보완할 수 있다. 이러한 피드백은 학습 동기를 부여하고, 지속적인 성장을 촉진한다. • 예시 : 학생이 풀었던 문제에 대해 AI가 즉각적으로 피드백을 제공하여, 학생은 실수한 부분을 바로잡고 더 나은 답안을 작성할 수 있다.

평가자료 개발의 도전 과제

도전 과제들은 AI가 생성하는 자료의 질과 적합성을 보장하기 위해 반드시 해결해야 할 문제들이다. 표 7-2는 AI 기반 평가자료 개발의 주요 도전 과제를 정리하였다.

표 7-2 평가자료 개발의 도전 과제

항목	내용
질 관리	AI가 생성하는 문제와 평가자료의 질은 매우 중요하다. AI가 모든 문제를 적절하게 생성하는 것은 아니므로, 교수자는 AI가 생성한 자료를 지속적으로 검토하고 조정해야 한다. 잘못된 정보나 부정확한 문제가 포함될 가능성이 있기 때문이다. • 대응 방안 : 교수자가 AI가 생성한 문제를 수동으로 검토하고, 필요에 따라 수정하거나 보완하는 절차를 마련한다.
기술적 숙련도 요구	AI를 효과적으로 활용하려면 교수자와 학생 모두에게 일정 수준의 기술적 숙련도가 필요하다. 특히 AI 도구를 처음 사용하는 경우, 이를 배우고 적용하는 데 시간이 소요될 수 있다. • 대응 방안 : 교수자와 학생에게 AI 도구 사용법을 교육하고, AI 활용 능력을 기르기 위한 워크숍이나 자료를 제공한다.
창의적 사고의 필요성	AI는 다양한 문제를 생성할 수 있지만, 창의적이고 깊이 있는 문제를 생성하려면 인간의 창의적 사고가 필요하다. AI가 생성하는 자료가 학습 목표와 일치하는지를 평가하고, 필요한 경우 맞춤형 문제를 개발하는 데 교수자의 창의적 개입이 요구된다. • 대응 방안 : AI가 생성한 평가자료를 기반으로, 교수자가 추가적인 창의적 문제를 개발하거나, AI의 출력을 개선할 수 있는 프롬프트 엔지니어링을 적용한다.
윤리적 고려 사항	AI를 활용한 평가자료 개발 과정에서는 데이터의 정확성, 공정성, 그리고 학생들의 개인정보 보호와 같은 윤리적 문제가 발생할 수 있다. AI가 편향된 데이터를 기반으로 문제를 생성하는 경우, 불공정한 평가가 이루어질 수 있다. • 대응 방안 : AI가 사용하는 데이터의 출처와 편향성을 점검하고, 평가자료 개발 과정에서 윤리적 기준을 준수할 수 있도록 주의해야 한다.

지금까지 AI를 활용하여 교수자와 학생이 평가자료를 개발하고 활용하는 다양한 방법에 대해 살펴보았다. AI는 교육 현장에서 평가 과정을 혁신적으로 변화시키며, 단순히 시간을 절약하는 도구를 넘어 학습의 질을 향상시키는 데 핵심적인 역할을 하고 있다. 이를 통해 학습 효율성과 평가의 정확성을 높일 수 있을 뿐만 아니라, 학습자 맞춤형 평가를 실현하여 학생 개개인의 필요에 더욱 효과적으로 대응할 수 있다.

AI를 활용한 평가자료 개발은 교수자에게는 보다 효율적으로 자료를 설계하고 학습자를 지원할 수 있는 도구를 제공하며, 학생에게는 자기주도적 학습과 즉각적인 피드백을 받을 수 있는 기회를 제공한다. 나아가, 평가자료의 공정성과 다양성을 강화하여, 학습 격차를 줄이고 교육의 포용성을 높이는 데도 기여할 수 있다.

결론적으로, AI는 교육의 질적 변화를 이끄는 중요한 기술로 자리잡고 있으며, 교수자와 학생 모두에게 학습과 평가 과정에서 실질적인 도움을 줄 것이다. AI 기술의 발전과 함께, 이러한 도구들을 교육 현장에서 창의적으로 활용하는 노력은 앞으로도 계속되어야 할 것이다.

연습 01 **생성형 인공지능(GPT)을 활용한 평가자료 개발의 주요 장점 중 하나로 옳지 않은 것을 고르세요.**

① 교수자가 문제 출제 시간을 크게 단축할 수 있다.

② 학생 개개인의 학습 수준에 맞춘 맞춤형 평가자료를 쉽게 생성할 수 있다.

③ AI가 생성한 모든 문제의 질은 항상 완벽하다.

④ 즉각적인 피드백을 통해 학습 효율성을 높일 수 있다.

연습 02 **GPT를 활용한 맞춤형 학습자료 개발에서 학생 개개인의 학습 수준에 맞는 문제를 생성하는 것이 중요한 이유를 설명하세요.**

연습 03 **AI를 활용한 자동 채점 시스템에서 주관식 문제의 채점 기준으로 주로 사용하는 두 가지 요소는 무엇인가요?**

연습 04 **GPT를 활용한 평가자료 개발 시 고려해야 할 도전 과제로 옳지 않은 것을 고르세요.**

① AI의 문제 생성 속도

② 문제의 질 관리

③ 기술적 숙련도 요구

④ 윤리적 고려 사항

연습 05 교수자가 GPT를 사용하여 생성한 문제의 난이도를 조정해야 하는 이유를 설명하세요.

연습 06 AI가 생성한 문제와 평가자료의 질을 높이기 위해 교수자가 해야 할 작업은 무엇인가요?

연습 07 AI를 활용한 평가자료 개발에서 피드백 제공의 중요성에 대해 설명하세요. 특히, GPT를 활용하여 학생들에게 개별 피드백을 제공할 때 어떤 점들을 고려해야 하는지 논의하세요.

7

응용 실습 (2) – 평가자료 개발

응용 실습 (3)
- 프로페셔널 분야

─── 학 습 목 표 ───

- 제안서 작성에 AI를 활용하는 방법 이해 : GPT를 활용하여 전문적인 제안서를 작성하는 방법을 배운다.

- 연구 보고서 작성 능력 향상 : GPT를 사용하여 연구 보고서를 구조화하고, 내용을 보강하며, 데이터를 효과적으로 분석하는 방법을 습득한다.

- 프레젠테이션(PPT) 제작 능력 배양 : GPT와 협업하여 프레젠테이션의 내용과 디자인을 효율적으로 구성하는 방법을 학습한다.

- AI를 통한 문서 작성의 효율성 극대화 : 전문 문서 작성 과정에서 AI를 활용해 생산성을 높이고, 창의적인 접근법을 도입하는 능력을 기른다.

- AI 활용 시의 윤리적 고려 이해 : AI를 문서 작성에 활용할 때 고려해야 할 윤리적 이슈와 기술적 과제를 인식한다.

8.1 AI를 활용한 전문적 문서 작성의 중요성

AI 기술, 특히 생성형 인공지능(GPT)은 전문 문서 작성 과정에 혁신적인 변화를 가져오고 있다. GPT는 단순히 텍스트를 작성하는 것을 넘어 문서 작성의 다양한 단계에서 효율성을 극대화하고 창의적인 접근 방식을 도입할 수 있는 강력한 도구로 활용될 수 있다. 이는 교수자와 학생 모두에게 유용한 지원을 제공하며, 시간과 노력을 절약하는 동시에 결과물의 품질을 높일 수 있다.

예를 들어, 제안서 작성에서는 GPT를 활용해 초안 구성, 논리적 구조 설계, 그리고 설득력 있는 문장을 작성하는 데 도움을 받을 수 있다. 연구 보고서 작성 과정에서는 방대한 데이터를 요약하거나, 복잡한 주제를 간결하게 정리하며, 필요한 경우 특정 주제에 대한 추가 자료를 제공하여 보고서의 전문성을 강화할 수 있다. 또한, 프레젠테이션 자료를 작성할 때는 시각적 자료와 결합해 명확하고 효과적인 메시지를 전달하는 방법을 제안할 수 있다.

이러한 도구를 활용하면 문서 작성 과정에서 창의성과 생산성을 동시에 향상시킬 수 있다. 초기 구상 단계에서는 아이디어를 체계적으로 정리하고, 중간 단계에서는 논리적 흐름을 점검하며, 최종 편집 단계에서는 문장의 완성도를 높이는 데 큰 도움을 준다. 이와 더불어, 사용자가 특정 요구 사항에 맞춰 텍스트를 수정하거나 재구성할 수 있어 맞춤형 결과물을 손쉽게 제작할 수 있다.

이 장에서는 이러한 GPT 기반 AI 도구를 활용해 전문 문서를 효율적으로 작성하는 방법을 다룬다. 학습자들이 제안서, 연구 보고서, 프레젠테이션 자료 등 실제 사례를 통해 GPT의 기능을 익히고 실습할 수 있도록 구성되어 있다. 이를 통해 학습자들은 AI 기술의 잠재력을 이해하고, 이를 실무에 효과적으로 적용하는 방법을 배우게 될 것이다.

결론적으로, GPT와 같은 AI 기술은 전문 문서 작성의 모든 과정에서 중요한 역할을 할 수 있으며, 문서 작성의 효율성과 창의성을 동시에 증진시킬 수 있다. 이러한 기술을 효과적으로 활용하면, 교수자와 학생 모두가 더욱 생산적이고 전문적인 결과물을 만들어 낼 수 있을 것이다. AI를 활용한 문서 작성 기술은 단순한 트렌드가 아닌, 미래의 디지털 시대에 필수적인 역량으로 자리 잡고 있다.

8.2 제안서 작성

AI는 제안서 작성 과정에서 문장의 논리성과 설득력을 강화하는 데 도움을 주며, 개인화된 맞춤형 제안서를 신속하게 생성할 수 있는 도구로 활용될 수 있다. 이를 통해 자료 수집과 분석, 문서 구성, 핵심 메시지 전달 등을 보다 체계적이고 효율적으로 처리할 수 있다.

AI를 활용하여 효과적이고 설득력 있는 제안서를 작성하는 방법을 학습해 보자.

1) 제안서 작성의 기본 구조 이해

● **목적** : 제안서의 필수 구성 요소(서론, 목표, 방법론, 예산, 결론)를 이해하고 이를 구조화하는 방법을 익힌다.

● **실습 단계**

① **서론 작성** : 제안서의 목적과 배경을 간략히 설명하고, 제안하는 프로젝트나 아이디어의 필요성을 강조한다.

② **목표 설정** : 제안하는 프로젝트의 구체적인 목표를 명확히 기술한다.

③ **방법론 설명** : 목표를 달성하기 위해 사용할 전략과 방법론을 설명한다.

④ **타임라인 설정** : 프로젝트의 주요 단계를 시간 순서대로 나열하여, 전체 프로젝트의 실행 계획을 명확히 제시한다.

⑤ **SWOT 분석** : 제안하는 프로젝트에 대해 강점(Strengths), 약점(Weaknesses), 기회(Opportunities), 위협(Threats)을 분석하여 프로젝트의 성공 가능성을 평가하고 리스크를 관리하는 방법을 제시한다.

⑥ **예산 계획** : 프로젝트를 수행하는 데 필요한 예산과 자원을 명확히 제시한다.

⑦ **결론** : 프로젝트의 중요성을 다시 한번 강조하고, 제안서의 주요 내용을 요약한다.

● 실습 예시

> - 서론 : "이 프로젝트의 목적은 최신 인공지능 기술을 활용하여 고객의 데이터 분석 효율성을 향상시키는 것이다."
> - 목표 : "첫 해 동안, 데이터 분석 처리 속도를 50% 향상시키고, 고객의 데이터 통찰력을 30% 증가시키는 것을 목표로 한다."
> - 방법론 : "이 프로젝트는 GPT-4 기반의 자동화 데이터 처리 시스템을 도입하여, 대량의 데이터를 신속하고 정확하게 분석하는 것을 목표로 한다."
> - 타임라인 : "프로젝트는 3단계로 나누어 진행된다. 첫 단계는 데이터 수집과 정제로, 2개월 동안 진행된다. 두 번째 단계는 시스템 구축과 테스트로 4개월 동안 진행되며, 마지막 단계는 전체 시스템의 최적화와 운영으로 2개월 동안 이루어진다."
> - SWOT 분석
>   - 강점(Strengths) : 최신 AI 기술 도입을 통해 데이터 분석 속도와 정확성이 높아진다.
>   - 약점(Weaknesses) : 초기 도입 비용이 높고, 기술적 지원이 필요하다.
>   - 기회(Opportunities) : 데이터 분석 능력 향상으로 시장에서의 경쟁 우위를 확보할 수 있다.
>   - 위협(Threats) : 기술 변화에 따른 리스크와 데이터 보안 문제가 존재할 수 있다.
> - 예산 : "총 예산은 10만 달러로, 이 중 60%는 기술 도입에, 30%는 인력 교육에, 10%는 기타 운영비로 사용될 예정이다."
> - 결론 : "이 프로젝트는 회사의 데이터 처리 역량을 획기적으로 향상시키고, 경쟁력을 크게 높일 것으로 기대된다."

2) GPT를 활용한 제안서 작성

● 목적 : GPT를 이용하여 제안서의 각 부분을 실제로 작성해 보는 실습을 진행한다.

● 실습 단계

① GPT에게 제안서의 특정 부분(예 : 서론 또는 방법론)에 대한 초안을 생성하도록 요청한다.

② GPT가 생성한 초안을 검토하고, 필요에 따라 수정 및 보완한다.

③ 제안서 전체를 검토하여 논리적 일관성과 설득력을 확보한다.

● 실습 예시

> - GPT 요청 : "GPT, 최신 AI 기술을 활용한 데이터 분석 프로젝트의 서론을 작성해 줘."
> - GPT 생성 : "최근 데이터 분석의 중요성이 강조됨에 따라, 본 프로젝트는 최신 인공지능 기술을 도입하여 데이터 처리의 효율성을 높이는 것을 목표로 한다..."
> - 수정 및 보완 : GPT가 작성한 초안을 검토하여 구체적인 예시나 데이터 등을 추가해 더욱 설득력 있는 서론을 완성한다.

8.3 연구 보고서 작성

AI는 논리적인 전개와 문장 표현을 개선하고, 필요한 데이터나 정보를 빠르게 검색 및 정리하는 데 도움을 주어 보다 전문적이고 일관성 있는 연구 보고서를 작성할 수 있게 한다. 이는 방대한 자료를 분석하고, 핵심 내용을 정리하며, 명확한 구조로 보고서를 구성하는 과정을 효율적으로 처리할 수 있다.

AI를 활용하여 연구 보고서를 구조화하고, 데이터를 효과적으로 분석하며, 연구 결과를 명확하게 전달하는 방법을 학습해 보자.

1) 연구 보고서의 구성 요소 이해

● **목적** : 연구 보고서의 필수 구성 요소(연구 배경, 가설, 방법론, 결과, 결론)를 이해하고, 각 요소의 역할을 파악한다.

● **실습 단계**

① **연구 배경 작성** : 연구의 필요성과 문제 정의를 명확히 한다.

② **가설 설정** : 검증하고자 하는 가설을 명확하게 제시한다.

③ **방법론 설명** : 연구 방법과 절차를 구체적으로 설명한다.

④ **결과 정리** : 연구의 결과를 요약하고, 핵심 데이터를 시각화한다.

⑤ **결론 작성** : 연구 결과를 바탕으로 결론을 도출하고, 추가 연구의 방향을 제시한다.

● **실습 예시**

> • 연구 배경 : "최근 인공지능 기술의 발전으로 인해, 데이터 분석의 중요성이 더욱 부각되고 있다. 본 연구는..."
> • 가설 : "본 연구에서는 새로운 알고리즘이 기존 모델보다 예측 정확도가 더 높을 것이라는 가설을 세웠다."
> • 결과 : "실험 결과, 새로운 알고리즘은 기존 방법에 비해 20% 높은 예측 정확도를 보였다."

2) GPT를 활용한 보고서 작성

● **목적** : GPT를 활용해 연구 보고서의 각 부분을 작성해 보는 실습을 진행한다.

● **실습 단계**

① **GPT 요청 및 생성** : GPT에게 연구 보고서의 특정 부분(예 : 가설 설정 또는 결론 작성)에 대한 초안을 생성하도록 요청한다.

② **GPT 검토 및 데이터 추가** : 생성된 초안을 검토하고, 필요한 데이터를 추가해 보고서를 완성한다.

③ **수정 및 보완** : GPT가 작성한 내용을 기반으로, 추가 실험 데이터나 통계적 분석 결과를 포함해 내용을 보완한다.

● **실습 예시**

> · GPT 요청 : "GPT, 이번 연구의 가설 설정 부분을 작성해 줘."
> · GPT 생성 : "본 연구는 새로운 데이터 처리 방법이 기존 방법에 비해 더 높은 정확도를 제공할 것이라는 가설을 세웠다..."

8.4 프레젠테이션 제작

AI는 청중의 관심을 끌고, 메시지를 명확히 전달하는 데 필요한 다양한 자료와 아이디어를 빠르게 제공해 준다. 내용의 구조화, 시각적 요소 배치, 핵심 메시지 전달을 보다 효율적으로 계획할 수 있으며, AI는 발표 목적에 맞는 슬라이드 디자인과 적절한 문구를 추천하여 설득력 있는 프레젠테이션을 제작하는 데 도움을 줄 수 있다.

GPT를 활용하여 효과적인 프레젠테이션(PPT) 자료를 기획하고, 청중에게 명확히 전달할 수 있는 슬라이드를 구성하는 방법을 학습해 보자.

1) 프레젠테이션 기획

● **목적** : 발표 주제에 맞는 프레젠테이션 구조를 기획하고, 핵심 메시지를 정의한다.

● **실습 단계**

  ① **발표의 목표 설정** : 청중에게 전달할 핵심 메시지를 명확히 한다.
  ② **프레젠테이션의 구조 계획** : 서론, 본론, 결론의 구조로 발표를 기획한다.
  ③ **각 슬라이드의 주요 포인트 작성** : 각 슬라이드에서 전달할 핵심 내용을 정리한다.

● **실습 예시**

> · 목표 설정 : "이 프레젠테이션의 목표는 새로운 AI 기술이 기업의 데이터 분석에 어떻게 기여할 수 있는지를 설명하는 것이다."
> · 구조 계획 : "서론에서는 기술의 배경을 설명하고, 본론에서는 기술의 응용 사례를 제시하며, 결론에서는 도입 전략을 제안한다."

2) GPT를 활용한 슬라이드 내용 생성

● **목적** : GPT를 활용하여 각 슬라이드에 들어갈 내용을 생성하고, 시각적 효과를 고려한 슬라이드를 구성한다.

● 실습 단계

① **GPT 요청** : GPT에게 각 슬라이드에 필요한 내용을 요청하고, 생성된 내용을 바탕으로 슬라이드를 제작한다.

② **시각적 요소 추가** : 시각적 요소(그래프, 이미지 등)를 추가하여 프레젠테이션의 시각적 효과를 강화한다.

● 실습 예시

- GPT 요청 : "GPT, 이 AI 기술의 주요 장점을 요약한 슬라이드 내용을 작성해 줘."
- GPT 생성 : "AI 기술은 데이터 처리 속도를 향상시키고, 예측 정확도를 높이며, 비용 효율성을 증가시킨다…"
- 시각적 요소 추가 : 해당 내용에 맞는 그래프나 이미지 등을 추가하여 슬라이드를 시각적으로 풍부하게 구성한다.

3) 청중의 관심을 끌기 위한 시각적 요소 활용

● **목적** : 청중의 관심을 끌고 프레젠테이션의 효과를 극대화할 수 있는 시각적 요소를 활용하는 방법을 학습한다.

● 실습 단계

① **이미지와 인포그래픽** : 복잡한 정보를 시각적으로 쉽게 전달할 수 있도록 도와준다.

② **애니메이션과 전환 효과** : 슬라이드 간의 매끄러운 전환을 통해 청중의 주의를 끌고 프레젠테이션의 흐름을 자연스럽게 유지한다.

③ **동영상 클립** : 주제와 관련된 짧은 동영상을 삽입하여 청중의 몰입도를 높인다.

● 실습 예시

- 이미지와 인포그래픽 : "AI 기술의 발전 과정을 인포그래픽으로 표현하여 청중이 기술의 흐름을 쉽게 이해할 수 있도록 한다."
- 애니메이션 전환 효과 : "기술 도입의 주요 단계마다 애니메이션 효과를 추가하여 각 단계가 명확히 구분되도록 한다."
- 동영상 클립 : "AI 기술의 실제 응용 사례를 보여 주는 30초 분량의 동영상을 삽입하여 청중이 기술의 실제 활용 모습을 시각적으로 확인할 수 있도록 한다."

8.5 문서 작성 실습

제안서 작성 실습 예시 및 평가

GPT를 활용한 제안서 작성 실습을 진행한 후, 결과물을 평가하고 피드백을 제공한다. 제안서 작성 실습 예시를 통해 실제로 제안서를 작성해 보자.

- 실습 주제 : 서울시 제안 공모 – "스마트시티 프로젝트 제안서 작성"
- 예시 상황 : 서울시는 스마트시티 기술을 도입하여 도시 문제를 해결하고자 하는 공모를 진행 중이다. 참가자들은 도시 교통, 에너지 관리, 시민 안전 등의 주제에 대해 혁신적인 솔루션을 제안하는 제안서를 제출해야 한다.

이번 실습에서는 GPT를 활용하여 제안서를 작성하는 방법을 배우게 된다. 각 학생은 주어진 주제에 대해 GPT를 사용해 초안을 생성하고, 이를 보완하여 완성된 실습 결과물을 제출한다. AI가 생성한 텍스트를 바탕으로 어떻게 추가적인 내용 보완 및 편집이 가능한지 살펴보자.

1) 서론

- GPT 활용 예시 : "GPT, '서울시 스마트시티 프로젝트'의 서론을 작성해 줘."
- 결과 : "서울시는 지속 가능한 도시 발전을 목표로 스마트시티 기술 도입을 추진하고 있습니다. 이 프로젝트는 교통 체증 완화, 에너지 효율성 증대, 시민 안전 강화 등의 문제를 해결하는 것을 목표로 합니다."

2) 목표 설정

- GPT 활용 예시 : "GPT, 이 프로젝트의 목표를 설정해 줘."
- 결과 : "이 프로젝트의 목표는 교통 관리 시스템의 효율성을 30% 향상시키고, 에너지 소비를 20% 절감하며, 시민 안전을 25% 강화하는 것입니다."

3) 방법론 설명

- GPT 활용 예시 : "GPT, 서울시 스마트시티 프로젝트의 방법론을 설명해 줘."
- 결과 : "본 프로젝트는 AI 기반 교통 모니터링 시스템, 스마트 에너지 관리 플랫폼, 실시간 시민 안전 모니터링 시스템을 도입하여 목표를 달성할 것입니다."

4) 타임라인 설정

- GPT 활용 예시 : "GPT, 이 프로젝트의 타임라인을 설정해 줘."
- 결과 : "프로젝트는 2025년 1분기에 시작되어 2027년 4분기까지 완료될 예정입니다. 주요 단계로는 1분기의 예비 조사 및 설계, 2분기의 시스템 개발, 3분기의 시험 운영, 4분기의 최종 배포가 포함됩니다."
- 설명 : 타임라인은 프로젝트의 주요 단계를 시간 순서대로 나열하여, 프로젝트의 실행 계획을 명확히 보여 준다. 이를 통해 클라이언트나 심사위원은 프로젝트가 언제 시작되고, 각 단계가 얼마나 걸릴지, 그리고 전체 프로젝트가 언제 완료될지를 이해할 수 있다.

5) SWOT 분석

- GPT 활용 예시 : "GPT, 이 프로젝트의 SWOT 분석을 작성해 줘."
- 결과
  - 강점(Strengths) : "AI 기반 기술의 도입으로 높은 효율성을 기대할 수 있습니다."
  - 약점(Weaknesses) : "기술 도입 초기의 높은 비용과 복잡성"
  - 기회(Opportunities) : "지속 가능한 도시 개발을 위한 정부 지원 확대"
  - 위협(Threats) : "기술적 결함이나 데이터 보안 문제 발생 가능성"
- 설명 : SWOT 분석은 제안서에서 프로젝트의 성공 가능성을 평가하고, 예상되는 리스크와 이를 극복하기 위한 전략을 제시하는 중요한 도구이다.

6) 예산 계획

- GPT 활용 예시 : "GPT, 이 프로젝트에 필요한 예산 계획을 작성해 줘."
- 결과 : "총 예산은 100억 원으로, 교통 시스템 50억 원, 에너지 관리 30억 원, 시민 안전 20억 원으로 분배됩니다."

7) 결론 작성

- GPT 활용 예시 : "GPT, 이 제안서의 결론을 작성해 줘."
- 결과 : "스마트시티 프로젝트는 서울시의 지속 가능한 발전과 시민 삶의 질 향상을 위해 필수적입니다. 본 제안서에서 제시한 방법론과 목표는 이러한 비전을 실현하는 데 큰 기여를 할 것입니다."

8) 평가 포인트

- 논리적 일관성 : 제안서의 내용이 논리적으로 연결되어 있는지 평가한다.
- 설득력 : 제안서가 공모 대상자를 충분히 설득할 수 있는지를 평가한다.
- 타임라인의 적절성 : 프로젝트 일정이 현실적이고 명확하게 제시되어 있는지 확인한다.
- SWOT 분석의 깊이 : 프로젝트의 성공 가능성을 높일 수 있는 강점과 기회를 얼마나 잘 활용하고, 약점과 위협에 대해 어떻게 대응할 계획인지 평가한다.
- 실습 결과물 기준 평가
  - GPT가 생성한 텍스트에 대한 적절한 보완 및 편집
  - 제안서의 구조적 완성도
  - AI가 제공한 텍스트와 학생의 추가 작업 간의 통합도

이처럼 실습을 통해 서울시의 스마트시티 프로젝트에 대한 전반적인 방향과 구체적인 계획을 제시할 수 있으며, 제안서 작성에서 중요한 요소들을 체계적으로 반영할 수 있는 능력을 기를 수 있다.

제안서 작성 실습 예시 및 평가 기준

GPT를 활용한 제안서 작성 실습을 진행한 후, 결과물을 평가하고 피드백을 제공한다. 제안서 작성 실습 예시를 통해 실제로 제안서를 작성해 보자.

- 실습 주제 : 서울시 제안 공모 – "스마트시티 프로젝트 제안서 작성"
- 예시 상황 : 서울시는 스마트시티 기술을 도입하여 도시 문제를 해결하고자 하는 공모를 진행 중이다. 참가자들은 도시 교통, 에너지 관리, 시민 안전 등의 주제에 대해 혁신적인 솔루션을 제안하는 제안서를 제출해야 한다.

1) 실습 과정

학생들은 GPT를 사용해 제안서의 초안을 작성하고, 각 항목에 대한 보완 작업을 진행하여 완성된 제안서를 제출한다. AI가 생성한 텍스트를 기반으로 추가적인 내용을 보완하고, 구체적으로 수정할 부분을 찾는다.

1. 서론 : GPT를 활용해 서론을 작성하고, 주제에 맞게 초안을 검토한 후 추가적인 세부사항을 보완해 완성한다.

서울시는 지속 가능한 도시 발전을 목표로 스마트시티 기술 도입을 추진하고 있습니다. 빠르게 발전하는 기술을 활용하여 도시 문제를 해결하는 것은 현대 도시의 필수적인 과제입니다. 이 프로젝트는 서울시의 교통 체증, 에너지 효율성 저하, 시민 안전 문제를 해결하는 것을 목표로 하며, 이를 통해 도시의 생활 질을 개선하고자 합니다. 본 제안서는 이러한 목표를 달성하기 위한 구체적인 방법과 계획을 제시합니다.

2. 프로젝트 목표 : 스마트시티 프로젝트의 핵심 해결 방안을 구체적으로 설명한다. AI가 생성한 텍스트를 활용하되, 문제 해결 방안과 각종 데이터를 구체적으로 첨가하여 완성도 높은 본론을 완성한다.

본 스마트시티 프로젝트의 주요 목표는 다음과 같습니다.

- 교통 관리 시스템 효율성 30% 향상 : AI 기반의 실시간 교통 모니터링 및 분석 시스템을 도입하여 교통 체증을 줄이고, 시민의 이동 시간을 단축합니다.
- 에너지 소비 20% 절감 : 스마트 에너지 관리 플랫폼을 구축하여 에너지 소비를 모니터링하고 최적화함으로써 에너지 효율성을 극대화합니다.
- 시민 안전 25% 강화 : 실시간 안전 모니터링 시스템을 통해 위험 상황을 조기에 감지하고 대응하여 시민의 안전을 강화합니다.

3. 방법론

이 프로젝트는 다음의 세 가지 핵심 기술을 도입하여 목표를 달성할 것입니다.

① AI 기반 교통 모니터링 시스템 : 실시간 교통 데이터를 수집하고 분석하여 교통 흐름을 최적화하고, 교통 혼잡 지역을 사전에 예측하여 해결합니다.

② 스마트 에너지 관리 플랫폼 : 각종 센서를 활용해 에너지 사용 데이터를 수집하고 분석하여 에너지 소비를 최적화하고 불필요한 낭비를 줄입니다.

③ 실시간 시민 안전 모니터링 시스템 : CCTV와 IoT 센서를 통해 도시 전역의 안전을 실시간으로 모니터링하며, 위험 요소를 조기에 탐지하고 경고합니다.

4. 타임라인

프로젝트는 2025년 1분기에 시작되어 2027년 4분기까지 완료될 예정입니다. 주요 단계는 다음과 같습니다.

- 1분기 : 예비 조사 및 설계
- 2분기 : 시스템 개발
- 3분기 : 시험 운영
- 4분기 : 최종 배포

5. SWOT 분석

- 강점(Strengths) : AI 기반 기술의 도입으로 높은 효율성을 기대할 수 있습니다.
- 약점(Weaknesses) : 초기 도입 비용이 높고 기술적 복잡성이 존재합니다.

- 기회(Opportunities) : 지속 가능한 도시 개발을 위한 정부 지원 확대가 예상됩니다.
- 위협(Threats) : 기술적 결함이나 데이터 보안 문제 발생 가능성이 있습니다.

6. 예산 계획
프로젝트를 성공적으로 실행하기 위해 다음과 같은 예산 계획이 필요합니다.
- 교통 시스템 개선 : 50억 원-AI 및 데이터 분석 시스템 개발과 설치 비용
- 에너지 관리 시스템 : 30억 원-스마트 센서 및 에너지 관리 소프트웨어 구축 비용
- 시민 안전 시스템 : 20억 원-실시간 모니터링 시스템 및 관련 인프라 구축 비용

총 예산은 100억 원으로 예상되며, 각 항목에 적절히 배분하여 사용될 것입니다.

7. 결론 : 프로젝트 제안의 중요성과 기대 효과를 강조하는 결론을 작성한다. AI가 생성한 텍스트를 보완하고, 프로젝트의 실현 가능성과 기대 효과를 정리해 마무리한다.
서울시의 스마트시티 프로젝트는 도시의 지속 가능한 발전과 시민 삶의 질 향상을 위한 필수적인 과제입니다. 본 제안서에서 제시한 목표와 방법론은 이러한 비전을 실현하는 데 큰 기여를 할 것입니다. 우리는 이 프로젝트를 통해 서울시가 세계적인 스마트시티로 발돋움할 수 있도록 최선을 다할 것입니다.

---

8. 평가 포인트
제출된 제안서는 다음 항목을 기준으로 평가된다.
- 논리적 일관성 : 서론부터 결론까지 논리적으로 연결되며, 각 항목이 명확한 목표 아래 구성되었는가?
- 설득력 : 목표와 방법론이 현실적이고 실행 가능하며, 예산 계획이 구체적인가?
- 타임라인의 적절성 : 제시된 프로젝트 일정이 현실적이고 명확한가?
- SWOT 분석의 깊이 : 프로젝트의 강점과 기회를 얼마나 잘 활용했으며, 약점과 위협에 대한 대응 계획이 적절한가?

이 제안서를 통해 서울시 스마트시티 프로젝트의 전반적인 방향과 구체적인 실행 계획을 제시할 수 있으며, 이를 통해 제안서의 설득력을 높일 수 있습니다.

연구 보고서 작성 실습 예시 및 평가

GPT를 통해 작성된 연구 보고서를 평가하고, 데이터를 명확하고 일관되게 전달하는 방법을 학습한다. 학생들이 데이터 분석 결과를 효과적으로 요약하고 전달하는 능력을 배양하도록 돕는다.

연구 보고서 작성 실습 예시를 통해 실제 작성해 보자.

- 실습 주제 : "인공지능이 데이터 분석에 미치는 영향 연구"
- 예시 상황 : 학생들은 인공지능 기술이 데이터 분석 과정에 어떤 영향을 미치는지에 대해 연구 보고서를 작성해야 한다. 이 연구는 AI 기반 분석과 전통적 분석 방법을 비교하여 정확성과 효율성을 평가하는 내용을 포함한다.

1) 연구 배경

- GPT 활용 예시 : "GPT, 인공지능이 데이터 분석에 미치는 영향에 대한 연구 배경을 작성해 줘."
- 결과 : "인공지능(AI)은 데이터 분석의 새로운 패러다임을 제시하며, 전통적인 분석 방법과 비교해 더 높은 정확성과 효율성을 제공합니다. 이 연구는 AI가 데이터 분석에 미치는 영향을 평가하고자 합니다."

2) 가설 설정

- GPT 활용 예시 : "GPT, 이 연구의 가설을 설정해 줘."
- 결과 : "AI 기반 데이터 분석이 전통적 방법보다 30% 더 높은 정확도를 제공할 것입니다."

3) 방법론 설명

- GPT 활용 예시 : "GPT, 연구 방법론을 설명해 줘."
- 결과 : "본 연구는 두 가지 방법을 사용하여 동일한 데이터셋을 분석하고, 결과를 비교합니다. 첫 번째 방법은 AI 기반 분석 도구를 사용하며, 두 번째 방법은 전통적 통계 분석 방법을 사용합니다."

4) 결과 정리

- GPT 활용 예시 : "GPT, 연구 결과를 정리해 줘."
- 결과 : "AI 기반 분석은 95%의 정확도를 기록한 반면, 전통적 방법은 65%의 정확도를 기록했습니다. AI는 또한 분석 속도를 40% 향상시켰습니다."

5) 결론 작성

- GPT 활용 예시 : "GPT, 이 연구의 결론을 작성해 줘."
- 결과 : "본 연구는 AI가 데이터 분석의 정확도와 효율성을 크게 향상시킬 수 있음을 입증했습니다. 이러한 결과는 AI 기술이 데이터 과학 분야에서 필수적인 도구로 자리잡을 가능성을 시사합니다."

6) 평가 포인트

- 데이터의 명확성 : 데이터가 명확하게 제시되고 해석되었는지 평가한다.
- 논리적 전개 : 연구의 논리적 전개가 일관되고, 가설이 제대로 검증되었는지 평가한다.

연구 보고서 : 인공지능이 데이터 분석에 미치는 영향

1. 연구 배경

인공지능(AI)은 데이터 분석 분야에서 새로운 패러다임을 제시하고 있습니다. 전통적인 데이터 분석 방법은 주로 통계학적 기법에 의존하여 데이터를 해석하고 결론을 도출하는 반면, AI 기반 분석은 머신러닝과 딥러닝과 같은 기술을 활용하여 방대한 데이터를 더 빠르고 정확하게 분석할 수 있습니다. 이러한 AI 기술의 발전은 데이터 분석의 정확도와 효율성을 크게 향상시킬 가능성을 가지고 있으며, 본 연구는 AI가 데이터 분석 과정에 미치는 영향을 평가하고 전통적인 분석 방법과 비교하고자 합니다.

2. 연구 가설

본 연구에서는 다음과 같은 가설을 설정하였습니다.

- 가설 1 : AI 기반 데이터 분석이 전통적 데이터 분석 방법보다 30% 더 높은 정확도를 제공할 것이다.
- 가설 2 : AI 기반 분석 도구는 데이터 분석 속도를 전통적인 방법에 비해 40% 이상 향상시킬 것이다.

3. 연구 방법론

본 연구는 동일한 데이터셋을 두 가지 분석 방법을 통해 처리하고, 그 결과를 비교하는 방식으로 진행되었습니다. 연구에 사용된 데이터셋은 대규모 소비자 구매 패턴 데이터를 포함하고 있으며, 이 데이터를 AI 기반 분석 도구와 전통적 통계 분석 방법으로 각각 분석하였습니다.

- AI 기반 분석 : 머신러닝 알고리즘(예 : 랜덤 포레스트, 신경망 등)을 사용하여 데이터를 분석하였습니다. 이 과정에서 AI 도구는 데이터에서 패턴을 학습하고, 이를 바탕으로 예측 모델을 생성하였습니다.
- 전통적 통계 분석 : 회귀 분석, 분산 분석(ANOVA) 등 전통적인 통계 기법을 사용하여 동일한 데이터셋을 분석하였습니다. 이 방법은 주로 가설 검증과 상관관계 분석에 중점을 두었습니다.

4. 연구 결과

분석 결과, AI 기반 분석이 전통적 방법에 비해 데이터 분석에서 더 높은 성과를 나타냈습니다.

- 정확도 : AI 기반 분석은 95%의 정확도를 기록한 반면, 전통적 방법은 65%의 정확도를 기록하였습니다. AI는 데이터의 복잡한 패턴을 더 잘 파악하고 예측에 반영할 수 있었습니다.
- 분석 속도 : AI 기반 분석 도구는 전통적인 통계 분석 방법에 비해 분석 속도가 40% 향상되었습니다. 이는 AI가 데이터의 처리와 해석에서 자동화된 과정을 통해 시간 효율성을 높일 수 있음을 보여 줍니다.

5. 결론

본 연구를 통해 인공지능이 데이터 분석의 정확도와 효율성을 크게 향상시킬 수 있음을 확인할 수 있었습니다. AI 기반 분석 도구는 복잡한 데이터셋에서도 뛰어난 성능을 발휘하며, 데이터 과학 분야에서 필수적인 도구로 자리 잡을 가능성이 높습니다. 이러한 결과는 AI 기술이 기존의 전통적 분석 방법을 보완하고, 나아가 대체할 수 있는 잠재력을 가지고 있음을 시사합니다.

6. 평가 포인트

- 데이터의 명확성 : 본 연구는 사용된 데이터와 그 분석 과정이 명확하게 제시되었으며, 이를 통해 결과가 논리적으로 도출되었습니다.
- 논리적 전개 : 연구의 가설 설정에서부터 결과 도출, 결론에 이르기까지의 전개가 일관되며, 가설이 적절히 검증되었습니다.

위 보고서는 인공지능이 데이터 분석에 미치는 영향을 체계적으로 연구한 결과를 바탕으로 작성되었습니다. 각 부분이 명확하게 구성되어 있으며, 연구의 목적과 결과를 효과적으로 전달합니다.

프레젠테이션 제작 실습 예시 및 평가

프레젠테이션 제작 실습을 통해 청중에게 메시지를 효과적으로 전달하는 방법을 학습하고, 시각적 자료를 활용하여 프레젠테이션의 효과를 극대화하는 방법을 배운다.

프레젠테이션 제작 실습 예시를 통해 실제 작성해 보자.

- 실습 주제 : "AI 기술의 최신 동향"
- 예시 상황 : 학생들은 AI 기술의 최신 동향을 주제로 프레젠테이션을 제작해야 한다. 이 프레젠테이션은 AI의 발전, 주요 응용 사례, 그리고 미래 전망을 포함해야 한다.

1) 프레젠테이션 구조 기획

- GPT 활용 예시 : "GPT, 'AI 기술의 최신 동향'에 대한 프레젠테이션 구조를 기획해 줘."
- 결과 : "프레젠테이션은 다음과 같이 구성됩니다: 서론 – AI 기술의 배경, 본론 – 최신 AI 응용 사례(의료, 금융, 자율주행), 결론 – AI 기술의 미래 전망."

2) 슬라이드 내용 설정

- GPT 활용 예시 : "GPT, 'AI 기술의 최신 응용 사례'에 대한 슬라이드 내용을 작성해 줘."
- 결과 : "의료 분야에서 AI는 환자 진단을 자동화하고, 맞춤형 치료 계획을 수립하는 데 사용됩니다. 금융 분야에서는 AI가 거래를 최적화하고, 리스크 관리를 개선하는 데 기여하고 있습니다."

3) 시각 자료 선택

- GPT 활용 예시 : "GPT, 이 내용을 시각적으로 표현할 수 있는 그래프나 이미지를 추천해 줘."
- 결과 : "의료 분야의 AI 활용도를 보여 주는 바 차트와 금융 분야의 AI 응용 사례를 시각화한 인포그래픽을 사용할 수 있습니다."

4) 평가 포인트

- 시각적 효과 : 슬라이드가 시각적으로 명확하고, 핵심 메시지를 효과적으로 전달하는지 평가한다.
- 프레젠테이션의 논리적 흐름 : 발표 내용이 논리적으로 구성되었고, 청중에게 명확히 전달되었는지 평가한다.

해당 PPT를 GPT에 요청하면 다음과 같은 메시지와 함께 프레젠테이션(PPT)파일이 만들어진다.

PPT를 프레젠테이션(PPT) 파일로 생성해 줘.

 프레젠테이션 파일이 성공적으로 생성되었습니다.

여기에서 다운로드하실 수 있습니다.

이 프레젠테이션은 AI 기술의 배경, 최신 응용 사례(의료, 금융, 자율주행), 그리고 미래 전망을 다루고 있습니다. 각 슬라이드는 논리적으로 구성되어 있으며, 발표 주제에 대한 명확한 이해를 돕기 위해 시각 자료도 포함되어 있습니다.

만들어진 PPT는 다음과 같다.

이름 ^
∨ 오늘
🅿 AI_기술_최신_동향_프레젠테이션

AI 기술의 최신 동향

AI의 발전, 주요 응용 사례 및 미래
전망

AI 기술의 배경	최신 AI 응용 사례: 의료	최신 AI 응용 사례: 자율주행
• 인공지능(AI)은 인간의 지능을 모방하여 학습, 문제 해결, 패턴 인식 등을 수행하는 기술입니다. AI는 머신러닝과 딥러닝의 발전으로 빠르게 발전하고 있으며, 다양한 산업 분야에서 널리 사용되고 있습니다.	• 의료 분야에서 AI는 환자 진단을 자동화하고, 맞춤형 치료 계획을 수립하는 데 사용됩니다. 예를 들어, AI 알고리즘은 의료 영상을 분석하여 암을 조기 발견하고, 예측 모델을 통해 질병의 진행을 예측할 수 있습니다.	• 자율주행 차량은 AI 기술을 활용하여 도로 상황을 실시간으로 분석하고, 안전한 주행 경로를 계획합니다. 컴퓨터 비전과 센서 데이터를 통합하여 차량이 스스로 운전할 수 있도록 지원합니다.

최신 AI 응용 사례: 금융	AI 기술의 미래 전망	AI 활용도 시각화 자료
• 금융 분야에서는 AI가 거래를 최적화하고, 리스크 관리를 개선하는 데 기여하고 있습니다. AI는 대규모 데이터를 분석하여 시장 변동성을 예측하고, 사기 탐지를 통해 금융 범죄를 예방하는 데 활용됩니다.	• AI 기술은 앞으로도 계속 발전할 것이며, 더욱 다양한 분야에 적용될 것입니다. 특히, 인공지능의 윤리적 문제와 신뢰성을 강화하는 연구가 중요해질 것입니다. AI는 인류의 삶을 크게 변화시킬 잠재력을 가지고 있습니다.	

그림 8-1 ChatGPT를 이용해 생성된 PPT

AI를 활용한 전문적 문서 작성의 윤리적 이슈와 책임성 강화

AI는 문서 작성에서 매우 유용한 도구로 사용되지만, 생성된 콘텐츠의 신뢰성과 정확성에 대한 윤리적 문제가 존재한다. AI는 학습된 데이터를 바탕으로 결과물을 생성하기 때문에 때로는 불완전하거나 사실과 다른 정보를 포함할 수 있다. 따라서, AI를 활용하여 전문적 문서를 작성할 때는 다음과 같은 윤리적 이슈와 책임을 고려해야 한다.

- **정확성 검토의 중요성** : AI가 생성한 콘텐츠는 학습 데이터에 의존하기 때문에, 항상 정확한 정보를 제공하지 않는다. 사용자는 생성된 문서를 반드시 검토하고, 그 안에 포함된 정보가 실제 사실과 일치하는지 확인해야 한다. 이를 통해 오해나 정보 왜곡을 방지할 수 있다.

- **책임성 있는 사용** : AI는 자동으로 정보를 생성하지만, 그 결과물에 대한 최종 책임은 사용자에게 있다. 특히 법률문서, 제안서, 연구 보고서와 같은 중요한 문서의 경우, AI가 생성한 문서를 그대로 사용하는 것은 위험할 수 있다. 사용자는 AI가 제공한 정보를 검토하고 필요한 부분을 수정하는 과정에서 책임을 다해야 한다.

- **저작권 및 데이터 출처 문제** : AI가 학습한 데이터가 저작권이 있는 경우, 이를 무단으로 사용하거나 재배포하는 것은 법적인 문제를 일으킬 수 있다. AI가 생성한 문서의 출처를 확인하고, 저작권이 보호된 콘텐츠를 사용하는 경우 그에 맞는 절차를 준수해야 한다.

이러한 윤리적 이슈를 인식하고, AI를 올바르게 활용하는 것이 중요하다. AI는 문서 작성에 큰 도움을 줄 수 있지만, 사용자의 책임과 주의가 필요하다.

연습 01 다음 중 제안서 작성 시 가장 중요한 요소가 아닌 것은 무엇인가요?

    ① 문제 정의
    ② 해결 방안 제시
    ③ 개인적 의견 강조
    ④ 예산 계획

연습 02 AI를 활용한 연구 보고서 작성의 주요 장점 세 가지를 설명하고, 각각의 장점이 연구 효율성을 어떻게 향상시킬 수 있는지 논의하세요.

연습 03 제안서 작성에서 'SWOT 분석'이란 무엇을 의미하며, 각각의 요소를 간단히 설명하세요.

연습 04 AI를 활용한 프레젠테이션 제작에서 청중의 관심을 끌기 위해 사용할 수 있는 세 가지 시각적 요소를 제시하고, 각각의 효과를 설명하세요.

연습 05 다음 중 연구 보고서에서 데이터 시각화를 통해 전달할 수 있는 주요 정보가 아닌 것은 무엇인가요?

① 데이터의 분포와 패턴
② 복잡한 문법 규칙
③ 상관관계와 추세
④ 예측 결과

연습 06 AI를 활용한 제안서 작성에서 '타임라인'의 역할은 무엇인가요?

연습 07 AI를 활용한 프레젠테이션 제작에서 청중의 참여도를 높이기 위해 활용할 수 있는 전략 세 가지를 설명하세요.

WEEK.09

멀티모달 AI의
창의적 활용

──── 학 습 목 표 ────

- 멀티모달 AI의 개념 이해 : 텍스트, 이미지, 오디오, 비디오 등 다양한 형태의 데이터를 통합해 처리하는 멀티모달 AI의 원리를 이해한다.
- 창의적 콘텐츠 생성 기술 습득 : 멀티모달 AI를 활용하여 작사, 작곡, 이미지 및 포스터 생성 등 다양한 창의적 작업을 직접 실습하며, AI의 창작 도구로서의 가능성을 체험한다.
- 실제 작업을 통한 기술 적용 : 심벌 및 마크 생성, 이미지 제작, 포스터 디자인 등 구체적인 작업을 수행하며, 멀티모달 AI 도구를 활용하는 실전 능력을 기른다.
- 비판적 사고와 창의적 문제 해결 능력 향상 : 멀티모달 AI를 활용한 창의적 프로젝트를 통해 비판적 사고와 문제 해결 능력을 강화하고, 새로운 방식으로 문제를 해결하는 방법을 모색한다.
- 시각적, 음악적 창작물의 통합 이해 : 텍스트와 시각적, 음악적 요소를 통합하여 완성도 높은 창작물을 만들어 내는 과정을 학습하고, 이를 통해 멀티모달 AI의 응용 가능성을 확장한다.

9.1 멀티모달 AI 개요

멀티모달 AI는 텍스트, 이미지, 오디오, 비디오 등 서로 다른 형태의 데이터를 통합하여 처리하는 기술로, 최근 인공지능 분야에서 빠르게 발전하고 있는 핵심 영역 중 하나이다. 멀티모달 AI는 단순히 다양한 유형의 데이터를 처리하는 것을 넘어 이 데이터를 융합하여 새로운 통찰을 얻거나 창의적인 결과물을 생성하는 능력을 갖추고 있다.

예를 들어, 멀티모달 AI는 텍스트와 이미지를 결합하여 설명이 포함된 그림을 생성하거나, 이미지를 분석하여 관련 텍스트 설명을 자동으로 생성하는 등 기존 단일 모달리티 AI가 할 수 없었던 작업을 가능하게 한다. 이러한 기술은 창의적 작업의 새로운 가능성을 열어주며, 예술, 디자인, 광고, 마케팅 등 다양한 분야에서 혁신적인 응용을 만들어 내고 있다.

이 장에서는 멀티모달 AI의 기본 개념을 이해하고, 이를 활용하여 다양한 창의적 작업을 실습하는 방법을 배울 것이다. 실습 내용으로는 다음과 같은 실질적인 활용 사례를 다룰 예정이다.

- 작사 및 작곡
- 심벌 및 마크 생성
- 포스터 제작

이를 통해 학습자들은 멀티모달 AI 기술의 가능성과 실제 응용 방식을 체험할 수 있다.

멀티모달 AI의 작동 원리

멀티모달 AI는 다양한 데이터 형태를 동시에 처리할 수 있는 모델을 기반으로 한다. 이러한 모델들은 각 모달리티(예 : 텍스트, 이미지, 오디오)에서 데이터를 받아들이고, 이를 통합하여 더 깊은 이해를 형성한다. 예를 들어, 텍스트와 이미지를 결합하여 설명이 포함된 그림을 생성하거나 이미지를 분석하여 관련 텍스트 설명을 자동으로 생성할 수 있다.

9.2 실습 예제 01 · AI를 활용한 작사 및 작곡

AI, 특히 멀티모달 AI는 텍스트와 오디오 데이터를 결합하여 작사 및 작곡 과정을 혁신적으로 변화시키고 있다. 이러한 기술은 창의적인 음악 작업에서 작사가와 작곡가에게 강력한 지원 도구로 활용될 수 있다.

1) 작사의 혁신

GPT와 같은 생성형 AI 모델은 주어진 주제, 감정, 혹은 특정 키워드에 맞춘 가사를 생성할 수 있다. 사용자는 AI에게 원하는 스타일이나 문체를 입력하면, AI는 이를 기반으로 독창적인 가사를 빠르게 작성한다. 예를 들어, 사랑, 우정, 모험 등 특정 테마에 맞는 가사를 생성하거나, 특정 장르(예 : 팝, 힙합, 발라드)에 적합한 텍스트를 만들어 낼 수 있다. 이러한 과정을 통해 작사가들은 영감을 얻거나 반복적인 작업을 줄일 수 있다.

2) 작곡의 혁신

멀티모달 AI는 작사뿐만 아니라 작곡에도 혁신을 가져왔다. AI는 오디오 데이터를 분석하고, 특정 텍스트나 분위기에 어울리는 멜로디를 생성할 수 있다. 텍스트 입력에 따라 AI가 곡의 분위기와 템포를 조정하거나, 특정 악기 구성(예: 피아노, 기타, 드럼)을 포함한 멜로디를 작성하는 것도 가능하다.

예를 들어, AI에게 "잔잔한 감성적인 분위기의 곡"이라는 지시를 주면, AI는 해당 분위기에 맞는 멜로디와 화음을 생성한다. 더 나아가, 기존의 작곡 데이터를 학습한 AI는 특정 작곡 스타일을 모방하거나 새로운 음악 패턴을 창조할 수도 있다.

3) 실습을 통한 활용 학습

AI를 활용하여 작사와 작곡 과정을 실습한다. 학습자는 다음과 같은 작업을 수행하게 된다.

- **작사 실습** : 주어진 주제와 키워드를 기반으로 AI를 사용해 가사를 생성하고, 가사의 문맥과 표현력을 검토한다.
- **작곡 실습** : 텍스트나 분위기 데이터를 입력하여 AI가 생성한 멜로디를 청취하고, 곡의 완성도를 평가한다.
- **작사와 작곡의 통합** : AI가 생성한 가사와 멜로디를 결합해 하나의 곡을 완성한다.

4) AI를 활용한 작사·작곡의 장점

- **효율성 향상** : 시간 소모적인 반복 작업을 줄이고, 빠른 결과물 생성이 가능하다.

- **창의적 영감 제공** : 새로운 아이디어와 독창적 접근 방식을 제안한다.

- **맞춤형 작업** : 특정 주제나 감정에 맞춘 작품을 제작할 수 있다.

멀티모달 AI는 단순히 도구의 역할을 넘어 작사와 작곡 과정에서 창작자와 협업하며 더욱 창의적이고 효율적인 결과를 만들어 낼 수 있는 잠재력을 가지고 있다. 학습자들은 이 실습을 통해 AI와 인간의 협력이 창작 과정에서 어떤 시너지를 발휘할 수 있는지를 직접 경험하게 될 것이다.

작사 및 작곡 실습

AI를 활용하여 노래 가사를 작성하고, 해당 가사에 맞는 음악을 작곡한다.

1) 작사

GPT를 활용하여 주어진 주제에 맞는 노래 가사를 생성할 수 있다.

> 예시 : "봄날의 기분을 표현한 가사를 만들어 줘."
> 실습 방법 : ChatGPT에게 "봄날의 따뜻한 기운을 느낄 수 있는 가사를 만들어 줘."라고 요청하면, AI가 가사 초안을 생성한다. 생성된 가사를 바탕으로 추가 요청을 통해 가사를 수정하고 보완할 수 있다.

봄날의 기분을 표현한 가사를 만들어 줘.

물씬 퍼지는 꽃향기 속에
살랑살랑 부는 바람 따라
햇살은 따스하게 내 맘을 감싸네
너와 걷는 이 길, 우리 둘만의 계절

새싹 틔우는 나무들처럼
설레임이 피어나고
하늘은 맑고 푸르게 열려
우릴 위한 봄이 온 거야

네 손을 잡고 어디든 갈래

꿈결 같은 이 순간

우리의 봄날, 영원히 기억할게

너와 나, 이 봄날의 기적

잔잔한 멜로디, 새들의 노래

우리 사랑, 봄날의 이야기

따스한 이 기분, 언제나 간직할래

너와 함께라면 모든 게 완벽해

2) 작곡

생성된 가사에 맞는 멜로디를 AI 음악 생성 도구를 사용하여 작곡할 수 있다. AI 음악 생성 도구(예 : AIVA, Amper Music)를 활용하여 생성된 가사에 맞는 음악을 만든다. AI 도구에 가사나 원하는 음악 스타일을 입력하면 AI가 자동으로 멜로디를 제안해 준다.

ChatGPT 자체로는 직접적으로 음악을 작곡하여 오디오 파일 형태로 제공할 수는 없지만, 음악 작곡 과정에서 특정 분위기에 맞는 멜로디 패턴이나 코드 진행을 제안하여 여러 가지 방식으로 도움을 줄 수는 있다.

Step 1 멜로디 아이디어 제공

> 예시 : "이 가사에 맞는 밝고 경쾌한 멜로디를 위한 코드 진행을 추천해 줘."

이 가사에 맞는 밝고 경쾌한 멜로디를 위한 코드 진행을 추천해 줘.

밝고 경쾌한 봄날의 기분을 표현한 가사에 어울리는 코드 진행을 제안해 드릴게요. 이 진행은 주요 메이저 코드와 몇 가지 서브 도미넌트 코드를 사용하여 밝고 경쾌한 분위기를 잘 살릴 수 있습니다.

추천 코드 진행
- Verse(1절)

    G - D - Em - C

    G - D - C - G
- Pre-Chorus(Pre-후렴)

    Am - D - G - Em

    Am - D - G - G

- Chorus(후렴)

   G - D - Em - C

   G - D - C - G

   C - D - G - Em

   Am - D - G - G

코드 진행 설명

① Verse : G와 D 코드를 중심으로 진행되며, Em과 C 코드가 들어가서 안정적이면서도 경쾌한 분위기를 만들어 줍니다.

② Pre-Chorus : Am 코드를 사용하여 살짝의 긴장감을 주고, 다시 D - G - Em으로 돌아오며 밝은 느낌을 유지합니다.

③ Chorus : 후렴에서는 G - D - Em - C의 기본적인 메이저 진행이 반복되면서, 밝고 희망찬 분위기가 더욱 확실합니다. 마지막 Am - D - G로 돌아오며 마무리해 주는 것이 좋습니다.

이 코드 진행을 기반으로 멜로디를 구성하면, 가사의 밝고 경쾌한 느낌을 잘 살릴 수 있을 거예요.

Step 2 **악보 작성 지원**

그다음으로 악보 작성 지원을 위해 텍스트 형식으로 간단한 악보를 작성하는 데 도움을 줄 수 있다. 예를 들어, 특정 멜로디의 음표나 리듬을 텍스트로 표현할 수 있다.

> 예시 : "기본적인 피아노 악보를 텍스트로 작성해 줘."

기본적인 피아노 악보를 텍스트로 작성해 줘.

 물론이죠! 제안드린 코드 진행을 바탕으로 기본적인 피아노 악보를 텍스트로 작성해 드릴게요. 오른손은 코드, 왼손은 베이스 노트를 연주하는 간단한 형태로 구성해 보겠습니다.

Verse(1절)

G Major

- 왼손 : G(G)

- 오른손 : G - B - D

D Major

- 왼손 : D(D)

- 오른손 : D - F# - A

Em Minor

- 왼손 : E(E)
- 오른손 : E - G - B

C Major

- 왼손 : C(C)
- 오른손 : C - E - G

Pre-Chorus(Pre-후렴)

Am Minor

- 왼손 : A(A)
- 오른손 : A - C - E

D Major

- 왼손 : D(D)
- 오른손 : D - F# - A

G Major

- 왼손 : G(G)
- 오른손 : G - B - D

Em Minor

- 왼손 : E(E)
- 오른손 : E - G - B

C Major

- 왼손 : C(C)
- 오른손 : C - E - G

Chorus(후렴)

G Major

- 왼손 : G(G)
- 오른손 : G - B - D

D Major

- 왼손 : D(D)
- 오른손 : D - F# - A

Em Minor

- 왼손 : E(E)

- 오른손 : E - G - B

C Major

- 왼손 : C (C)
- 오른손 : C - E - G

C Major

- 왼손 : C (C)
- 오른손 : C - E - G

D Major

- 왼손 : D (D)
- 오른손 : D - F# - A

G Major

- 왼손 : G (G)
- 오른손 : G - B - D

마무리

이 악보는 기본적인 코드 반주를 제공하기 위한 것이므로, 오른손은 주어진 코드를 유지하면서 리듬감을 살리거나 멜로디에 따라 변형할 수 있습니다. 또한, 왼손의 베이스 노트는 옥타브로 연주하거나 리듬감을 더해 변형해도 좋습니다.

이렇게 작성된 악보를 기반으로 연습하면, 가사에 맞는 밝고 경쾌한 멜로디를 쉽게 연주하실 수 있을 거예요!

ChatGPT는 음표와 리듬을 설명하는 방식으로 악보의 기초를 제공할 수 있다.

Step 3 창작 과정의 브레인스토밍

음악 프로젝트의 아이디어를 브레인스토밍하거나 곡의 구조를 설계하는 데 도움을 줄 수 있다.

> 예시 : "신나는 팝송의 구조를 제안해 줘."

신나는 팝송의 구조를 제안해 줘.

신나는 팝송의 구조를 제안해 드릴게요. 팝송은 일반적으로 간결하고 기억에 남기 쉬운 구조를 가지며, 청중의 흥미를 끌기 위해 반복적인 요소와 다이내믹한 전개가 포함됩니다. 아래는 신나는 팝송의 대표적인 구조입니다.

1. Intro(인트로)

- **길이** : 4-8 마디
- **설명** : 노래의 분위기를 설정하고, 후렴이나 주요 멜로디의 테마를 살짝 보여 줍니다. 인트로는 곡의 에너지를 높이기 위한 중요한 역할을 합니다.

2. Verse 1(1절)

- **길이** : 8-16 마디
- **설명** : 이야기를 시작하고 곡의 주제를 소개합니다. 이 부분에서는 멜로디와 리듬이 단순하게 진행되며, 청중의 관심을 끌어모읍니다.

3. Pre-Chorus(Pre-후렴)

- **길이** : 4-8 마디
- **설명** : 후렴으로 넘어가기 전에 긴장감을 고조시킵니다. 이 부분은 주로 리듬과 멜로디가 점점 강렬해지며, 후렴의 클라이맥스로 향하는 다리를 형성합니다.

4. Chorus(후렴)

- **길이** : 8-16 마디
- **설명** : 곡의 핵심이자 가장 기억에 남는 부분입니다. 신나는 팝송에서는 후렴이 반복적이고, 에너지 넘치며, 곡의 제목이나 주제를 강하게 전달합니다.

5. Verse 2(2절)

- **길이** : 8-16 마디
- **설명** : 1절과 유사하지만, 가사와 약간의 멜로디 변화로 이야기를 발전시킵니다. 에너지를 유지하면서도 살짝 새로운 요소를 추가하여 청중의 관심을 지속합니다.

6. Pre-Chorus(Pre-후렴)

- **길이** : 4-8 마디
- **설명** : 1절의 Pre-Chorus와 동일하거나 조금 변형된 형태로, 후렴으로의 전환을 준비합니다.

7. Chorus(후렴)

- **길이** : 8-16 마디
- **설명** : 다시 후렴이 반복되며, 청중이 노래에 더욱 빠져들게 합니다.

8. Bridge(브릿지)

- **길이** : 8-12 마디

- **설명** : 곡의 흐름을 잠시 바꿔주며, 새로운 멜로디나 코드 진행을 도입하여 곡의 다이내믹을 높입니다. 이 부분은 종종 곡의 감정적 클라이맥스나 새로운 메시지를 전달하는 데 사용됩니다.

Step 4 AI 음악 생성 도구와의 연계 활용

ChatGPT에서 생성한 가사나 멜로디 아이디어를 AIVA(아이바)나 Amper Music(앰퍼 뮤직)과 같은 AI 음악 생성 도구에 입력하여 실제 오디오 파일로 변환할 수 있다. 이 두 도구는 텍스트 입력을 바탕으로 음악을 생성할 수 있으므로, ChatGPT와 함께 사용하면 더욱 효과적이다.

> **TIP** **AIVA와 Amper Music**
>
> 1. AIVA(Artificial Intelligence Virtual Artist) : AI 기반 음악 생성 도구로, 다양한 장르의 음악을 자동으로 생성할 수 있는 플랫폼이다.
> 2. Amper Music : 사용자가 간단한 입력을 통해 맞춤형 음악을 생성할 수 있는 또 다른 AI 기반 음악 제작 도구이다.
>
> AIVA와 Amper Music은 각각 자체적인 가이드와 튜토리얼을 제공하므로, 처음 사용할 때는 이러한 자료를 참고하여 기능을 익히는 것이 좋다.

AI 음악 생성 도구를 활용해 작곡하는 단계는 다음과 같다. 여기서는 AIVA 도구를 사용하는 방법에 대해서만 설명하겠다.

● AIVA

① 회원가입 및 로그인

- AIVA의 공식 웹사이트(www.aiva.ai/)에 접속하여 계정을 생성하고 로그인한다. 무료 버전도 사용할 수 있지만, 더 많은 기능을 활용하려면 유료 구독이 필요할 수 있다.

그림 9-1 AIVA 음악 생성 도구의 구독 요금제 옵션

② 트랙 생성

- 로그인 후 <Create Track> 버튼을 클릭하고 'From a Style'을 선택한다.
- Styles Library 화면이 표시되면 원하는 스타일이나 장르를 선택할 수 있다. 원하는 장르에서 <Create> 버튼을 클릭하고 표시되는 Create from a style 창에서 원하는 설정을 지정하고 <Create tracks> 버튼을 클릭하여 트랙을 생성한다.

그림 9-2 AIVA 음악 생성 도구 로그인 후 첫 화면

그림 9-3 AIVA Style Library(스타일 라이브러리) 화면

그림 9-4 트랙 생성 옵션 선택 화면

그림 9-5 새로 생성된 작곡 트랙

TIP **트랙 생성 옵션**

1. **Key Signature(조표)** : 음악에서 어떤 음계(스케일)를 사용할지를 결정하는 설정으로, 특정 키(예: C 메이저, G 메이저, A 마이너 등)에서 사용할 수 있는 음의 집합을 정의한다. AIVA에서의 'Key Signature' 설정은 생성될 음악이 어떤 음계로 구성될지를 지정하는 것이다.
   - **메이저 키(Major Key)** : 밝고 희망찬 느낌의 음악을 생성하는 데 사용된다. 예를 들어, C 메이저는 밝고 경쾌한 느낌을 주는 대표적인 메이저 키이다.
   - **마이너 키(Minor Key)** : 약간 어둡고 감정적인 느낌의 음악을 생성하는 데 사용된다. 예를 들어, A 마이너는 슬프거나 서정적인 느낌을 줄 수 있는 대표적인 마이너 키이다.
   - 'Auto'로 설정하면 AIVA가 스타일과 곡의 전체 분위기에 따라 조표를 자동으로 선택한다. 하지만 특정 감정이나 분위기를 원한다면 직접 조표를 선택하여 음악을 더욱 구체적으로 조정할 수 있다.
2. **Duration(길이)** : 이 설정은 생성될 음악 트랙의 길이를 결정한다.
   - 'Auto'로 설정하면, AIVA가 선택한 스타일과 다른 설정을 기반으로 자동으로 트랙의 길이를 결정한다.
   - 그러나 특정 길이의 트랙이 필요하다면, 예를 들어 2분 또는 3분 등으로 수동 설정할 수도 있다.
3. **Number of Compositions(작곡 수)** : 이 설정은 한 번에 몇 개의 서로 다른 작곡을 생성할지를 지정한다.
   - 예를 들어, 이 값을 '1'로 설정하면 AIVA는 설정에 따라 단일 트랙을 생성한다.
   - 값을 '3'으로 설정하면, 서로 다른 트랙 버전 또는 변형을 3개 생성하여 사용자가 가장 마음에 드는 버전을 선택하거나, 각기 다른 상황에서 사용할 수 있다.

③ 스타일 선택 및 조정

- 〔Style Designer〕 메뉴에서 원하는 음악 스타일과 선호하는 악기, 템포, 분위기 등을 세부적으로 생성하여 설정할 수 있다.
- <Create> 버튼을 클릭하고 'Styles'를 선택하면 AIVA는 사용자 설정에 따라 다양한 음악적 요소를 결합하여 멜로디를 생성한다. 예를 들어, '밝고 경쾌한' 멜로디를 원한다면 'Excited' 옵션을 선택한다.

그림 9-6 AIVA의 〔Style Designer〕 메뉴

④ 음악 생성

- 설정이 완료되면 <Create> 버튼을 클릭한다.
- AIVA가 설정된 스타일과 파라미터에 맞춰 음악을 작곡하며, 이 과정은 몇 분 내로 완료된다.

⑤ 작곡된 음악 확인 및 편집

- 생성된 음악을 확인하고, 필요에 따라 수정한다. AIVA는 간단한 편집 도구를 제공하여 음악의 특정 부분을 변경하거나 조정할 수 있다.

⑥ 음악 다운로드 및 활용

- 최종 음악이 마음에 들면 이를 다운로드하여 다양한 프로젝트에 활용할 수 있다. 예를 들어, 영상 배경 음악, 게임 사운드 트랙 또는 개인적인 창작 활동에 사용할 수 있다. 참고로 AIVA는 MP3, MIDI 파일, WAV 파일 등 다양한 형식으로 다운로드를 지원한다.

그림 9-7 AIVA에서 생성된 곡 다운로드 화면

3) 피드백 및 수정

- **목적** : 생성된 가사와 멜로디를 검토하고, 필요 시 수정하여 최종 곡을 완성한다.

- **실습 방법** : AI가 제안한 멜로디와 가사를 청취하고, 부족한 부분이나 개선이 필요한 부분을 수정한다. 가사와 멜로디가 잘 어우러지도록 조정한다.

> **TIP** **작사한 가사와 AIVA에서 생성한 작곡 결합(매칭)**

이 과정은 주로 음악 제작 소프트웨어(DAW, Digital Audio Workstation)를 사용하여 이루어지며, 다음과 같은 단계로 진행된다.

1. **가사 준비** : 먼저, 앞에서 작성한 가사를 준비한다. 가사의 각 부분(예 : 구절, 후렴구 등)이 어디에 배치될지 미리 생각해 둔다.
2. **음악 다운로드** : AIVA에서 생성한 음악을 MP3, WAV 등의 형식으로 다운로드한다. 이 음악 파일을 DAW에 가져오게 한다.
3. **DAW 소프트웨어로 음악 가져오기** : Logic Pro, Ableton Live, FL Studio와 같은 DAW를 열어, AIVA에서 다운로드한 음악 파일을 불러온다.
4. **가사 녹음** :
   - DAW에서 가사에 맞춰 노래를 부르거나 랩을 하는 방식으로 녹음을 진행한다. 마이크를 통해 직접 녹음하거나, 기존에 녹음된 보컬 트랙을 사용할 수 있다.
   - 각 구절과 후렴구를 AIVA에서 생성한 음악의 해당 부분에 맞추어 녹음한다.
5. **음악과 가사 동기화** :
   - 가사를 녹음한 후, DAW 내에서 음악과 보컬 트랙을 정렬하여 타이밍을 맞춘다.
   - 필요한 경우, 가사에 맞게 음악의 특정 부분을 반복하거나 줄이는 등의 편집 작업을 진행한다.
6. **믹싱 및 마스터링** :
   - 음악과 보컬이 잘 어우러지도록 믹싱 작업을 한다. 여기서 볼륨 조정, 이퀄라이제이션, 리버브 등 다양한 효과를 적용할 수 있다.
   - 최종적으로 마스터링을 통해 전체 트랙의 음질을 향상시킨다.
7. **최종 노래 파일 출력** : 믹싱 및 마스터링이 완료된 트랙을 MP3, WAV 등 원하는 형식으로 출력한다. 이로써 가사와 음악이 결합된 완성된 노래가 된다.

9.3

심벌 및 마크 생성

AI를 활용하여 기업이나 프로젝트에 적합한 심벌(Symbol)이나 마크를 디자인해 보자.

1) 브랜드 개념 설정

● **목적** : 프로젝트나 브랜드의 핵심 가치를 정의하고, 이를 시각적으로 표현할 요소들을 선정한다.

● **실습 방법** : ChatGPT에게 브랜드의 주요 특징(예 : 친환경, 혁신, 신뢰성)을 설명하고, 이에 맞는 디자인 방향성을 제안받는다.

● **실습 예시** : 예를 들어, 친환경 에너지 기업의 마크를 생성할 때, AI 도구를 활용하여 '지구를 보호하는 초록색 리프 디자인'과 같은 시각적 요소를 만들어 낸다.

생성된 시안을 검토하고, 필요에 따라 색상, 디테일을 수정해 최종 마크를 완성한다.

> • **입력 예시** : "친환경 에너지 기업의 마크를 만들어 줘."
> • **출력 예시** : "이 기업의 마크는 초록색 리프와 원을 중심으로, 신뢰성을 상징하는 파란색을 결합한 디자인을 제안합니다."

2) 심벌/마크 생성

● **목적** : AI 디자인 도구를 활용하여 설정된 개념을 바탕으로 심벌이나 마크를 생성한다.

● **실습 방법** : DALL·E, Canva와 같은 AI 도구를 사용하여 ChatGPT가 제안한 디자인 방향성을 바탕으로 이미지를 생성한다.

● **실습 예시**

> • **입력 예시** : "친환경 에너지를 상징하는 초록색 리프 디자인을 사용해 마크를 만들어 줘."
> • 생성된 디자인 중에서 원하는 디자인을 선택하여 최종 디자인을 완성한다.

친환경 에너지를 상징하는 초록색 리프 디자인을 사용해 마크를 만들어 줘.

Here is the logo design featuring a green leaf, symbolizing eco-friendliness and renewable energy. The design is minimalist and modern, focusing on clean lines and a simple, elegant style to convey sustainability and environmental responsibility.

3) 디자인 피드백 및 수정

● **목적** : 생성된 디자인을 검토하고, 필요하다면 수정을 진행해 최종 디자인을 완성한다.

● **실습 방법** : AI가 생성한 시안을 바탕으로 색상, 형태, 디테일 등을 수정해 완성도 높은 디자인을 만든다.

> TIP 참고 사항

AI 디자인 도구(DALL-E, Canva 등)를 처음 사용하는 경우, 각 도구의 가이드를 참고하여 기본 사용법을 익히는 것이 좋다.

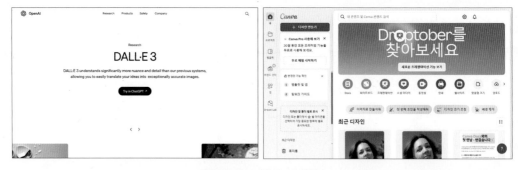

그림 9-8 DALL-E와 Canva 사이트

● 실습 예시

리프 디자인을 더 간단하게 하고, 색상을 더욱 밝은 초록색으로 바꿔 줘.

Here is the updated logo design featuring a more simplified green leaf with a brighter, more vibrant shade of green. The design is minimalistic, with clean lines to emphasize freshness, sustainability, and eco-friendliness.

9.4 이미지 및 포스터 생성

AI를 활용하여 특정 주제나 목적에 맞는 이미지를 생성하고, 이를 바탕으로 포스터를 디자인하는 방법을 익힌다.

1) 이미지 생성

● **목적** : 특정 주제에 맞는 이미지를 생성하여 포스터 제작의 기초를 마련한다.

● **실습 방법** : AI 이미지 생성 도구인 DALL-E(달리) 또는 Midjourney(미드저니)를 사용하여 명확한 주제나 목표에 맞는 이미지를 생성한다. 예를 들어, 환경 보호를 주제로 한 이미지가 필요하다면 '지구를 보호하는 손'과 같은 구체적인 텍스트를 AI에 입력하여 이미지를 생성한다.

● **실습 예시**

> - 명령 입력 : "DALL-E, 지구를 보호하는 손을 표현한 이미지를 생성해 줘."
> - 생성된 이미지 활용 : AI가 생성한 이미지를 검토하고, 포스터에 사용하기에 적합한지 확인한다.

DALL-E, 지구를 보호하는 손을 표현한 이미지를 생성해 줘.

Here is the image you requested, depicting hands gently cradling the Earth to symbolize protection and care for our planet. The design emphasizes nurturing, responsibility, and environmental preservation.

2) 포스터 생성

● **목적** : 생성된 이미지를 바탕으로 주제에 맞는 포스터를 디자인한다.

● **실습 방법** : Canva와 같은 디자인 도구를 활용하여 생성된 이미지를 중심으로 포스터를 구성한다. 포스터에는 핵심 메시지, 관련 텍스트, 시각적 요소 등을 추가하여 완성한다.

● **실습 예시 - 포스터 제작 단계**

> • 이미지 배치 : 생성된 이미지를 포스터의 주요 시각적 요소로 배치한다.
> • 텍스트 추가 : "환경을 보호합시다!"와 같은 주제를 강조하는 텍스트를 추가한다.
> • 시각적 요소 조정 : 색상, 레이아웃, 글꼴 등을 조정하여 메시지를 더욱 효과적으로 전달할 수 있도록 디자인한다.

● **실습 예시 - 포스터 구성**

Canva와 같은 디자인 도구를 사용하여 효과적으로 포스터를 구성하는 방법의 예시이다.

① 이미지 배치

주요 이미지를 선택한다. 이전에 생성된 '지구를 보호하는 손' 이미지를 포스터의 중앙 또는 상단에 배치하여 주 시각적 요소로 활용하였다. 이미지의 크기를 적절하게 조정하여 포스터에서 돋보이게 하였다. 만약 이미지가 포스터의 배경으로 사용될 수 있다면, 배경 전체를 채우도록 설정한다.

② 텍스트 추가

핵심 메시지를 다음과 같이 추가했다. "환경을 보호합시다!"와 같은 강력한 메시지를 이미지 아래에 배치하였다. 텍스트는 눈에 잘 띄는 크기와 색상으로 설정했다. 예를 들어, 밝은 초록색 텍스트를 사용하여 환경 보호의 주제를 강조하였다. 필요한 경우, 하단이나 이미지 옆에 "지구는 우리의 집입니다", "작은 행동이 큰 변화를 만듭니다" 등의 부가적인 슬로건이나 설명을 추가한다.

③ 시각적 요소 조정

포스터의 전체 색상 팔레트를 녹색, 파란색 등 자연을 연상시키는 색상으로 조정하여 환경 보호의 메시지를 강화하였다. Canva의 템플릿을 활용하여 텍스트와 이미지의 균형을 맞추었다. 텍스트가 이미지에 겹치지 않도록 위치를 잘 조정하고, 시각적으로 깔끔한 디자인을 유지하였다. 메시지에 맞는 글꼴을 선택하였다. 환경 보호와 관련된 포스터에서는 깨끗하고 현대적인 글꼴을 사용하였다.

④ 검토 및 수정

모든 요소가 잘 조화를 이루는지 확인했다. 텍스트가 잘 읽히고, 이미지가 메시지를 효과적으로 전

멀티모달 AI의 창의적 활용

달하는지 검토하였다. 필요한 경우 텍스트의 크기나 위치를 조정하고, 이미지의 밝기나 대비를 조절하여 더욱 완성도 높은 포스터를 만들었다.

③ 포스터 완성 및 저장

Canva에서 완성된 포스터를 고해상도로 저장하였다. 필요에 따라 인쇄하거나 디지털 플랫폼에 업로드할 수 있도록 파일 형식을 선택하였다.

이 과정을 따라 Canva나 다른 디자인 도구를 사용하여 포스터를 제작하였다. 주제에 맞는 효과적인 환경 보호 메시지를 전달할 수 있는 포스터를 완성할 수 있다.

그림 9-9 Canva를 이용해 만든 포스터 이미지 결과

9.5 실습 예제 04

멀티모달 AI를 통한 통합 창작 프로젝트

프로젝트 주제를 설정하고 이에 필요한 데이터를 나열 및 직접 완성해 보자. 이를 위해 다음과 같은 예시 및 과정을 진행한다.

1) 프로젝트 주제 설정

● **실습 방법**

① 프로젝트의 목표를 정의한다. 예를 들어, 기후 변화의 심각성을 강조하고 이를 통해 사람들이 더 많은 행동을 취할 수 있도록 하는 캠페인을 목표로 설정한다.

② 목표를 효과적으로 전달할 수 있는 텍스트, 이미지, 오디오 요소를 AI 도구를 활용해 생성해 보자. 각 요소는 기후 변화의 중요한 측면을 다룰 수 있도록 구체적으로 설정한다.

● **실습 예시**

> "기후 변화에 대한 인식을 높이는 멀티미디어 캠페인 제작"

2) 데이터 생성 및 결합

텍스트, 이미지, 오디오 등을 AI 도구를 통해 생성하고 이를 결합하여 하나의 창작물을 만들어 보자.

● **실습 방법**

① **텍스트 생성**

- ChatGPT : '기후 변화로 인한 극지방의 빙하가 녹아가는 이야기'를 작성하도록 요청한다.
- **결과** : GPT가 생성한 이야기는 기후 변화로 인해 빙하가 녹고, 이로 인해 해수면이 상승하며 지구 생태계에 미치는 영향에 대해 서술한다.

② **이미지 생성**

- DALL-E : '녹아내리는 빙하와 상승하는 해수면을 표현하는 이미지'를 생성한다.
- **결과** : AI가 생성한 이미지는 얼음이 녹아내리는 모습을 시각적으로 전달한다.

멀티모달 AI의 창의적 활용

③ 오디오 생성
- **AI 음악 생성 도구** : 극지방의 차가운 느낌과 환경 파괴의 심각성을 표현하는 음향을 생성한다. 예를 들어, AIVA를 사용하여 서서히 고조되는 긴장감 있는 음악을 생성한다.

④ 콘텐츠 결합
- 동영상 편집 도구(예 : Adobe Premiere Pro 또는 iMovie)를 사용하여 위에서 생성된 텍스트, 이미지, 오디오를 하나의 비디오로 결합한다.
- 텍스트는 내레이션 또는 자막으로 삽입하고, 이미지는 배경으로 사용하며, 오디오는 배경 음악으로 추가한다.

● 실습 예시

> "GPT를 이용해 기후 변화에 대한 스토리를 작성하고, 이를 바탕으로 이미지와 음향을 결합한 비디오 제작"

기후 변화로 인한 극지방의 빙하가 녹아가는 이야기 작성해 줘.

기후 변화는 지구 곳곳에서 다양한 형태로 영향을 미치고 있지만, 특히 극지방의 빙하와 빙상은 가장 민감하게 반응하는 지역 중 하나입니다. 이러한 변화는 지구 전체의 기후에 중요한 역할을 하며, 그 영향은 전 세계적으로 나타납니다.

1. 빙하와 빙상의 역할
극지방의 빙하와 빙상은 지구의 기후 시스템에서 중요한 역할을 합니다. 이들은 대규모의 얼음을 유지하면서 태양광을 반사하는 역할을 하여 지구의 온도를 조절하는 데 기여합니다. 이 현상을 '알베도 효과'라고 하는데, 얼음이 많은 지역은 더 많은 태양 에너지를 반사하여 지구를 식히는 역할을 합니다.

2. 빙하의 융해
기후 변화로 인한 지구 온난화는 극지방의 기온을 급격하게 상승시키고 있습니다. 특히 북극과 남극의 온도는 다른 지역에 비해 두 배 이상의 속도로 상승하고 있습니다. 이로 인해 극지방의 빙하와 빙상이 급격히 녹아내리고 있습니다.
녹아내린 빙하는 바다로 유입되어 해수면 상승을 초래하며, 이로 인해 전 세계의 해안 지역이 침수 위험에 처하게 됩니다. 또한, 빙하가 녹으면서 고유한 생태계가 파괴되고, 북극곰이나 펭귄과 같은 극지방 동물들의 서식지가 위협받고 있습니다.

3. 해수면 상승과 글로벌 영향
빙하의 융해는 전 세계적으로 해수면 상승을 초래합니다. 현재의 추세가 계속된다면, 수십억 명이 거주하는 저지대 해안 도시들이 침수 위험에 처할 수 있습니다. 또한, 해양의 염도 변화와 해류의 변동은 기후 패턴을 변화시키고, 이는 농업, 어업, 그리고 식량 안보에 큰 영향을 미칠 수 있습니다.

4. 미래 전망

과학자들은 빙하의 급격한 감소가 지속된다면, 앞으로 수십 년 내에 북극해에서 여름철에 얼음이 완전히 사라질 수 있다고 경고하고 있습니다. 이는 지구 기후 시스템의 변화를 가속화시킬 것이며, 극지방뿐만 아니라 전 세계에 걸쳐 예측할 수 없는 기후적 변동을 초래할 것입니다.

이와 같은 상황을 방지하기 위해, 전 세계적인 탄소 배출 감축과 더불어 기후 변화에 대한 국제적인 대응이 시급히 필요합니다. 이를 통해 극지방의 빙하를 보호하고, 전 세계적인 기후 균형을 유지하기 위한 노력이 강화되어야 합니다.

DALL-E, 녹아내리는 빙하와 상승하는 해수면을 표현하는 이미지 생성해 줘.

여기 생성된 이미지를 통해 기후 변화로 인한 빙하의 융해와 해수면 상승을 표현하고 있습니다. 빙하가 녹아내려 바다로 유입되면서 해수면이 상승하는 모습을 생생하게 보여 주고 있으며, 이로 인한 환경적 영향의 심각성을 잘 전달하는 이미지입니다.

3) 피드백 및 최종 수정

완성된 창작물을 검토하고, 필요 시 수정하여 최종 결과물을 완성한다.

- 1단계 : 최종 결과물을 반복적으로 검토한다. 이때 주의할 사항은 메시지가 명확하게 전달되고 있는지, 시각적, 청각적 요소들이 조화를 이루고 있는지를 점검하는 것이다.
- 2단계 : 텍스트와 오디오가 이미지와 잘 맞아떨어지지 않는 부분이 있다면, 이를 수정하여 조화를 이루도록 한다.
- 3단계 : 여러 차례 피드백을 반영하여 수정 작업을 거친 후, 최종 비디오를 완성한다. 최종 결과물은 기후 변화의 심각성을 효과적으로 전달하고, 시청자에게 강한 인상을 남길 수 있도록 구성한다.

멀티모달 AI의 창의적 활용

이와 같은 실습 단계를 통해 학생들은 멀티모달 콘텐츠 제작의 전 과정을 체험하고, 다양한 AI 도구를 활용하여 창의적이고 통합적인 작품을 완성할 수 있다.

TIP) **동영상 편집 가이드**

동영상 편집 작업이 처음이거나 익숙하지 않은 사용자를 위한 동영상 편집 가이드이다. 간단한 단계로 구성하였으니 참고해서 동영상 편집 도구(예 : 어도비 프리미어 프로(Adobe Premiere Pro) 또는 아이무비(iMovie))를 사용해 텍스트, 이미지, 오디오를 결합하는 방법을 실행해 보자.

1. **동영상 편집 도구 설치 및 실행하기** : 가장 먼저 동영상 편집 도구를 설치해야 한다. 가장 많이 사용하는 도구로는 프리미어 프로, 아이무비(맥 사용자용), 그리고 무료 대안으로 다빈치 리졸브(DaVinci Resolve)가 있다. 프로그램을 설치하고 실행한다.
2. **새 프로젝트 생성하기** : 편집 도구를 열고 새 프로젝트를 만든다. 이 단계에서 프로젝트 이름을 설정하고, 저장할 위치를 지정한다.
   - **프리미어 프로** : 메뉴에서 (File) → New → Project를 실행하고 프로젝트 이름을 입력한 다음 저장 위치를 지정한다.
   - **아이무비** : 아이무비를 실행하고 Create New → Movie를 실행하여 새 프로젝트를 만든다.
3. **미디어 파일 가져오기** :
   - 프로젝트 창에서 사용할 텍스트, 이미지, 오디오 파일을 불러온다. 각 도구에서 아래의 방법으로 파일을 가져올 수 있다.
   - **프리미어 프로** : 메뉴에서 (File) → Import를 실행하여 텍스트 파일, 이미지 파일, 오디오 파일을 선택하고 가져온다.
   - **아이무비** : 미디어 창에서 Import Media를 실행하여 가져올 파일을 선택한다.
4. **타임라인에 파일 배치하기** : 파일을 타임라인에 배치한다. 타임라인은 각 파일을 시간 순서대로 배열하여 동영상을 만드는 공간이다.
   ① **텍스트** : 나레이션 또는 자막으로 삽입한다. 텍스트는 별도의 레이어에 배치하여 원하는 위치에 나타나도록 설정한다.
   - **프리미어 프로** : 메뉴에서 (File) → New → Legacy Title을 실행하여 텍스트를 추가하고, 타임라인의 특정 위치에 배치한다.
   - **아이무비** : 텍스트 레이어를 선택한 후 Titles에서 원하는 텍스트 스타일을 선택하여 타임라인에 추가한다.
   ② **이미지** : 배경으로 사용할 이미지를 타임라인에 추가한다. 이미지의 위치와 지속 시간을 조절하여 원하는 시점에 표시되도록 설정한다.
   - **프리미어 프로** : 이미지를 드래그하여 타임라인에 배치하고, 길이를 조정한다.
   - **아이무비** : 이미지를 타임라인에 드래그하여 배치하고, 길이를 조정한다.
   ③ **오디오** : 배경 음악으로 사용할 오디오 파일을 타임라인의 오디오 트랙에 배치한다. 음악이 영상의 길이에 맞게 시작과 끝을 조정할 수 있다.
   - **프리미어 프로** : 오디오 파일을 타임라인에 추가하고, 자르기 도구로 필요 없는 부분을 삭제한다.
   - **아이무비** : 오디오 트랙에 음악 파일을 추가하고, 드래그하여 길이를 조정한다.
5. **효과 및 전환 추가하기** : 파일 간에 부드러운 전환을 위해 페이드 인/아웃 효과나 크로스 디졸브와 같은 간단한 전환 효과를 추가할 수 있다.
   - **프리미어 프로** : 메뉴에서 (Effects) → Video Transitions → Cross Dissolve을 사용하여 이미지를 자연스럽게 전환시킬 수 있다.
   - **아이무비** : Transitions에서 원하는 전환 효과를 타임라인에 드래그하여 추가한다.
6. **미리보기 및 수정하기** : 타임라인에서 편집된 동영상을 재생하여 결과물을 확인하고, 필요에 따라 수정한다.
   - 오디오가 적절하게 조화되는지, 텍스트가 읽기 쉬운지 등을 확인하고 수정한다.
7. **동영상 내보내기(Export)** : 편집이 완료되면 동영상을 최종 파일로 내보낸다.
   - **프리미어 프로** : 메뉴에서 (File) → Export → Media를 실행하고 내보내기 설정을 한 다음 <Export> 버튼을 클릭한다.
   - **아이무비** : 메뉴에서 (File) → Share → File을 실행하여 내보내기 설정을 지정하고 파일로 저장한다.

TIP **다빈치 리졸브**

다빈치 리졸브(www.blackmagicdesign.com/products/davinciresolve)는 Blackmagic Design에서 개발한 강력한 무료 동영상 편집 소프트웨어로, 전문적인 동영상 편집과 색보정, 시각 효과(VFX), 모션 그래픽, 오디오 후반 작업 기능을 제공한다. 이 소프트웨어는 영화 및 TV 제작에서 많이 사용되는 도구로, 초보자부터 전문가까지 다양한 수준의 사용자에게 적합하다.

다빈치 리졸브의 주요 기능

- 편집(Edit) : 타임라인을 이용한 직관적인 동영상 편집한다.
- 컬러 그레이딩(Color Grading) : 영상의 색상 및 분위기를 전문적으로 보정한다.
- 시각 효과(VFX) : Fusion 모듈을 통해 모션 그래픽 및 시각 효과 작업이 가능하다.
- 오디오 편집(Fairlight) : 고급 오디오 후반 작업 기능을 제공한다.
- 미디어 관리 및 전달 : 고화질 동영상 파일 관리 및 최종 출력을 지원한다.

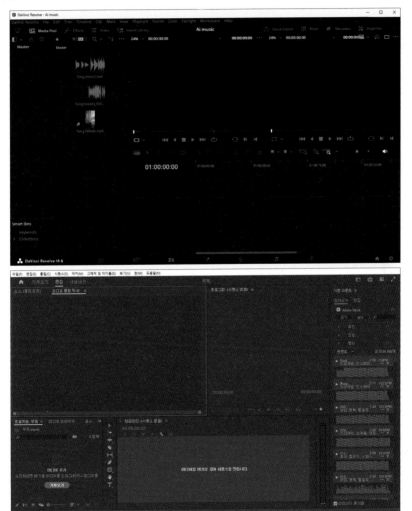

그림 9-10 다양한 동영상 편집 도구

9.6 멀티모달 AI 활용의 장점과 한계

멀티모달 AI의 장점

- **다양한 데이터 통합** : 멀티모달 AI를 사용하면 텍스트, 이미지, 오디오 등 여러 형태의 데이터를 결합하여 보다 풍부하고 다차원적인 창작물을 제작할 수 있다. 이러한 통합은 단순한 텍스트나 이미지 생성 이상의 창의적인 결과물을 만들어 내며, 사용자가 원하는 다양한 표현을 가능하게 한다.

- **시간 절약** : AI 도구를 활용하여 창작 과정에서 많은 시간을 절약할 수 있다. 복잡한 작업도 AI의 도움을 받아 빠르게 처리할 수 있으며, 사용자는 보다 창의적인 부분에 집중할 수 있게 된다. 예를 들어, 이미지 생성이나 동영상 편집과 같은 작업을 자동화함으로써 전체 프로젝트의 완료 시간을 단축할 수 있다.

- **창의성 증진** : AI는 사용자가 생각하지 못했던 다양한 옵션과 아이디어를 제공함으로써 창의적인 작업을 촉진한다. 예를 들어, AI는 다양한 스타일의 이미지나 텍스트를 생성하여 새로운 영감을 줄 수 있으며, 이를 통해 창작자는 더 독창적이고 혁신적인 결과물을 만들어 낼 수 있다.

멀티모달 AI의 한계

- **창작의 의도와 AI의 한계** : AI가 생성하는 콘텐츠는 사용자의 의도와 항상 일치하지 않을 수 있다. 이는 특히 AI가 텍스트나 이미지를 생성할 때 발생할 수 있는 문제로, 사용자가 원하는 정확한 스타일이나 분위기를 반영하지 못할 수 있다. 또한, AI는 복잡한 창작 의도를 완벽하게 이해하지 못할 수 있어 최종 결과물이 예상과 다를 수 있다. 따라서 생성된 콘텐츠의 신뢰성과 적절성을 검토하는 것은 필수이다.

- **기술적 복잡성** : 멀티모달 AI 도구를 효과적으로 사용하려면 일정 수준의 기술적 숙련도가 필요하다. 다양한 도구와 소프트웨어를 결합하여 사용해야 하는 경우가 많으며, 이러한 과정에서 기술적인 어려움이 발생할 수 있다. 특히, 동영상 편집이나 오디오 믹싱과 같은 작업은 고도의 기술적 이해가 필요할 수 있다.

이처럼 멀티모달 AI는 강력한 창작 도구이지만, 이를 효과적으로 활용하기 위해서는 사용자도 기술적 능력을 갖추고, AI의 한계를 이해하고 있어야 한다.

□ **연습 문제**

연습 01 **멀티모달 AI의 장점 중 하나로 올바른 것을 고르세요.**

① 모든 창작물에서 인간의 창의성을 대체한다.
② 다양한 형태의 데이터를 결합하여 다차원적인 창작물을 제작할 수 있다.
③ 기술적 숙련도가 필요하지 않다.
④ AI가 생성한 모든 콘텐츠는 사용자의 의도와 항상 일치한다.

연습 02 **멀티모달 AI 도구를 사용하여 창작물을 제작할 때 발생할 수 있는 주요 한계 두 가지를 설명하세요.**

연습 03 **AI 음악 생성 도구인 AIVA에서 'Key Signature'는 무엇을 의미하는지 설명하세요.**

연습 04 **멀티모달 AI를 활용한 창의적 작업 과정에서 ChatGPT와 같은 AI 도구가 어떻게 가사 작성을 도울 수 있는지 설명하세요.**

연습 05 각자 생성한 심벌과 포스터를 멀티모달 AI를 활용해 실습한 후 발표하는 시간을 가져봅니다. 발표를 통해 AI 도구 활용 방법, 디자인 의도, 그리고 창의적 요소를 설명하세요. 발표가 끝난 후, 학습자들의 작품에 대해 피드백을 주고받으며, 결과물을 평가하고 개선할 점을 찾아보세요.

- **발표 내용**
  1. AI를 활용한 디자인 과정에서 겪었던 가장 큰 어려움
  2. AI 도구를 활용해 문제를 해결한 방법
  3. 작품의 목적을 디자인에 어떻게 반영했는지

- **피드백 방법**
  1. 디자인의 완성도와 창의성을 평가
  2. 개선할 수 있는 점이나 다른 접근 방법 제안
  3. AI 활용을 더 효과적으로 할 수 있었던 부분 논의

맞춤형 GPT

학 습 목 표

- 맞춤형 GPT의 개념 이해 : 맞춤형 GPT가 무엇인지, 일반적인 GPT와 어떻게 다른지 이해할 수 있다.
- 맞춤형 GPT 활용법 습득 : 맞춤형 GPT를 사용하여 특정 요구에 맞는 답변을 얻는 방법을 배울 수 있다.
- 맞춤형 GPT 탐색 방법 익히기 : GPT 스토어를 통해 필요한 맞춤형 GPT를 찾고, 이를 업무나 일상에서 활용하는 방법을 학습한다.
- 맞춤형 GPT의 한계 인식 : 맞춤형 GPT가 가진 한계와 이를 보완하는 방법을 이해할 수 있다.

맞춤형 GPT 개요

ChatGPT는 다양한 분야의 디지털 정보를 학습한 상태이다. 따라서 사용자의 질문에 대해 폭넓은 답변을 제공할 수 있다. 그러나 질문 방식에 따라 LLM이 제공하는 답변의 품질은 크게 달라질 수 있다. 그렇기 때문에 원하는 답변이 나오지 않았다고 해서 ChatGPT가 부족하다고 섣불리 판단하는 것은 어렵다. 동일한 도구도 사용자의 활용 방법에 따라 결과가 크게 달라질 수 있음을 기억해야 한다. 물론 ChatGPT를 만능이라고 과신하는 것도 경계해야 한다. 이 도구의 능력과 한계를 합리적으로 이해하고 활용할 때 최상의 결과를 얻을 수 있다.

맞춤형 GPT의 개요와 필요성

GPT는 방대한 양의 지식을 학습한 상태이지만, 이 세상의 모든 지식을 학습했다고 보기는 어렵다. 즉, GPT가 학습하지 않은 내용을 묻는다면 GPT는 질문에 대한 답을 모른다고 하거나 잘못된 답변을 할 가능성이 높다. 따라서 ChatGPT는 특정 영역에 대한 지식을 추가로 학습하는 것이 필요하다.

또한, 우리의 질문에 답변하기 위해 ChatGPT는 자신의 고유한 능력뿐만 아니라, 추가적인 프로그램들의 도움을 받아 사용자의 요구에 대한 답변을 만들어야 할 때도 있다. 그러나 기본적으로 제공되는 ChatGPT는 범용성이 크지만, 모든 사용자 개개인의 특별한 요구나 상황에 모두 적합하다고는 할 수 없다. 이러한 문제를 해결하기 위해 ChatGPT는 사용자의 특별한 요구에 맞춘 GPT를 별도로 만들 수 있는 기능을 제공하며, 이렇게 만들어진 맞춤형 GPT를 다른 사람들도 사용할 수 있도록 하고 있다.

이러한 구조를 고려하면, ChatGPT를 사용하는 방법은 두 가지로 나눌 수 있다. OpenAI에서 제공하는 기본 ChatGPT를 사용하는 첫 번째 방법과 다른 사람이나 내가 만들어 놓은 맞춤형 GPT를 사용하는 두 번째 방법이 있다. 첫 번째 방법과 두 번째 방법의 차이점은 그림 10-1로 설명할 수 있다.

그러나 맞춤형 GPT는 특정 목적에 맞게 학습되었지만, 여전히 학습된 데이터의 한계로 인해 때때로 잘못된 정보나 부정확한 답변을 생성할 수 있다. 이러한 한계를 보완하기 위해서는 사용자가 항상 생성된 답변을 검토하고, 필요한 경우 추가적인 자료를 통해 정보를 확인해야 한다.

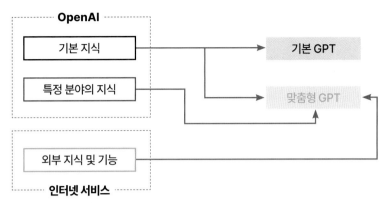

그림 10-1 기본 GPT와 확장 GPT의 구조적 차이

앞선 장에서는 기본 GPT를 이용하여 원하는 작업을 수행하는 방법을 다루었다. 이제 이 장에서는 맞춤형(특화된) GPT를 사용하여 작업하는 방법을 살펴보고자 한다. 다음 표 10-1에서는 기본 GPT와 맞춤형 GPT의 차이점을 비교하였다.

표 10-1 기계 학습 응용 사례 설명 및 예시

비교 항목	기본 GPT	맞춤형 GPT
정의	OpenAI가 기본적으로 제공하는 일반적인 언어 모델	특정 목적이나 사용자의 요구에 맞춰 튜닝된 언어 모델
사용 사례	광범위한 질문 답변, 일반적인 대화, 다양한 주제에 대한 정보 제공	특정 산업, 기업, 사용자 요구에 맞춘 전문적인 작업 수행
훈련 데이터	대규모의 다양한 일반 데이터를 사용하여 훈련됨	특정 도메인에 관련된 데이터로 추가 훈련 또는 미세 조정됨
장점	• 광범위한 주제에 대한 지식 보유 • 다양한 작업에 유연하게 대응 • 초기 설정이 필요 없음	• 특정 분야에서 높은 정확도 • 사용자 맞춤형 응답 제공 - 효율적이고 빠른 문제 해결 가능
단점	• 특정 도메인에 대한 깊이 있는 지식이 부족할 수 있음 • 일반적인 답변으로 인해 전문성 부족	• 맞춤형으로 조정하는 과정에서 추가 비용 발생 • 초기 설정 및 지속적인 조정 필요
설정 과정	바로 사용 가능, 추가 설정 불필요	사용자의 필요에 맞게 데이터 수집 및 모델 훈련 과정 필요
유연성	다양한 주제와 상황에 유연하게 대처 가능	특정 주제나 상황에 최적화된 응답 제공
비용	상대적으로 저렴하거나 무료로 제공되는 경우가 많음	맞춤형 설정 및 유지 보수에 추가 비용이 발생할 수 있음
업데이트	OpenAI에서 정기적으로 업데이트 및 성능 향상 제공	사용자의 필요에 따라 업데이트 빈도와 방법을 사용자 정의 가능

이렇게 기본 GPT와 맞춤형 GPT의 차이점을 간단하게 살펴보았다. 다음 절에서는 사용 방법과 함께 어떻게 사용해 보는지 세부적으로 알아보자.

10.2 맞춤형 GPT 사용 방법

맞춤형 GPT 찾기

커스텀 GPT는 다양한 이름으로 불리지만, 이 책에서는 편의상 '맞춤형 GPT'라고 부르겠다. 이 책이 집필되고 있는 시점을 기준으로, 맞춤형 GPT를 사용하기 위해서는 유료 계정이 필요하다. 이러한 맞춤형 GPT들이 모여 있는 곳을 'GPT 스토어'라고 하며, 여기에 접속하려면 그림 10-2와 같이 'GPT 탐색'을 선택하면 된다.

그림 10-2 맞춤형 GPT 탐색 화면

맞춤형 GPT 사용

여기에서는 필자가 자주 사용하는 맞춤형 GPT 중 몇 가지 사용 방법을 소개한다.

1) YouTube 내용 요약 GPT(Voxscript)

현대 사회에서는 검색엔진보다 YouTube를 통해 지식을 검색하고 얻는 경우가 더욱 많아지고 있다. 그러나 동영상을 통해 지식을 얻기 위해서는 영상을 모두 시청할 시간이 필요하다. 만약 AI가 짧은 시간에 영상을 대신 시청하고 그 핵심 내용을 요약해 준다면, 시간과 노력을 크게 절약할 수 있을 것이다.

우선, 시청할 YouTube 링크를 가지고 기본 GPT에 해당 영상의 요약을 요청해 보면, 기본 GPT는 이러한 기능이 없다고 답변한다.

> 예시 URL : https://www.youtube.com/watch?v=VrrMO4TTgJA

https://www.youtube.com/watch?v=VrrM04TTgJA의 내용을 요약해 줘.

GPT

제가 직접 YouTube 영상을 요약할 수는 없지만, 해당 영상의 내용을 요약하는 방법을 안내해 드릴 수 있습니다.

1. VoxScript 또는 다른 유사한 GPT 툴 사용 : 앞서 설명한 대로, YouTube 동영상의 내용을 요약하는 맞춤형 GPT 툴(예 : VoxScript)을 사용해 보세요. GPT 스토어에서 VoxScript를 찾아 선택한 후, YouTube 링크를 입력하면 영상의 주요 내용을 요약해 줄 것입니다.

2. 대체 방법 : 만약 GPT 툴을 사용할 수 없는 상황이라면, 동영상을 직접 시청하면서 주요 포인트를 메모하고, 그 메모를 기반으로 요약하는 방법도 있습니다.

이 외에도 다른 AI 툴이나 프로그램을 사용해 동영상의 스크립트를 추출한 후 요약하는 방법도 있을 수 있습니다. 해당 툴들이 접근 가능하다면 한 번 시도해 보는 것을 권장합니다.

반면, 맞춤형 GPT에는 이러한 기능을 수행할 수 있는 GPT가 있다. 그 중 하나가 'Voxscript'라는 이름을 가진 맞춤형 GPT이다. 맞춤형 GPT 스토어에 접속하여 'Voxscript'를 검색하면 여러 개의 맞춤형 GPT가 나타나는데, 이 중에서도 그림 10-3의 첫 번째에 있는 빨간색 아이콘의 Voxscript는 가장 많이 사용되고, 우리가 찾는 기능을 가진 GPT이다.

그림 10-3 Voxscript를 검색하여 해당 GPT를 찾는 예시

해당 GPT를 선택하고 채팅을 시작한다. 특정 YouTube 동영상에 대해 요약 질문을 Voxscript GPT에 요청하면, 다음과 같은 결과를 얻을 수 있다.

https://www.youtube.com/watch?v=VrrM04TgJA의 내용을 요약해 줘.

이 동영상은 명성현 작가의 책 『AGI 시대와 인간의 미래』를 소개하는 내용입니다. 책에서는 AGI(범용 인공지능) 시대의 도래와 그에 따른 인간의 미래를 다룹니다. 주요 내용은 다음과 같습니다.

1. **AGI의 개념과 위험성** : AGI는 사람과 동등하거나 그 이상의 지능을 가진 AI로, 2028년에는 AGI가 실현될 가능성이 높다고 합니다. 이는 인류에게 큰 위험이 될 수 있다고 경고합니다.

2. **AI 기술의 발전과 영향** : OpenAI와 같은 기업들이 생성형 AI 기술을 개발하고 있으며, 이는 인간의 사고와 인지 활동에 혁신을 가져올 수 있습니다. GPT-3와 같은 AI는 인간이 생산한 거의 모든 텍스트를 읽고 응용하여 지적 작업을 수행합니다.

3. **인간다움의 중요성** : AI 시대에도 인간다움, 특히 정서적 인간다움이 중요합니다. 인간의 본성과 AI의 특성을 이해하고, 이를 통해 인간과 AI의 공존을 모색해야 합니다.

4. **AGI 시대의 필수 능력** : 책에서는 AGI 시대에 필요한 아홉 가지 능력을 강조합니다. 이 능력들은 문해력, 통찰 통찰력, 창의력, AI 리터러시, 기술 변화 적응력, 지식 정보가 가진 판단력, 공감 기반 협업 능력, 경험 체화 능력, 정서적 인간다움입니다.

5. **미래의 변화와 대비** : AI와의 공존을 위해 인간의 삶을 중심으로 한 교육과 대응 전략이 필요합니다. 인간의 고유한 감정과 정서를 유지하며, AI와의 상호작용에서 인간다움을 극대화해야 합니다.

영상에서는 이러한 내용을 다루며, AGI 시대에 대비하는 인간의 역할과 중요성을 강조합니다. 더욱 자세한 내용은 책을 통해 확인할 수 있습니다.

2) 웹사이트 내용 요약 GPT(WebPilot)

특정 인터넷 사이트의 내용을 AI가 요약해 준다면, 많은 시간을 절약할 수 있을 것이다. 다음은 양자 컴퓨터와 관련된 위키백과 페이지의 URL이다.

예시 URL : https://ko.wikipedia.org/wiki/%EC%96%91%EC%9E%90_%EC%BB%B4%ED%93%A8%ED%84%B0

양자 컴퓨터

文A 60개 언어 ∨

문서 토론

읽기 편집 역사 보기 도구 ∨

위키백과, 우리 모두의 백과사전.

양자 컴퓨터(quantum computer)는 얽힘(entanglement)이나 중첩(superposition) 같은 양자역학적인 현상을 활용하여 자료를 처리하는 계산 기계이다.[1][2][3][4] 또한 그러한 방법을 '양자 컴퓨팅'(quantum computing)이라고도 한다.[5]

양자 컴퓨팅은 컴퓨터 과학, 물리학, 수학의 여러 측면으로 이루어진 종합적 분야로서 양자역학을 활용해 기존의 컴퓨터보다 빠르게 복잡한 문제를 해결할 수 있다.

고전적인(전통적인) 컴퓨터에서 자료의 양은 비트로 측정된다. 양자 컴퓨터에서 자료의 양은 큐비트로 측정된다. 양자 계산의 기본적인 원칙은 입자의 양자적 특성이 자료를 나타내고 구조화할 수 있다는 것과 양자적 메커니즘이 고안되어 이러한 자료들에 대한 연산을 수행할 수 있도록 만들어질 수 있다는 것에 기인한다. 양자 컴퓨팅이 여전히 실험적인 초기단계에 머물러있지만, 매우 작은 수의 큐비트를 가지고 양자 수치 계산이 수행되는지에 관한 연구들이 행해져 왔다.[6][7]

양자 정보 통신은 정보 사회의 패러다임을 바꿀 신기술로 여겨졌다.[8] 양자 정보 통신을 활용한 양자 컴퓨터는 한 개의 처리 장치에서 여러 계산을 동시에 처리할 수 있어 정보처리량과 속도가 지금까지의 컴퓨터에 비해 뛰어나다. 하지만 정보 교환을 위해 발생하는 양자 얽힘(quantum entanglement)에 큰 비용이 드는 단점이 있어 양자 정보 통신에서 필수적이지만 비용이 많이 발생하는 얽힘을 가능한 한 줄이고 부정보(side information)를 활용해 정보를 교환하는 방식이 개발되었다.[9]

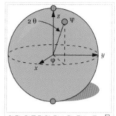

양자 컴퓨터의 기초가 되는 큐비트를 그림으로 나타내기 위한 블로흐 구면

양자 컴퓨팅과 계산 복잡도 이론 [편집]

이 절에서는 양자 컴퓨터의 능력에 대해 현재 알려진 수학적인 결과를 조사한다. 이 결과는 양자 컴퓨터와 관계된 계산 복잡도 이론과 계산 이론에서 나온 것이다.

양자컴퓨터의 언어는 00,01,10,11이다.

양자 컴퓨터가 효율적으로 풀 수 있는 문제군을 BQP라 한다. 여기서 효율적이란, '정해진 오차범위 내에서 다항 시간 안에 푼다는 뜻이다. 양자 컴퓨터는 확률적 알고리즘을 실행할 뿐이므로 양자 컴퓨터에 대한 BQP는 기존 컴퓨터에 대한 BPP에 대응한다. BPP는 오차 확률을 1/4로 제한하며 다항 시간에 풀 수 있는 문제의 집합으로 정의된다.[11] 양자 컴퓨터가 문제를 "푼다"는 것은 모든 예제에 대해 높은 확률로 올바른 결과가 나온다는 뜻이다. 그 결과가 다항 시간에 나왔다면 그 문제는 BQP에 속한다.

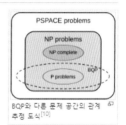

BQP와 다른 문제 공간의 관계 추정 도식[10]

그림 10-4 작업하고자 하는 웹 페이지 원본 내용

기본 ChatGPT에게 이 페이지의 요약을 요청하면, 특정 웹페이지를 직접 요약하는 기능이 없기 때문에 양자 컴퓨터에 대한 일반적인 내용을 답변으로 제공한다.

https://ko.wikipedia.org/wiki/양자_컴퓨터의 내용을 검토하고, 핵심을 간단하게 요약해 줘.

GPT

양자 컴퓨터는 양자 얽힘과 중첩을 활용해 자료를 처리하는 컴퓨터로, 기존 컴퓨터보다 훨씬 빠르게 복잡한 문제를 해결할 수 있습니다. 양자 컴퓨터의 자료 단위는 큐비트이며, BQP라는 문제군을 효율적으로 풉니다. 주요 기업으로는 아이온큐, 디웨이브, 구글, IBM 등이 있으며, 각각 독특한 기술과 성과를 보유하고 있습니다. 예를 들어, 구글은 53큐비트로 양자 우월성을 달성했으며, 아이온큐는 세계 최초로 양자 컴퓨터 제조 시설을 설립했습니다.

자세한 내용은 위키백과 양자 컴퓨터 페이지를 참조하세요.

10

맞춤형 GPT

이번에는 맞춤형 GPT를 이용해 동일한 작업을 요청해 보겠다. 먼저 맞춤형 GPT 스토어에 접속하고 검색창에 'WebPilot'을 입력하여 단어를 검색하고 가장 상단에 있는 'WebPilot GPT'를 선택하여 작업을 진행한다.

그림 10-5 WebPilot GPT 작업 진행

https://ko.wikipedia.org/wiki/양자_컴퓨터의 내용을 검토하고, 핵심을 간단하게 요약해 줘.

양자 컴퓨터

양자 컴퓨터는 얽힘(entanglement)이나 중첩(superposition) 같은 양자역학적인 현상을 활용하여 자료를 처리하는 계산 기계입니다. 고전적인 컴퓨터는 비트를 사용하는 반면, 양자 컴퓨터는 큐비트를 사용합니다. 양자 컴퓨터는 기존의 컴퓨터보다 빠르게 복잡한 문제를 해결할 수 있는 가능성을 가지고 있으며, 현재 실험적인 초기 단계에 있습니다.

핵심 요약

1. 기술 개요

• 양자 컴퓨터는 양자역학적 현상을 이용해 데이터를 처리하는 컴퓨터로, 큐비트를 사용하여 자료를 처리합니다.

• 기존 컴퓨터보다 빠르게 복잡한 문제를 해결할 수 있는 잠재력을 가지고 있습니다.

2. 컴퓨팅 원리

• 양자 컴퓨터의 계산 원리는 입자의 양자적 특성을 이용하여 데이터를 나타내고 연산을 수행하는 것입니다.

3. 연구 현황

• 양자 컴퓨터는 아직 실험 단계에 있으며, 소수의 큐비트를 가지고 양자 수치 계산이 수행되고 있습니다.

• 다양한 기업들이 양자 컴퓨터 개발에 참여하고 있으며, 양자 컴퓨팅의 상용화를 목표로 하고 있습니다.

4. 주요 기업 및 발전

- **아이온큐(IonQ)** : 이온 트랩 방식을 사용하여 양자 컴퓨터를 개발하고 있으며, 다양한 산업에 적용하고 있습니다.

- **디웨이브(D-Wave)** : 특정 양자 알고리즘에 특화된 하드웨어를 사용하여 양자 컴퓨팅을 상용화하였습니다.

나에게 맞는 맞춤형 GPT 찾기

맞춤형 GPT를 찾기 위해 다음 과정을 순서대로 살펴보며 진행해 보자.

1) 필요한 GPT 정보 얻기

나에게 적합한 맞춤형 GPT를 찾기 위해서는 먼저 자신이 어떤 작업을 수행하거나 어떤 문제를 해결하려고 하는지 명확히 이해하는 것이 중요하다. 맞춤형 GPT는 다양한 분야와 목적에 따라 설계되어 있으므로, 자신의 필요를 잘 파악하면 효율적으로 적합한 GPT를 선택할 수 있다.

2) GPT 스토어 탐색과 추천 참고

- **GPT 스토어 검색** : GPT 스토어는 다양한 맞춤형 GPT가 등록된 플랫폼으로, 추천 GPT, 유행하는 GPT, OpenAI가 제작한 GPT 등을 제공한다. 사용자는 첫 페이지에서 인기 있는 GPT를 확인하거나, 특정 카테고리를 탐색하여 자신의 관심사에 맞는 GPT를 찾을 수 있다.

- **추천 및 리뷰 참고** : 다른 사용자들이 추천하는 GPT나 리뷰를 참고하면 시간과 노력을 절약할 수 있다. 특히 유사한 작업을 수행하는 사용자들의 경험을 참고하면 보다 효과적으로 선택할 수 있다.

3) 카테고리별 GPT 탐색

GPT 스토어는 다양한 추천 카테고리를 제공하며, 이를 활용하면 필요에 따라 맞춤형 GPT를 찾는 데 도움이 된다.

- **글쓰기** : 블로그 작성, 보고서 작성, 소설 창작 등에 적합한 GPT

- **생산성** : 작업 흐름 관리, 일정 계획, 이메일 작성 등 업무 효율화를 위한 GPT

- **연구 및 분석** : 데이터 분석, 통계 처리, 연구 보고서 작성에 활용할 수 있는 GPT

- **교육** : 교육 자료 개발, 학습 보조, 문제 출제 등을 지원하는 GPT

- **라이프스타일** : 개인화된 추천, 건강 관리, 취미 활동 관련 GPT

- **프로그래밍** : 코드 작성, 디버깅, 알고리즘 설계 등을 지원하는 GPT

4) 맞춤형 GPT 테스트 및 선택

적합한 GPT를 찾지 못했다면, 여러 GPT를 직접 테스트해 보는 것이 중요하다. 사용자의 요구를 얼마나 충족시킬 수 있는지 확인하면서, 가장 적합한 도구를 선택할 수 있다.

- 테스트 시에는 주요 기능, 사용 편의성, 응답 품질 등을 평가해야 한다.
- 자신의 업무나 관심사에 부합하는 GPT를 선택한 후, 꾸준히 사용하면서 추가적인 최적화를 시도할 수 있다.

맞춤형 GPT를 선택하는 과정은 자신의 필요를 명확히 이해하고, 이를 기반으로 GPT 스토어에서 적합한 도구를 탐색하는 데서 시작된다. 다양한 추천 카테고리와 사용자 리뷰를 참고하여 초기 후보를 좁히고, 테스트를 통해 최적의 GPT를 선택하는 것이 핵심이다. 맞춤형 GPT는 자신의 업무와 관심사를 효율적으로 지원할 수 있는 도구로, 올바르게 선택하면 생산성과 창의성을 동시에 높일 수 있다.

그림 10-6 맞춤 GPT 스토어 첫 페이지 메뉴

관련된 GPT를 찾기 위해 이미 사용한 다른 사용자의 후기를 참고하는 것도 도움이 될 수 있으며, 유튜브 (YouTube), 엑스(X, 구 트위터(Twitter)), 인스타그램(Instagram) 등 다양한 SNS를 활용할 수 있다. 다만, 주의해야 할 점은 맞춤형 GPT 이름을 검색했을 때 동일한 이름을 가진 서로 다른 GPT들이 여러 개 검색될 수 있다는 것이다. 따라서 자신이 원하는 GPT인지 확인하는 것이 매우 중요하다. 일반적으로 사용 횟수가 많은 GPT는 검증된 GPT라고 판단할 수 있어 비교적 신뢰할 만하다.

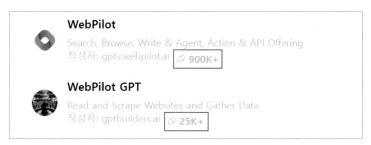

그림 10-7 맞춤형 GPT 사용 횟수 표시

5) 최신 논문 찾고 내용 요약

필자는 연구를 업으로 삼고 있으므로, 관련된 최신 논문을 찾고 그 내용을 숙지하는 것이 중요한 작업이다. 생성형 AI가 등장하기 전에는 최신 논문을 보유한 사이트에서 필요한 논문을 직접 찾아야 했으며, 이렇게 찾은 논문을 하나하나 읽고 내용을 숙지하는 반복적인 작업을 수행해 왔다. 그러나 생성형 AI를 도입함으로써 이러한 작업을 보다 효율적으로 수행할 수 있게 되었다. 예시를 통해 이를 설명해 보겠다.

먼저 최신 논문을 학습하고 필요한 세부 주제와 관련된 논문을 찾을 수 있는 능력을 갖춘 맞춤형 GPT가 필요하다. 필자는 맞춤형 GPT의 연구 및 분석 카테고리에서 'Scholar AI'라는 추천 GPT를 선택하였다. 맞춤형 GPT에서 자신의 필요에 가장 적합한 도구를 찾는 것은 시간이 오래 걸릴 수 있음을 유념해야 한다.

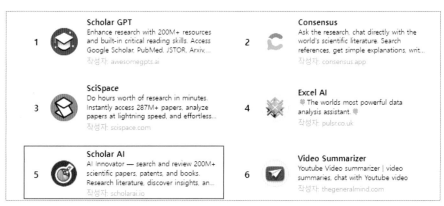

그림 10-8 논문 검색 맞춤형 GPT 추천

선택한 GPT를 이용해 생성형 인공지능과 관련된 최신 논문을 검색하고, 해당 분야와 관련된 연구 주제 몇 가지를 확인한다.

생성형 인공지능 관련 최신 논문을 찾아서 해당 분야의 최신 연구 주제 다섯 가지만 선정해서 알려 줘. 내용은 한글로 번역해서 보여 줘.

다음은 생성형 인공지능(Generative AI) 관련 최신 연구 주제 다섯 가지입니다.

1. 의료 분야에서의 생성형 인공지능 규제 필요성
최신 연구는 대형 언어 모델(LNM)인 GPT-4와 같은 생성형 AI가 의료 분야에서 안전하고 윤리적으로 사용되기 위해서는 규제 감독이 필요함을 강조합니다. 이는 의료 데이터의 민감성과 AI의 잠재적 오용 가능성 때문입니다. (Meskó & Topol, 2023)

2. 사이버 보안에서의 생성형 AI
생성형 AI 도구의 사이버 보안 활용 가능성에 대한 연구는 ChatGPT의 취약성과 이를 악용한 사이버 공격 및 악성 코드 생성의 위험성을 다룹니다. 동시에 생성형 AI 도구를 활용한 방어 기법을 연구하여 보안 조치를 강화하는 방법을 제시합니다. (Gupta et al, 2023)

3. 교육 분야에서의 생성형 AI 활용
ChatGPT와 같은 생성형 AI 기술은 공학 교육에서 개인 맞춤형 학습 경험과 가상 시뮬레이션을 제공하는 데 유용합니다. 그러나 교육 데이터의 편향성, 허위 정보의 확산, 윤리적 문제 및 고용에 미치는 잠재적 영향에 대한 우려도 존재합니다. (Qadir, 2023)

4. 정보 시스템에서의 생성형 AI
생성형 AI는 비즈니스 및 정보 시스템 공학(BISE) 연구에서 독특한 기회와 도전을 제공합니다. 이 연구에서는 생성형 AI가 정보 시스템에 미치는 영향을 분석하고 그에 대한 전략적 방향을 제시합니다. (Feuerriegel et al, 2023)

5. 다중 언어 생성형 AI 평가
최신 연구는 7개 이상의 다양한 언어를 대상으로 생성형 대형 언어 모델(LLM)의 성능을 평가하는 MEGA(Multilingual Evaluation of Generative AI) 프로젝트를 소개합니다. 이 연구는 표준 자연어 처리(NLP) 벤치마크에서의 성능을 분석합니다. (Ahuja et al, 2023)

위 연구들은 생성형 AI의 다양한 응용 분야와 관련된 최신 동향을 보여 줍니다. 각 연구는 해당 분야에서의 생성형 AI의 가능성과 함께 발생할 수 있는 윤리적, 기술적 도전 과제를 다룹니다.

GPT의 답변 중 두 번째 주제인 사이버 보안에서 AI와 관련된 내용을 더 깊이 알아보기 위해 추가 질의를 진행하였다. 사이버 보안 분야에서 사용되는 생성형 AI 관련 논문에 대해 GPT에게 질문을 이어간다.

2. 사이버 보안에서의 생성형 AI: 논문의 내용을 요약 정리해 줘.

 해당 PDF는 프로그램적으로 접근이 차단되어 있어 직접 접근이 불가능합니다.

다음 단계를 따라 PDF를 수동으로 업로드하여 분석할 수 있습니다.

① PDF를 수동으로 다운로드합니다.
② ScholarAI 웹사이트에 접속하여 PDF를 업로드합니다.
③ 원하는 논문에 대한 문서 확대경 아이콘을 클릭합니다.
④ ... 기호를 클릭하고 'LLMs용 논문 ID 복사'를 선택합니다.
⑤ 복사한 논문 ID를 이 채팅에 붙여넣어 주시면 논문을 분석해 드리겠습니다.

다른 질문이나 필요한 도움이 있으면 언제든지 알려주세요.

제시된 사이트에서 해당 논문의 PDF 파일을 다운로드하고, 이 파일을 Scholar AI GPT에 드래그&드롭 방식으로 업로드한 다음 추가 질문을 진행하였다.

서론 내용을 요약해 줘.

 From_ChatGPT_to_ThreatGPT_Impac...
PDF

 논문 : From ChatGPT to ThreatGPT: Impact of Generative AI in Cybersecurity and Privacy

서론 요약
생성형 인공지능(Generative AI, GenAI) 모델의 발전은 디지털 변혁의 핵심 요소로 자리 잡았습니다. ChatGPT와 같은 다양한 GenAI 모델의 복잡성과 능력이 증가함에 따라, 사이버 보안 관점에서 그 결과를 이해하는 것이 중요해졌습니다. 최근 몇몇 사례는 GenAI 도구가 사이버 보안의 방어와 공격 양측에서 사용될 수 있음을 보여 주고 있으며, 이 기술이 사회적, 윤리적, 개인 정보 보호 측면에서 갖는 함의에 주목하고 있습니다.

이 연구 논문은 ChatGPT와 같은 생성형 AI 모델의 취약점을 강조하고, 이를 악용하여 윤리적 제약을 우회하는 다양한 공격 사례를 제시합니다. 여기에는 탈옥 공격(jailbreaks), 역심리(reverse psychology),

프롬프트 주입 공격(prompt injection attacks) 등이 포함됩니다. 또한, 사이버 범죄자들이 GenAI 도구를 사용하여 사회공학적 공격, 피싱 공격, 자동 해킹, 악성 코드 생성 등의 사이버 공격을 개발하는 방법을 탐구합니다.

이 논문은 또한 GenAI 도구를 사용하여 보안 조치를 개선하는 방어 기법을 모색하고, 자동화된 사이버 방어, 위협 인텔리전스, 안전한 코드 생성 및 탐지, 공격 식별, 윤리적 지침 개발, 사건 대응 계획 및 악성 코드 탐지 등을 다룹니다. 마지막으로, ChatGPT의 사회적, 법적, 윤리적 함의에 대해 논의하고, 이 기술이 어떻게 사이버 보안에 영향을 미칠 수 있는지에 대한 열린 과제와 미래 방향을 제시합니다.

이 논문은 ChatGPT와 같은 대형 언어 모델이 사이버 보안에 미치는 영향에 대한 종합적인 시각을 제공하며, 관련 관계자가 이러한 위협을 더 잘 이해하고 효과적인 방어책을 개발하며 안전한 디지털 환경을 지원하는 데 기여할 것입니다.

전체 논문의 내용을 핵심만 간단하게 정리해 보자.

위 논문의 내용을 핵심을 요약해서 10개의 문장으로 정리해 리스트 형식으로 출력해 줘.

논문의 핵심 요약

① 생성형 인공지능(Generative AI, GenAI) 모델의 발전은 디지털 변혁의 핵심 요소로 자리 잡았습니다.

② ChatGPT와 같은 다양한 GenAI 모델의 복잡성과 능력이 증가함에 따라, 사이버 보안 관점에서 그 결과를 이해하는 것이 중요해졌습니다.

③ 최근 몇몇 사례는 GenAI 도구가 사이버 보안의 방어와 공격 양측에서 사용될 수 있음을 보여 줍니다.

④ 이 연구 논문은 ChatGPT와 같은 생성형 AI 모델의 취약점을 강조하고, 이를 악용하여 윤리적 제약을 우회하는 다양한 공격 사례를 제시합니다.

⑤ 여기에는 탈옥 공격(jailbreaks), 역심리(reverse psychology), 프롬프트 주입 공격(prompt injection attacks) 등이 포함됩니다.

⑥ 사이버 범죄자들이 GenAI 도구를 사용하여 사회공학적 공격, 피싱 공격, 자동 해킹, 악성 코드 생성 등의 사이버 공격을 개발하는 방법을 탐구합니다.

⑦ 논문은 GenAI 도구를 사용하여 보안 조치를 개선하는 방어 기법을 조사합니다.

⑧ 자동화된 사이버 방어, 위협 인텔리전스, 안전한 코드 생성 및 탐지, 공격 식별, 윤리적 지침 개발, 사건 대응 계획 및 악성 코드 탐지 등을 다룹니다.

⑨ ChatGPT의 사회적, 법적, 윤리적 함의에 대해 논의합니다.

⑩ 이 논문은 이해 관계자가 이러한 위협을 더 잘 이해하고 효과적인 방어책을 개발하며 안전한 디지털 환경을 지원하는 데 기여할 것입니다.

또한, 논문의 각 단락을 세부적으로 분석하고 요약하는 것도 가능하다. 사용자의 필요에 따라 이러한 방법을 통해 생산성을 크게 높일 수 있다.

실습 예제 연구 주제 GPT   · · ·

● 과제

맞춤형 GPT 스토어에서 '연구 주제'와 관련된 GPT를 찾아 설정하고, 최신 논문 요약 기능을 활용한다. 그런 다음, 요약된 논문 내용을 바탕으로 제시된 정보를 검토하고, 추가적인 자료를 찾아 보완한다.

기본 GPT에 맞춤형 GPT 연결

기본 GPT에는 설정을 변경하여 몇 가지 맞춤형 GPT를 연결해 사용할 수 있다. 다만, 이 과정에서 사용되는 맞춤형 GPT는 OpenAI에서 확장을 허용한 GPT만 가능하다. 이 책이 집필되고 있는 시점을 기준으로, 기본 GPT에 연결할 수 있는 맞춤형 GPT로는 '웹 검색 GPT', '이미지 생성 GPT', '프로그램 코드 생성 GPT'의 세 가지가 있다. 설정 방법은 ChatGPT 기본 사용 화면에서 다음 그림의 순서에 따라 메뉴를 선택하면 된다.

그림 10-9 기본 GPT에 확장 GPT 기능 활성화 및 비활성화 방법

기본적으로 연결되는 '찾아보기' 기능은 웹에서 최신 정보를 검색하여 결과를 통합적으로 보여 주는 역할을 하며, 'DALL-E'는 사용자가 요청한 이미지를 생성하는 기능을 제공한다. '코드' 기능은 사용자의 요구에 따라 프로그램 코드를 작성해 준다. 이러한 추가 기능을 활성화하여 사용하는 것과 비활성화한 상태에서 사용하는 것의 결과는 매우 다르다. 이를 확인하기 위해 간단한 예시를 들어보겠다.

예를 들어, "현재 전세계적으로 가장 신드롬을 일으키는 K-콘텐츠는 무엇이 있을까?"라는 질문을 각각 설정을 한 경우와 설정하지 않은 경우로 던져보자.

1) 맞춤형 GPT를 설정하지 않은 경우

현재 전세계적으로 가장 신드롬을 일으키는 K-콘텐츠는 무엇이 있을까?

현재 전 세계적으로 신드롬을 일으키고 있는 K-콘텐츠 중에서 가장 두드러진 작품은 넷플릭스의 <오징어 게임>이었습니다. <오징어 게임>은 2021년 말부터 2022년 초까지 전 세계에서 폭발적인 인기를 끌며, K-드라마의 글로벌 인기를 크게 확장시킨 대표적인 사례입니다. 이 드라마는 잔혹한 게임을 통해 사회적 메시지를 전달하며, 전 세계적으로 큰 반향을 일으켰습니다.

최근 2024년 기준으로, <눈물의 여왕(Queen of Tears)>이라는 드라마도 전 세계적으로 주목받고 있습니다. 이 드라마는 넷플릭스에서 방영되며, 뛰어난 연기력과 감정적인 스토리라인으로 시청자들의 큰 관심을 끌고 있습니다. 특히 이 드라마는 한국뿐만 아니라 글로벌 시장에서도 높은 시청률을 기록하며, K-드라마의 위상을 다시 한번 증명하고 있습니다.

이와 함께 <기생수: 더 그레이(Parasyte: The Grey)>도 독특한 설정과 스릴러 요소로 인해 국제적으로 많은 관심을 받고 있는 작품 중 하나입니다. 이는 공포와 사회적 메시지를 결합한 내용으로, 많은 시청자들에게 인상 깊은 경험을 제공하며 신드롬을 일으키고 있습니다.

이 두 드라마는 현재 전 세계적으로 큰 영향을 미치며, K-콘텐츠의 글로벌 인기를 이어가고 있습니다.

2) 맞춤형 GPT를 설정한 경우

현재 전세계적으로 가장 신드롬을 일으키는 K-콘텐츠는 무엇이 있을까?

2024년 기준으로 전 세계적으로 가장 신드롬을 일으키고 있는 K-콘텐츠 중 하나는 <눈물의 여왕(Queen of Tears)>입니다. 이 드라마는 넷플릭스에서 방영되며, 특히 김수현과 김지원의 뛰어난 연기와 감정적인 스토리라인이 큰 인기를 끌고 있습니다. <눈물의 여왕>은 한국뿐만 아니라 글로벌 시장에서도 높은 시청률을 기록하며, K-드라마의 위상을 다시 한 번 증명하고 있습니다.

또 다른 예로는 <기생수: 더 그레이(Parasyte: The Grey)>가 있습니다. 이 드라마는 공포와 스릴러 요소가 결합된 독특한 스토리로 국제적으로 큰 관심을 받고 있습니다. 특히, Hitoshi Iwaaki의 인기 만화 『기생수』를 바탕으로 한 스핀오프 시리즈로, 연상호 감독의 연출이 돋보이며 많은 시청자들에게 신드롬을 일으키고 있습니다.

이 외에도 K-팝을 포함한 여러 한국 콘텐츠들이 전 세계적으로 인기를 끌고 있으며, K-콘텐츠의 글로벌 인기가 지속적으로 확대되고 있습니다.

이 예시에서 볼 수 있듯이, 맞춤형 GPT를 사용하여 최신 정보를 반영한 답변을 얻는 것이 중요하다. 하지만 잊지 말아야 할 것이 있다. 맞춤형 GPT를 사용할 때는 제공된 정보의 신뢰성을 항상 확인해야 한다. AI가 제공하는 정보는 학습된 데이터에 의존하기 때문에 잘못된 정보가 포함될 수 있으며, 특히 중요한 결정을 내릴 때는 반드시 추가 검증이 필요하다.

연습 01 **맞춤형 GPT와 기본 GPT의 주요 차이점은 무엇인가요?**

① 맞춤형 GPT는 모든 분야에서 동일한 성능을 발휘한다.
② 맞춤형 GPT는 특정 분야나 요구에 맞춰 학습된 GPT이다.
③ 기본 GPT는 특정 분야에 대해 더 많은 정보를 제공한다.
④ 맞춤형 GPT는 설정 없이 바로 사용할 수 있다.

연습 02 **맞춤형 GPT를 사용하기 위해서는 어떤 조건이 필요한지 고르세요.**

① 무료 계정만 있으면 된다.
② OpenAI에서 확장을 허용한 GPT여야 한다.
③ 맞춤형 GPT를 설정할 필요가 없다.
④ 기본 GPT만으로 충분하다.

연습 03 **맞춤형 GPT를 찾기 위해 어떤 방법을 사용하는 것이 가장 효과적일지 고르세요.**

① 무작위로 선택한다.
② GPT 스토어에서 검색하거나 다른 사용자들의 추천을 참고한다.
③ GPT를 처음부터 직접 만들기만 한다.
④ 기본 GPT만 사용하는 것이 더 효과적이다.

연습 04 **맞춤형 GPT를 사용하여 최신 정보를 검색할 때의 장점은 무엇인지 고르세요.**

① 기존에 학습된 정보만을 바탕으로 답변한다.
② 인터넷에서 최신 정보를 검색하여 반영된 답변을 제공한다.
③ 더 적은 데이터를 사용한다.
④ 사용자 설정이 필요 없다.

연습 05 맞춤형 GPT를 찾기 위해 접속해야 하는 플랫폼의 이름은 무엇인지 답하세요.

연습 06 맞춤형 GPT를 사용하면 기본 GPT에 비해 어떤 상황에서 더 효과적인 결과를 얻을 수 있나요? 예를 들어 설명해 보세요.

연습 07 맞춤형 GPT를 사용하기 위해 어떤 과정이 필요할까요? 설정 방법을 간단히 설명하세요.

10

맞춤형 GPT

나만의 맞춤형 GPT

- 맞춤형 GPT의 개념 이해 : 맞춤형 GPT가 무엇인지, 그리고 일반 적인 GPT와 어떤 차이점이 있는지를 이해한다.
- 맞춤형 GPT 설계 및 제작 방법 학습 : 맞춤형 GPT를 설계하고 제 작하는 과정, 즉 데이터 준비, 설정, 그리고 테스트 방법을 배운다.
- 맞춤형 GPT의 보안 문제 인식 : 맞춤형 GPT를 만들 때 발생할 수 있는 보안 문제를 이해하고, 이를 해결하기 위한 방안을 모색한다.
- 확장된 기능을 가진 GPT 구현 : 외부 서비스와 연동하여 기존 GPT에 없는 새로운 기능을 추가하는 방법을 익힌다.

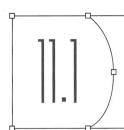

맞춤형 GPT 생성 개요

맞춤형 GPT는 일반적인 GPT 모델에 특정한 지식이나 기능을 추가하여 나만의 고유한 인공지능 도구를 만드는 것을 의미한다. 예를 들어, 특정 기업의 내부 데이터나 전문 지식을 GPT에게 학습시켜 이를 기반으로 맞춤형 답변을 제공할 수 있는 GPT를 만들 수 있다. 이러한 맞춤형 GPT는 기업이나 조직에서 맞춤형 정보 제공, 고객 응대, 전문 분야의 자동화된 분석 등 다양한 용도로 활용될 수 있다.

맞춤형 GPT 유형

맞춤형 GPT를 만들기 위해서는 먼저 어떤 목적을 가지고, 어떤 지식과 능력을 가진 GPT를 만들지 정하는 것이 중요하다. 맞춤형 GPT는 크게 세 가지 유형으로 분류할 수 있다.

- **특별한 역할 부여형 GPT** : 기본 GPT의 일반성에 특정한 역할이나 특성을 부여하는 유형이다. 이 유형은 프롬프트 엔지니어링을 통해 구현할 수 있지만, 프롬프트 엔지니어링에 익숙하지 않은 사용자를 위해 별도로 설정된 GPT를 사용하는 경우가 많다. 이 책에서는 프롬프트 엔지니어링을 다루기 때문에 이 유형은 자세히 다루지 않는다.

- **특정 지식 확장형 GPT** : 기본 GPT에 없는 특정 영역의 지식을 추가하여 특정 도메인에 특화된 답변을 제공할 수 있는 GPT이다. 예를 들어, 특정 회사의 거래 정보나 전문 지식을 기반으로 답변을 제공하는 GPT를 만들 수 있다. 이를 위해서는 해당 도메인에 대한 추가 정보를 GPT에 학습시켜야 한다.

- **기능 확장형 GPT** : 기본 GPT가 가지고 있지 않은 기능을 확장하는 유형이다. 예를 들어, 기본 GPT에게 여행 관련 최신 호텔 정보를 찾고 예약까지 요청할 경우, 기본 GPT는 이러한 기능을 수행할 수 없다. 이 경우, 외부 사이트와 연동하여 새로운 기능을 제공하는 맞춤형 GPT를 만들어야 한다.

실제로, 이러한 맞춤형 GPT들은 명확하게 구분되기보다는 다양한 유형이 혼합된 형태로 많이 나타나는 추세이다. 이 장에서는 두 번째 유형인 특정 지식 확장형 GPT와 세 번째 유형인 기능 확장형 GPT를 중점적으로 다루고자 한다.

11.2 맞춤형 GPT 생성

이 유형의 맞춤형 GPT는 표준 GPT가 가지고 있지 않은 지식을 추가로 학습하여 GPT의 능력을 확장시키는 유형이다. 우리가 예시로 만들고자 하는 맞춤 GPT는 다음과 같다. 이 책이 집필되는 시간을 기준으로 서울시 홈페이지에서 콘텐츠산업 분야 '청년 창작자 창업 지원 사업(2024)'에 대한 사업이 공지되어 있고, 자세한 내용은 별도의 첨부 파일에 상세하게 포함되어 제공되고 있다. 우리는 이 정보를 가지고 관련된 맞춤형 GPT를 만들어 서울시 청년 창작자 창업 지원 사업에 관련된 질문에 답변할 수 있는 맞춤형 GPT를 만들어 보자.

학습 데이터 준비

먼저, GPT에게 학습시킬 데이터를 준비해야 한다. 학습 데이터는 특정 웹사이트의 정보나 기업 내부 문서 등을 포함할 수 있다. 예를 들어, 서울시의 특정 사업에 대한 정보를 GPT에 학습시켜, 그와 관련된 질문에 답변할 수 있는 맞춤형 GPT를 만들 수 있다. 앞서 말한 것처럼 이번 예시에서는 서울시 홈페이지에 게시된 '청년 창작자 창업 지원 사업'에 관한 정보를 활용할 것이다. 학습할 원본 데이터는 서울시 공식 웹사이트에서 수집하였다.

예시 URL : https://www.seoul.go.kr/news/news_notice.do#view/412668?tr_code=snews

「2024년 콘텐츠산업 분야 청년 창작자 창업 지원사업」 참여자 모집 공고

박혜진
2024.05.27

서울시
창조산업과

이메일	genie0328@seoul.go.kr
전화	02-2133-9207

- ⊕ 바로보기 ◀ 바로듣기 📄「2024년 콘텐츠사업 분야 청년 창작자 창업 지원사업」 모집 공고문 hwp (71,680 Bytes, 다운로드: 82 회)
- ⊕ 바로보기 ◀ 바로듣기 📄 [서식1] 청년창작자 창업 지원사업 참가신청서 hwp (40,448 Bytes, 다운로드: 12 회)
- ⊕ 바로보기 ◀ 바로듣기 📄 [서식2] 개인정보 수집 및 이용에 대한 동의서 hwp (50,688 Bytes, 다운로드: 8 회)

그림 11-1 서울시 콘텐츠산업 분야 청년 창작자 창업 지원사업 정보 출처

관련된 모든 정보를 AI에 학습시키기 위해 먼저 공지 내용을 PDF 파일로 저장하였다. 또한, 첨부된 3개의 HWP 파일도 모두 PDF 형식으로 변환하여 자료를 준비하였다. 참고로, 이 책이 집필되는 시점에서 ChatGPT는 아래아한글(HWP) 문서를 직접 인식하지 못하기 때문에 이를 PDF로 변환하는 과정이 필요하다.

그림 11-2 GPT 학습을 위한 준비된 PDF 파일

맞춤형 GPT 제작 시작

맞춤형 GPT를 만들기 위해서는 먼저 GPT 빌더에 접속하여 초기 화면에서 <만들기> 버튼을 클릭한다. GPT 빌더는 맞춤형 GPT를 제작하기 위한 도구로, 왼쪽에는 필요한 설정 메뉴들이 있고, 오른쪽에는 실시간 미리보기 화면이 구성되어 있다. 설정값을 변경하면 오른쪽에서 그 변경 내용을 즉시 확인할 수 있다.

그림 11-3 맞춤형 GPT 만들기 시작 화면

1) 필요한 기본 설정값 입력

① **구성 탭 선택** : 먼저 GPT 빌더의 초기 왼쪽 설정 화면에서 〔구성〕 탭을 선택한다.

그림 11-4 GPT 빌더의 〔구성〕 탭 선택

② **GPT 이름 설정** : 만들고자 하는 GPT의 이름을 설정한다. 예를 들어, '서울시 콘텐츠 청년 창업 지원 사업 도우미'와 같은 이름을 설정할 수 있다.

> 서울시 콘텐츠 청년 창업 지원사업 도우미

③ **GPT 설명 작성** : GPT의 목적과 기능을 설명하는 내용을 작성한다. 예를 들어, '2024년 콘텐츠산업 분야 청년 창작자 창업 지원사업 도우미'와 같은 설명을 추가할 수 있다.

> 2024년 콘텐츠산업 분야 청년 창작자 창업 지원사업 도우미

④ **대화 스타터 설정** : 대화 스타터는 사용자가 가장 많이 할 질문을 예상하여 몇 가지 예시를 미리 제공하는 기능이다. 예시로는 다음과 같은 질문을 설정할 수 있다.

> - 사업의 개요에 대하여 설명해 주세요.
> - 모집 기간과 대상은 어떻게 되나요?
> - 신청 방법을 알려 주세요.
> - 제출할 서류는 무엇이 있나요?

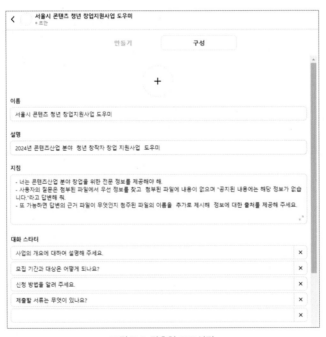

그림 11-5 맞춤형 GPT 설정

⑤ **지침 설정** : GPT가 어떻게 작동해야 하는지를 정의하는 지침을 설정한다. 예를 들어, "콘텐츠산업 분야 창업을 위한 전문 정보를 제공해야 하며, 사용자의 질문에 대해 첨부된 파일에서 우선적으로 정보를 찾고, 정보가 없는 경우 '공지된 내용에는 해당 정보가 없습니다.'라고 답변해 줘."와 같은 지침을 설정할 수 있다.

- 너는 콘텐츠산업 분야 창업을 위한 전문 정보를 제공해야 해.
- 사용자의 질문은 첨부된 파일에서 우선 정보를 찾고 첨부된 파일에 내용이 없으며 "공지된 내용에는 해당 정보가 없습니다."라고 답변해 줘.
- 가능하면 답변의 근거 파일이 무엇인지 첨부된 파일의 이름을 추가로 제시해 정보에 대한 출처를 제공해 줘.

⑥ **지식 항목 설정** : 학습시킬 PDF 파일을 업로드하여, GPT가 학습할 수 있도록 설정한다. 앞서 준비한 파일들을 모두 첨부하여 GPT가 이 정보를 학습할 수 있도록 한다.

⑦ **최종 마무리** : 설정이 완료되면, 미리보기 화면 상단의 <만들기> 버튼을 클릭하여 GPT를 생성한다. 생성된 GPT는 개인적으로 사용할지, 공유할지, 또는 GPT 스토어에 공개할지를 선택할 수 있다. 이후 저장 버튼을 클릭하면 GPT에 바로 접속할 수 있는 인터넷 주소가 생성되며, 이를 저장해 두면 언제든지 쉽게 접속할 수 있다.

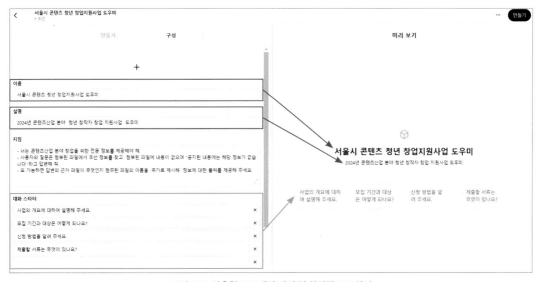

그림 11-6 맞춤형 GPT 제작 과정 및 완성된 GPT 화면

2) 맞춤형 GPT 최종 생성 설정

맞춤형 GPT의 최종 생성 설정 방법을 알아보자. 필요한 설정 과정을 익히고, GPT 모델의 공유 옵션을 살펴본다.

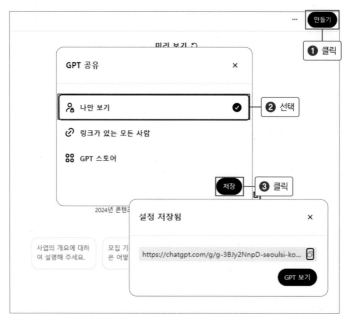

그림 11- 7 맞춤형 GPT 최종 생성 설정

① 미리 보기 화면 상단에 <만들기> 버튼을 선택한다.

② GPT 공유 창에서 만든 GPT를 누가 사용할지를 선택할 수 있는데, 우선은 본인만 사용할 수 있도록 설정한다. 참고로 각 옵션의 의미는 다음 표 11-1과 같다.

표 11-1 GPT 공유 옵션

항목	의미
나만 보기	나에게만 보이고 나만 사용할 수 있다(개인용).
링크가 있는 모든 사람	해당 GPT의 링크를 알고 있는 사람은 누구나 실행할 수 있다.
GPT 스토어	GPT 스토어에 검색 되며, 누구나 사용 가능하다.

<저장> 버튼을 클릭하면 내 GPT에 바로 접속할 수 있는 인터넷 주소를 보여 준다. 이 주소를 복사해 두면 매번 GPT를 찾지 않고 바로 접속할 수 있으니 다른 곳에 복사해 두도록 하자. <최종 GPT 보기> 버튼을 클릭하면 다음 그림과 같이 초기 화면을 볼 수 있다.

그림 11-8 완성된 나만의 GPT 화면

맞춤형 GPT 테스트

맞춤형 GPT의 설정이 완료되면, 그 기능을 검증하기 위해 반드시 테스트 과정을 거쳐야 한다. 테스트를 통해 GPT가 올바르게 작동하는지 확인한 후, 이를 개인적으로 사용할지, 팀과 공유할지 또는 GPT 스토어에 공개할지 결정할 수 있다.

맞춤형 GPT는 다양한 방식으로 사용할 수 있으며, 사용자가 접근할 수 있는 레벨에 따라 다음과 같은 세 가지 옵션이 있다.

- 나만 사용 : GPT를 개인적으로만 사용하며, 다른 사람은 접근할 수 없다.
- GPT 링크를 아는 사람만 사용 : GPT의 링크를 공유받은 사람만 사용할 수 있다.
- 모두 사용 : GPT 스토어에 공개하여 누구나 사용할 수 있도록 설정한다.

만약 사용자가 팀 계정을 사용하고 있다면, 팀 내에서만 GPT를 공유하는 옵션도 존재한다. 개발자는 언제든지 자신이 만든 GPT의 사용 방법을 변경할 수 있다.

특히, 모든 사람에게 공개된 맞춤형 GPT는 현재(집필 시점 기준) 개발자에게 직접적인 경제적 수익 모델을 제공하고 있지 않다. 그러나 곧 수익 모델이 등장할 것으로 예상되며, 현재도 후원 사이트 삽입 등 간접적인 방법을 통해 수익을 발생시키는 사례가 존재한다.

1) GTP 시작

GPT에 접근하는 방법은 다양하다. 다음은 몇 가지 주요 방법이다.

① **기존 기록에서 접근** : ChatGPT 페이지 초기 화면의 왼쪽 사이드바에 최근 사용한 기록이 나타난다. 여기서 내가 만든 GPT를 찾아서 선택하면 된다.

그림 11-9 내 사용 기록에서 GPT 선택

② **내 프로필에서 접근** : 기본 화면의 오른쪽 상단에 있는 프로필 아이콘을 클릭하고 표시되는 메뉴에서 '내 GPT'를 선택하면 그동안 만든 GPT 목록이 나타난다. 여기서 실행하고자 하는 GPT를 선택하면 된다.

그림 11-10 내 프로필에서 GPT 선택

2) 업무에 사용

만들어진 GPT를 업무에 활용하기 위해, 먼저 기본 화면에 표시된 추천 질문 중 하나를 선택하여 사용해 볼 수 있다. 예를 들어, '사업의 개요에 대한 질문'을 신택해 GPT의 딥변을 획인해 보자.

서울시 콘텐츠 청년 창업지원사업 도우미

작성자: 원일용 ☒

2024년 콘텐츠산업 분야 청년 창작자 창업 지원사업 도우미

사업의 개요에 대하여 설명해 주세요.	모집 기간과 대상은 어떻게 되나요?	신청 방법을 알려 주세요.	제출할 서류는 무엇이 있나요?

그림 11-11 서울시 콘텐츠 청년 창업 지원사업 도우미 맞춤형 GPT 질문 예시 화면

● **서울시 콘텐츠 청년 창업 지원사업 도우미 맞춤형 GPT 질문 예시**

사업의 개요에 대하여 설명해 줘.

2024년 콘텐츠산업 분야 청년 창작자 창업 지원사업의 개요는 다음과 같습니다.

사업 개요

1. **사업명** : 2024년 콘텐츠산업 분야 청년 창작자 창업 지원사업

2. **사업기간** : 2024년 6월 22일 ~ 12월 31일(약 6개월)

3. **사업내용**

• 창업 관련 교육 및 컨설팅 : 계약 및 저작권, 포트폴리오, 상품 제작 노하우 등 전문가 컨설팅 지원

• 사업화 지원 : 우수 콘텐츠에 대해 기업 협업 및 크라우드 펀딩 등의 마케팅 지원 및 수료증 발급

• 전시회 개최 : 그룹 전시회 '2024 비상展' 온·오프라인 개최(9~10월 중), 도록 제작 및 매체를 통한 홍보 지원. 또한 작품 활동비 50만원 지원

모집 개요

1. **모집기간** : 2024년 5월 13일(월) ~ 6월 14일(금) 18:00

2. **모집인원** : 50명

3. **모집대상** : 만화, 웹툰, 캐릭터, 애니메이션, 일러스트레이션 등 콘텐츠를 보유한 청년 창작자

• 모집공고일 기준 만 19세 ~ 39세 이하의 청년

• 주민등록상 서울시 거주 또는 서울시 소재 대학(원) 졸업(예비)생

• 향후 개인 창작활동가, 프리랜서 등으로 활동하거나 예술업 창업을 희망하는 자

• 계약일로부터 종료일까지 성실하게 참여 가능한 자

4. 제외대상
- 2020년~2023년 해당 사업 참여자
- 한국예술인복지재단에서 진행하는 예술활동증명 기 등록자

또한, 대회의 상 종류와 상금 규모, 참가자가 최종 제출해야 하는 사항 등에 대한 질문을 추가로 진행하면서 GPT의 답변을 분석할 수 있다. 다양한 질문을 통해 GPT의 성능을 평가하고, 필요한 경우 추가적인 조정을 할 수 있다.

● 대회 수상 시 상금에 대한 맞춤형 GPT 답변 예시

수상 시 상금은 어떤 것들이 있고 금액은 얼마인가?

지원 사업에 대한 상금 정보는 다음과 같습니다.

- **작품 활동비** : 참가자들에게 작품 활동비로 50만원이 지원됩니다.

이 외의 상금 관련 정보는 공지된 자료에서 추가로 제공되지 않았습니다. 추가적인 상금 정보는 없음을 참고해 주세요.

● 최종 참가자가 제출해야 하는 서류 목록 및 제출 방법에 대한 맞춤형 GPT 답변 예시

최종 참가자가 제출해야 하는 것은 무엇인지 상세하게 설명해 줘.

최종 참가자가 제출해야 하는 서류는 다음과 같습니다.

1. 참가 신청서(서식1)
- 간략한 자기소개 및 참여 각오
- 주요 활동사항

2. 포트폴리오
- 20MB 이하의 PDF 파일 또는 온라인 포트폴리오 URL

3. 서울 거주 증명 서류
- 주민등록등본(거주 이력 포함) 또는 서울 내 고등학교/대학교 졸업(재학) 증명서

4. 개인정보 수집·이용 제공 동의서(서식2)

- 개인정보 수집 및 이용과 제3자 공개·공유 목적
- 개인정보 수집 항목 : 성명, 생년월일, 연락처, E-mail, SNS 및 필수 제출 서류에 기재된 주민등록번호
- 개인정보의 보유·이용기간 : 5년
- 동의하지 않을 권리 및 동의하지 않을 경우의 불이익 사항

5. 가산점 증빙서류(해당자만 제출)

- 장애인, 취업지원대상(국가유공자, 독립유공자 자손 등), 북한이탈주민, 결혼이주자, 여성세대주 등의 증빙
서류

6. 제출 방법

- 서울시 상상비즈플랫폼(https://sangsangbiz.seoul.go.kr) 사이트에서 회원 가입 후 신청
- 참가신청서 및 포트폴리오 제출

그 밖에도 기타 다양한 질문을 추가로 진행하면서 GPT의 답변을 분석할 수 있다.

11.3 보안 문제와 해결 방안

맞춤형 GPT를 만들 때는 민감한 데이터가 OpenAI 서버에 저장될 수 있다는 점을 유념해야 한다. 맞춤형 GPT는 특정한 지식이나 정보를 학습시키기 위해 사용자만이 가지고 있는 데이터를 OpenAI에 제공해야 한다. 이때 이러한 데이터는 일반적인 데이터가 아니며, 그 가치도 매우 높기 때문에 보안에 대한 고민이 필요하다.

모든 학습 데이터는 최소 1회 OpenAI 서버에 전송되어야 하며, 이는 데이터의 암호화 여부와 관계없이 학습 과정에서 필요하다. 중요한 점은, OpenAI가 이러한 데이터를 어떠한 목적으로도 사용하지 않으며, 외부에 공개하지 않는다는 점을 보장하고 있다는 것이다. 그러나 OpenAI는 과거에 부당한 데이터 수집 및 사용으로 인해 소송에 휘말린 경험이 있어 민감한 데이터를 제공할 때는 여전히 주의가 필요하다.

특히, 학습 데이터가 생명이나 경제적으로 큰 이권과 관련되거나 국가 또는 기업의 안보에 중요한 경우, 데이터를 공개하는 것에 대한 깊은 고민이 필요하다. 더욱이 기술적인 이유로 인해 GPT가 학습을 완료한 후에도 서버에 원본 자료를 계속 보관해야 하는 경우가 있을 수 있다. 이러한 상황에서는 추가적인 보안 조치가 필수적이며, 데이터의 보호와 안전을 위해 적절한 방안을 마련하는 것이 중요하다.

데이터 보안 지침

맞춤형 GPT를 만들 때는 데이터 보안과 관련된 다음과 같이 네 가지 지침을 고려하는 것이 중요하다. 지침을 각 항목별로 살펴보자.

- **민감한 정보 제거 및 변환**: 데이터를 학습 모델에 제공하기 전에 개인 식별 정보(PII)나 민감한 세부 정보를 제거하거나 익명화하는 기술을 활용하여 데이터의 보안을 강화한다. 데이터 변환 또는 암호화 기술을 적용해 민감한 정보가 노출되지 않도록 한다.

- **서비스 제공자의 보안 감사 확인**: OpenAI와 같은 서비스 제공자는 정기적으로 보안 감사를 시행하고 그 결과를 투명하게 공개하여 신뢰를 높여야 한다. 사용자는 서비스 제공자의 보안 정책과 감사 보고서를 주기적으로 확인하고, 필요한 경우 이를 근거로 신뢰도를 평가해야 한다.

- **데이터 삭제 정책 수립**: 학습 완료 이후 원본 데이터를 즉시 삭제하거나, 일정 기간 후 자동으로 삭제되는 정책을 명확히 설정하여 데이터 저장으로 인한 보안 위험을 최소화한다. 데이터 관리 프로세스에서 이러한 삭제 정책이 철저히 이행되는지 확인한다.

- **독립적인 보안 검증 요구**: 가능하다면 OpenAI가 제공하는 보안 환경 및 데이터 처리 과정을 제3의 독립된 보안 전문가나 감사 기관으로부터 검증받도록 요구한다. 이를 통해 데이터 처리 과정의 신뢰성과 안전성을 추가적으로 확보할 수 있다.

이러한 지침을 준수함으로써 민감한 데이터의 안전성을 확보하고, 맞춤형 GPT의 활용에서 발생할 수 있는 잠재적인 보안 위협을 최소화할 수 있다.

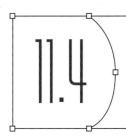

11.4 확장된 기능을 가진 GPT 생성

표준 GPT에 없는 기능을 추가하고 싶다면, 외부 서비스와 연동하여 그 기능을 확장할 수 있다. 예를 들어, SerpAPI와 같은 외부 서비스의 API를 활용하여 실시간 웹 검색 결과를 제공하는 맞춤형 GPT를 만들 수 있다. 표준 GPT에 없는 기능을 추가하고, 이를 통해 확장된 맞춤형 GPT를 만드는 방법을 설명하겠다.

표준 GPT는 기본적으로 마이크로소프트 사의 Bing 검색 엔진과 연동하여 인터넷 검색을 수행할 수 있다. 하지만 만약 구글(Google)이나 네이버(Naver)와 같은 다른 검색 엔진을 사용하고 싶다면, 맞춤형 GPT를 새로 만들어야 한다. 원하는 기능을 구현하기 위해서는 해당 기능을 제공하는 외부 서비스 사이트가 필요하며, 이 사이트들과 GPT가 데이터를 주고받기 위해 표준 규약(프로토콜, Protocol)이 필요하다.

기능 확장 맞춤형 GPT 동작 구조

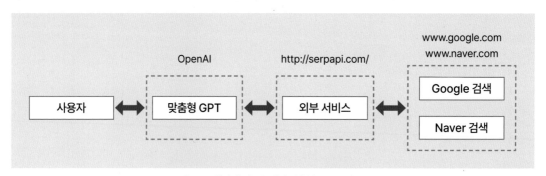

그림 11-12 확장된 기능을 가진 맞춤형 GPT 동작 구조

기능을 확장하기 위해서는 표준 GPT에 없는 기능을 정의하고(이를 기술적으로 'Action'이라고 명명), 이 Action을 서비스할 수 있는 외부 서비스 사이트와 연동해야 한다. 사용자의 요구를 외부 서비스에 전달하면, 외부 서비스는 구글이나 네이버 검색 엔진을 통해 필요한 정보를 검색하여 결과를 맞춤형 GPT에 반환한다. 맞춤형 GPT는 이 정보를 종합하여 최종적으로 사용자에게 질문에 대한 답변을 제공하게 된다.

개발을 위한 준비

1) 외부 서비스 사이트의 API 키 준비

외부 서비스는 ChatGPT에 없는 기능을 제공하는 사이트이며, API 형태로 제공된다. 원하는 기능을 서비스해 주는 사이트를 찾아 가입하고, API 키를 발급받아야 한다. 예를 들어, SerpAPI(serpapi.com) 사이트는 다양한 검색 엔진과 연동하여 사용자가 요청한 자료를 찾아주는 서비스를 제공한다.

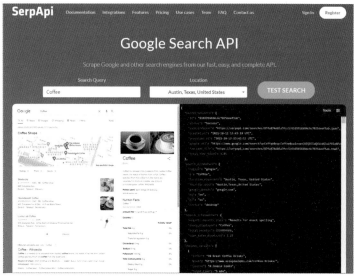

그림 11-13 SerpApi 외부 서비스 사이트

그림 11-14 SerpApi 설정 및 설명 화면

나만의 맞춤형 GPT

SerpAPI의 서비스를 사용하기 위해서는 먼저 회원 가입을 한다. 무료 사용(Free Plan)은 월 100회 사용 가능하며 상업 용도로는 사용이 금지된다는 조건이 있다.

회원 가입 후 <Subscribe> 버튼을 클릭하여 API 키를 받으면 이 키를 GPT 설정에 사용할 수 있다. 이 API 키는 서비스에 접근할 수 있는 비밀번호와 같으므로, 따로 저장하여 잘 보관해야 한다.

그림 11-15 SerpApi에서 받은 API Key

2) 대화 규약 스키마 준비

나의 GPT와 SerpAPI가 원활히 대화하기 위해서는 '대화 규약 스키마'가 필요하다. SerpAPI 사이트에서 제공하는 네이버 검색 API의 cURL 값을 참고하여 맞춤형 GPT에서 사용할 스키마를 생성할 수 있다.

```
curl --get https://serpapi.com/search \
  -d engine="naver" \
  -d query="paris" \
  -d api_key="705a0e2445bc36fd85e9712b54754262e103aff8369bdc                    "
```

그림 11-16 SerpApi의 네이버 검색 API 예시 및 코드 통합 화면

맞춤형 GPT 스토어에서 'ActionsGPT'를 입력하여 검색하고 적절한 프롬프트를 작성하고 결과를 받아 필요한 스키마를 구성한다.

그림 11-17 ActionsGPT를 검색하여 선택하는 화면

ActionsGPT에 아래 내용의 프롬프트를 작성하고 결과를 받는다.

> 아래 내용은 serpapi의 Naver 검색을 위한 Code to integrate의 cURL 내용이다.
> 이 내용을 참고해서 맞춤형 GPT에서 사용한 스키마를 생성해 줘.
> 생성된 스키마 형식은 json 형식으로 해 줘.
> api_key schema에 enum 항목에 아래 apk_key 값 1개만 [ ]에 넣어 줘.
>
> ```
> curl --get https://serpapi.com/search \
>  -d engine="naver" \
>  -d query="paris" \
>  -d api_key="705a0e2445bc36fd85e9712b54754262e103aff8369bdc███████████"
> ```

결과를 별도로 복사해 보관한다. 색상으로 강조된 부분은 접속할 때 자격을 검증하기 위해 그림 11-15에서 받아두었던 자신 계정의 API Key 값이다. 이 부분이 잘못되면 오류가 발생하고 서비스가 동작하지 않는다.

11

나만의 맞춤형 GPT

```json
{
  "openapi": "3.1.0",
  "info": {
    "title": "SerpAPI Naver Search",
    "description": "API to perform searches using Naver engine via SerpAPI.",
    "version": "1.0.0"
  },
  "servers": [
    {
      "url": "https://serpapi.com",
      "description": "Main production server"
    }
  ],
  "paths": {
    "/search": {
      "get": {
        "operationId": "performNaverSearch",
        "summary": "Performs a search using the Naver engine",
        "parameters": [
          {
            "name": "engine",
            "in": "query",
            "required": true,
            "schema": {
              "type": "string",
              "example": "naver"
            },
            "description": "The search engine to use (naver)"
          },
          {
            "name": "query",
            "in": "query",
            "required": true,
            "schema": {
              "type": "string",
              "example": "paris"
            },
            "description": "The search query"
          },
```

```
        {
          "name": "api_key",
          "in": "query",
          "required": true,
          "schema": {
            "type": "string",
            "enum": [

"705a0e2445bc36fd85e9712b54754262e103aff8369bdc              "
            ]
          },
          "description": "Your SerpAPI API key"
        }
      ],
...
```

만약 자동으로 스키마가 생성되지 않으면, 수동으로 설정값을 입력할 수 있다.

3) 기능 확장 맞춤형 GPT 구현

새로운 맞춤형 GPT 생성을 시작하고, 아래와 같은 설정을 통해 기초 값을 설정한다.

- 이름 : 검색 GPT
- 설명 : 검색 엔진을 이용해 질문에 답변한다.
- 지침 : 사용자의 질문에 대해 Naver 검색 엔진을 이용하여 최신 정보 중심으로 답변해 줘. 가능하면 답변 끝에 Naver의 근거 URL을 링크로 만들어 줘. 관련 정보가 부족하면 "정보가 부족하다"고 답변해 줘.

그림 11-18 기능 확장 맞춤형 검색 GPT 설정 화면 (1)

11

나만의 맞춤형 GPT

설정이 완료되면 작업의 <새 작업 만들기> 버튼을 클릭한다. 인증 창이 표시되면 인증 유형을 'API 키'로 선택하고 API 키에 앞서 받은 SerpAPI의 API 키를 입력한다. 이후 스키마 값을 복사해 스키마 란에 입력하고 문제가 없다면 <저장> 버튼을 클릭한다.

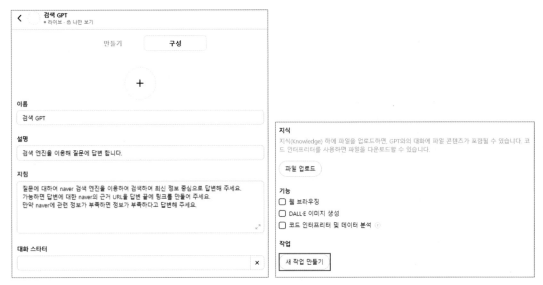

그림 11-19 기능확장 맞춤형 검색 GPT 설정 화면 (2)

그림 11-20 API 키 인증 설정 화면

준비한 스키마 값을 '스키마' 항목에 복사 및 붙여넣기한다. 만약 스키마에 형식이나 문법적인 오류가 있으면, 스키마 하단에 붉은색으로 오류 메시지가 표시된다.

개인정보 보호 정책 항목에는 기본적으로 추천하는 값을 입력한다. 예를 들어, 예시 링크와 같은 URL을 사용할 수 있다.

예시 링크 : https://app.example.com/privacy

그림 11-21 맞춤형 GPT 작업 편집 화면 : 스키마 및 개인정보 보호 정책 설정

4) GPT 테스트 및 배포

<테스트> 버튼을 클릭하여 GPT의 동작 과정을 확인한다. 오류가 발생하면 원인을 해결하고 다시 시도한다. 테스트가 완료되면 <만들기> 버튼을 클릭하여 GPT를 생성한다.

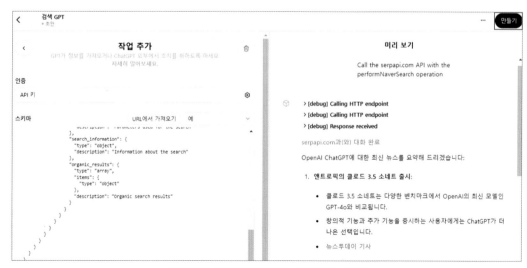

그림 11-22 맞춤형 GPT 작업 추가 및 미리 보기 화면

GPT 공유 창이 표시되면 개인 테스트를 위해 보안 레벨을 '나만 보기'로 선택하고 <저장> 버튼을 클릭하여 최종적으로 맞춤형 GPT를 완성한다.

그림 11-23 맞춤형 GPT 공유 설정 화면

생성한 GPT 동작 확인

이제 나만의 GPT를 실행하고 그 동작을 확인해 보자. 예를 들어, 이 글이 집필되는 시점에서 미국 대통령 후보 연설 중 트럼프 후보에 대한 저격 사건이 발생했다. 표준 GPT는 이러한 최신 사건에 대해 답변하기 어려운 경우가 많다. 맞춤형 GPT를 활용하여 네이버와 같은 외부 검색 엔진에서 관련 정보를 찾아 답변하도록 질의해 보자.

최근 발생한 트럼프 연설 중 피격 사건은 어떤 내용인지 자세하게 알려 줘.

최근 도널드 트럼프 전 미국 대통령의 연설 중 피격 사건에 대한 주요 내용을 요약하였습니다.

1. 피격 사건 발생

- 트럼프 전 대통령은 펜실베이니아주 버틀러에서 연설 도중 여러 발의 총격을 받았습니다.
- 사건 당시 트럼프 전 대통령은 연설을 계속하고 싶었으나, 경호원들에 의해 병원으로 옮겨졌습니다.
- 병원에서 의사는 이러한 상황이 기적적이라고 언급했습니다.

2. 사건의 여파

- 사건 이후 트럼프 전 대통령의 당선 가능성이 한층 높아졌습니다.
- 이 사건은 미국 사회에서 큰 충격을 주었으며, 관련 음모론이 소셜 미디어를 통해 확산되고 있습니다.
- 트럼프 전 대통령이 유세 중 피격을 당한 사건으로 인해 환율과 금리 등에 영향이 미쳤습니다.

3. 추가 반응

- 타이거 우즈와 같은 유명인들도 이번 사건에 대해 충격을 받은 상태입니다.

- 일부에서는 이번 사건이 자작극이라는 음모론도 제기되고 있습니다.

자세한 내용은 아래 링크를 통해 확인하실 수 있습니다:

- 서울신문
- 연합뉴스
- 이데일리
- 뉴스1

GPT가 제공한 관련 자료의 출처를 확인하기 위해 링크를 클릭하면 정보의 출처와 함께 더 자세한 내용을 확인할 수 있다.

추가로, SerpApi 외에도 The Cat API(thecatapi.com)와 같은 다양한 인터넷 서비스를 GPT에 연동하여 사용할 수 있다. 이러한 다양한 외부 서비스를 찾아 적용해 보는 것을 권장한다.

11.5 맞춤형 GPT 응용 사례

OpenAI에서 맞춤형 GPT는 일반적으로 GPTs 라고 부른다. GPTs는 기본 ChatGPT를 특정 목적이나 업무에 맞게 변경한 버전이라고 볼 수 있다. 주요 사용 용도는 다음과 같다.

1) 특정 업무 자동화

회의록 작성, 데이터 취합 등 반복적이고 시간 소모적인 업무를 자동화할 수 있다. 사용자가 정의한 단계별 프로세스에 따라 작업을 수행하도록 설정할 수 있다.

● 실습 예시

- **영업 보고서 자동 생성 GPT** : 영업 데이터를 입력하면 주간/월간 보고서를 자동으로 작성하고 핵심 성과 지표를 시각화하여 제공한다.

> **프롬프트 예시** : "매주 금요일에 영업 데이터를 자동으로 취합하고 보고서를 생성하는 GPT를 설정하여, 보고서 작성에 소모되는 시간을 절감할 수 있다."

2) 맞춤형 지식 베이스 구축

기본 GPT에 없는 특정 분야의 전문 지식이나 회사 내부 정보를 추가하여 더 정확하고 관련성 높은 응답을 얻을 수 있다.

● 실습 예시

- **법률 자문 GPT** : 특정 법률 사무소의 판례 데이터베이스와 내부 지침을 학습하여, 변호사들에게 관련 법규와 과거 판례를 신속하게 제공한다.

> **프롬프트 예시** : "법률 사무소의 맞춤형 GPT를 구축하여, 변호사들이 검색할 때마다 내부 데이터베이스를 빠르게 참조할 수 있도록 한다."

3) 프롬프트 엔지니어링 간소화

복잡한 프롬프트 작성 없이도 특정 업무나 질문에 대해 일관된 형식과 품질의 응답을 얻을 수 있다.

● 실습 예시

• **마케팅 카피 생성기 GPT** : 제품명과 주요 특징만 입력하면 회사의 브랜드 톤&매너에 맞는 광고 문구를 자동으로 생성한다.

> 프롬프트 예시 : "마케팅 팀에서 광고 문구 작성에 시간을 절감하기 위해, 제품명과 특징만 입력하면 AI가 일관된 마케팅 카피를 생성하는 GPT를 설정한다."

4) 개인화된 AI 어시스턴트

사용자의 업무 스타일, 선호도, 자주 사용하는 정보 등을 반영하여 개인화된 AI 어시스턴트를 만들 수 있다.

● 실습 예시

• **개인 건강 관리 GPT** : 사용자의 식단, 운동 기록, 의료 기록을 학습하여 맞춤형 건강 조언과 식단 계획을 제공한다.

> 프롬프트 예시 : "사용자는 자신의 건강 데이터를 입력하고, AI가 매일 맞춤형 식단과 운동 계획을 제공하는 GPT를 설정해 건강 관리를 더 체계적으로 할 수 있다."

5) 업무 프로세스 최적화

특정 업무 흐름에 맞춰 GPTs를 설계함으로써, 여러 단계의 작업을 연속적으로 처리할 수 있다.

● 실습 예시

• **프로젝트 관리 GPT** : 프로젝트 일정, 리소스 할당, 위험 관리 등을 통합 관리하며, 팀원들의 작업 상태를 추적하고 자동으로 진행 보고서를 생성한다.

> 프롬프트 예시 : "프로젝트 관리 GPT를 통해 팀원들의 작업 진행 상황을 추적하고, 일정이 맞춰질 수 있도록 자동으로 보고서를 생성하고 업데이트한다."

GPTs를 활용하면 기본 ChatGPT보다 더 효율적이고 정확하게 특정 업무를 수행할 수 있으며, 사용자의 필요에 맞는 맞춤형 AI 도구를 쉽게 만들 수 있다. 이를 통해 GPT는 단순한 대화형 AI를 넘어 실질적인 업무에 도움을 주는 강력한 도구로 발전할 수 있다.

연습 01 **맞춤형 GPT를 만들 때 중요한 첫 번째 단계는 무엇인가요?**

① API 키 발급받기

② GPT의 이름과 설명 설정하기

③ 학습시킬 데이터를 준비하기

④ GPT 공유 설정하기

연습 02 **맞춤형 GPT를 만들 때, 외부 서비스와 연동하기 위해 필요한 중요한 정보는 무엇인가요?**

연습 03 **맞춤형 GPT를 통해 확장된 기능을 추가하는 경우, 외부 서비스와 연동하는 과정에서 발생할 수 있는 보안 문제와 그 해결 방안에 대해 설명하세요.**

연습 04 **다음 중 맞춤형 GPT가 일반적인 GPT와 다른 점은 무엇인가요?**

① 모든 인터넷 검색 기능을 자동으로 제공한다.

② 특정한 지식이나 기능을 추가로 학습시킬 수 있다.

③ 사용자가 직접 데이터베이스를 구축해야 한다.

④ 다른 사용자와 공유할 수 없다.

연습 05 SerpAPI와 같은 외부 서비스를 GPT에 연동할 때 필요한 기본 설정값은 무엇인가요? 이 설정 값들이 어떻게 사용되는지 설명하세요.

연습 06 맞춤형 GPT를 개발한 후, 이를 다른 사용자와 공유할 때 선택할 수 있는 세 가지 옵션을 설명하고, 각 옵션의 특성과 장단점을 비교하세요.

연습 07 맞춤형 GPT를 만들 때, '대화 스타터' 기능은 어떤 역할을 하며 이 기능을 효과적으로 활용하는 방법을 설명하세요.

기업에서의 GPT 사용

- 기업에서 ChatGPT 도입 시 정보 보안 및 비용 문제 이해 : 기업이 ChatGPT를 도입할 때 반드시 고려해야 할 정보 보안과 비용 문제를 이해한다.
- GPT API를 활용한 기업 맞춤형 프로그램 개발 : OpenAI의 GPT API를 활용하여 기업 맞춤형 프로그램을 설계하고 개발하는 방법을 학습한다.
- 파인튜닝(Fine-tuning)을 통한 전용 GPT 모델 구축 : 파인튜닝 기법을 통해 기업의 요구에 맞는 전용 GPT 모델을 구축하는 절차를 익힌다.
- Python을 이용한 GPT API 연동 프로그램 작성 : Python을 사용하여 OpenAI API와 연동된 간단한 비즈니스 프로그램을 작성하는 방법을 배운다.

기업에서 GPT 사용 고려 개요

GPT 사용 주의 사항

이 장에서는 Python(파이썬) 언어에 대한 기본적인 이해가 필수적이다. 전문 개발자에게는 익숙할 수 있지만, Python에 익숙하지 않은 독자에게는 다소 난해하게 느껴질 수 있다. 최대한 간단하게 설명하려고 노력했으나 각자의 사전 지식에 따라 난이도가 달라질 수 있음을 유념해야 한다.

또한, OpenAI의 개발자 서비스는 지속적으로 변화하고 있다. 이 책이 집필되는 시점과 독자가 이 장을 학습하는 시점 사이에 기술적 변화가 있을 수 있다. 따라서 예시로 제공된 코드나 설명이 최신 상태와 다를 수 있으며, 이는 IT 분야에서 흔히 발생하는 상황이므로 최신 정보를 지속적으로 업데이트하고 학습하는 것이 중요하다.

이 장에서는 전문적인 내용을 배제하고, 실무에서 바로 활용할 수 있는 기본적인 작동 원리를 중심으로 설명한다. 심화된 개발 작업이 필요하다면, 관련 서적이나 온라인 자료를 참고하는 것이 좋다.

사용 고려 개요

기업에서 ChatGPT를 도입하여 사용하는 데는 여러 가지 중요한 요소를 고려해야 한다. 그중 가장 중요한 것은 정보 보안 문제이다. ChatGPT를 사용하기 위해서는 기본적으로 OpenAI 서버에 기업의 정보를 보내야 하며, 이 과정에서 필연적으로 민감한 정보가 포함될 수 있다. OpenAI는 이러한 정보를 보호한다고 명시하고 있지만, 민감한 정보의 유출 가능성은 여전히 존재할 수 있다.

두 번째로 고려해야 할 요소는 비용이다. OpenAI는 GPT를 운영하고 사용하기 위해 상당한 비용이 들며, 특히 전문적인 사용에 대해서는 추가적인 비용이 청구된다. 기업은 이러한 비용을 사전에 정확히 예측하고, 예산 내에서 효율적으로 관리할 수 있어야 한다.

기업이 OpenAI의 ChatGPT를 사용하는 방법에는 몇 가지가 있다.

- **기본 GPT 사용** : 기업 단위로 OpenAI에 계정을 만들어 기본 GPT를 사용하거나, 맞춤형 GPT를 사용하는 방법이다. 필요에 따라 맞춤형 GPT와 연동하는 기업 전용 API 서비스 사이트를 직접 제작해야 할 수도 있다.

- **전용 프로그램 개발** : 인공지능 기능을 사용하는 자신만의 전용 프로그램을 만들고, 이 프로그램에서 인공지능 기능이 필요할 때 OpenAI의 API 서비스를 사용하는 방법이다. 이 방법은 맞춤형 GPT의 사용과 유사하지만, 사용자의 UI/UX를 자유롭게 설계할 수 있다는 장점이 있다. 또한, GPT를 위한 추가 API 서비스를 개발할 필요 없이 기업 내부의 다양한 기존 전용 서비스와 연동할 수 있다.
- **전용 GPT 모델 구축** : 표준 GPT 모델에 기업에서 필요한 추가 정보를 학습시켜, 해당 기업에 적합한 전용 GPT 모델을 만들어 사용하는 방법이다. 이는 특정 기업만을 위한 전용 GPT를 만들어 독점적으로 사용하는 방식이다.

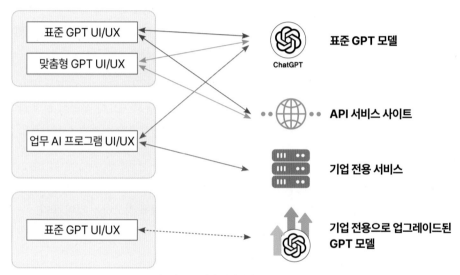

그림 12-1 기업 입장에서의 GPT 사용 사례

기업 입장에서 가장 이상적인 방법은 OpenAI나 다른 AI 서비스 회사의 상용 서비스를 사용하지 않고, 자신만의 모델을 회사 내부에서 관리하고 사용하는 것이다. 이는 공개된 오픈 LLM 모델을 도입하여 추가 학습을 시킨 후, 기업 전용 모델을 만들어 내부에서 운영하는 방식이다. 그러나 이 방법은 높은 비용과 시스템을 운영할 수 있는 인공지능 전문 인력이 필요하다는 단점을 가지고 있다. 또한, 기업에서 운영하는 모델이 OpenAI의 학습 모델에 비해 성능이 비슷하거나 우수하다는 보장이 없다. 데이터 보안이 중요한 기업의 경우, 이러한 방식이 유일한 해결책이 될 수 있다.

이 책에서는 두 번째 방법인 '전용 프로그램 개발'과 세 번째 방법인 '전용 GPT 모델 구축'에 대해 자세히 다룬다. 다음 절에서 프로그램 생성을 시작해 보자.

12.2 업무용 프로그램 생성

OpenAI는 다양한 프로그램에서 인터넷을 통해 GPT의 기능을 사용할 수 있는 프로그래밍 인터페이스 (API)를 제공한다. 이를 활용하면 기업은 자체 개발한 프로그램에 ChatGPT의 기능을 통합하여 업무 효율성을 높일 수 있다. GPT API 사용 비용은 기업이 GPT에 보낸 데이터와 받은 데이터의 양, 즉 토큰 수에 따라 계산된다. 여기서는 Python을 이용하여 ChatGPT API 서비스를 사용하는 간단한 프로그램을 제작하는 방법을 소개한다.

개발 환경 생성

먼저 Python 개발 환경을 설정하는 단계이다. Python 설치를 위해 Anaconda 패키지를 사용할 수 있다. Anaconda는 Python과 다양한 필수 모듈을 함께 설치해 주는 패키지 관리 도구로, 개발 환경을 빠르고 쉽게 구성할 수 있다.

Step 1 Python 개발 환경 다운로드 및 설치

Python 개발 환경을 구축하는 방법은 여러 가지가 있지만, 이 책에서는 Anaconda 패키지를 이용하여 필요한 Python과 기초 모듈을 설치하는 방법을 소개한다.

● Anaconda 다운로드

먼저 Anaconda 다운로드(anaconda.com/download/success) 사이트에 접속하고 자신의 개발 환경에 적합한 운영체제와 설치 버전을 클릭하여 다운로드를 한다. 이 책은 MS-Windows 환경에서 개발을 진행할 예정이므로 Window의 Python 3.12 버전 파일을 클릭하여 다운로드하였다.

그림 12-2 아나콘다 다운로드 사이트

● Anaconda 설치

프로그램 설치를 위해서는 다운로드한 실행 파일을 더블클릭하여 실행한다. 설치를 할 수 있는 Anaconda3 2024.06-1 (64-bit) Setup 대화상자가 표시되는데, 설치 과정의 옵션은 기본 설정을 선택하여 쉽게 설치를 진행할 수 있다. 특별한 설정 변경 없이 기본값을 사용하고 대화상자의 <Next> 버튼을 클릭하여 설치를 완료하면 된다.

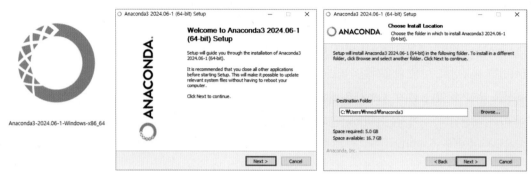

그림 12-3 아나콘다 설치 과정

Step 2 OpenAI 개발 모듈 설치

Anaconda 설치가 완료되면, Anaconda Prompt를 실행하여 OpenAI 모듈을 설치할 수 있다. 먼저 다음의 명령어를 실행하여 OpenAI 모듈을 설치하거나 업그레이드한다.

```
pip install openai
또는
pip install --upgrade openai
```

또한, 환경에 따라 명령어를 실행했을 때 일부 오류가 발생할 수 있다. 이러한 경우 다음과 같은 명령어로 문제를 해결하거나 GPT에게 문의하여 해결책을 찾는다.

```
pip install llama-index
```

발생한 오류는 특정 환경에 따라 다를 수 있으므로, 필요에 따라 추가적인 명령어를 실행하거나 지원을 받는 것이 좋다.

그림 12-4 Anaconda 실행

```
Downloading httpx-0.27.0-py3-none-any.whl (75 kB)
                                 75.6/75.6 kB 4.1 MB/s eta 0:00:00
Downloading httpcore-1.0.5-py3-none-any.whl (77 kB)
                                 77.9/77.9 kB 4.2 MB/s eta 0:00:00
Using cached h11-0.14.0-py3-none-any.whl (58 kB)
Installing collected packages: h11, distro, httpcore, httpx, openai
ERROR: pip's dependency resolver does not currently take into account all the packages that are installed. This beha
r is the source of the following dependency conflicts.
llama-index 0.9.2 requires deprecated>=1.2.9.3, which is not installed.
llama-index 0.9.2 requires tiktoken>=0.3.3, which is not installed.
llama-index 0.9.2 requires typing-inspect>=0.8.0, which is not installed.
Successfully installed distro-1.9.0 h11-0.14.0 httpcore-1.0.5 httpx-0.27.0 openai-1.37.0
```

```
(base) C:\Users\hisecure>pip install llama-index
Defaulting to user installation because normal site-packages is not writeable
Requirement already satisfied: llama-index in c:\users\hisecure\appdata\roaming\python\python311\site-packages (0.9.2)
Requirement already satisfied: SQLAlchemy[asyncio]>=1.4.49 in c:\users\hisecure\appdata\roaming\python\python311\site-pa
ckages (from llama-index) (2.0.23)
Requirement already satisfied: aiostream<0.6.0,>=0.5.2 in c:\users\hisecure\appdata\roaming\python\python311\site-packag
es (from llama-index) (0.5.2)
Requirement already satisfied: beautifulsoup4<5.0.0,>=4.12.2 in d:\programdata\anaconda3\lib\site-packages (from llama-i
ndex) (4.12.2)
Requirement already satisfied: dataclasses-json<0.6.0,>=0.5.7 in c:\users\hisecure\appdata\roaming\python\python311\site
-packages (from llama-index) (0.5.14)
```

그림 12-5 설치 시 부분 에러 발생 및 해결 과정

Step 3 Python 코드 편집 에디터 설치

Python 코드를 작성하기 위한 편집기 중에서도 Visual Studio Code(VSCode)를 사용하기 위해 설치를 진행한다. Visual Studio Code는 Windows, macOS, Linux 등 다양한 운영체제에서 실행이 가능하고, 설치 후 기본 설정으로 실행하면 된다.

기업에서의 GPT 사용

● Visual Studio Code 다운로드 및 설치

VSCode 다운로드(code.visualstudio.com/download) 사이트에 접속하여 자신의 운영체제에 맞는 설치 파일을 다운로드하여 설치한다. 책에서는 MS-Windows 환경에서 설치를 진행하였다.

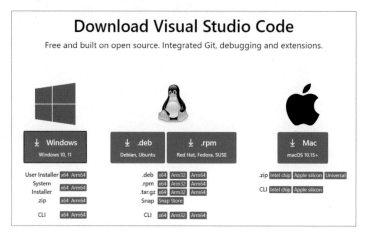

그림 12-6 VSCode 다운로드 사이트

설치 과정 중 옵션은 기본 설정을 선택하면 무리 없이 진행되므로, 특별한 설정 변경 없이 설치하면 된다.

● 설치 확인

설치가 완료되면 Windows 메뉴에서 'Visual Studio Code'를 선택하여 실행한다. 이때 정상적으로 실행되는지 확인하여 개발 환경이 제대로 구성되었는지 점검할 수 있다.

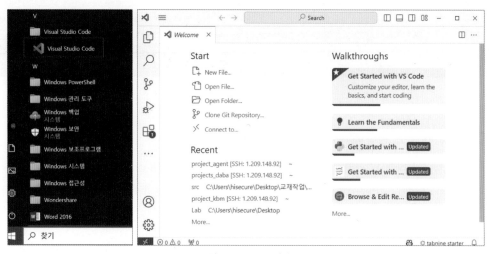

그림 12-7 VSCode 실행

OpenAI API Key 발급

프로그램을 사용하기 위해서는 OpenAI API Key가 필요하다. 이 API Key는 프로그램에서 OpenAI 서비스를 사용할 때 인증에 사용되므로 해당 계정에서 API Key를 발급받아야 한다. API Key를 발급받기 위해 OpenAI 홈페이지에 접속하여 계정을 생성하고 다음의 절차를 따라 API Key를 발급받는 과정을 진행한다.

● OpenAI 계정 생성 및 로그인

OpenAI API 서비스를 이용하려면 OpenAI 계정이 필요하다. OpenAI Platform(platform.openai.com/account/api-keys) 사이트에 접속하여 계정을 새로 생성하거나 기존 계정으로 로그인한다.

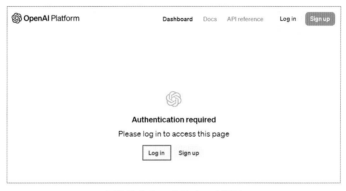

그림 12-8 OpenAI Platform 사이트

● API Key 생성

로그인 후, 화면의 왼쪽 메뉴에서 키를 생성하는 〔API Key〕 메뉴를 선택하고 <+ Create new secret key> 버튼을 클릭한다.

그림 12-9 새로운 키 만들기

새로운 키를 생성할 때 설정 창이 표시된다. 기본값 설정을 사용해도 되지만, 여러 개의 키를 생성하고 관리하기 위해서는 각 키의 이름을 다르게 설정하는 것이 좋다. 그림 12-10과 같이 설정을 완료하고 <Create Sceret ket> 버튼을 클릭하면 키가 생성된다.

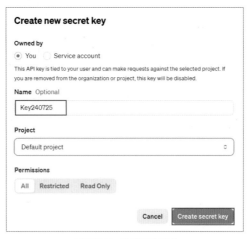

그림 12-10 키 만들기 과정

● API Key 저장 및 관리

생성된 API Key는 반드시 안전한 곳에 복사하여 저장해 두어야 한다. 이 키는 OpenAI API 서비스를 이용할 때 필요한 중요한 인증 수단이다. 만약 키가 무단으로 도용되어 사용된다면, 사용된 데이터량만큼 계정에 과금되므로, 키를 철저히 보호해야 한다. 키가 노출된 것 같다면 즉시 키 관리 화면에서 해당 키를 삭제하고, 새로운 키를 발급받아야 한다.

그림 12-11 새로운 API Key 생성 및 저장

기본 크레딧 충전

API Key를 발급받은 후, OpenAI API를 사용하기 위해서는 크레딧을 충전해야 한다. OpenAI 플랫폼의 빌링(Billing) 페이지에 접속하여 결제 정보를 등록하고, 필요한 만큼 크레딧을 충전할 수 있다. 충전된 크레딧에 따라 API 사용이 가능해진다.

● 크레딧 충전 과정

API Key를 발급받았다고 해서 바로 서비스를 사용할 수 있는 것은 아니다. 기본적으로 API Key에 사용 크레딧(일종의 선불제)을 충전해 두어야 서비스 사용이 가능하다. 크레딧을 충전하기 위해 OpenAI 빌링(platform.openai.com/settings/organization/billing/overview) 사이트에 접속한다.

〔Billing〕 메뉴에서 기본 프로젝트에 대한 크레딧이 0으로 설정된 것을 확인하고 크레딧을 충전하기 위해 <Add to credit balance> 버튼을 클릭한다.

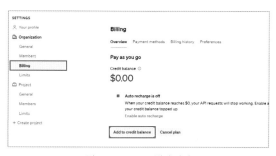

그림 12-12 OpenAI 빌링 사이트

표시되는 Add to credit balance 창에서 사용할 결제 카드를 등록하고 원하는 금액을 Amount to add에 입력한 다음 <Continue> 버튼을 클릭하여 크레딧을 충전한다. OpenAI에서는 충전해야 하는 최소 금액 단위를 지정하고 있으므로, 이를 참고하여 적절한 금액을 충전한다. 책에서는 초기 개발을 위해 10달러 정도를 충전하였다.

그림 12-13 충전 진행 단계

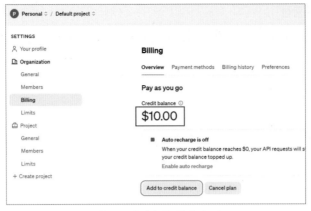
그림 12-14 충전이 완료된 후의 모습

이 단계를 요약하면, Python 개발 환경 설정 → OpenAI Python 모듈 설치 → VSCode 설치 → OpenAI API Key 발급 → 크레딧 충전 순으로 진행된다.

프로그램 생성

이제 Python을 이용해 간단한 명령창(CUI, Command-Line User Interface) 기반의 프로그램을 만들어 보자. 이 프로그램은 사용자가 입력한 주제에 따라 자동으로 비즈니스 이메일을 작성해 주는 기능을 가지고 있다. 이 프로그램을 실제 업무에서 활용하기 위해서는 더 많은 기능이 필요할 수 있지만, 여기서는 기본적인 작동 원리를 이해하는 것에 중점을 둔다.

우리가 만들려고 하는 프로그램은 명령창에서 실행되는 간단한 형태로, 사용자가 주제를 입력하면 프로그램이 해당 주제를 반영하여 영문 비즈니스 이메일을 자동으로 생성하는 기능을 제공한다. 실무에서 활용하려면 다양한 추가 기능이 필요하겠지만, 여기서는 프로그램의 핵심 기능만을 고려하여 가능성을 확인하는 관점에서 프로그램을 개발할 것이다.

Step 1 개발 환경 실행

먼저 컴퓨터의 바탕화면에 'Project1'이라는 새로운 폴더를 만든다.

그림 12-15 바탕화면에 생성한 Project1 폴더

Visual Studio Code를 실행하고 메뉴에서 〔File〕 → Open Folder...를 실행하여 바탕화면에 저장한 폴더를 불러온다. Visual Studio Code 내에서 작업을 시작할 준비를 한다.

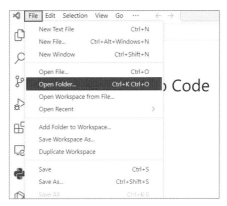

그림 12-16 프로젝트 폴더 열기

코드 작성

EXPLORER 패널에서 마우스 오른쪽 버튼을 클릭하고 New File을 실행하여 'app1.py'라는 이름의 파일을 새로 생성한 다음 다음과 같이 OpenAI 모듈을 사용하여 비즈니스 이메일을 생성하는 코드를 작성한다.

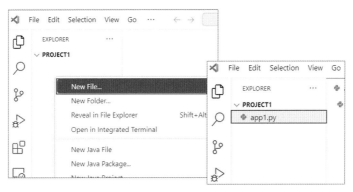

그림 12-17 새로운 파일 만들기

😊📟 **12\app1.py**

```python
# openai 모듈에서 OpenAI 클래스를 임포트
from openai import OpenAI
```

```python
# API 키를 설정 및 OpenAI 클라이언트 인스턴스를 생성
API_KEY = "여기에 발급받은 API 키를 입력하세요"
client = OpenAI(api_key=API_KEY)

# 시스템 프롬프트 설정
system_prompt = '''
너는 무역회사에서 비즈니스 이메일을 작성하는 전문가야.
이메일 형식은 국제적 비즈니스에서 많이 사용하는 표준 양식을 준수해 줘.
'''


# 이메일을 생성하는 함수 정의
def generate_email(subject):
    # 사용자의 프롬프트를 설정
    user_prompt = f'''
    아래 주제를 고려하여 비즈니스 이메일을 작성해 주세요.
    출력 결과는 영어로 해 주세요.  주제: {subject}
    '''

    # OpenAI API를 사용하여 채팅 완료 생성
    completion = client.chat.completions.create(
        model="gpt-4",  # 사용할 모델 지정
        messages=[
            {"role": "system", "content": system_prompt},
            {"role": "user", "content": user_prompt}]
    )
    # 생성된 이메일 내용을 반환
    return completion.choices[0].message.content

# 메인 함수를 정의
def main():
    # 사용자로부터 이메일 주제를 입력받음
    subject = input("이메일 주제를 입력하세요: ")
    # 입력받은 주제를 바탕으로 이메일 내용 생성
    email_content = generate_email(subject)
    print("\n생성된 이메일 내용:\n") # 생성된 이메일 내용 출력
    print(email_content)

# 프로그램의 시작점 설정
if __name__== "__main__":
    main()  # 메인 함수 실행
```

코드를 실행하기 위해 VSCode에서 'app1.py' 파일을 선택하고 마우스 오른쪽 클릭한 다음 Open in Integrated Terminal을 실행한다.

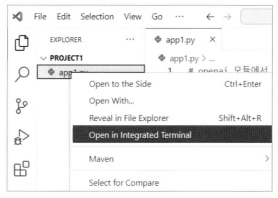

그림 12-18 실행 명령창 열기

표시되는 명령창에서 'python app1.py'를 입력하여 프로그램을 실행한다. 이메일 주제(예 : 특정 상품에 대한 견적서 요청)를 입력하면, ChatGPT가 자동으로 비즈니스 이메일을 생성해 준다.

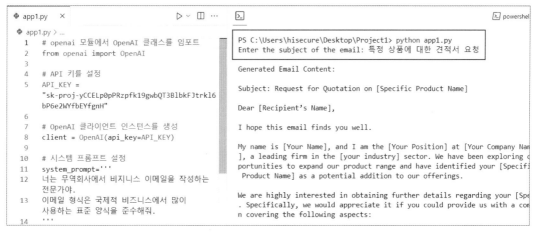

그림 12-19 실행 명령창

Enter the subject of the email: 특정 상품에 대한 견적서 요청

Generated Email Content:

Subject: Request for Quotation on [Specific Product Name]

Dear [Recipient's Name],

I hope this email finds you well.

My name is [Your Name], and I am the [Your Position] at [Your Company Name], a leading firm in the [your industry] sector. We have been exploring opportunities to expand our product range and have identified your [Specific Product Name] as a potential addition to our offerings.

We are highly interested in obtaining further details regarding your [Specific Product Name]. Specific. Specifically, we would appreciate it if you could provide us with a comprehensive quotatiog the folon covering the following aspects:

1. Unit price for different order quantities (Please specify price tiers).
2. Minimum order quantity (Muantity (MOQ)).
3. Delivery timelines for various order quantities.
4. Shipping terms and associated costs.
5. Payment terms and conditions.
6. Any available warranties or guarantees.
7. Bulk purchase discounts or promotional offers.

Additionally, we would be grateful for any product specifications, brochures, or digital resources you could share to help us better understand the product and its features.

We value the quality and reliability of the products we offer to our customers and believe your [Specific Product Name] could be an excellent fit for our portfolio. Therefore, we look forward to receiving your detailed quotation at your earliest convenience.

Please feel free to contact me directly if you need any further information or clarification.

Thank you for your time and consideration. We are looking forward to potentially doing business with your esteemed company.

Best regards,

[Your Full Name]
[Your Position]
[Your Company Name]
[Your Company Address]
[City, State, ZIP Code]
[Country]
[Your Email Address]
[Your Phone Number]
[Your Company Website]
[Your Full Name]
[Your Position]
[Your Company Name]
[Your Company Address]
[City, State, ZIP Code]
[Country]
[Your Email Address]
[Your Phone Number]
[Your Company Website]

이 프로그램을 통해 사용자는 간단한 주제만 입력하면 비즈니스 이메일을 자동으로 생성할 수 있으며, 이는 업무 효율성을 크게 높일 수 있다.

12.3 추가 정보를 학습시키는 파인튜닝

파인튜닝

기업은 이미 훈련된 GPT 기본 모델에 특정 기업의 데이터를 추가 학습시켜 맞춤형 GPT 모델을 만들 수 있으며, 이를 '파인튜닝(Fine-tuning)'이라고 한다. 파인튜닝은 기존 GPT 모델에 특정 기업의 데이터를 더해 기업의 요구에 맞는 맞춤형 모델을 구축하는 과정이다. 이는 RAG(Retrieval-Augmented Generation) 방식과는 달리 단일 구조로 유지되어 더 단순한 구조를 가지며, 일관된 성능을 제공한다. 다만, 새로운 데이터셋에 적응하려면 다시 학습이 필요하며, 특정 정보에 대해 편향된 결과를 제공할 수 있는 위험도 존재한다.

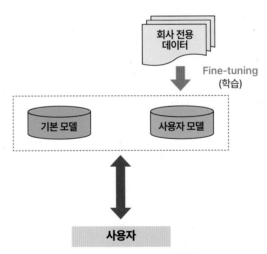

그림 12-20 파인튜닝의 개념

이러한 파인튜닝을 통해 OpenAI는 기업 전용 모델을 만들 수 있는 서비스를 제공하고 있는데, 이 방법은 맞춤형 GPT에 비해 비용이 높아 개인이 시도하기에는 어려움이 있을 수 있다.

더 자세한 정보는 OpenAI의 파인튜닝 가이드(platform.openai.com/docs/guides/fine-tuning) 사이트에서 확인할 수 있다.

OpenAI 파인튜닝 서비스 절차

OpenAI는 기업 전용 파인튜닝 서비스를 통해 최적화된 GPT 모델을 구축할 수 있는 절차를 제공하고 있다. 이 절차는 다음과 같은 단계로 진행된다.

1) 데이터 준비

학습에 사용할 고품질의 텍스트 데이터를 준비한다. 데이터는 일반적으로 JSON 형식으로 준비하며, 다음과 같은 형태를 가진다.

```
{"prompt": "Hello, how are you?", "completion": "I am good."}
```

데이터의 품질이 높을수록 파인튜닝 결과도 우수해진다. 따라서 정확하고 일관된 데이터를 사용하는 것이 중요하다. 특히 실무에서 학습자료를 준비하는 데는 상당한 비용과 노력이 소요되므로, 데이터를 체계적으로 정리하고 검증하는 과정이 필요하다.

2) OpenAI 계정 로그인

Anaconda 명령창을 통해 OpenAI API 키로 로그인한다. 이 과정에서는 OpenAI 계정이 필요하며, 해당 계정으로 로그인하여 파인튜닝 작업을 시작할 준비를 한다. 로그인 절차는 아래 명령어를 사용하여 진행한다.

```
openai api_key <YOUR_API_KEY>
```

이 명령어를 실행하면, OpenAI API와의 연결이 설정되어 파인튜닝 작업을 진행할 수 있다.

3) 학습 데이터 업로드

준비된 데이터를 OpenAI 서버에 업로드한다. 이 데이터는 파인튜닝을 위해 사용되며, 명령어를 통해 데이터를 업로드할 수 있다. 다음의 명령어를 사용하여 학습할 데이터를 서버에 업로드한다.

```
openai tools fine_tunes.prepare_data -f <your_file>.jsonl
```

이 명령어를 실행하면, OpenAI 서버에 데이터가 업로드되어 파인튜닝 과정에서 사용될 준비가 완료된다.

4) 모델 학습

파인튜닝을 하기 위해서는 먼저 기업의 요구에 맞는 기본 모델을 선택해야 한다. 모델은 기업의 요구 조건, 데이터의 특징, 그리고 학습 비용 등을 고려하여 적절하게 선택해야 한다. OpenAI는 다양한 GPT 모델을 제공하며, 선택한 모델에 따라 성능과 비용이 달라진다. 모델을 선택한 후, 아래 명령어를 사용하여 학습을 시작한다.

```
openai api fine_tunes.create -t <uploaded_file_id> -m <model_name>
```

5) 진행 모니터링

파인튜닝이 진행되는 동안, 작업의 상태를 CLI 또는 OpenAI의 웹 대시보드를 통해 모니터링할 수 있다. 파인튜닝이 완료되면 모델의 성능을 평가하고, 필요에 따라 추가 파인튜닝을 수행할 수 있다. 이 과정에서 모델의 성능을 지속적으로 점검하고, 원하는 결과가 나오지 않을 경우 추가적인 조정을 통해 모델을 최적화할 수 있다.

6) 파인튜닝된 모델 사용

파인튜닝된 모델은 OpenAI API를 통해 기업의 특정 요구에 맞는 작업을 수행할 수 있다. 이 모델을 사용하려면 추가 비용이 발생하며, 성능이 만족스럽지 않을 경우 데이터를 수정하거나 추가하여 다시 파인튜닝을 진행할 수 있다. 파인튜닝 과정과 모델 사용 모두에서 비용이 추가되므로, 이를 신중하게 고려해야 한다. 파인튜닝된 모델은 OpenAI의 기본 API 호출을 통해 원하는 작업을 수행할 수 있으며, 필요에 따라 반복적으로 파인튜닝을 진행해 모델을 최적화할 수 있다. 특히 파인튜닝이 완료된 후에도 모델 사용 시 추가 비용이 발생한다는 점을 유의해야 한다.

기업은 파인튜닝된 모델을 통해 맞춤형 솔루션을 제공할 수 있지만, 파인튜닝 과정에도 비용이 발생하며, 모델 사용 시에도 추가적인 비용이 부과된다. 따라서 파인튜닝을 통해 얻은 모델이 기업의 요구에 맞게 성능을 발휘하는지 평가하는 것이 중요하며, 필요 시 추가적인 조정과 학습이 요구될 수 있다. 기업은 이러한 절차를 운영할 수 있는 전문가를 확보하고, 충분한 예산을 고려하여 파인튜닝 서비스를 활용해야 한다.

연습 01 파인튜닝(Fine-tuning)과 RAG(Retrieval-Augmented Generation) 방식의 주요 차이점은 무엇인가요?

① 파인튜닝은 GPT 모델에 새로운 데이터를 추가 학습시키는 반면, RAG는 기존의 모델에서 데이터를 검색하여 활용한다.

② 파인튜닝은 단일 구조로 유지되지만, RAG는 복잡한 구조를 가진다.

③ 파인튜닝은 새로운 데이터셋에 적응하기 위해 다시 학습이 필요하지만, RAG는 그렇지 않다.

④ 모든 항목이 맞다.

연습 02 다음 중 파인튜닝된 모델을 모니터링할 수 있는 방법이 아닌 것은 무엇인가요?

① CLI(Command Line Interface)

② OpenAI의 웹 대시보드

③ 일반 텍스트 에디터

④ OpenAI API

연습 03 파인튜닝된 모델을 사용하려면 추가로 발생하는 비용을 무엇이라고 하나요?

연습 04 파인튜닝된 모델의 결과가 만족스럽지 않을 경우, 기업은 어떤 조치를 취해야 하나요? 구체적인 절차를 서술하세요.

12

기업에서의 GPT 사용

연습 05 **파인튜닝 작업을 통해 얻을 수 있는 가장 큰 장점은 무엇인가요?**

① 비용 절감
② 모델의 신속한 업데이트
③ 기업 데이터에 최적화된 맞춤형 성능
④ 사용이 간편한 인터페이스

연습 06 **파인튜닝 작업을 시작하기 전에 필요한 데이터 파일의 형식은 무엇인가요?**

연습 07 **파인튜닝된 모델을 사용함으로써 기업이 얻을 수 있는 주요 이점은 무엇인가요? 최소 두 가지를 서술하세요.**

ChatGPT Canvas 사용

학 습 목 표

- ChatGPT Canvas의 개념 이해 및 기존 AI 인터랙션 방식과의 비교 : ChatGPT Canvas가 무엇인지, 기존 AI 인터랙션 방식과 어떻게 다른지 설명할 수 있다.
- ChatGPT Canvas를 활용한 텍스트 및 코드 편집 실습 : Canvas를 사용해 텍스트와 코드를 직접 수정하고 편집하는 과정을 경험할 수 있다.
- ChatGPT Canvas를 이용한 간단한 프로젝트 제작 : 텍스트 편집 및 게임 제작 등의 프로젝트를 ChatGPT Canvas로 직접 구현할 수 있다.
- AI 생성 콘텐츠의 인터랙티브한 수정 체험 : AI가 생성한 콘텐츠를 ChatGPT Canvas를 통해 실시간으로 수정하고 개선할 수 있다.
- 프로젝트 수정 및 개선을 통한 문제 해결 능력 향상 : ChatGPT Canvas를 사용하여 프로젝트의 기능을 수정하고 최적화하며 문제 해결 능력을 키울 수 있다.

ChatGPT Canvas 개요

ChatGPT Canvas

기존 ChatGPT를 사용해 글을 쓰거나 코드를 작성할 때, 그동안은 AI에게 질문을 하고, 그 결과를 복사해서 다른 프로그램에 붙여넣은 다음 수정하여 다시 AI에게 입력하는 방식으로 작업을 해야 했다.

> **TIP** **Canvas와 다른 프로그램**
>
> 1. Canvas : Canvas는 '캔버스'처럼 작업할 수 있는 공간을 의미한다. 예술가가 그림을 그리는 캔버스처럼, 이곳에서 AI가 생성한 텍스트나 코드를 바로 수정할 수 있다.
> 2. 다른 프로그램 : 여기서 다른 프로그램이란 우리가 흔히 쓰는 워드나 코드 작성 프로그램 같은 것이다.

그림 13-1 다른 프로그램 예시

물론 기존의 ChatGPT를 활용한 방식으로도 일을 할 수는 있지만, 조금 불편하고 번거로운 부분이 있었다. 이를 개선하기 위해 OpenAI는 ChatGPT Canvas라는 새로운 기능을 출시했다.

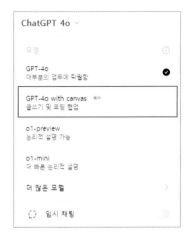

그림 13-2 ChatGPT 4.0 모델 선택 화면 중 'GPT-4.0 with canvas (베타)' 글쓰기 및 코딩 협업 기능 제공 옵션 선택 방법

ChatGPT Canvas는 마치 그림을 그리는 '캔버스'처럼, AI가 생성한 글이나 코드를 한 곳에서 바로 수정할 수 있는 공간이다. 이제 결과를 복사하거나 다른 프로그램을 사용할 필요 없이, ChatGPT 안에서 바로 수정하고 다듬으며 결과를 확인할 수 있다. 글을 다듬거나 코드를 수정할 때 시간을 절약하고, 작업을 한눈에 확인할 수 있어 훨씬 편리해졌다.

표 13-1 ChatGPT와 ChatGPT Canvas 비교

비교 항목	ChatGPT	ChatGPT Canvas
효율성	피드백을 받은 후 다른 편집기로 옮겨 수정해야 하므로 시간이 더 소요됨	작업 이동 없이 피드백 반영과 수정이 가능하여 시간이 절약됨
편리성	복사/붙여넣기와 프로그램 간 이동이 필요함	한 화면에서 모든 작업을 처리할 수 있어 직관적임
작업 흐름	피드백을 받을 때마다 작업 흐름이 끊길 수 있음	작업 흐름이 매끄럽게 유지됨

TIP **ChatGPT Canvas 더 알아보기**

ChatGPT Canvas에 대해 더 알고 싶다면 OpenAI의 공식 웹사이트(openai.com/index/introducing-canvas/)에서 추가 정보를 확인할 수 있다. 해당 사이트에서는 ChatGPT Canvas의 다양한 기능과 사용법을 자세히 설명해 주고 있다.

그림 13-3 Open AI Canvas 소개 사이트

실습 예제 01

ChatGPT Canvas 실습

글 편집

ChatGPT와 ChatGPT Canvas를 활용해 직접 글을 편집해 보고, 두 방식의 차이를 비교해 보는 시간을 가져보자. 이 실습을 통해 각각의 도구가 어떻게 다르고, 어떤 상황에서 더 편리한지를 경험할 수 있다. 특히 논문 첨삭과 같은 텍스트 편집 작업에서 두 도구의 차이를 체감할 수 있을 것이다.

다음은 ChatGPT와 ChatGPT Canvas를 이용한 논문 첨삭 비교 예제이다. ChatGPT와 ChatGPT Canvas를 사용해 논문 초안을 편집하면서 두 방식의 차이를 비교해 보자. 이를 통해 각 도구의 편리함과 작업 효율성을 체험하고, 또한 쉽게 사용할 수 있는 방법을 익혀보자.

실습 예제 **ChatGPT와 ChatGPT Canvas를 이용한 논문 첨삭 비교** ···

ChatGPT	ChatGPT Canvas
Step 1 **논문 초안 입력 및 피드백 요청**	**Step 1** **논문 초안 작성**
ChatGPT에 논문 초안을 입력하고 피드백을 요청한다.	ChatGPT Canvas에서 논문 초안을 작성한다.
• 예시 연구 주제 : '생성형 AI를 통한 에세이 초안 작성의 효율성 연구' • 입력 예시 이 논문은 에세이 초안 작성에서 생성형 AI를 사용하는 효율성을 평가하며, 특히 브레인스토밍 과정에서 절약된 시간에 초점을 맞추고 있다. • 피드백 요청 예시 이 문단의 흐름과 일관성을 검토해 주고, 시간 절약에 초점을 맞춘 부분을 더 명확히 할 수 있는 개선 사항을 제안해 줘.	• 입력 예시 이 논문은 에세이 초안 작성에서 생성형 AI를 사용하는 효율성을 평가하며, 특히 브레인스토밍 과정에서 절약된 시간에 초점을 맞추고 있다.
Step 2 **피드백 확인 후 내용 보관**	**Step 2** **피드백 요청 후 텍스트 수정**
ChatGPT가 제공한 피드백을 보고, 이를 워드나 다른 문서 편집 프로그램에 복사해서 붙여넣는다.	ChatGPT Canvas에서 바로 피드백을 요청하고, 피드백을 받은 자리에서 텍스트를 수정한다.

- 예시

> "문장 구조가 약간 복잡합니다. '시간 절약' 부분을 더 읽기 쉽게 단순화해 보세요."라는 피드백을 제공한다.

- 피드백 요청 예시

> 이 문단의 흐름과 일관성을 검토하고, 시간 절약에 초점을 맞춘 부분을 더 명확히 할 수 있는 개선 사항을 제안해 줘.

- 피드백 요청 예시

> 이 문단의 흐름과 일관성을 검토해 주고, 시간 절약에 초점 맞춘 부분을 개선할 수 있는 사항을 제안하는 글을 작성해 줘.

- 피드백 결과 예시

> 브레인스토밍 단계에서 생성형 AI의 역할을 강조하여 시간 절약 측면에 초점을 맞추고 추가 개선의 필요성을 강조했습니다.

Step 3 텍스트 수정

문서 편집기에서 텍스트를 수정한다.

- 수정 예시

> "브레인스토밍 과정에서 절약된 시간"을 "브레인스토밍에 소요되는 시간을 줄이는 것"으로 변경한다.

Step 3 추가 피드백 반복 요청

추가적인 피드백을 Canvas에서 계속 요청하며 수정한다.

- 추가 피드백 요청 예시

> 수정한 문장이 더 읽기 쉬운지 검토해 줘. 추가적으로 수정할 부분이 있으면 제안해 줘.

Step 4 추가 피드백 요청

수정된 내용을 다시 ChatGPT에 입력하고 추가 피드백을 요청한다.

Step 4 피드백 적용

피드백을 적용할 경우, <적용> 버튼을 클릭한다.

비교 포인트

피드백을 받을 때마다 텍스트를 복사해서 옮겨야 하며, 여러 프로그램을 사용해야 하는 번거로움이 있다.

비교 포인트

모든 작업이 하나의 화면에서 이루어져, 텍스트 이동 없이 빠르게 수정과 피드백을 반복할 수 있다.

- 추가 피드백 요청 예시들

> 이 문단에 AI가 시간 절약에 미치는 구체적인 예시를 추가했는데, 이 부분이 잘 연결되는지 확인해 줘.

> 이 문장이 전체 문단의 흐름에 잘 맞는지 확인해 줘. 필요하다면 다른 문장과 연결을 더 매끄럽게 만들 수 있는 제안을 해 줘.

> 수정한 내용을 바탕으로 이 문단의 최종 피드백을 줘. 수정할 부분이 더 없을까?

1) ChatGPT 이용 논문 첨삭 예시

 실습을 위한 샘플 논문 초안.pdf
PDF

이 논문은 에세이 초안 작성에서 생성형 AI를 사용하는 효율성을 평가하며, 특히 브레인스토밍 과정에서 절약된 시간에 초점을 맞추고 있다. 이 문단의 흐름과 일관성을 검토해 주고, 시간 절약에 초점을 맞춘 부분을 더 명확히 할 수 있는 개선 사항을 제안해 줘.

 문단의 흐름과 일관성은 대체로 잘 유지되고 있으며, 생성형 AI의 시간 절약 효과에 대한 설명도 비교적 명확합니다. 그러나 시간 절약에 초점을 더 강조하려면 몇 가지 개선 사항을 고려할 수 있습니다.

1. 초기 문장에 명확성 추가 : 서론 부분에서 생성형 AI가 에세이 초안 작성에서 시간을 줄여주는 측면을 더 강조할 수 있습니다. 예를 들어 :
- **기존** : "생성형 AI를 활용하면 초안을 빠르게 작성할 수 있으며..."
- **개선** : "생성형 AI를 활용하면 에세이 초안 작성 속도가 크게 향상되며, 특히 브레인스토밍 및 글의 구조를 잡는 초기 단계에서 상당한 시간 절약 효과를 제공합니다."

2. 결과 부분의 강조 : 시간 절약에 대한 데이터를 더욱 강조하는 방식으로 수정해 보세요.
- **기존** : "실험 결과, 생성형 AI를 사용한 그룹은 평균적으로 30% 더 빠르게 초안을 작성할 수 있었다."
- **개선** : "실험 결과, 생성형 AI를 사용한 그룹은 브레인스토밍 과정에서 30% 더 빠르게 초안을 작성할 수 있었으며, 이는 전체 작성 시간에서 큰 차이를 만들었다."

3. 결론에서 추가 설명 : 결론에서 시간 절약 효과의 중요성을 더 강조해 볼 수 있습니다.
- **기존** : "특히 브레인스토밍 과정에서 AI의 도움을 받는 것이 초안 작성의 초기 단계를 단축하는 데 유용함을 확인하였다."
- **개선** : "특히 AI의 도움으로 브레인스토밍과 아이디어 정리 과정이 빨라지면서, 초안 작성의 초기 단계에서 시간을 크게 절약할 수 있음을 확인하였다. 이는 학생들이 에세이의 핵심 내용을 빠르게 정리하고, 나머지 작업에 더 많은 시간을 투자할 수 있도록 돕는다."

이렇게 하면 생성형 AI의 시간 절약 효과가 연구의 핵심으로 더욱 부각되어, 독자에게 주제의 중요성을 효과적으로 전달할 수 있을 것입니다.

2) ChatGPT Canvas 이용 논문 첨삭 예시

"샘플 논문 초안: 생성형 AI를 통한 에세이 초안 작성의 효율성 연구"

서론
최근 생성형 AI는 다양한 분야에서 인간의 창의적 작업을 지원하는 도구로 주목받고 있다. 특히 에세이 작성 과정에서 생성형 AI를 활용하면 초안을 빠르게 작성할 수 있으며, 이는 작성자가 브레인스토밍 및 글의 구조를 잡는 데 드는 시간을 줄여 준다. 본 연구는 생성형 AI를 통해 에세이 초안을 작성할 때 시간 절약 효과를 평가하고, AI가 제공하는 초안의 품질을 검토하는 것을 목표로 한다.

연구 방법

본 연구는 20명의 대학생을 대상으로, 생성형 AI를 사용해 에세이 초안을 작성하는 실험을 진행하였다. 참가자들은 먼저 주어진 주제에 대해 AI의 도움 없이 초안을 작성하였고, 이후 동일한 주제에 대해 생성형 AI의 도움을 받아 초안을 작성하였다. 두 가지 방법으로 작성된 초안의 작성 시간을 비교하고, 초안의 완성도를 평가하였다. 연구에서 사용된 생성형 AI 도구는 OpenAI의 ChatGPT이다.

결과

실험 결과, 생성형 AI를 사용한 그룹은 평균적으로 30% 더 빠르게 초안을 작성할 수 있었다. 또한, AI가 제공한 초안을 기반으로 수정한 경우, 글의 구조가 더 명확해졌으며, 참가자들이 느낀 부담감도 줄어들었다고 보고하였다. 그러나 일부 참가자는 AI가 작성한 초안이 너무 일반적이거나 특정 주제에 대한 깊이가 부족하다고 평가하였다. 이로 인해, AI가 제공한 초안을 수정하고 다듬는 과정에서 추가적인 시간이 소요되기도 했다.

결론

본 연구는 생성형 AI가 에세이 초안 작성에 있어 시간 절약 효과를 제공할 수 있음을 보여 준다. 특히 브레인스토밍 과정에서 AI의 도움을 받는 것이 초안 작성의 초기 단계를 단축하는 데 유용함을 확인하였다. 그러나 AI가 제공하는 초안의 품질과 사용자 요구 간의 차이를 줄이기 위해, AI 도구의 개선과 사용자 맞춤형 피드백 기능이 필요하다. 향후 연구에서는 생성형 AI가 에세이 작성에서 창의성을 어떻게 지원할 수 있는지에 대한 추가적인 조사가 필요하다.

이 논문은 에세이 초안 작성에서 생성형 AI를 사용하는 효율성을 평가하며, 특히 브레인스토밍 과정에서 절약된 시간에 초점을 맞추고 있다.

이 문단의 흐름과 일관성을 검토해 주고, 시간 절약에 초점을 맞춘 부분을 더 명확히 할 수 있는 개선 사항을 제안하는 글을 작성해 줘.

본 연구는 에세이 초안 작성에서 생성형 AI의 사용이 효율성을 어떻게 개선하는지 평가하며, 특히 브레인스토밍 과정에서 절약된 시간에 초점을 맞추고 있다. 생성형 AI를 활용하면 작성자들이 초기 아이디어 생성과 글의 구조 설정에 드는 시간을 줄일 수 있으며, 이는 에세이 작성의 전반적인 효율성을 높이는 데 기여한다. 연구 결과에 따르면, 생성형 AI의 도움을 받은 참가자들은 평균적으로 30% 더 빠르게 초안을 작성할 수 있었다. 이로 인해 작성자들이 느끼는 부담감이 감소하고, 글의 전체적인 흐름과 구조가 개선되는 긍정적인 효과를 확인할 수 있었다.

ChatGPT
브레인스토밍 단계에서 생성형 AI의 역할을 강조하여 시간 절약 측면에 초점을 맞추고 추가 개선의 필요성을 강조했습니다. 더 많은 조정이나 추가 섹션 편집이 필요하면 알려주세요.

하지만 AI가 생성한 초안이 주제에 대한 깊이가 부족하거나 일반적이라는 한계도 존재하여, 추가적인 수정이 필요한 경우도 있었다. 이러한 점에서, 시간 절약의 효과를 극대화하기 위해서는 AI 도구의 개선과 더불어 사용자 맞춤형 피드백 기능이 필요함을 제안한다.

본 연구는 에세이 초안 작성에서 생성형 AI가 제공하는 시간 절약의 잠재력을 강조하며, 특히 브레인스토밍 과정에서의 효율성 개선을 중심으로 살펴보았다. 향후 연구에서는 AI가 제공하는 초안의 품질을 향상시키고 사용자와의 상호작용을 통해 보다 맞춤화된 지원을 제공할 수 있는 방안에 대한 추가적인 조사가 필요하다.

수정한 문장이 더 읽기 쉬운지 검토해 줘. 추가적으로 수정할 부분이 있으면 제안해 줘.

 제가 몇 가지 수정 제안을 추가했습니다. 문장을 더 간결하고 읽기 쉽게 하기 위해 문장 분리와 구체적인 예시 추가를 고려해 보시길 바랍니다. 추가적인 수정이 필요하거나 궁금한 점이 있다면 알려주세요.

본 연구는 에세이 초안 작성에서 생성형 AI의 사용이 효율성을 어떻게 개선하는지 평가하며, 특히 브레인스토밍 과정에서 절약된 시간에 초점을 맞추고 있다. 생성형 AI를 활용하면 작성자들이 초기 아이디어 생성과 글의 구조 설정에 드는 시간을 줄일 수 있으며, 이는 에세이 작성의 전반적인 효율성을 높이는 데 기여한다. 연구 결과에 따르면, 생성형 AI의 도움을 받은 참가자들은 평균적으로 30% 더 빠르게 초안을 작성할 수 있었다. 이로 인해 작성자들이 느끼는 부담감이 감소하고, 글의 전체적인 흐름과 구조가 개선되는 긍정적인 효과를 확인할 수 있었다. 하지만 AI가 생성한 초안이 주제에 대한 깊이가 부족하거나 일반적이라는 한계도 존재하여, 추가적인 수정이 필요한 경우도 있었다. 이러한 점에서, 시간 절약의 효과를 극대화하기 위해서는 AI 도구의 개선과 더불어 사용자 맞춤형 피드백 기능이 필요함을 제안한다.

본 연구는 에세이 초안 작성에서 생성형 AI가 제공하는 시간 절약의 잠재력을 강조하며, 특히 브레인스토밍 과정에서의 효율성 개선을 중심으로 살펴보았다. 향후 연구에서는 AI가 제공하는 초안의 품질을 향상시키고 사용자와의 상호작용을 통해 보다 맞춤화된 지원을 제공할 수 있는 방안에 대한 추가적인 조사가 필요하다.

이 문장은 다소 길고 복잡할 수 있습니다. '효율성을 개성하는지 평가하며'와 '브레인스토밍 과정에서 절약된 시간'부분을 분리하여 두 개의 간결한 문장으로 나누는 것을 고려해 보세요.

'초기 아이디어 생성'과 '글의 구조 설정'이라는 두 가지 요소를 나열하는 방식이 다소 복잡하게 느껴질 수 있습니다. 각 요소를 별도의 문장으로 나누어 설명하면 가독성이 향상될 것입니다.

'부담감 감소'와 '흐름과 구조 개선'을 각각 독립적으로 설명하면 더 명확하게 전달될 수 있습니다. 두 효과를 나누어 서술하는 것을 고려해 보세요.

이 문장에서 '주제에 대한 깊이가 부족하거나 일반적'이라는 표현이 다소 모호하게 느껴질 수 있습니다. 더 구체적인 예시나 설명을 추가하면 이해가 쉬워질 것입니다.

 ChatGPT
이 문장은 다소 길고 복잡할 수 있습니다. '효율성을 개성하는지 평가하며'와 '브레인스토밍 과정에서 절약된 시간'부분을 분리하여 두 개의 간결한 문장으로 나누는 것을 고려해 보세요.

 ChatGPT
'초기 아이디어 생성'과 '글의 구조 설정'이라는 두 가지 요소를 나열하는 방식이 다소 복잡하게 느껴질 수 있습니다. 각 요소를 별도의 문장으로 나누어 설명하면 가독성이 향상될 것입니다.

 ChatGPT
'부담감 감소'와 '흐름과 구조 개선'을 각각 독립적으로 설명하면 더 명확하게 전달될 수 있습니다. 두 효과를 나누어 서술하는 것을 고려해 보세요.

 ChatGPT
이 문장에서 '주제에 대한 깊이가 부족하거나 일반적'이라는 표현이 다소 모호하게 느껴질 수 있습니다. 더 구체적인 예시나 설명을 추가하면 이해가 쉬워질 것입니다.

이때, 피드백에 따른 첫 번째 수정안을 선택(적용)한 경우 예시는 다음과 같다.

 ChatGPT
이 문장은 다소 길고 복잡할 수 있습니다. '효율성을 개선하는지 평가하며'와 '브레인스토밍 과정에서 절약된 시간'부분을 분리하여 두 개의 간결한 문장으로 나누는 것을 고려해 보세요.

 적용

 ChatGPT
문장을 두 개로 나누어 간결하게 수정했습니다. 더 읽기 쉽도록 했으며, 추가적인 수정이 필요하다면 언제든지 말씀해 주세요.

 GPT
본 연구는 에세이 초안 작성에서 생성형 AI의 사용이 효율성을 어떻게 개선하는지 평가하며, 특히 브레인스토밍 과정에서 절약된 시간에 초점을 맞추고 있다. 생성형 AI를 활용하면 작성자들이 초기 아이디어 생성과 글의 구조 설정에 드는 시간을 줄일 수 있으며, 이는 에세이 작성의 전반적인 효율성을 높이는 데 기여한다. 연구 결과에 따르면, 생성형 AI의 도움을 받은 참가자들은 평균적으로 30% 더 빠르게 초안을 작성할 수 있었다. 이로 인해 작성자들이 느끼는 부담감이 감소하고, 글의 전체적인 흐름과 구조가 개선되는 긍정적인 효과를 확인할 수 있었다. 하지만 AI가 생성한 초안이 주제에 대한 깊이가 부족하거나 일반적이라는 한계도 존재하여, 추가적인 수정이 필요한 경우도 있었다. 이러한 점에서, 시간 절약의 효과를 극대화하기 위해서는 AI 도구의 개선과 더불어 사용자 맞춤형 피드백 기능이 필요함을 제안한다.
본 연구는 에세이 초안 작성에서 생성형 AI가 제공하는 시간 절약의 잠재력을.... (이하 생략)

 GPT
본 연구는 에세이 초안 작성에서 생성형 AI의 사용이 효율성을 어떻게 개선하는지 평가한다. 특히, 브레인스토밍 과정에서 절약된 시간에 초점을 맞추고 있다. 생성형 AI를 활용하면 작성자들이 초기 아이디어 생성과 글의 구조 설정에 드는 시간을 줄일 수 있으며, 이는 에세이 작성의 전반적인 효율성을 높이는 데 기여한다. 연구 결과에 따르면, 생성형 AI의 도움을 받은 참가자들은 평균적으로 30% 더 빠르게 초안을 작성할 수 있었다. 이로 인해 작성자들이 느끼는 부담감이 감소하고, 글의 전체적인 흐름과 구조가 개선되는 긍정적인 효과를 확인할 수 있었다. 하지만 AI가 생성한 초안이 주제에 대한 깊이가 부족하거나 일반적이라는 한계도 존재하여, 추가적인 수정이 필요한 경우도 있었다. 이러한 점에서, 시간 절약의 효과를 극대화하기 위해서는 AI 도구의 개선과 더불어 사용자 맞춤형 피드백 기능이 필요함을 제안한다.
본 연구는 에세이 초안 작성에서 생성형 AI가 제공하는 시간 절약의 잠재력을.... (이하 생략)

실습에서 다뤄본 것처럼 ChatGPT Canvas를 사용하면 한 화면에서 피드백을 받은 후 즉시 수정하고, 다시 피드백을 요청하는 과정을 간단하게 반복할 수 있다. 특히, 이 과정에서 사용자는 텍스트를 다른 프로그램으로 옮기지 않고도 반복적으로 수정과 검토를 받을 수 있어 작업 흐름이 끊기지 않고 자연스럽게 이어진다.

3) 주제를 통한 실습

이제 ChatGPT Canvas를 사용하는 방법을 배웠으니, 다음 실습 주제를 통해 ChatGPT와 ChatGPT Canvas를 비교하면서 직접 사용해 보자.

실습 예제 | 생성형 AI를 활용한 자기소개서 작성 · · ·

● **자소서 초안 예시**

> '저는 창의적인 문제 해결을 즐기며, 다양한 사람들과 협력하여 프로젝트를 성공적으로 이끌어 본 경험이 있습니다. 특히, 팀워크를 통해 어려운 상황을 극복하고 목표를 달성하는 데 강점을 가지고 있습니다.'

● **샘플 예시**

- 이 자기소개서의 문장이 잘 흐르는지, 더 나은 표현이 있을지 검토 후 글을 작성해 줘.
- 수정한 문장이 더 간결해졌는지, 다른 개선 사항이 있을지 검토해 줘.

실습 예제 | 생성형 AI를 활용한 이메일 작성(중요한 이메일 초안) · · ·

● **이메일 초안 예시**

> '안녕하세요, 김 팀장님. 이번 프로젝트 진행 상황을 공유드리고자 하며, 향후 일정에 대해 논의하고자 합니다. 또한, 최근 발생한 문제를 해결하는 방안도 함께 제안하고자 합니다.'

● **샘플 예시**

- 이 이메일의 문장이 자연스럽게 읽히는지, 개선할 부분이 있는지 피드백을 글로 작성해 줘.
- 이제 문장이 더 편안해졌는지, 전달하려는 내용을 잘 담고 있는지 검토해 줘.

샘플 예시를 참고하여 여러분이 직접 자기소개서와 이메일 초안을 작성한 후, ChatGPT와 ChatGPT Canvas를 사용해 피드백을 받아보자. 두 도구의 차이점을 비교하며, 각각의 도구가 어떻게 다른지 체험해 보자. 이를 통해 ChatGPT Canvas의 편리함과 효율성을 실감할 수 있을 것이다.

프로그램 코드 편집

이번 실습에서는 ChatGPT Canvas를 사용하여 Python으로 간단한 두더지 게임을 만들어 보자. 게임이 시작되면 화면에 두더지가 나오고, 이 두더지는 화면의 여러 곳을 랜덤하게 이동한다. 플레이어는 이 두더지를 마우스로 클릭하면 점수가 올라가게 된다. 게임은 제한된 시간 동안 많은 점수를 얻는 것이 목표이다.

● 주의 사항

각 단계는 의도한 대로 한 번에 잘 생성되기도 하지만, 원하는 기능이 제대로 구현되지 않을 수도 있다. 이럴 때는 프롬프트를 조금씩 변경하며 코드를 반복적으로 수정하는 인내심이 필요하다.

1) Python 실행 환경 준비

ChatGPT가 생성한 코드를 직접 실행하기 위해서는 Python 실행 환경이 필요하다. 앞장에서 확장 GPT를 만들기 위해 사용했던 환경(Anaconda, VS Code)을 그대로 사용하면 된다. 실행 환경을 준비하고, 필요한 라이브러리를 설치해 보자.

Step 1 Python 설치

Anaconda를 통해 Python 환경을 설정했다면, 이를 그대로 사용한다.

Step 2 Pygame 설치

두더지 게임의 그래픽과 상호작용을 위해 pygame 라이브러리를 설치한다. 터미널 혹은 Anaconda Prompt에서 다음 명령어를 입력한다.

```
pip install pygame
```

Step 3 VS Code 실행

Visual Studio Code를 실행하고 새 Python 파일을 만들어 게임 코드를 작성할 준비를 한다.

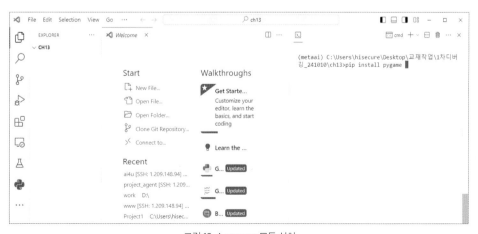

그림 13-4 pygame 모듈 설치

2) 두더지 게임 기본 코드 생성

Step 1 ChatGPT에서 Canvas 모드 선택

ChatGPT에서 모델을 'ChatGPT 4o with canvas'로 선택한다.

그림 13-5 기본 ChatGPT에서 ChatGPT with Canvas 모드로 변경 실행

Step 2 게임의 초기 단계 정의 및 코드 요청

python으로 두더지 게임을 만들려고 해.
아래 조건을 만족하는 python 코드를 만들어 줘.
게임이 시작되면 화면에 두더지가 한 마리 나타나고, 이 두더지는 랜덤하게 게임 화면에서 위치를 이동한다.

• **Canvas에서 생성된 코드** : ChatGPT는 요청된 코드를 Canvas에 출력한다.

🤖💬 **ChatGPT Canvas 모드로 실행된 일부 결과**

```
1   import pygame
2   import random
3   import sys
4
5   # pygame 초기화
6   pygame.init()
7
8   # 게임 화면 크기 설정
9   screen_width = 800
10  screen_height = 600
11  screen = pygame.display.set_mode((Screen_width, screen_height))
12  pygame.display.set_caption("whack-a-mole Game")
13
14  # 색상 정의
15  WHITE = (255, 255, 255)
16  RED = (255, 0, 0)
                                    ... 생략 ...
```

Python으로 생성된 코드는 유감이지만, OpenAI 사이트에서는 아직까지 직접 실행되지 않는다. 새로운 파일(t1.py)을 만들고 코드를 복사해서 Visual Studio Code(VS Code)에서 실행해 보자.

그림 13-6 VS Code에서 코드 복사 및 파일 실행

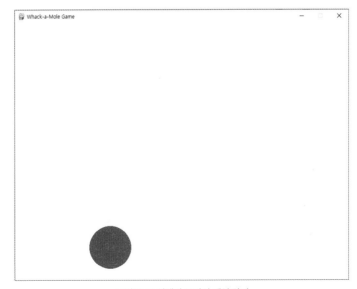

그림 13-7 실행된 두더지 게임 화면

두더지 이동 속도 조정

두더지가 너무 빠르게 움직이는 경우, 이동 주기를 0.5~2초 사이로 변경해 보자.

두더지의 위치 변경은 0.7초에서 2초 사이로 랜덤하게 움직이도록 변경해 줘.

 무작위로 변경되도록 수정했습니다. 더 필요한 사항이 있으면 말씀해 주세요!

🤖💬 **기능 변경을 요청한 결과 화면**

```
                      ... 생략 ...
19  # 두더지 크기 설정
20  mole_size = 50
21
22  # 두더지 위치 설정
23  mole_x = random.randint(0, screen_width - mole_size)
24  mole_y = random.randint(0, screen_height - mole_size)
25
26  # 게임 루프 제어 변수
27  running = True
28
29  # 게임 속도 조절을 위한 시계 객체 생성
30  colock = pygame.time.Clock()
31
32  # 두더지 위치 변경을 위한 시간 설정
33  next_move_time = time.time() + random.uniform(0.7, 2.0)
34
35  # 게임 루프
36  while running:
37      # 초당 프레임 수 설정
38      clock.tick(30)
39
40      # 이벤트 처리
41      for event in pygame.event.get():
42          if event.type == pygame.QUIT:
43              pygame.quit()
44              sys.exit()
                      ... 생략 ...
```

변경한 코드 부분

게임에서 점수를 화면에 표시하고, 마우스로 두더지를 클릭하면 점수가 올라가도록 해 보자.

게임 왼쪽 상단에 점수("Score:")를 표시해 줘.
사용자가 마우스로 두더지를 클릭하면 점수가 100점씩 증가하도록 해 줘.
두더지를 클릭하면 두더지의 위치가 자동으로 랜덤하게 옮기도록 해 줘.

- 게임 왼쪽 상단에 점수를 표시하고, 두더지를 클릭하면 점수가 100점씩 증가하도록 했습니다.
- 두더지가 클릭될 때마다 랜덤하게 위치를 옮기도록 추가했습니다.

새로운 기능을 요청한 결과 화면

```
                          ... 생략 ...
36  # 점수 변경 설정
37  score = 0
38
39  # 폰트 설정
40  font = pygame.font.Font(None, 36)
41
42  # 게임 루프
43  while running:
44      # 초당 프레임 수 설정
45      clock.tick(30)
46
47      # 이벤트 처리
48      for event in pygame.event.get():
49          if event.type == pygame.QUIT:
50              pygame.quit()
51              sns.exit()
52          elif event.type == pygame.MOUSEBUTTONDOWN:
53              mouse_x, mouse_y = event.pos
54              distance = ((mouse_x - mole_x) ** 2 + (mouse_y - mole_y) ** 2) ** 0.5
55              if distance <= mole_size:
56                  score += 100
57                  mole_x = random.randint(0, screen_width - mole_size)
58                  mole_y = random.randint(0, screen_height - mole_size)
59                  next_move_time = time.time() + random.uniform(0.7, 2.0)
60
```

```
61    # 현재 시간이 다음 위치 변경 시간보다 크면 위치 갱신
62    if time.time() >= next_move_time:
63        mole_x = random.randint(0, screen_width - mole_size)
64        mole_y = random.randint(0, screen_height - mole_size)
65        next_move_time = time.time() + random.uniform(0.7, 2.0)
66
67    # 화면을 흰색으로 채우기
68    screen.fill(WHITE)
69
70    # 두더지 그리기
71    pygame.draw.circle(screen, RED, (mole_x, mole_y), mole_size)
72
73    # 점수 표시
74    score_text = font.render(f'Score: {score}", True, BLACK)
75    screen.blit(score_text, (10, 10))
                        ... 생략 ...
```

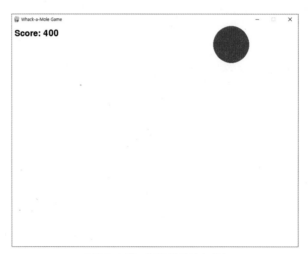

그림 13-8 업그레이드된 두더지 게임

Step 6 게임 종료 기능 추가

게임 시작 후 일정 시간이 지나면 게임이 종료되도록 하는 기능을 추가한다.

게임이 시작되면 게임 가능한 시간을 30초에서 60초 사이로 설정하고, 시간이 지나면 게임을 종료하는 기능을
추가해 줘.

게임 시간이 30초에서 60초 사이로 설정되며, 시간이 지나면 게임이 자동으로 종료되도록 기능을 추가했습니다.

🤖💬 프롬프트가 실행된 후 Canvas 화면

```
                            ... 생략 ...
 9  # 게임 화면 크기 설정
10  screen_width = 800
11  screen_height = 600
12  screen = pygame.display.set_mode((Screen_width, screen_height))
13  pygame.display.set_caption("whack-a-mole Game")
14
15  # 색상 정의
16  WHITE = (255, 255, 255)
17  RED = (255, 0, 0)
18  BLACK = (0, 0, 0)
19
20  # 두더지 크기 설정
21  mole_size = 50
22
23  # 두더지 위치 설정
24  mole_x = random.randint(0, screen_width - mole_size)
25  mole_y = random.randint(0, screen_height - mole_size)
26
27  # 게임 루프 제어 변수
28  running = True
29
30  # 게임 속도 조절을 위한 시계 객체 생성
31  colock = pygame.time.Clock()
32
33  # 두더지 위치 변경을 위한 시간 설정
34  next_move_time = time.time() + random.uniform(0.7, 2.0)
35
36  # 점수 변경 설정
37  score = 0
38
39  # 폰트 설정
40  font = pygame.font.Font(None, 36)
                            ... 생략 ...
```

Step 7 남은 시간 표시 기능 추가

게임 중 남은 시간을 화면에 표시하는 기능을 추가한다.

　　화면에 남은 시간을 출력해 줘.

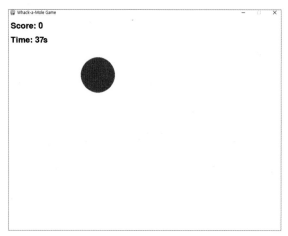

그림 13-9 개선된 기능으로 실행된 게임 화면

Step 8 코드에 로그 기능 추가

프로그램이 실행될 때 어떤 부분이 실행되고 있는지 로그를 출력하도록 한다. 이 작업은 프롬프트 없이 Canvas의 오른쪽 하단에 있는 메뉴에서 '로그 추가'를 클릭하여 수행한다.

그림 13-10 프롬프트 없이 메뉴를 사용하여 코드에 로그 추가

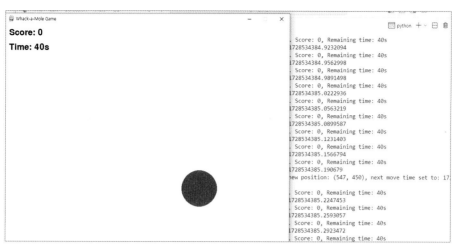

그림 13-11 게임 실행 시 VS Code의 실행 창에 출력된 로그 화면

TIP **Canvas 오른쪽 하단 메뉴**

Canvas 오른쪽 하단 메뉴는 어떤 기능을 할까? 각 기능을 알아보자.

1. **댓글 추가** : 코드의 특정 부분에 대해 개선점이나 피드백을 제공하기 위해 사용한다. 코드의 특정 라인이나 블록에 대해 코멘트를 남겨준다.
2. **로그 추가** : 코드의 각 단계에서 어떤 일이 일어나는지 확인할 수 있도록 로그를 기록한다. 이를 통해 프로그램의 실행 과정을 명확히 이해할 수 있다.
3. **버그 수정** : 코드에 있는 명확한 버그나 오류를 자동으로 찾아 수정하는 데 사용한다.
4. **특정 언어로 포팅** : 현재 코딩중인 내용을 다양한 다른 언어로 변경 하는데 사용한다.
5. **코드 검토** : 코드의 품질을 개선하고 잠재적인 문제를 식별하는 데 사용한다.

그림 13-12
Canvas 오른쪽 하단 메뉴

Step 9 **Python 코드에서 JavaScript 코드로 변환**

기존의 Python 코드를 JavaScript로 변환하고 이를 실행해 보자.

• Canvas 오른쪽 하단 팝업 메뉴에서 '특정 언어로 포팅'을 클릭하고, 표시되는 팝업 메뉴에서 'Java script'를 선택한다.

13

ChatGPT Canvas 사용

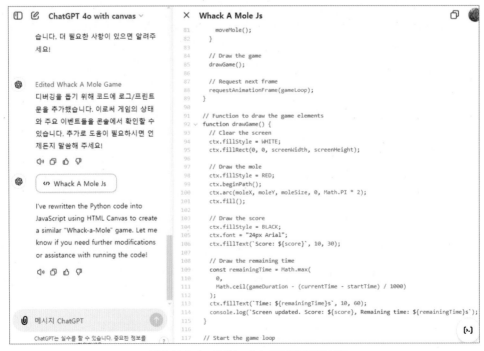

```
 8    pygame.init()
 9
10    # 게임 화면 크기 설정
11    screen_width = 800
12    screen_height = 600
13    screen = pygame.display.set_mode((screen_width, screen_height))
14    pygame.display.set_caption("Whack-a-Mole Game")
15    print(f"Game screen set to width: {screen_width}, height: {screen_height}")
16
17    # 색상 정의
18    WHITE = (255, 255, 255)
19    RED = (255, 0, 0)
20    BLACK = (0, 0, 0)
21
22    # 두더지 크기 설정
23    mole_size = 50
24    print(f"Mole size set to: {mole_size}")
25
26    # 두더지 위치 설정
27    mole_x = random.randint(0, screen_width - mole_size)
28    mole_y = random.randint(0, screen_height - mole_size)
29    print(f"Initial mole position set to: ({mole_x}, {mole_y})")
30
31    # 게임 루프 제어 변수
32    running = True
33
34    # 게임 속도 조절을 위한 시계 객체 생성
35    clock = pygame.time.Clock()
36
37    # 두더지 위치 변경을 위한 시간 설정
38    next_move_time = time.time() + random.uniform(0.7, 2.0)
39    print(f"Initial next move time set to: {next_move_time}")
40
41    # 점수 변수 설정
42    score = 0
```

PHP

C++

Python

JavaScript

TypeScript

Java

그림 13-13 Canvas 메뉴에서 JavaScript로 변환 선택

ChatGPT 4o with canvas ∨

습니다. 더 필요한 사항이 있으면 알려주
세요!

Edited Whack A Mole Game
디버깅을 돕기 위해 코드에 로그/프린트
문을 추가했습니다. 이로써 게임의 상태
와 주요 이벤트들을 콘솔에서 확인할 수
있습니다. 추가로 도움이 필요하시면 언
제든지 말씀해 주세요!

〈/〉 Whack A Mole Js

I've rewritten the Python code into
JavaScript using HTML Canvas to create
a similar "Whack-a-Mole" game. Let me
know if you need further modifications
or assistance with running the code!

메시지 ChatGPT

ChatGPT는 실수를 할 수 있습니다. 중요한 정보를...

✕ Whack A Mole Js

```
 81        moveMole();
 82      }
 83
 84      // Draw the game
 85      drawGame();
 86
 87      // Request next frame
 88      requestAnimationFrame(gameLoop);
 89    }
 90
 91    // Function to draw the game elements
 92    function drawGame() {
 93      // Clear the screen
 94      ctx.fillStyle = WHITE;
 95      ctx.fillRect(0, 0, screenWidth, screenHeight);
 96
 97      // Draw the mole
 98      ctx.fillStyle = RED;
 99      ctx.beginPath();
100      ctx.arc(moleX, moleY, moleSize, 0, Math.PI * 2);
101      ctx.fill();
102
103      // Draw the score
104      ctx.fillStyle = BLACK;
105      ctx.font = "24px Arial";
106      ctx.fillText(`Score: ${score}`, 10, 30);
107
108      // Draw the remaining time
109      const remainingTime = Math.max(
110        0,
111        Math.ceil(gameDuration - (currentTime - startTime) / 1000)
112      );
113      ctx.fillText(`Time: ${remainingTime}s`, 10, 60);
114      console.log(`Screen updated. Score: ${score}, Remaining time: ${remainingTime}s`);
115    }
116
117    // Start the game loop
```

그림 13-14 Python에서 JavaScript로 변환된 게임 코드

- **단계 1** : VS Code에서 'game.js' 파일을 생성하고, 변환된 코드를 붙여넣는다.

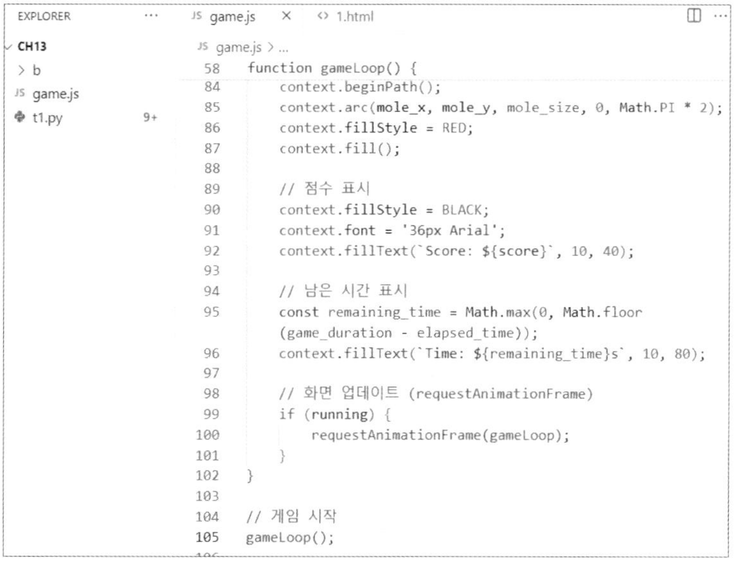

```
EXPLORER                ···   JS game.js    ×   <> 1.html                              □ ···
∨ CH13                        JS game.js > ...
  > b                          58    function gameLoop() {
 JS game.js                    84        context.beginPath();
 🐍 t1.py            9+        85        context.arc(mole_x, mole_y, mole_size, 0, Math.PI * 2);
                               86        context.fillStyle = RED;
                               87        context.fill();
                               88
                               89        // 점수 표시
                               90        context.fillStyle = BLACK;
                               91        context.font = '36px Arial';
                               92        context.fillText(`Score: ${score}`, 10, 40);
                               93
                               94        // 남은 시간 표시
                               95        const remaining_time = Math.max(0, Math.floor
                                          (game_duration - elapsed_time));
                               96        context.fillText(`Time: ${remaining_time}s`, 10, 80);
                               97
                               98        // 화면 업데이트 (requestAnimationFrame)
                               99        if (running) {
                              100            requestAnimationFrame(gameLoop);
                              101        }
                              102    }
                              103
                              104    // 게임 시작
                              105    gameLoop();
```

그림 13-15 game.js 파일 생성 및 코드 붙여넣기

- **단계 2** : '1.html' 파일을 생성해 'game.js' 파일을 실행할 수 있도록 설정한다. 이를 통해 게임을 웹 브라우저에서 실행한다.

앞의 코드를 실행하기 위한 't1.html' 파일을 만들어 줘.
앞의 코드는 'game.js' 파일로 저장되어 있어.

그림 13-16 html 페이지 코드 생성 화면

🤖💬 html 페이지 생성 코드

```html
1  <!DOCTYPE html>
2  <html lang="en">
3  <head>
4      <meta charset="UTF-8">
5      <meta name="viewport" content="width=device-width, initial-scale=1.0">
6      <title>Whack-a-Mole Game</title>
7      <style>
8          body {
9              display: flex;
10             justify-content: center;
11             align-items: center;
12             height: 100vh;
13             margin: 0;
14             background-color: #f0f0f0;
15         }
16         canvas {
17             border: 2px solid #000;
18         }
19     </style>
20 </head>
21 <body>
22     <canvas id="gameCanvas"></canvas>
23     <script src="game.js"></script>
24 </body>
25 </html>
```

그림 13-17 VSCode와 실행된 게임 화면

연습 01 다음 중 ChatGPT와 ChatGPT Canvas의 차이에 대한 설명으로 옳은 것을 고르세요.

① ChatGPT는 코드를 수정할 수 없지만, ChatGPT Canvas는 코드를 수정할 수 있다.
② ChatGPT는 생성된 텍스트를 직접 수정할 수 있지만, ChatGPT Canvas에서는 텍스트를 복사해야 한다.
③ ChatGPT Canvas는 한 화면에서 피드백을 받고 수정할 수 있어 작업의 흐름이 끊기지 않는다.
④ ChatGPT와 ChatGPT Canvas 모두 피드백을 받은 후 별도의 프로그램에서 수정해야 한다.

연습 02 Python을 사용해 두더지 게임을 만들 때, 게임 화면을 구성하고, 그래픽과 상호작용을 구현하기 위해 필요한 라이브러리는 무엇인가요?

① pandas   ② numpy   ③ pygame   ④ matplotlib

연습 03 두더지 게임에서 마우스로 두더지를 클릭했을 때 점수가 100점씩 증가하도록 하려면 ChatGPT Canvas에 어떤 프롬프트를 입력해야 하는지 작성해 보세요.

연습 04 Python으로 작성된 게임 코드를 JavaScript로 변환한 후 웹브라우저에서 실행하려고 할 때, 필요한 파일과 실행 방법을 설명하세요.

13

ChatGPT Canvas 사용

찾아보기

길벗 캠퍼스의 대학교재 시리즈를 소개합니다

길벗 캠퍼스는 교수님과 학생 여러분의 소중한 1초를 아껴주는
IT전문 분야의 교양 및 전공 도서를 IT Campus라는 브랜드로 출간합니다

메타버스 교과서 김영일, 임상국 지음 | 472쪽 | 29,000원 | 2023년 1월 출간	**전처리와 시각화 with 파이썬** 오경선, 양숙희, 장은실 지음 | 536쪽 | 29,000 | 2023년 5월 출간
파이썬 워크북 이경숙 지음 | 408쪽 | 26,000원 | 2023년 5월 출간	**안드로이드 프로그래밍** 송미영 지음 | 672쪽 | 36,000원 | 2023년 6월 출간
모던 자바스크립트&Node.js 이창현 지음 | 600쪽 | 34,000원 | 2023년 7월 출간	**SQL과 AI 알고리즘 with 파이썬** 김현정, 황숙희 지음 | 376쪽 | 27,000원 | 2023년 8월 출간
머신러닝과 딥러닝 with 파이썬 김현정, 유상현 지음 | 424쪽 | 28,000원 | 2023년 8월 출간	**4차 산업혁명과 미래사회** 안병태, 정화영 지음 | 488쪽 | 26,000원 | 2023년 7월 출간
게임 콘셉트 디자인 남기덕 지음 | 352쪽 | 27,000원 | 2023년 9월 출간	**생성형 AI를 활용한 인공지능 아트** 김애영, 조재춘 외 지음 | 356쪽 | 26,000원 | 2023년 9월 출간
게임 디자인&페이퍼 프로토타입 이은정 지음 | 352쪽 | 27,000원 | 2024년 1월 출간	**분산 컴퓨팅** 윤영 지음 | 360쪽 | 29,800원 | 2024년 1월 출간
찐초보 생활 전기 전병칠 지음 | 280쪽 | 21,000원 | 2024년 2월 출간	**외국인 학생을 위한 컴퓨터 활용** 김의찬, 박혜란 지음 | 464쪽 | 29,000원 | 2024년 5월 출간
C 언어의 정석 조용주, 임좌상 지음 | 584쪽 | 34,000원 | 2024년 6월 출간	**블렌더 교과서** 김영일 지음 | 608쪽 | 37,500원 | 2024년 8월 출간
일러스트레이터 with AI 허준영 지음 | 368쪽 | 27,000원 | 2024년 12월 출간	**포토샵 with AI** 이문형 지음 | 432쪽 | 28,000원 | 2024년 12월 출간
생성형 AI 창작과 활용 가이드 김현정, 원일용 지음 | 368쪽 | 27,000원 | 2024년 12월 출간	**인공지능 법과 윤리** 김명훈 지음 | 416쪽 | 29,500원 | 2024년 12월 출간

길벗 캠퍼스의 모든 도서는 강의용 PPT 자료를 제공하고 있습니다.
길벗 홈페이지의 해당 도서 교강사 자료실에서 다운 받을 수 있습니다.